W0064039

MANESSE BIBLIOTHEK DER WELTLITERATUR

HALİDE EDİP ADIVAR

# Die Tochter
# des Schattenspielers

Roman

*Aus dem Englischen übersetzt
von Renate Orth-Guttmann*

*Kommentierung anhand der türkischen Fassung
und Nachwort von Sara Heigl*

MANESSE VERLAG
ZÜRICH

«Alles Sein ist ein Schatten, nur Trugbild, die Reflexion eines Spiegels.»

*Molla Jami*[1]

KAPITEL I

Sinekli Bakkal, «Fliegenkrämerviertel», so nannten die Leute gemeinhin einen von arm wie reich
bewohnten Bezirk im Süden von Istanbul,[2] obgleich genaugenommen nur eine kleine Seitenstraße diesen Namen zu Recht trägt.

Morsche, rissige, im Lauf der Jahre dunkel ge-
wordene Holzhäuser neigten sich hier quer über
die Straße einander so weit zu, daß die Dachtrau-
fen sich fast berührten. An den Fenstern blühten
rote Geranien, und dahinter beugten sich die
Köpfe zumeist betagter Frauen über eine Sticke-
rei. Die Läden waren oft hochgeklappt, um genügend Licht zum Arbeiten ins Zimmer zu lassen,
vielleicht aber auch nur, damit die von Fenster zu
Fenster angeregt plaudernden Frauen sich gegenseitig sehen konnten.

Zwischen den gestuften Giebeln lugte leuchtend blauer Himmel hervor, unten auf der Straße
war es dagegen immer kühl und schattig. Zwischen den abgetretenen Pflastersteinen hatten
sich schmutzige Pfützen gebildet, in denen sich

7

das goldene Morgenlicht spiegelte. Die Blüten der Glyzinien, die einen Brunnen berankten, warfen purpurne Schatten. Frauen mit nackten Füßen und roten Kopftüchern standen um diesen Brunnen herum und warteten, bis die Reihe an ihnen war, die roten Kupfereimer zu füllen, die sie mitgebracht hatten. Spärlich bekleidete rotznäsige Kinder spielten in den Pfützen. Über dem düsteren Purpur der Glyzinien und den dunklen Dächern stach ein einsames weißes Minarett in das Himmelsblau.

Etwa auf halber Höhe der Straßenzeile lag der einzige Laden. Ein riesengroßes Schild über der Tür verkündete:

GEMISCHTWAREN ISTANBUL –
LEBENSMITTEL UND GEWÜRZE

Je bescheidener das Viertel, desto hochtrabender der Name, so war es hier üblich.

Das zweitwichtigste Gebäude der Straße war das Haus des Imams[3], das sich direkt neben dem Brunnen befand. Man betrat es von einer anderen Gasse aus, und die Sinekli-Bakkal-Straße sah man nur von den hinteren Fenstern, aber da das Haus drei Geschosse hatte und man hier Geburts- und Trauscheine und Genehmigungen für Bestattungen bekam, die nur der Imam ausgab, zeigten die Bewohner es Ortsfremden so stolz, als stünde es tatsächlich in ihrer Straße.

Einige wenige achteten, alle jedoch fürchteten den Imam. Er schritt mit der Ehrfurcht gebietenden Würde und dem Stolz eines Heiligen über die bescheidene schwarze Erde des Sinekli Bakkal. Doch dieser heilige Stolz wurde schwer erschüttert, als Emine, die Tochter des Imams, mit einem Schauspieler durchbrannte.

Tevfik, der Neffe des alten Krämers, hatte zur gleichen Zeit wie Emine die Koranschule besucht. Sie war mit neun Jahren abgegangen, er erst mit elf, aber Emine hatte er nicht vergessen können. Bei allem, was er tat, hatte er stets nur sie im Sinn, auch bei seiner Lieblingsbeschäftigung, der Schauspielerei. Zum ersten Mal zeigte sich sein Talent, als er seinem Onkel die Erlaubnis abschwatzte, im Garten hinter dem Laden Theater zu spielen. Da war er dreizehn. Bei seinem Onkel lebte er, weil seine verwitwete Mutter zu ihrem unverheirateten Bruder gezogen war, um ihm den Haushalt zu führen. Tevfiks Onkel, der alte Geizhals, ermutigte den Jungen, dessen Theatervorstellungen ein paar zusätzliche Kupfermünzen verhießen, tat es ihm doch in der Seele weh, wenn er Tevfik außer den Mahlzeiten

9

und einem Dach über dem Kopf noch etwas zukommen lassen mußte.

Tevfik schnitt sich aus Pappe Figuren zurecht, malte sie mit farbigen Kreiden an, spannte im Garten hinter dem Haus einen Vorhang, hängte ein paar bunte Lampions in die Zweige des Walnußbaums – und schon konnte die Vorstellung beginnen.

Tevfik sorgte für den Gesang und bewegte auch die Pappfiguren allein. Da er kein Geld für Textbücher hatte, bestanden seine Stücke ausschließlich aus Improvisationen, es waren frei erfundene Szenen, deren Personal aus dem Sinekli Bakkal stammte. In dem sprichwörtlichen Geizhals war deutlich sein Onkel zu erkennen, Tevfiks Liebling aber war die Primadonna des Stückes, ein Mädchen, das so lief und sprach wie Emine.

Der Imam hatte seiner Tochter den Besuch von Vorführungen jeder Art verboten und ihr erklärt, sie seien Teufelswerk, aber eines Tages gelang es einer Nachbarin, die ein weiches Herz hatte, Emine einzuschmuggeln. Ihre Mutter war früh gestorben, und die freundlichen Nachbarn versuchten nach Kräften, Emine die Strenge ihres häuslichen Lebens erträglicher zu machen. Als Emine sah, wie die Kinder jubelten, sobald sie das Vorbild der Primadonna erkannten, verließ sie den Garten und nahm sich vor, ihr Lebtag nicht mehr mit Tevfik zu sprechen.

Im Alter von neunzehn war Tevfik ein überaus ansehnlicher junger Mann mit freundlichen braunen Augen, regelmäßigen Zügen und langen straffen Gliedern. Er besaß nur wenig Bildung und hatte keinen Beruf erlernt. Die Schauspielerei galt als nicht achtbar. Trotzdem war er als Siebzehnjähriger zum Theater gegangen. Seine Figur, sein Gesicht und seine herausragende Begabung für Frauenrollen hatten ihn von Anfang an zu einem gefragten Darsteller gemacht. Es gab auf keiner türkischen Bühne auch nur einen, der sich so gut auf Frauenrollen verstand wie er. Das brachte ihm den Spitznamen «*kız-Tevfik*» ein, was soviel heißt wie «Tevfik, das Mädchen».

Die Männer mochten ihn nicht. Sie empfanden ihn als Schande für ihr Geschlecht. Schauspieler waren schlimm genug, aber ein Schauspieler, der sich in aller Öffentlichkeit mit Schleiern, Schals und allem behängte, was es sonst noch an Frauenputz gab, ein Possenreißer, der Gesicht und Wimpern schminkte und sich falsche Schönheitspflästerchen auf Wangen und Kinn klebte, war noch schlimmer. Zu seinen Vorstellungen kamen sie trotzdem alle, und keiner blieb ernst. Man munkelte, daß selbst Selim Pascha, die Verkörperung von Würde und Gelassenheit, sich nicht hatte bezwingen können und gelacht hatte wie alle anderen.

Noch ehe Tevfik zwanzig war, starben sein Onkel und seine Mutter. Von ersterem erbte er das Geschäft, das Haus und den Garten. Der Krämerladen florierte, der Ziergarten mit den Weinreben war eine wahre Freude, und auf einem Stück Land dahinter gediehen Kürbisse, Auberginen, Zwiebeln und anderes Gemüse.

Tevfiks Erbschaft gab ihm den Mut, über eine alte Frau aus der Nachbarschaft um Emine anzuhalten. Er versprach, ein ehrbarer Kaufmann zu werden und seinen anrüchigen Beruf und seine ordinären Kumpane aufzugeben, und Emine ließ es auf den Zorn ihres Vaters ankommen und brannte mit Tevfik durch. Hilfe erhielten sie von all denen, die mit dem Imam nichts im Sinn hatten und ihm diese Demütigung von Herzen gönnten. Als die jungen Leute aus dem fernen Viertel zurückkehrten, in das sie sich begeben hatten, um zu heiraten, ließen sie sich in Tevfiks Haus nieder.

Emine, die sittsame Jungfer, die Tevfik mit ihrer schönen weißen Haut, dem schmalen Mund und den blanken Äuglein den Kopf verdreht hatte, war als Ehefrau plötzlich wie ausgewechselt. Der Liebhaber Tevfik hatte sie bezaubert, den Ehemann fand sie höchst unbefriedigend. Anfangs hätte sie gar nicht sagen können, was genau an ihm sie so sehr irritierte, aber bald begriff sie, daß für ihn das Leben ein einziges Werben, ein einziges Spiel war. Dieses ständige Herumtändeln war ihr überaus lästig, doch je häufiger sie ihn zum Arbeiten und Geldverdienen in den Laden schickte, um so öfter fand er einen Vorwand, wieder zu ihr zu laufen und sie bei ihrer eigenen Arbeit zu stören.

An sein Versprechen, ein braver Kaufmann zu werden, hielt Tevfik sich nur wenig, der Schauspieler in ihm siegte immer wieder aufs neue. Er trieb Unfug mit den barfüßigen Gassenjungen, die vor dem Geschäft herumlungerten, und spendierte ihnen Zimtbonbons; er schloß Freundschaft mit seinen Kunden; er verweigerte ihnen nie Kredit und tat sich schwer damit, zum Monatsende sein Geld einzutreiben. Statt ihre Schulden zu zahlen, vertrauten sie ihm ihre häuslichen

Sorgen an. Nach und nach stellten sich auch seine Schauspielerkollegen im Laden ein. Tevfik war hocherfreut und fütterte sie kostenlos durch. An manchen Abenden erschienen sie in großer Zahl, und dann bewirtete Tevfik sie mit Raki und Salznüssen, und auf den Bänken oder Seifenkisten hockend sprachen sie über die Welt des Theaters. Gelächter und Frohsinn drangen bis zu Emine, die hinten in der Küche saß.

Als die junge Frau sah, daß der Warenvorrat schrumpfte, ohne daß die Blechbüchse auf dem Ladentisch, die als Kasse diente, sich füllte, beschloß sie, drastische Maßnahmen zu ergreifen. Sie hatte die ihr angeborene Neigung zur Nörgelei zu einer hohen Kunst entwickelt, um Tevfik klarzumachen, wie unangemessen er mit seinen Kunden umging. Aber sie hatte erfahren müssen, daß auch die ausgiebigste Quengelei Tevfik nicht umzustimmen vermochte. Nun mußte sie handeln, und das sofort. So prompt und energisch, daß Tevfik nicht protestieren konnte, übernahm sie das Kommando im Geschäft. Fortan saß sie hinter dem Ladentisch, schreckte Müßiggänger ab, verjagte arme Kinder und machte sich Tevfik mit wechselweise schrillem Keifen und lähmendem Schweigen gefügig.

Tevfik mochte noch so sehr den Spaßmacher

geben – er fand keine Gnade mehr vor Emines Augen. Wenn er sich in der albernen Haltung einer Pappfigur vor einen Wandschirm stellte und eine klassische Liebesszene spielte, schalt sie ihn mit lauter Stimme ein Schwein und einen Hund.

«Ich weiß, daß du nicht in der Lage bist, auf ehrbare Art Geld zu verdienen. Ach, wie ich mich nach meinem Vater sehne! Er wusch sich fünfmal am Tag und sprach fünfmal am Tag seine Gebete.[4] Du schiebst das Waschen so lange wie möglich auf und betest nie. Er verkehrte mit ehrbaren Leuten, er mühte und plagte sich, um seiner Familie Sicherheit und jede Art von Annehmlichkeit zu bieten. Du verkehrst mit Lumpenpack und wirfst dein Geld zum Fenster hinaus. Mein Vater erhob sich morgens schon mit der Sonne, dich jagen erst Fußtritte aus dem Bett.»

«Es war einmal ein alter Imam, der war nach außen fromm, aber im Grunde seines Herzens ein Schuft …», begann Tevfik.

«Sprichst du von meinem Vater, du Schwein?»

«Keineswegs», beteuerte Tevfik so liebenswürdig wie eh und je. «Es geht hier um eine Figur, die ich berühmte Darsteller auf der Bühne verkörpern sah.»

Mit spielerischer Leichtigkeit begann Tevfik, den Tageslauf des frommen Halunken vorzuführen. Erst zeigte er dessen morgendliche Waschungen und Gebete und ließ ihn die gottesfürchtigen Lehrsätze sprechen, mit denen er die Seinen täglich plagte, dann spielte er den Imam, der in seinem Büro Mitglieder der Gemeinde empfing. Frauen erbaten Bestattungsgenehmigungen oder wollten ihn für allerlei Rituale gewinnen, die zu seinen Aufgaben gehörten. Tevfiks Mund fiel ein wie der eines zahnlosen Alten, das Kinn schob sich vor wie bei einem Bartträger, er verdrehte die Augen und feilschte im habgierigen Ton des Imams mit einer armen Frau wegen der Gebühr für die Leichenfeier. Gleich darauf verwandelte sich dieses Gesicht in das der Witwe, die kein Geld hatte, um die Bestattung ihres Mannes zu bezahlen.

«Hast du denn gar nichts, was du verkaufen kannst?» keifte Tevfik mit der Stimme des Imams.

«Ich besitze nur ein einziges Kohlebecken. Wenn ich das verkaufe, wird mein Kind diesen Winter erfrieren», stieß er im klagenden Ton der Witwe hervor.

«Verkauf es, Frau! Besser, dein Kind erfriert, als daß dein Mann ohne muslimisches Begräbnis unter die Erde kommt.»

Emine sah ihn wortlos an. Die Karikatur ihres Vaters, die sie gerade erlebt hatte, verschlug ihr die Sprache. Das würde sie Tevfik heimzahlen. Aber wie? Sie konnte ihm das Leben zur Hölle machen, indem sie ihn in aller Öffentlichkeit beleidigte, indem sie seine verkommenen Freunde und seine armen Kunden wegscheuchte. Die reiche Kundschaft, die sie statt dessen gewonnen hatte, ärgerte und demütigte ihn durch ihre herablassende Art schon genug. Mehr aber konnte sie nicht tun. Tevfik hatte etwas an sich, was sich ihrem Zugriff entzog.

Nach einem Monat blieb er dem Geschäft immer öfter fern, erst nur tagsüber, bald auch abends. Als er eines Tages nach dem Abendgebet noch nicht da war, schloß sie die Tür ab. Sie hörte, wie er draußen jammerte, um Einlaß flehte und sich über die schlechte Behandlung beschwerte. Es war eine kalte Nacht, aber sie war entschlossen, ihn zu bestrafen. Zu allem Überfluß war der üble Kerl auch noch betrunken.

Nach diesem Vorfall blieb Tevfik abends zu Hause, doch er hatte sich verändert. Er warb nicht mehr um Emines Gunst, beschwerte sich nicht mehr über schlechte Behandlung. Mechanisch führte er ihre Anweisungen aus. Dieser passive Widerstand machte Emine ratlos. Tevfik ließ sie nicht aus den Augen, schien aber völlig teilnahmslos. Er war dabei, ihr zu entgleiten, und das beunruhigte sie um so mehr, als sie guter Hoffnung war und besorgt überlegte, wie das Kind eines solchen Vaters wohl geraten mochte.

Eines Nachts wachte sie plötzlich auf und bemerkte, wie er sich leise erhob und das Zimmer verließ. Wenig später hörte sie die Treppenstufen knarren. Sie wartete eine Weile, dann schlich sie ihm lautlos und mit angehaltenem Atem nach, bis sie von dem kleinen Gang aus, der in den Laden führte, Licht sah und Stimmen hörte.

«Sollte er mitten in der Nacht seine Zechkumpane um sich versammeln?» fragte sie sich. Sie drückte sich flach gegen die halb geöffnete Tür und spähte durch den Spalt. Männer von abenteuerlichem Aussehen saßen auf Seifenkisten und lachten leise. Die Öllampe an der Decke brannte hell, und in ihrem Licht spielte Tevfik wieder einmal eine Frau. Er hatte einen weißen Schleier über dem Kopf, ein Jutesack diente als Schürze und das karierte Tischtuch, das er sich über die Schultern gelegt hatte, als Schal. Der Aufzug kam ihr seltsam bekannt vor. Es schien, als sei Tevfiks breites Gesicht schmaler geworden, als hätten sich seine vollen Lippen zu einem einzigen Strich zusammengezogen, und er sprach abgehackt und mit hoher Stimme. Das war doch nicht möglich ... Äffte er etwa sie, Emine, nach?

Der Schweinehund hatte mit der Hand auf dem Heiligen Buch versprochen, das nie wieder zu tun. Sie war überwältigt vor Zorn, konnte sich aber von dem Anblick nicht losreißen.

Bald begrüßte er die Kunden, pries den ausgetrockneten Käse als wunderbar frisch, wog Bohnen und Reis ab und kassierte mit dem verzückten Gesichtsausdruck Emines, wenn sie Geld erblickte. Dann wieder jagte er mit dem Fächer die Fliegen weg und verbeugte sich unterwürfig vor reicher Kundschaft. Die höflich liebenswürdige Maske wurde durch das leichte Heben des rechten Mundwinkels zum Zerrbild, als die vermeintliche Emine sich umdrehte und den Ehemann herumkommandierte.

Als sei diese Karikatur noch nicht demütigend genug, spielte er schließlich Emine, wie sie Anstalten traf, zu Bett zu gehen. Er machte sich mit einer Pinzette an einer Augenbraue zu schaffen, die er hochzog, um die Sache schneller zu Ende zu bringen, zupfte überflüssige Haare von der Oberlippe, indem er sie mit der Zunge spannte, und klebte sich zum guten Schluß noch einen kleinen falschen Schönheitsfleck an die linke Schläfe.

Die Männer hielten sich die Hand vor den Mund, um nicht laut loszuprusten, und Emine verließ, außer sich vor Wut und Scham, ihren Beobachtungsposten. Mit einem heftigen Ruck stieß sie die Tür auf und hätte dabei um ein Haar einen Mann plattgedrückt, der dahinter gesessen hatte. Es war der Zwerg aus dem Stadttheater. Heiser und zutiefst empört, schrie sie die Männer an: «Ihr Hunde, die ihr aus den Schüsseln der Reichen freßt, die ihr schlimmer seid als Schakale …»

Die Gesellschaft stürmte in die Nacht hinaus, und so eilig hatten sie es mit der Flucht, daß sie einander auf die Zehen und sich selbst auf den langen Mantel traten. Tevfik folgte ihnen.

Am nächsten Morgen begab sich Emine zum Haus ihres Vaters und bat ihn, bei ihm wohnen zu dürfen. Dem Imam fiel es nicht leicht, ihr zu verzeihen, aber nicht einmal er brachte es fertig, einer Schwangeren die Tür zu weisen, zumal einer Frau, die verkündete, sie würde lieber sterben, als zu ihrem Mann zurückkehren. Der Imam kannte ihre grimmige Entschlossenheit. Er war bereit, sie aufzunehmen – aber nur unter der Bedingung, daß sie nie mehr zu Tevfik zurückging, so reuig er sich geben und so flehentlich er sie auch bitten mochte.

## KAPITEL 3

Am nächsten Morgen schlich sich Tevfik zu seinem Haus zurück. Die Knie schlotterten ihm bei dem Gedanken, daß er Emine nun wohl oder übel gegenübertreten mußte. Die Tür stand offen, und im Geschäft erwartete ihn Zehra, die Hebamme des Viertels. Der Imam ließ ihm durch sie ausrichten, er müsse sich von Emine scheiden lassen. Merkwürdigerweise erfuhr Tevfik von der Schwangerschaft seiner Frau erst an jenem denkwürdigen Vormittag. Emine hatte zwar schon vor einiger Zeit bei Zehra Rat gesucht, Tevfik aber bislang nichts davon gesagt.

Daß Emine an jenem Morgen nicht zu Haus war, verschaffte ihm so etwas wie eine Galgenfrist, aber die Möglichkeit einer endgültigen Trennung schien ihm unvorstellbar. Die alte Hebamme, die ihn gern hatte, versprach, sich bei der Tochter des Imams für ihn zu verwenden.

Nach einem Monat begriff Tevfik, daß er Emine mit seinen Botschaften nicht erweichen konnte, ja daß er sie – Scheidung hin oder her – womöglich wirklich verloren hatte. Da begann er erneut um seine Frau zu werben. Je geringer seine Hoffnung war, sie zurückzugewinnen, desto größer wurde sein Verlangen. Ihre Tyrannei, ihr ständiges Keifen – alles, alles hatte er in der schmerzlichen Sehnsucht seines Herzens vergessen. Er belagerte das Haus des Imams. Er lehnte sich weinend an die Tür und bat kläglich um Verzeihung. Er lief händeringend durch die Straßen und erzählte allen, die er kannte, von seiner verlorenen Liebe. Die Frauen sprachen von nichts anderem mehr. Er benahm sich wie ein Liebhaber aus einem schlechten Roman. Die Männer schämten sich. Sie spuckten über die Schulter und baten die unsichtbaren Mächte, sie selbst davor zu bewahren, jemals eine so schändliche und unmännliche Schwäche an den Tag zu legen.

Der Imam wandte sich an die Polizei. Tevfik sei eine Bedrohung für den öffentlichen Frieden und Anstand, erklärte er. Die Gendarmen faßten Tevfik hart an, aber die Schmerzen, die sie ihm zufügten, waren nichts gegen die Qual, die er empfand, als er Emines Stimme hinter den Fensterläden hörte. Sie ermutigte seine Peiniger und äußerte grimmige Zufriedenheit über seine Demütigung. «Schlagt zu! Und noch einmal und noch einmal», rief die schrille Stimme. «Das Herz geht mir auf, wenn dieser Possenreißer Prügel bezieht.»

Sie schleppten Tevfik auf die Wache, und der Diensthabende schwor, er werde dem Burschen, sollte er ihn noch einmal vor der Tür des Imams finden, sämtliche Knochen im Leib brechen.

Nach diesem Vorfall sperrte Tevfik seinen Laden zu und verschwand aus dem Sinekli Bakkal.

Fünf Monate später war er Stadtgespräch. Er arbeitete wieder als Schauspieler und hatte das klassische Repertoire für Männer in Frauenrollen um ein neues Stück bereichert, das er «Kılıbık oder Der Pantoffelheld» nannte und mit dem er rücksichtslos sein eigenes Leben parodierte. Das Stück nahm Istanbul im Sturm. Tevfik wurde zum gefragtesten Unterhalter bei Feiern jeder Art. Keine Hochzeit, kein Beschneidungsfest war mehr ohne ihn denkbar. Selbst für fürstliche Trauungen und die Lustbarkeiten, die der Sultan[5] für die Botschafter ausrichten ließ, holte man Tevfik.

Gerüchte über seinen Ruhm erreichten bald auch das Sinekli Bakkal und versetzten Emine in Panik. Inwieweit wagte er es wohl, in dem verwünschten «Pantoffelhelden» intime Einzelheiten über sie zu verraten?

Als die Gassenjungen ihr auf der Straße nachriefen: «Wie geht das mit dem Schönheitsfleck, Tantchen Emine?», wurden ihre schlimmsten Befürchtungen wahr. Sie wußten Bescheid, sie mußten Tevfiks Stück gesehen haben. Die Sache

nahm Emine so mit, daß ihre Tochter Rabia ein
wenig vor der Zeit zur Welt kam.

Der Imam klagte auf Scheidung und Unterhalt.
Tevfik wurde vor das Religionsgericht[6] zitiert und
mußte sich dort vor seinem Schwiegervater ver-
antworten. Der Prozeß erregte großes Aufsehen.

Der Imam hielt eine ergreifende Rede. Seine
Predigten pflegten den Zuhörern wegen der an-
schaulichen Darstellung ewiger Qualen von jeher
Schauer über den Rücken zu jagen, aber diesmal
ging es um die Wirklichkeit. Er entlarvte einen
Mann, der das Bild einer tugendhaften Muslimin
auf eine öffentliche Bühne gezerrt, ihr geheilig-
tes Privatleben enthüllt hatte. Und die so schamlos Entblößte war auch noch die Gattin des Elen-
den! Hatte die muslimische Welt je etwas so
Schändliches gesehen? Seine Eminenz der Kadi
sah bedenklich drein. All jene, denen Tevfiks Talent viele unterhaltsame Augenblicke beschert
hatte, gaben sich empört. Schließlich hatten sie ja
nicht gewußt, daß er in dem Stück das getreue
Abbild seiner Ehefrau gezeigt hatte. Das war ein
Thema, auf das kein Moslem, kein Türke, der
nur einen Funken Anstand besaß, in der Öffentlichkeit auch nur anspielte. Eine Welle frommen
Entsetzens ging durch den Gerichtssaal, und Istanbul schämte sich seines Lieblings. Der Kadi ver-

urteilte ihn zur Zahlung einer großen Geldsumme an Emine und verfügte die Scheidung.

Die allgemeine Empörung über Tevfiks Verhalten wurde – stark übertrieben natürlich – dem Sultan hinterbracht. Tevfik hatte gegen den öffentlichen Anstand verstoßen. Der Sultan schickte ihn ins Exil. Istanbul, die Stadt mit dem kurzen Gedächtnis, vergaß seine Sünden, und im Sinekli Bakkal sprachen sie von ihm nur noch, wenn Emine mit Tevfiks kleiner Tochter auf dem Arm spazierenging.

KAPITEL 4

Rabia, Tevfiks Tochter, war inzwischen fünf. Wie andere Mädchen aus bescheidenen Verhältnissen mußte sie im Haushalt helfen. Sie kochte Kaffee, spülte Geschirr, schälte Kartoffeln und bediente Mutter und Großvater. Aus einem Kupferkrug goß sie Wasser über Hände und Füße des Imams, wenn der fromme Mann seine Waschungen vollführte. In einer Hinsicht allerdings unterschied sich ihr Dasein ganz wesentlich von dem anderer Kinder. Das strikte «Du sollst nicht…» des Imams beherrschte ihr Leben und machte es unvorstellbar karg und hart. Auch andere kleine

Mädchen mußten brav und folgsam sein, durften aber doch hin und wieder einmal spielen. In dem Haus, in das Rabia hineingeboren wurde, spielte niemand.

«Puppen sind Götzenbilder, und sie sind Allah ein Greuel», predigte der Imam seiner Enkelin. «Schon der Gedanke an Spiel und Spaß ist ein Verbrechen, ist Auflehnung gegen den Allmächtigen», donnerte er.

Die Gotteslehre des Imams war von schlichter Art: In der nächsten Welt gab es zwei Wohnungen, zu jeder führte ein Weg, und der Mensch konnte sich für den einen oder den anderen entscheiden. Am Wohnort der Glückseligkeit herrschte Gott. Der Weg hierhin führte durch ewige Düsternis und forderte ständige Bußfertigkeit des Herzens. Am Wohnort der Verdammnis führte der Teufel das Regiment. Den Weg dorthin begleiteten Spiel und Vergnügungen. Rabias Vater, ein Anhänger des Bösen, hatte von klein auf nur gespielt und deshalb den Weg zur Hölle eingeschlagen. Für Rabia, die Enkelin eines frommen Imams, geziemte es sich, diesen Weg zu meiden.

Emine war mit ihrem Vater einer Meinung. Sie wachte eifersüchtig darüber, daß das Kind selbst im zartesten Alter nicht der Versuchung anheimfiel, sich von Vergnügungen locken zu lassen. Eine Neigung zu Spaß und Spiel, die sie womöglich von Tevfik geerbt hatte, mußte rücksichtslos ausgemerzt werden.

Doch Tevfiks kleine Tochter konnte dieser Versuchung nicht widerstehen. Sie hörte die Kinder in den benachbarten Gärten auf ihren Schaukeln singen oder mit ihren Puppen spielen. Sie sehnte sich so sehr nach einer eigenen Puppe. Als Emine einmal aus dem Haus war, bastelte sie sich ein Flickenpüppchen mit langem Maisstroh als Haar, zwei schwarzen Glasperlen als Augen und einer einzigen roten Perle als Mund. Obgleich sie das Spielzeug unter einem dicken Kissen versteckte, entging es Emines Wachsamkeit nicht.

Rabia wurde mit der Puppe in der Hand vor den Imam gezerrt. «Du wagst es, dir Götzenbilder zu machen?» herrschte der sie an. Er ging in die Küche und warf das gottlose Machwerk in das schwelende Holzfeuer unter dem Kessel, in dem die Leintücher siedeten, denn es war Dienstag, der Tag der großen Wäsche. Doch damit nicht genug. Der Imam ging mit Rabia auf sein Zimmer, holte einen Rohrstock hervor, den er noch aus seinen Tagen als Schullehrer besaß, und verprügelte sie mit pflichtbewußter Gründlichkeit. Obgleich der kleine Körper grün und blau und

27

Rabias Gesicht vom Weinen verquollen war, zwang er sie danach, sich hinzuknien und arabische Bußgebete zu sprechen, bis ihr die Kehle weh tat.

Mit sechs Jahren wurde Rabia nicht in die Koranschule geschickt wie die anderen Mädchen ihres Alters. Die bittere Erfahrung ihrer Mutter war dem Imam eine Warnung. Er werde Rabia selbst das Lesen beibringen, erklärte er. Dabei stellte er fest, daß sie eine außergewöhnlich rasche Auffassungsgabe besaß und die Koranverse, die Teil ihrer täglichen Gebete waren, mühelos behielt. Emine erzählte, daß Rabia ein Volkslied, das sie höchstens zweimal gehört hatte, fehlerlos nachsingen konnte. Die Kleine verfügte zudem über eine wunderschöne Stimme und ein bemerkenswertes musikalisches Gehör.

«Wir sollten sie zum *hafiz*[7] ausbilden», sagte der Imam, und damit war seine Tochter sehr einverstanden. Wer wäre als Lehrer berufener als der Imam selbst? Wie viele Jungen und Mädchen hatte er nicht schon zu Koransängern ausgebildet!

Tag für Tag, frühmorgens und am späten Nachmittag, prägte sich Rabia nun unter Anleitung des Imams, kniend auf dem harten Bretterboden seines Zimmers, lange Abschnitte des Korans ein und lernte, sie auf die richtige Art zu singen. So wurde sie zur Koransängerin.

Zuerst fiel es ihr schwer, die langen Passagen in der fremden Sprache auswendig zu lernen. Außerdem erschreckte der Imam sie durch die Drohung, sie werde, wenn sie auch nur einen Fehler machte, dem ewigen Höllenfeuer anheimfallen. Im Lauf der Zeit aber zog der Wohlklang der arabischen Verse Rabia in ihren Bann. Der Imam sah, wie der zierliche Körper sich hin und her wiegte, vernahm die herrliche, für ihr Alter so reine und klare Stimme – meinte jedoch plötzlich, in Rabias honiggoldenen Augen etwas wie Freude aufglimmen zu sehen und war beunruhigt. Bereitete der Gesang ihr am Ende etwa Vergnügen? Seine Sittenstrenge grenzte an Sadismus. Er glaubte einem göttlichen Befehl zu gehorchen, wenn er versuchte, jede heitere Gemütsregung zu unterdrücken. Er hieß sie aufhören und schilderte ihr Himmel und Hölle in den grellsten Farben.

Auch bei den mühevollsten Lektionen hatte Rabia im Lauf der Zeit gelernt, große Selbstbeherrschung zu üben. Auf die ständigen Vorhaltungen des Imams, Frohsinn sei etwas Abscheuliches, reagierte sie mit gelassenem Ernst. Es mochte dies eine Art Selbsterhaltungstrieb sein wie bei Vögeln und Insekten, die die Farbe ihrer

Umgebung annehmen, um sich vor Gefährdung zu schützen, doch auf dem jungen Gesicht hinterließ er Spuren. Mit ihren neun Jahren hatte Rabia schon tiefe Falten zwischen den Augenbrauen und Schmerzfurchen in den Mundwinkeln.

Mit elf hatte sie ihr Koranstudium abgeschlossen. Amtliche Inspekteure fragten ihr Wissen und ihre Befähigung ab, das Heilige Buch von Anfang bis Ende fehlerlos korrekt zu rezitieren, und sie wurde als jüngstes Mitglied in die Gemeinschaft der Koransänger aufgenommen.

Schon kurz nach der Prüfung wurde die Öffentlichkeit auf Rabia aufmerksam – teils, weil sich herumsprach, daß sie das Examen mit Glanz bestanden hatte, teils, weil es der Ramadan[8] war, in dem sie in der Valide-Moschee[9] sang. Die Besucher sahen eine zierliche Gestalt in einer Ecke des großen Tempels sitzen, das helle Gesicht von den Falten eines leichten weißen Schleiers eingerahmt, die schmalen Hände reglos auf den Knien, während der schlanke Körper sich hin und her wiegte und die Stimme sich in ergreifender Schwermut erhob. Wer sie hörte, erkundigte sich nach ihr, und sehr bald war bekannt, wo sie wohnte. Von nun an wurde sie ständig engagiert, um bei privaten oder öffentlichen religiösen Feiern zu singen. Der Imam wurde großzügig entlohnt, und auch Rabia machte die Anerkennung, die ihr zuteil wurde, in ihrer bescheidenen Art stolz und froh.

Zu denen, die sie in der Valide-Moschee erlebt hatten, gehörte auch die Gemahlin von Selim Pascha, der bedeutendsten Persönlichkeit im vornehmeren Teil des Sinekli Bakkal. Wegen ihrer wohltätigen Werke erfreute sich Sabiha Hanım[10] allgemeiner Beliebtheit, war aber durch ihr absonderliches Benehmen ins Gerede gekommen. Sie umgab sich mit einem Gefolge unterhaltsamer Personen, die sie aufs Geratewohl einsammelte und ebenso leichthin wieder fallenließ. Außerdem hatte sie zahlreiche Freunde unter Armen wie Reichen, die bei ihr ungezwungen ein und aus gingen. Die übrigen Bewohner des Sinekli Bakkal statteten ihr nur einmal im Jahr einen *bayram*[11]-Besuch ab.

Emine kam nicht in den Genuß von Sabiha Hanıms Freundschaft. Die herrschaftliche Dame nahm von ihr nur soweit Notiz, wie es die Höflichkeit erforderte, was aber nicht an ihren unberechenbaren Launen und Grillen lag, wie Emine vermutete. Es war vielmehr so, daß Sabiha Hanım Tevfiks Werdegang belustigt und mit großer Anteilnahme verfolgt hatte. Als junge Frau

31

hatte sie ihre Kutsche angehalten, um seinen Späßen mit den anderen Gassenjungen zuzusehen,
hatte oft freundlich mit ihm gesprochen und ihm
ein paar blanke Münzen in die Hand gedrückt.
Später hörte sie von der seltsamen Verblendung,
die ihn zu Emine hingezogen hatte, und auch,
was daraus geworden war. Damals brachten Tevfiks brillante Komödien, mit denen er die Stadt
begeisterte, ein wenig Abwechslung in ihr eintö-
niges Leben.

Tevfiks Schmach und Verbannung schmerzten
sie sehr. Da alle Ausweisungsbefehle durch die
Hände von Selim Pascha gingen, dem Minister
für öffentliche Sicherheit, machte sie ihren Einfluß geltend, um für den jungen Schauspieler
eine Begnadigung zu erreichen. Doch der Pascha
gehörte nicht zu denen, die sich bei der Entscheidung über Recht oder Unrecht von persönlichen
Gefühlen leiten ließen. Als Tevfik Istanbul verließ, war es Sabiha Hanım, als wäre mit ihm auch
das türkische Theater verschwunden. Die modernen Bühnen mit ihren ausländischen Stücken
die mit fremdem Zungenschlag aufgeführt wurden und fremde Leben zeigten, waren ihr zu
künstlich und reizten sie nicht. Es war nahelie-
gend, daß sie für diese Entwicklung Emine verantwortlich machte.

Und nun wurde Sabiha Hanım langsam alt. Ihre Umgebung erwartete von ihr eine fromme, andächtige Haltung. Man legte ihr nahe, die Gedanken nicht mehr auf diese, sondern auf die nächste Welt zu richten. Die aber stellte sie sich recht unerfreulich vor. Sie sah kriechende und krabbelnde Insekten vor sich, ein widerwärtiger Geruch nach feuchter Erde stieg ihr in die Nase. Wenn der Imam in der Moschee von den Qualen der Hölle predigte, brach ihr der Angstschweiß aus, und sie konnte nachts nicht schlafen. Es war andererseits auch nicht so, daß der Himmel, von dem er sprach, Gnade vor ihren Augen gefunden hätte – er hörte sich sterbenslangweilig an. Weil sie aber Religion nicht ganz missen mochte, machte sie sich auf die Suche nach einer Glaubensrichtung, es hätte sogar eine ketzerische Lehre sein dürfen, die ein attraktiveres Jenseits zu bieten hatte. Trotz ihres Alters war ihre Vitalität ungebrochen, sie wollte nach wie vor das Leben genießen und vor allem nach wie vor herzhaft lachen. Sie sah sich nach einer passenden Religion um und besuchte die *tekkes* – die Orden –, die als nicht orthodox galten.

Der Orden der Tanzenden Derwische[12] sprach sie am meisten an. Er war frei von allen theologischen Gruselvorstellungen. Die religiösen Tänze, der augenzwinkernde Blick der alten Scheichs auf das Leben im Hier und Jetzt wie auch im Jenseits waren verlockend. Es wirkte auf sie, als würde man in dem Himmel, den dieser Orden verhieß, auch lachen können. Sie trat ihm bei und konnte Vehbi Efendi, einen frommen Derwisch und großen Musiker, als Lehrer für die Jugend des Konaks[13] gewinnen.

Als sie Rabia, den neuen Stern am Sängerhimmel, zum ersten Mal sah, kam sie aus dem Staunen nicht heraus. Hinter dieser wunderbaren Künstlerin sollte das schüchterne, farblose kleine Mädchen stecken, das Emine an *bayram* begleitet und den Saum ihres Gewandes geküßt hatte? Sie richtete sich auf und musterte Rabia kritisch. Kein Zweifel, dieses hilflose kleine Wesen hatte eine göttliche Gabe. Wie konnte es die Atmosphäre im Haus des Imams nur ertragen? Kein Wunder, daß in der Stimme des armen Mäuschens ein sonderbares Pathos schwang, eine anrührende und schwer faßbare Traurigkeit.

«Pascha», sagte sie, nachdem sie mehrmals in der Valide-Moschee gewesen war, «ich wünsche, daß die Enkelin des Imams mir abends vorsingt. Richte es so ein, daß sie ohne die Mutter kommt.»

Das ließ sich leicht bewerkstelligen. Der Imam war nur zu froh über das neue Engagement für das Kind. Der Pascha zahlte großzügig. Wenn Sabiha Hanım die Kleine abends zu sich bat, würde ein Diener Rabia abholen und wieder heimbringen.

## KAPITEL 5

Rabia atmete befreit auf, als sie aus der dunklen Gasse auf die prächtige Allee trat, an der Selim Paschas Haus stand. Der Diener leuchtete ihr mit einer Laterne, und sie folgte ihm sittsam. Der nächtliche Anblick dieses Ortes, den sie nur bei Tageslicht kannte, war eine Offenbarung. Große Herrenhäuser aus Holz standen, geschützt durch hohe Mauern, inmitten wunderschöner schattiger Gärten rechts und links der Straße, und über jedem Tor brannte eine große Lampe.

Als sie den Gartenweg betrat, empfand sie den erregenden Reiz des Unbekannten. Sie sog den milden Duft von Akazie und Geißblatt ein und lauschte dem Plätschern der Brunnen. Sie fühlte sich wohl. Aber erst in dem Moment, in dem sie den Konak betrat und die kleinen Füße tief in die scharlachroten Läufer auf der holzgeschnitzten doppelarmigen Treppe einsanken, hatte sie so recht das Gefühl, daß sie ihre Welt für immer hinter sich gelassen hatte.

Ihr Herz klopfte erwartungsvoll, als sie versuchte, sich die bedeutende Dame vorzustellen, die sie zu sich gerufen hatte. Bei den Besuchen an *bayram* hatte die sich stets beängstigend steif und würdevoll gegeben und Rabia und ihre Mutter gnädig, aber ohne ein herzliches Wort entlassen. Feierlich gestimmt ging sie weiter, bezaubert von den kristallenen Kronleuchtern, die von den Decken hingen. Hunderte von Kerzen tauchten die Korridore mit ihrem sanften weißen Glanz in helles Licht. Hinter einer geschlossenen Tür hörte sie eine Frauenstimme, die leise ein Zigeunerlied sang, dazu das silbrige Geklingel von Tamburins und den rhythmischen Tritt tanzender Füße. Rabia hatte geglaubt, man habe sie aus einem religiösen Anlaß hergeholt, aber danach sah es hier im Konak eigentlich nicht aus.

Eine dicke Haushälterin, die *kahya kadın*[14], die Rabia bisher kaum bemerkt hatte, führte sie in Sabiha Hanıms Privatgemach. Die Dame lag, von zahllosen Kissen gestützt, auf einem Diwan und hatte eine seidig-flauschige Decke über ihren Knien. Aus der Nähe betrachtet war sie durchaus nicht furchteinflößend. Ihre Augen, durchdringend und gütig, voller Klugheit und Verständnis, ließen die Falten an dem dicken, schlaffen Hals, die runzlig-feisten Wangen und die fast hochfahrend stolze Kopfhaltung vergessen.

Rabia verbeugte sich ernst und bückte sich nach dem Saum von Sabiha Hanıms Gewand, um es zu küssen, wie es Brauch war. Sabiha Hanım aber streckte die Hand aus und hielt sie Rabia zum Kuß an die Lippen, wie auch eine ganz gewöhnliche Frau aus dem Sinekli Bakkal es getan hätte. Es war eine wunderschöne Hand, weiß und glatt, an den letzten drei Fingern mit drei großen Ringen geschmückt, eine Hand, von der Rabias Mutter verächtlich gesagt hätte, ihre Besitzerin habe sie ihr Leben lang weder in heißes noch in kaltes Wasser getaucht.

«Wie heißt du, Kind?»

«Ich bin Eure Sklavin Rabia», antwortete die Kleine in dem unterwürfigen Ton, den ihre Mutter sie gelehrt hatte.

Sabiha Hanım lächelte. «Komm, Kind, erzähl mir nichts! Dein Name ist einfach Rabia Abla.»

Woher sie das wohl wußte? Abla – das heißt «große Schwester» – war der halb zärtliche, halb spöttisch-respektvolle Name, mit dem Rabia außerhalb ihrer eigenen vier Wände gewöhnlich angesprochen wurde und den sie ihrem jugendlichen Ernst verdankte. Die alten Diener der

Moscheen, in denen sie sang, nannten sie ebenso «große Schwester» wie die Händler, mit denen sie, bestens vertraut mit den Preisen von Obst und Gemüse, vor der Haustür feilschte. Sogar die wilden Gassenjungen, die andere Mädchen neckten und an den Haaren zogen, grüßten mit einem belustigten wie freundlichen «Guten Morgen, Rabia Abla». All das schoß Rabia durch den Kopf, als sie sich setzte und dabei das schwarze Seidenkleid schürzte, damit es nicht knitterte.

«Lächerlich, ein Kind in Schwarz zu kleiden! Und wie hart der Stoff ist! Unglaublich!»

«Es ist ein altes Kleid meiner Mutter», erklärte Rabia. Ihre ganze Garderobe wurde aus den abgelegten Kleidungsstücken ihrer Mutter, ja sogar ihres Großvaters geschneidert, war immer in düsteren Farben gehalten, ausgebleicht, abgetragen und geflickt. Strebte der Imam nicht danach, die Eitelkeit zu überwinden? Hatte nicht der Prophet selbst seine Sachen geflickt und gestopft und sein Geld statt dessen darauf verwandt, die Vaterlosen zu kleiden? Nicht daß der Imam jemals die Vaterlosen gekleidet hätte, aber er war sehr darauf bedacht, daß die Flicken und Stopfstellen an seinen Sachen nicht zu übersehen waren. Rabia versuchte, Sabiha Hanım den Vorzug gedeckter Farben und geflickter Garderobe zu erklären.

«Unfug», schnaubte die. «Man sollte immer die fröhlichsten Farben wählen und die neuesten Kleider, die man bekommen kann.» Die hellwachen Augen in dem verlebten Gesicht musterten Rabia und verglichen sie mit den Kindern aus ihren Kreisen. Die waren laut und selbstbewußt, die Jungen übermütig, die Mädchen keck, besonders wenn sie ausländische Gouvernanten hatten. Rabias stille Demut ließ ahnen, daß ihrem Leben etwas fehlte, was eigentlich jeder junge Mensch kennenlernen sollte.

«Wann soll ich für Euch singen, Efendim?» Zu diesem Zweck war Rabia schließlich gekommen.

«Heute wollen wir einander nur kennenlernen, Kind.» Und dann fragte sie aus spontaner Neugier: «Singst du nie etwas Weltliches, Rabia?»

«Weltlicher Gesang ist Sünde. Wer in diesem Leben singt, dem werden im nächsten Skorpione die Kehle zerbeißen.» Für jedes Vergehen hatte der Imam eine komplizierte theologische Strafe ersonnen und Rabia gezwungen, seine Sentenzen auswendig zu lernen. Sie war so geschult, daß sie, wenn sie nach derlei Dingen gefragt wurde, automatisch eine gottesfürchtige Antwort gab.

Sabiha Hanım lachte, und Rabia schlug die Augen nieder und betrachtete das Teppichmuster.

Sie konnte kaum glauben, daß jemand so leichtfertig über die Aussprüche des Imams urteilte!

Die Stimme der vornehmen Dame durchbrach die Stille verwirrenderweise mit einem weiteren verbotenen Thema. «Sprechen sie bei dir zu Hause denn auch hin und wieder von deinem Vater?»

Rabia schluckte, und um ein Haar wären ihr Haltung und Stimme abhanden gekommen. Schließlich brachte sie doch die Erklärung heraus, die man ihr für den Fall eingetrichtert hatte, daß ehrbare Leute sie nach ihrem Vater fragten. «Mein Vater ist ein sündiger Mensch. Wenn er stirbt, wird er geradewegs in die Hölle fahren.»

«Die Bewohner der Hölle haben bestimmt ihren Spaß, wenn Tevfik sie unterhält», lachte Sabiha Hanım. Dann aber schlug ihre Stimmung um, und sie mußte bekümmert an den armen jungen Komödianten im Exil denken, der so viel Lebensfreude ausgestrahlt hatte. Wie anders war seine Tochter, dieses scheue, unterjochte Wesen, dem man beigebracht hatte, das Dasein als Jammertal zu sehen!

Rabia staunte über die Veränderung, die mit ihrer Gastgeberin vor sich gegangen war. Die sonst so spöttisch dreinblickenden Augen sahen plötzlich in die Ferne und verschleierten sich beim Anblick dessen, was sie dort sahen. Das Mädchen spürte, daß diese milde, schwermütige Stimmung etwas mit ihrem Vater zu tun haben mußte. Sabiha Hanım fuhr ein wenig zusammen, als Rabia, vor Ergriffenheit heiser und in jetzt ganz kindlich bittendem Ton, fragte: «Kanntet Ihr meinen Vater, Efendim?

«Aber ja, von klein auf. Zum ersten Mal habe ich ihn gesehen, da war er nicht mal so groß wie du. Als er später am Theater war, ließ ich mir keine Vorstellung mit ihm entgehen. Mein armer unglücklicher Tevfik! Es war ein schlimmer Tag, als er sich in deine nichtsnutzige Mutter verliebte.»

Der geringschätzige Ton, in dem Sabiha Hanım von ihrer Mutter sprach, berührte Rabia nicht. Sie war in Gedanken schon weiter und stellte, diesmal in gequältem Flüsterton, eine zweite Frage: «Wird mein Vater wirklich in der Hölle brennen?»

«Wer kennt schon Allahs Willen?» sagte die alte Dame sanft und fuhr nachdenklich fort, ohne Rabia in die Augen zu sehen, die sie mit einer für ein Kind so untypischen Eindringlichkeit anblickte: «Der Teufel weiß ganz genau, was er von seinen Anhängern fordern kann.»

Rabia machte ein unglückliches Gesicht. Die alte Dame, die ihr bisher soviel Zuversicht ver-

41

mittelt hatte, gab jetzt dunkle, unverständliche Worte von sich. Doch nun schlug Sabiha Hanıms Stimmung erneut um. Sie hatte begriffen, wie bedrückend ihr letzter Satz geklungen haben mußte, und alles Bedrückende war ihr ein Greuel. Sie wandte sich wieder Rabia zu, beschrieb ihr anschaulich, wie Tevfik an den Süßen Wassern von Asien[15] sein Publikum bezaubert hatte, und schwelgte noch in Erinnerungen, als plötzlich die *kahya kadın* eintrat. Sogleich hörte sie auf, von Tevfiks schauspielerischen Erfolgen zu erzählen, und begann sie auszufragen.

Die *kahya kadın* kam jeden Abend um diese Zeit zur Berichterstattung. Sabiha Hanım war, da sie zumeist auf ihrem Diwan liegen mußte, auf den Rapport der *kahya kadın* angewiesen, wenn sie wissen wollte, was im Haus vorging. Da sie neugierig und eine dominante Persönlichkeit war, bestand sie darauf, jede noch so kleine Einzelheit zu erfahren, um alle herumkommandieren zu können, die unter ihrem Dach lebten. Zunächst erkundigte sie sich nach ihrem Ehemann, den sie unter vier Augen den «Bärtigen» nannte.

«Er ist in seinem Zimmer und schreinert Regale, ich habe ihn vom Gang aus sägen hören.»

«Und getanzt wird nicht?» Sabiha Hanım ließ die *kahya kadın* nicht aus den Augen.

«Ich glaube doch. In Dürnevs Zimmer. Kanarya ist da, angeblich proben sie. Kein Mensch
weiß, was sie wieder für Unfug treiben.» Die
*kahya kadın* hob den Blick zur Decke, als bäte
sie den Himmel um Vergebung für die von solchen Geschöpfen begangenen unaussprechlichen
Sünden.

An die aber dachte ihre Herrin schon längst
nicht mehr. Mit der Hand deutete sie einen
Schnurrbart an – mit dieser Geste fragte sie stets
nach ihrem Sohn.

«Seine beiden Freunde sind da. Sie trinken
gerade die siebente Tasse Kaffee. Nazikter hat
Sorbets[16] zubereitet, aber er hat ihr gesagt, sie solle nicht weiter stören und erst wiederkommen,
wenn er sie ruft.»

«Hast du gelauscht?»

«Ja. Ich habe mein Ohr an die Tür gelegt, konnte aber nichts verstehen.»

«Ging es um Frauen?»

«Nein.»

«Dann vielleicht um die Jungtürken[17]?»

«Gott behüte! Dazu ist der junge Bey[18] zu klug.
Er weiß, daß gemessen an der Schärfe des Schwer-
tes Seiner Majestät unsere Hälse dünner als ein
Haar sind.»

## KAPITEL 6

Ein Minister für öffentliche Sicherheit, der einem Gewaltherrscher dient – besonders einem wie Abdülhamid II.[19] – hat eine heikle Position inne, verfügt andererseits aber auch über eine unbegrenzte, ja beängstigende Machtfülle. Niemand hatte diese Stellung länger bekleidet als Selim Pascha, niemand genoß in so hohem Maße das Vertrauen des Sultans. Das lag daran, daß Selim Pascha fest an das Gottesgnadentum seines Herrn und Gebieters glaubte. Der Sultan wiederum war ein Menschenkenner – er wußte, daß sein Minister für öffentliche Sicherheit gegen jeden Jungtürken mit kompromißloser Härte vorgehen würde, auch wenn der Schuldige der eigene Sohn sein sollte. Der Pascha wußte von der Sympathie seines Sohnes für die jungtürkische Sache. Zum Glück nahm er ihn nicht ernst. Er rechnete ihn jenen verwestlichten jungen Dummköpfen zu, die viel redeten, aber nicht in der Lage waren, Entscheidungen zu treffen oder konsequente Schritte zu unternehmen.

Sabiha Hanım sah das anders. Insgeheim hatte sie immer Angst, ihr Sohn könne sich zu einer politischen Unbedachtheit verleiten lassen – denn selbst bei dem kleinsten politischen Vergehen drohte Exil auf Lebenszeit. Da sie aber ein eher heiter gestimmter Mensch war, schob sie diese unerfreulichen Gedanken kurzerhand beiseite. Das Leben im Konak verlief nach festen Regeln und dank ihrer klugen Führung für alle überaus angenehm.

Im Hinblick auf ihren Ehemann hatte Sabiha Hanım sich immer sicher gefühlt. Der Pascha führte ein mustergültiges Privatleben. Nur einen einzigen wunden Punkt gab es in seiner Vergangenheit, der ihr jetzt zu schaffen machte. Selim Pascha war, sosehr er seine Frau liebte, nie glücklich gewesen über den Sohn, den sie ihm geboren hatte. Der Junge hatte sanfte Gazellenaugen, lispelte und beschäftigte sich vor allem mit Büchern und Musik. Im Grunde war er harmlos, aber der einzige Sproß eines kraftvollen, maskulinen Vaters müßte eigentlich anders aussehen, fand Selim Pascha. Er wünschte sich noch einen Sohn, einen, der ihm äußerlich ähnlich war und seine Ansichten teilte. Doch Jahr um Jahr war vergangen, ohne daß seine Frau ihm ein weiteres Kind schenkte. Er hatte sich deshalb eine zweite Ehefrau genommen, eine Kaufmannstochter, die er mit Hilfe seines Verwalters in der Hoffnung ausgesucht hatte, sie wäre geeigneter, ihm den ersehnten Stammhalter zu gebären. Er brachte sie in einem Haus in einem entlegenen Viertel von Istanbul unter und glaubte, Sabiha Hanım wüßte nichts von der Sache. Die neue Frau schenkte ihm eine kränkliche Tochter und starb bei der Niederkunft eines zweiten, totgeborenen Mädchens.

Neuerdings bedrohte diese längst vergessene Episode Sabiha Hanıms Seelenfrieden, und schuld daran war ihre Schwiegertochter. Sabiha Hanım hatte Dürnev, eine frühere Sklavin, ihrer Intelligenz und Schönheit wegen ausgewählt, sie sorgfältig erzogen und ausgebildet und dann ihren Sohn dazu bewogen, sie zu heiraten. Die junge Frau, so glaubte Sabiha Hanım, werde schon den nötigen Respekt aufbringen. Seit sie aber so häufig an ihr Zimmer gefesselt war, versuchte die Schwiegertochter, im Haus das Heft in die Hand zu nehmen. Sie mußte in die Schranken gewiesen werden. Sabiha Hanım schmiedete also einen hinterhältigen Plan. Sie kaufte eine weitere schöne Tscherkessin[20], die Kanarya hieß und zur Tänzerin ausgebildet werden sollte.

«Ich werde das Mädchen der hohen Herrin Rosenmund, der Zweitfrau des Sultans,[21] schenken», verkündete sie. In Wirklichkeit aber gedachte sie die Aufmerksamkeit ihres Sohnes auf die schöne Tänzerin zu lenken, um damit die

46

Eifersucht der Schwiegertochter zu schüren und sie sich wieder gefügig zu machen.

Doch Dürnev reagierte unerwartet. Sie machte die junge Sklavin zu ihrer Busenfreundin und übernahm selbst ihre Ausbildung. Jeden Abend gab es Tanz und Musik in Dürnevs Zimmer, und häufig wurde auch Selim Pascha eingeladen. Das alles verhieß nichts Gutes. Würde die schöne Sklavin das Verlangen des Paschas nach einem Sohn wiederaufleben lassen?

«Für einen Mann in deinem Alter und in deiner Stellung ziemt es sich nicht, solchem Getanze beizuwohnen», sagte Sabiha Hanım zu ihrem Mann.

«Da du die Absicht hast, Kanarya dem Palast zum Geschenk zu machen, muß ich mir die junge Frau genau ansehen», erwiderte der Pascha ernst. «Ich bin schließlich für die Sicherheit Seiner Majestät verantwortlich.»

Während Sabiha Hanım diese Dinge an Rabias erstem Abend mit ihrer *kahya kadın* besprach und Rabias Anwesenheit ganz vergessen hatte, sank der Kopf der schläfrigen Kleinen tiefer und tiefer.

«Es ist spät geworden. Sollen wir sie heimschicken?» Die *kahya kadın* deutete auf das Mädchen.

Sabiha Hanım tätschelte der jungen Koransängerin die Schulter. «Am Samstag ist *kandil*, der Geburtstag des Propheten. Ich habe mir zur Feier des Tages Gäste eingeladen, und du sollst für die Seelen der Toten singen. Sag deiner Mutter, sie kann nach dem Abendgebet dazukommen.»

### KAPITEL 7

Das *kandil*-Fest, der Geburtstag des Propheten, wurde im Hause Selim Paschas sehr ernst genommen. Die von Sabiha Hanım ausgerichteten Festlichkeiten waren ihrem Ruf als Wohltäterin und ihrer hohen gesellschaftlichen Stellung angemessen. An den wichtigsten Straßenecken und in den Vorhöfen der Moscheen des Sinekli Bakkal ließ man Tüten mit bunten Näschereien und warmen *kandil*-Kringeln[22] an die Kinder der Armen verteilen. Hinter großen Bottichen mit Wasser aus berühmten Quellen standen Männer, die den Passanten einen Trunk anboten und dazu riefen: «Für die Seelen der Toten im Hause Selim Pascha.» Den abendlichen Korangesang würde Rabia bestreiten, und das ganze Haus würde zuhören.

Rechtzeitig zum Abendgebet bei Sonnenuntergang traf Rabia im Konak ein. Die Kerzen an den Kronleuchtern wurden gerade angezündet. Als sie Sabiha Hanım sah, die ganz in Seide gekleidet war und ihren Festtagsschmuck angelegt hatte, mußte Rabia an die früheren *bayram*-Empfänge denken, die sie mit ihrer Mutter besucht hatte.

Eine Fünfzehnjährige, mager und unscheinbar, erschien als erste und küßte Sabiha Hanım die Hand. Das war ihre Stieftochter Mihri, die einzige aus der Familie, von der die *kahya kadın* bei ihrem abendlichen Rapport nie etwas zu berichten wußte. Manche sagten, die hohe Herrin sei zu stolz, um ihrer Stieftochter nachzuspionieren, andere meinten, die Arme sei so unterjocht, daß es nicht lohne, sie zu überwachen. Sabiha Hanım küßte Mihri auf die Wange und entließ sie mit den für diesen Tag üblichen Glück- und Segenswünschen für ein langes Leben.

Danach führte die *kahya kadın* die Dienerinnen und Sklavinnen aus dem Harem herein. Sabiha Hanım reichte jeder einzelnen gnädig die Hand zum Kuß und wiederholte die *kandil*-Wünsche. In langer Reihe zogen die Frauen an ihr vorbei und verließen den Raum dann wieder. Nur eine einzige blieb zurück, und Rabia blickte sie an wie gebannt. Sie hatte breite Schultern, jungenhaft schmale Hüften, seidige Haut und blaue Augen.

Ihr rosenfarbenes Gewand war schlicht geschnitten und hatte einen silbernen Gürtel, das helle Haar war zu einem Zopf geflochten und mit einer großen Schleife geschmückt, wie jüngere Mädchen sie trugen. Rabia konnte den Blick nicht von ihr abwenden. Staunend betrachtete sie die hochmütig gewölbten Augenbrauen, von denen eine höher saß als die andere. Daß die schönen Tscherkessinnen aus unerfindlichen Gründen die Angewohnheit haben, stets eine Augenbraue hochzuziehen, wußte Rabia damals noch nicht. Diese junge Frau war Kanarya.

«Wo ist denn Dürnev Hanım?» fragte Sabiha Hanım.

«Sie kommt gleich, Efendim.»

Und da war sie auch schon: eine zierliche kleine Person mit großen, unschuldig dreinblickenden braunen Augen und tiefschwarzen Brauen, die sorgfältig nachgezogen und gebürstet waren, so daß sie die Form von Mondsicheln hatten. Dürnev war kunstvoll zurechtgemacht. Dank Rouge, Augenbrauenstift und Pinzette war ihr Gesicht glatt und gepflegt. Die Halskette aus Smaragden, die Ringe, Armbänder und vor allem die Smaragdohrringe, die an Kettchen bis auf die Schultern herabhingen, versprühten einen Glanz, der das Auge blendete. Der Schmuck war berühmt, und sie hatte ihr Kleid mit der Tournüre, den tausend Rüschen und der langen Schleppe mit Bedacht im gleichen Farbton gewählt. Immer wieder traten die hochhackigen Satinschuhe leicht, aber nachdrücklich gegen die Schleppe, so daß sie – je nach Stimmung ihrer Trägerin – zuckte wie eine zornige Schlange oder sich geschmeidig dehnte wie ein junger Tiger. Trotz des glanzvollen Festtagskleides benahm sich Dürnev so, als wäre ihr der Feiertag gar nicht bewußt. Sie machte der Schwiegermutter ein Kompliment zu ihrem guten Aussehen und blieb dann nachdenklich direkt unter dem Kronleuchter stehen.

Worüber sie nachsann, war nicht zu erkennen, aber die Art, sich in den Hüften zu wiegen und mit selbstzufriedener Miene dem seidigen Rascheln der langen Schleppe zu lauschen, reizte ihre Schwiegermutter. Wollte Dürnev sie absichtlich erzürnen, oder war dieses törichte Gehabe nur typisch für die Aufsteigerin, die frühere Sklavin? «Mir scheint, du möchtest mich etwas fragen?»

«Was du nicht alles merkst!» gab die junge Frau mit leisem Spott zurück. «Es geht um Kanarya. Wäre es dir möglich, die zweite Gemahlin des Sultans für die nächste Woche einzuladen?»

«Gewiß.»

«Vielleicht magst du dann heute abend auch zur Probe kommen? Alle Musiker werden dasein, und auch der Pascha hat zugesagt.»

Dürnevs Schwiegermutter war empört. Vor Zorn war ihr das Blut ins Gesicht gestiegen, und die dick aufgetragene Schminke schimmerte fast violett. «Heute abend?» stieß sie hervor.

«Warum nicht?»

«So wie du redest, könnte man denken, du seist unter Ungläubigen aufgewachsen. Weißt du nicht, daß heute *kandil* ist? Und daß ich für meine Gäste eigens eine Koransängerin eingeladen habe?»

«Eine Koransängerin?» Dürnev warf einen verächtlichen Blick auf die schmächtige Gestalt, die bescheiden zu Füßen ihrer Schwiegermutter auf dem Boden kauerte. «Meine Räume sind im anderen Flügel. Deshalb steht einer Probe dort nichts im Wege.»

Sabiha Hanım rang um Fassung. Sie hatte heute gefastet und zusätzliche Gebete gesprochen, hatte Allah gelobt, Dürnev gegenüber besonders nachsichtig zu sein – aber jede menschliche Geduld hat ihre Grenzen, und diese Grenzen waren nun bei ihr erreicht.

«Was soll überhaupt das ganze Getue um diese Quietschmaus?» fuhr die junge Frau in aufreizendem Ton fort. «Ja, wenn es ein Mann wäre, ein richtiger Koransänger, der hinter einem Wandschirm seine Kunst zu Gehör brächte … In diesem Fall hätte ich vielleicht die Probe verschoben.»

«*Wer* den Koran rezitiert, spielt keine Rolle. Es geht ausschließlich um das Gebet für die Seelen der Toten.»

Dürnev zuckte die schönen Schultern. Was kümmerten sie tote Seelen?

«In deinem Kaukasusdorf haben sie doch keine Ahnung davon, wie *kandil* gefeiert wird, und deshalb haben eure Verstorbenen das Gebet auch nötiger als meine», sagte Sabiha Hanım, hochzufrieden mit dieser meisterlichen Replik.

Als Antwort schlug die smaragdgrüne Schleppe um sich wie der Schwanz einer erbosten Kobra. Aus Dürnevs großen braunen Augen war die kindliche Unschuld gewichen, in ihrem schönen Gesicht spiegelte sich nur mehr zornige Auflehnung.

In diesem kritischen Moment streckte die *kahya kadın* den Kopf durch die Tür und meldete den Pascha. Zwar wurden die Feindseligkeiten sogleich ausgesetzt, aber die Stimmung blieb weiterhin gespannt.

Der Mann, der in Palastuniform den Raum betrat, war groß, breitschultrig und wirkte wesentlich jünger als seine Frau. In den schwarzen Kinn- und den langen Schnurrbart mischten sich nur wenige Silberfäden, und auch die tiefen Kerben zwischen den buschigen Augenbrauen waren weniger Anzeichen von Alter denn von Kraft und Männlichkeit. Seine Augen waren dunkelgrau, die Nase sehr lang. Nahe der Wurzel klassisch geformt, krümmte sie sich zum Ende hin habichtgleich. Ein Gesicht, das furchterregend, aber auch durchaus liebenswürdig wirken konnte. Heute hatte der Pascha seinen liebenswürdigen Tag.

Seine Gemahlin hatte sich erhoben, als er eintrat, und er begrüßte sie mit feierlichem Zeremoniell. Ihre Versuche, seine Aufmerksamkeit auf das Mädchen zu lenken, das neben ihr stand, schlugen fehl. Er hatte nur Augen für seine Schwiegertochter, die wie ein verzogenes Kind schmollte und dabei aussah, als könnte sie kein Wässerchen trüben.

«Was bekümmert dich, meine Schöne?» fragte er liebevoll.

«Sie wünscht sich an einem so heiligen Abend Tanz und Musik.»

Dürnev wandte sich hilfesuchend an Selim Pascha. Äußerst geschickt warf sie ihm einen flehenden Blick aus ihren weit geöffneten Augen zu. «Hanım Efendis Gäste sind alt und fast taub. Ich bezweifle sehr, ob sie das Piepsen dieser Kreatur, die angeblich Koransängerin ist, überhaupt vernehmen würden. Wem schadet es denn, wenn ich in meinen Gemächern einen musikalischen Abend abhalte? Kanarya wird schon bald in den Palast umsiedeln. Sie braucht eine letzte Probe, ehe die Gemahlin des Sultans zu einem Gala-abend in deinen Konak eingeladen wird. Ach, bitte sag ja. Bitte, bitte komm, du hast ja an keinem anderen Abend Zeit.»

«Natürlich, meine Schöne. Das heißt, wenn unsere Herrin es erlaubt.»

«Nimm Rabia mit nach unten, Kanarya, sie wird mit dir und der *kahya kadın* essen», sagte Sabiha Hanım, die ihr inneres Gleichgewicht wiedererlangt hatte. Sie mußte sich mit der öffentlichen Niederlage abfinden, tat das aber, wie immer in kritischen Momenten, mit beeindruckender Würde.

Alle anderen verließen den Raum, nur der Pascha zögerte noch. Er hatte das triumphierende Funkeln in Dürnevs Augen bemerkt und wußte, wie das auf seine Frau wirken würde. Es galt sie zu beschwichtigen. Am ehesten war das jetzt mit ein paar anerkennenden Worten über Sabiha Hanıms neueste Grille zu erreichen. «Diese kleine Koransängerin wird also heute abend auftreten? Da muß man sich doch fragen, wie ein Komödiant zu einem so gottesfürchtigen Kind gekommen ist!»

«Apropos: Wo befindet sich eigentlich der Komödiant, verehrter Gemahl?»

«Vielleicht in Gallipoli²³, er ist jedenfalls kein politischer Straftäter.»

«Ich wünschte, du könntest ihn zurückholen.»

Typisch Frau! Kaum hatte sie seinen Wunsch gespürt, ihr eine Freude zu machen, versuchte sie schon, ihn zu etwas Unmöglichem zu veranlassen. Wann würde sie begreifen, daß die Dekrete des Sultans nicht einer Frau zuliebe abgeändert werden konnten?

«Das ist völlig ausgeschlossen. Ich habe ihn auf ausdrücklichen Wunsch des Sultans ausgewiesen», sagte er streng und setzte, nun etwas milder, hinzu: «Ich fürchte, der Imam würde seine Enkelin nie hierherschicken, wenn ich mich zugunsten von Tevfik verwenden würde.»

Sie entließ ihn mit einer Handbewegung. «Ich muß noch meine Abendgebete sprechen, ehe die Gäste eintreffen.»

«Dann komme ich später vorbei und rauche meine Pfeife bei dir, bevor du zu Bett gehst», sagte er lächelnd und war schon an der Tür.

## KAPITEL 8

Auf dem Diwan, der sich an allen vier Wänden des großen Empfangssaals entlangzog, saßen weiß verschleierte Frauen, die Augen andächtig niedergeschlagen, und ließen die Perlen ihrer Gebetsketten durch die Finger gleiten. Ihre Lippen bewegten sich lautlos zur Anrufung der göttlichen Attribute, und als sie sich im Takt von Rabias Gesang hin und her wiegten, sahen sie aus wie eine Gruppe betender Nonnen.

Rabias kräftiger Alt erscholl weithin über den Saal. Sie sang im arabischen Stil, jenem langsamen, gedehnten Legato, bei dem, unabhängig von der Länge eines Tons, in einheitlichem Rhythmus eine Silbe mit der anderen verbunden wird, und lockte damit sämtliche Bewohner des Konaks auf den Flur. Sogar der Pascha hatte sich eingefunden. Auch Hilmi, sein Sohn, war da und lauschte, ans Treppengeländer gelehnt, dem Gesang des Kindes.

Nachdem die Gäste und die Sängerin gegangen waren, legte sich Sabiha Hanım erschöpft auf den Diwan, und eine Sklavin massierte ihr die Knie. Wenig später erschien ihr Ehemann in weißer Nachtmütze und einem seidenen Schlafrock. «Du hattest recht: Das Kind ist ein Wunder!»

«Du hast sie bis in Dürnevs Gemächer gehört?»

«Ich ging an die Tür, um ihr kurz zu lauschen, und wollte eigentlich gleich weiter zur Tanzprobe, aber ich blieb bis zum Ende.» Selim Pascha lächelte, als er an das bezaubernde Bild dachte, das sich ihm bot, sobald die Diener die Türen geöffnet hatten, um Sorbets in den Saal zu bringen. Zwischen zwei flackernden Kerzen hatte er die jugendliche Koransängerin vor dem niedrigen Pult sitzen sehen. Welch wunderschöne goldene Augen sie hatte! Das lange schmale Gesicht, das ihn noch vor wenigen Stunden kaum beeindruckt hatte, erschien ihm in dieser Umgebung wie ein alter persischer Druck mit blassen Farben und strengen Umrissen.

«Ich habe beschlossen, ihre Stimme von einem guten Lehrer ausbilden zu lassen», verkündete er.

«Was wird der Imam dazu sagen?»

«Ihr Gesang wird sich dadurch verbessern, so daß sie dem Geizhals mehr Geld bringen dürfte.» Er kratzte sich nachdenklich am Kopf. «Wie herrlich würde sie klassische Lieder singen!»

«In den Augen des Imams wäre das aber ein sündhaftes Unterfangen.» Sabiha Hanım kicherte leise, als ihr die Sentenzen des Imams über weltlichen Gesang einfielen, die Rabia ihr so ernsthaft verkündet hatte.

«Die meisten dieser Lieder wurden von berühmten Sultanen und kanonisierten Heiligen komponiert, die jetzt alle im Paradies weilen. Was gilt dagegen ein jämmerlicher Imam?»

Hilmi, der Sohn des Paschas, kam herein. Er war ein für seine Zeit typischer junger Bey: mit braunem Schnurrbärtchen, zartem Gesicht, makellos gepflegtem Äußeren. Ein Langweiler, hätte man denken können, hätte nicht der gut geschnittene Mund, der klare Blick verraten, daß er – ganz im Gegensatz zu den meisten Altersgenossen aus seinen Kreisen – jemand war, der sich seine eigenen Gedanken über die Welt machte. Einen Sohn Selim Paschas allerdings hätte man sich doch anders vorgestellt – ihm fehlten die mitreißende Tatkraft, die fast brutale Vitalität des Vaters. Die Unterschiede im Äußeren und im Wesen mußten zu Irritationen und wechselseitiger Verachtung führen, und das war jedem klar, der die beiden zum ersten Mal zusammen sah.

Hilmi verbeugte sich steif vor Selim Pascha, sichtlich verstimmt darüber, ihn hier vorzufinden, dann näherte er sich seiner Mutter und küßte ihr mit der gewohnt liebevollen Courtoisie[24] die Hände, erst die eine, dann die andere. «Deine Koransängerin ist eine große Entdeckung.» Weil er nervös war, lispelte er noch ein wenig stärker als sonst.

«Dieser Meinung ist auch dein Vater», bestätigte Sabiha Hanım erfreut. Es war selten, daß die beiden sich in einer Sache einig waren.

«Was für ein Alt, was für eine kostbare Stimme», fuhr er fort. «Nur dieses ständige Legato, diesen monoton winselnden arabischen Stil muß man ihr abgewöhnen.»

Selim Pascha runzelte die buschigen Brauen. Er konnte weder mit dem Begriff «Legato» noch mit einem «Alt» etwas anfangen, aber Rabias Gesang gefiel ihm, wie er war. Die Eigenheiten ihres Stils, so glaubte er, durfte man ihr nicht verbieten, sondern mußte sie eher noch betonen. Leicht ironisch fragte er: «Und wie stellst du dir das vor, mein Sohn?»

«Ich würde Peregrini als Musiklehrer für sie engagieren. Zwei Jahre in seiner Obhut – und sie wäre reif für Europas Bühnen.»

«Was für ein Esel», dachte Selim Pascha. Peregrini gab in etlichen türkischen Familien Musikunterricht, auch sein Sohn ließ sich von ihm unterrichten – sein eigener Sohn, der wie so manch anderer glaubte, Europa sei, was Kultur und Gelehrsamkeit, ja sogar die Musik betraf, der Türkei überlegen. Da Peregrini auch im Sultanspalast unterrichtete, ließ der Pascha ihn von der Geheimpolizei überwachen, aber Peregrini war politisch unbedenklich. Er war einst katholischer Mönch gewesen, hatte seinen Orden aber verlassen. Selim Pascha empfand, wie alle Strenggläubigen, eine Abneigung gegen Menschen, die vom Glauben ihrer Kindheit abgefallen waren. Hätte der Italiener sich dem Islam zugewandt, hätte ihm der Pascha vielleicht verziehen. Von dem, was Peregrini seinen Schülern beibrachte, machte sich Selim Pascha sehr genaue Vorstellungen. «Sind alle Damen, die auf Europas Bühnen glänzen, Schülerinnen von Peregrini?»

«Nein... das heißt... Ihr könnt schließlich nicht wissen, was für eine Art von Musik europäische Künstler betreiben», erwiderte Hilmi ernst, aber mit einem leicht herablassenden Unterton.

«Ach nein?» Selim Paschas buschige Augenbrauen schossen in die Höhe. «Bin ich durch meine Position als Minister für öffentliche Sicherheit etwa nicht genötigt, sämtliche Vorstellungen zu besuchen, die europäische Künstler in unserer Stadt geben?»

«Findet Ihr nicht, daß sie gute Musik machen?»

«Gute Musik? Gäbe es nicht die Kapitulationen[25], würde ich Befehl geben, diese ausländischen Sängerinnen zum Schweigen zu bringen und die glotzenden Narren auseinanderzujagen, die ihr Publikum darstellen. Nennst du das ge-

61

künstelte Gekreisch dieser sittenlosen, halb nackten, spektakelnden Weiber etwa gute Musik? Die wetteifern doch nur miteinander, wer den höchsten Ton erreicht. Die Männer sind nicht besser. Sie brüllen wie die Stiere. Gute Musik, daß ich nicht lache! Eine Kakophonie von Geschrei und Geheul, wie in einer Irrenanstalt!»

«Dafür fehlt Euch wohl doch das nötige Verständnis», war Hilmis aufreizende Antwort.

«Du erzählst mir ständig, Grundlage der europäischen Musik und Literatur sei das Leben. Wo hat man je soviel Theater und Getue, soviel unnötiges Tamtam um die einfachsten Dinge gesehen? Kein vernünftiger Mensch würde auf so spektakuläre Art und Weise lieben oder sterben. Und ich soll diesem verhutzelten alten Teufel mit dem Satansbart gestatten, einer jungen Türkin solche Kunststücke beizubringen? Nein, ich werde Vehbi Efendi bitten, die Enkelin des Imams auszubilden.»

Das klang sehr endgültig. Trotzdem konnte Hilmi sich eine Widerrede nicht versagen. «Die westliche Musik ist voller Leben und konkretem Wissen. Die unsrige dagegen ... pah!»

«Was stört dich an unserer Musik?»

«Ich bin der Ansicht, daß sowohl die Zufriedenheit der Massen als auch der müßige Luxus der

Reichen den schläfrigen, klagenden, einlullenden Weisen des Orients geschuldet sind. Unsere verrottete Gesellschaftsstruktur, die Erniedrigung unserer Frauen ...»

«Laß unsere Frauen aus dem Spiel», fuhr sein Vater auf. «Sie haben weit bessere Manieren als die Europäerinnen. Bei den Europäern, Männern wie Frauen, kann ich nichts weiter erkennen als Habsucht, schnöden Materialismus, Scheinheiligkeit und Indiskretion.»

«Warum hat er sich nur zu einem Streit mit Hilmi hinreißen lassen?» dachte die Gemahlin des Paschas betrübt. Der Junge war schließlich ein blutloses Geschöpf, albern, affektiert und kaum ernst zu nehmen.

«Es ziemt sich nicht, die Kultur einer islamischen Nation schlechtzureden», sagte der Pascha, um die Diskussion abzuschließen.

«Islamische Kultur?» höhnte Hilmi und zitierte Ziya Pascha[26]: «Ich durchschritt die Lande der Ungläubigen und erblickte Paläste und Burgen. Ich wanderte durch islamisches Gebiet und sah nur Ruinen.»

Selim Pascha erhob sich und spielte mit seiner Gebetskette. Der Junge äffte einfach alles nach, war jedem Luftzug ausgeliefert, der aus dem Quartier der Ungläubigen wehte. «Du und

63

dein widerwärtiger Dichterling – ihr solltet wissen, daß wir, wenn wir von Kultur reden, nicht Paläste und Burgen meinen.»

Hilmis sonst so sanfte braune Augen blitzten zornig, als er dem Schlafrock des Paschas nachsah.

«Du solltest Ziya Pascha nicht zitieren, das sind verbotene Schriften. Sei froh, daß dein Vater so nachsichtig ist. Bedenke, daß er diejenigen, die derlei aufwieglerisches Gedankengut lesen, sonst stets rücksichtslos ausweisen läßt. Er ist ein großer Mann.»

«Ein großer Mann? Ich wünschte, er wäre der ärmste, unbedeutendste Mensch und nicht ein rückständiger Tyrann, der das blutige Geschäft eines blutigen Sultans versieht.»

«Hilmi war zwar auf dem ‹Galatasaray›[27], hat es aber trotzdem nur zum kleinen Beamten im Finanzministerium gebracht», dachte Sabiha Hanım. «Sein Gehalt ist so gering, daß er davon nicht einmal seiner Dienerschaft Trinkgelder geben, geschweige denn sich davon kleiden könnte. Warum nimmt er das Geld seines Vaters, wenn er ihn doch so mißbilligt?» Aber sie schwieg, denn sie mochte ihren Sohn nicht kränken.

«Sie hat einen Hang zum Luxus, sie hält sich eine Horde von Schmarotzern zu ihrer Unterhaltung, sie besitzt kostbaren Schmuck und teure

Kutschen», dachte Hilmi. «Ihre Liebe zu derlei Pomp und ihre sinnlose Lust an der Vergeudung ist es, die aus Männern wie meinem Vater Tyrannen macht.» Doch auch er sagte nichts, denn er liebte seine Mutter über alles. «Mit den Frauen hierzulande ist etwas grundsätzlich nicht in Ordnung», sagte er nach einer Weile halblaut.

Um die Augen seiner Mutter zeigten sich Lachfältchen. «Was hast du gegen Frauen einzuwenden, mein Lieber?» fragte sie freundlich.

«Alles. Man bedient sich ihrer nur zum Vergnügen und für die Fortpflanzung. Sie sind allesamt Sklavinnen, auch wenn manche goldene Ketten tragen.»

«Wer sollte denn sonst für die Fortpflanzung sorgen, Hilmi? Machen sich deine Europäer die Kinder selbst? Auch sie brauchen dafür ihre Frauen oder Mätressen. Wer hätte jemals gehört, daß der Hahn die Eier ausbrütet?»

Er tat ihre Leichtfertigkeit mit einer Handbewegung ab und sprach mit seiner Lispelstimme so eindringlich weiter, daß sie schließlich nicht mehr wußte, ob sie lachen oder weinen sollte. Der unerschütterliche Ernst ihres Sohnes berührte sie ganz seltsam.

«Eine Hälfte der Menschheit bedient das Tier im anderen! Es geht ja nicht darum, wer die

Nachkommen hervorbringt, sondern wer sie aufzieht. Das sind bei uns die vergoldeten Geschöpfe, die nur ihr Geschlecht zur Schau stellen, oder aber klägliche Arbeitstiere. Weder die einen noch die anderen haben Interesse an ernsthaften Ideen.»

«Du gehst jetzt besser und ruhst dich aus, sonst ist Dürnev verstimmt.»

«Laß sie doch! Ich halte es in diesen Räumen nicht mehr aus. Wann immer ich komme, wird dort gefeiert. Ich kann diese wackelnden Bäuche nicht mehr ertragen!» Sein Blick wurde traurig und vorwurfsvoll. «Ich muß mich fügen, weil meine Mutter mich mit einer törichten, geistlosen Frau verheiratet hat. Jetzt will sie mir noch so eine Lustmaschine aufdrängen. Aber dieses Übermaß an Sinnlichkeit ekelt mich an. Du solltest die schöne Tscherkessin so schnell wie möglich in den Sultanspalast schicken.»

«Und wenn ich es nicht tue?»

«Mir wäre das egal, aber Dürnev wird sie meinem Vater in die Arme treiben.»

«Nun gut», sagte Sabiha Hanım, mit einem Schlag ernüchtert, und bat ihren Sohn, sie zu verlassen. Er hatte einen wunden Punkt getroffen. Eigentlich hatte sie Kanarya dem Palast erst dann überlassen wollen, wenn Dürnev klein beigege-

ben hatte. Jetzt aber war es eine zwingende Notwendigkeit geworden, sie schleunigst aus ihrem
Haus zu entfernen.

## KAPITEL 9

Selim Pascha beschloß, erst nach dem *selamlık*[28],
dem zeremoniellen Freitagsbesuch des Sultans in
der Moschee, mit dem Imam über Rabias musikalische Ausbildung zu sprechen, denn diese
Zeremonie war mit Problemen behaftet, die sich
der einfache Mann auf der Straße nicht einmal
träumen ließ. Die Menschen, die zusammen-
strömten, um sich den festlichen Zug anzusehen,
erlebten nur Glanz und Gepränge, diejenigen
aber, die hinter den Kulissen tätig waren, wußten,
wie kritisch die Situation werden konnte.

Selim Pascha spielte bei der Organisation eine
wichtige und für ihn recht unangenehme Rolle.
Er mußte dafür sorgen, daß keiner der treuen
Untertanen Seiner Majestät, dem Schatten Allahs auf Erden, eine Kugel verpaßte; eine Aufgabe, die ihm zum einen durch die Scharen von
Spionen erschwert wurde, die bemüht waren, ihr
Salär zu rechtfertigen, zum anderen durch so
manchen Bürger, der sich einen kleinen Zuge-

winn erhoffte, indem er Woche für Woche über geplante Anschläge auf den Sultan berichtete. Selim Pascha mußte den Berichten nachgehen und konnte erst wieder frei atmen, wenn er die Equipage des Sultans durch das Portal seines Palastes hatte rollen sehen. Später empfing ihn Seine Majestät dann mit ein paar Danksworten und beschenkte ihn mit einer roten Börse voller Goldstücke. Die Größe der Börse war abhängig von der Laune des hohen Herrn.

Nach dieser Tortur kam der Pascha stets völlig erschöpft nach Hause. Trotzdem ließ er es sich nicht nehmen, all die Besucher zu empfangen, die ihm einmal wöchentlich ihre Aufwartung machten.

An diesem Freitag war seine Stimmung gut. Er bat den Imam, noch zu bleiben, nachdem die anderen Besucher gegangen waren. «Es freut mich sehr, daß du deine Enkelin zu einem frommen und sittsamen Mädchen erzogen hast», begann er das Gespräch.

«Euer ergebenster Diener hat reiche Erfahrung in der Ausbildung von Koransängern.» Der Imam lächelte selbstzufrieden.

«Eine klassische Ausbildung würde ihren Wert als Koransängerin noch steigern. In meinen Konak kommen täglich mehrere Lehrer. Aus ihrem Unterricht könnte auch deine Enkelin Nutzen ziehen.»

Der Imam hüstelte, sagte aber nichts.

«Dann müßte sie allerdings nicht nur abends, wenn sie meine Gemahlin unterhält, sondern auch regelmäßig am Nachmittag zum Unterricht erscheinen.»

«Es liegt mir fern, mich den Wünschen Eurer Exzellenz zu widersetzen, aber ...»

«Nun?»

«Das Kind spricht fünfmal täglich seine Gebete, wie es sich für eine gläubige Muslimin gehört. Ich fürchte, daß bei der jungen Generation, die nicht so gewissenhaft angeleitet wird, dieser Brauch allmählich in Vergessenheit gerät.»

«Dies ist ein gottesfürchtiges Haus.»

«Ja, gewiß ... ich wollte damit nicht sagen ... Allerdings gibt es da noch etwas anderes. Das Kind wurde von mir so erzogen, daß es Eitelkeit und weltliches Gepränge verabscheut und sich nach der Art unserer Vorfahren kleidet. Heutzutage ...»

«Schlichtheit ist etwas sehr Löbliches, wir haben nicht vor, auf ihre Kleidung Einfluß zu nehmen», sagte der Pascha leicht belustigt.

«Das Kind wird zum Korangesang hin und wieder in das eine oder andere Haus gebeten. Bedauerlicherweise bin ich zur Bestreitung der

Kosten meines Haushalts auf Rabias Honorare angewiesen.»

«Ich werde dafür sorgen, daß dir durch die Ausbildung deiner Enkelin kein Verlust entsteht», versprach der Pascha, erhob sich und beendete damit das Gespräch.

Insgeheim frohlockend entfernte sich der Imam. Die Kleine war wirklich eine Henne, die goldene Eier legte! Mit zwanzig Jahren hatte er, der Imam, nicht die Hälfte von dem verdient, was Rabia mit elf einnahm.

Danach wurde Rabias häusliches Leben erträglicher. Zwar mußte sie vormittags weiterhin schwere Hausarbeit leisten, und ihre Mutter nörgelte nach wie vor an ihr herum, aber die Unterrichtsstunden beim Imam wurden eingestellt. Von der Mittagszeit bis zu ihrer Rückkehr spät am Abend war Rabia glücklich.

Der Imam selbst behandelte sie jetzt mit einigem Respekt. «Denk daran, daß sie uns Wohlstand gebracht hat, Emine, sei nicht zu streng mit ihr», pflegte er seine Tochter zu ermahnen.

## KAPITEL 10

Sobald Rabia den Konak betrat, begann für sie
die Zeit des Lernens. Um Sabiha Hanım herrschte immer brodelndes Leben, in dessen Sog auch
Rabia geriet, ein Leben, das man nicht nur sehen,
das man auch riechen und schmecken konnte.

Sabiha Hanım betraute sie mit allerlei Hand-
langerdiensten und Besorgungen und schickte sie
mit ihren Anweisungen zur Dienerschaft. Ihre
Befehle waren stets unmißverständlich, aber Rabias sanfte Stimme, ihre gewinnende Art und
freundliche Miene nahmen ihnen die Schärfe. Rabia war zurückhaltend und diskret, nie wäre es ihr
eingefallen, ihrer Herrin etwas von den Zornes-
ausbrüchen und kecken Bemerkungen zu erzählen, deren Zeugin sie bei den Sklavinnen wurde.
Alle vertrauten ihr, und selbst Dürnev, die sich am
*kandil*-Abend so abfällig über sie geäußert hatte,
begegnete ihr jetzt mit großer Herzlichkeit.

Sobald im Amtsblatt eine neue Liste der Beförderungen erschien, schickte Sabiha Hanım die
kleine Koransängerin zum Pascha und hieß sie
das Wie und Warum dieser Gunstbeweise in Erfahrung bringen. Der Pascha saß, bekleidet mit
Schlafrock und weißer Mütze, in seinem Zimmer,
schnitzte Rückenkratzer und summte, mit der

71

Heiterkeit eines reinen Gewissens und eines fröhlichen Herzens, klassische Lieder. Je mehr Jungtürken er zur Bastonade²⁹ verurteilen und ins Exil schicken konnte, desto besser war er gelaunt. Die Begründungen, die er für die Beförderungen nannte, waren stets in hohem Maße zynisch. Dabei lachte er leise vor sich hin, die grauen Augen blinzelten, die lange Nase zuckte belustigt, und Rabia kam zu dem Schluß, daß die Ehrungen und Titel in den Beförderungslisten nichts anderes waren als der Lohn für besonders abgefeimte Schurkereien.

«Du mußt so schnell wie möglich das Lied ‹Oh, goldenes Vergnügen›³⁰ lernen», sagte der Pascha eines Tages zu Rabia und zwinkerte ihr zu.

«Das ist doch das Lied, das Kanarya immer singt.»

«Du bist ein kleiner Schelm.»

Rabia begriff nicht, warum ihre Antwort ihn so amüsierte.

«Von der nächsten Woche an wird Kanarya im goldenen Käfig sitzen, lange kann sie es in meinem Konak jedenfalls nicht mehr singen.»

«Wirklich, Efendim?» fragte Rabia erschrocken, denn sie hatte Kanarya gern und verstand nicht recht, was der Pascha meinte.

«Schau nicht so bekümmert. Es ist kein richtiger Käfig. Sie geht in den Sultanspalast, um eine große Dame zu werden.»

Von Stund an sah Rabia, wenn sie an den Sultanspalast dachte, einen riesengroßen goldenen Käfig vor sich, in dem blonde Frauen an goldenen Gitterstäben lehnten und «Oh, goldenes Vergnügen» sangen.

Als Rabia einige Tage später abends mit einer Botschaft von Sabiha Hanım in das Zimmer des Paschas kam, fand sie dort Kanarya vor. Der Pascha saß auf einem Stuhl, rauchte und sah traurig und nachdenklich drein. Kanarya kniete vor ihm auf einem Bodenkissen, spielte auf der *oud*[31], der türkischen Laute, und sang dazu ein Stück, das in späteren Jahren eins von Rabias Lieblingsliedern werden sollte. Der Gesang der Tscherkessin war leise, nicht mehr als ein Hauch, und die Schwermut, die darin zum Ausdruck kam, berührte Rabia sehr. «Bei wem, o Herz, soll ich über dich klagen?» trauerte die Sängerin, griff in die Saiten, und ihre Stimme dehnte die Töne zu einem langen, tiefen Seufzer.

Da bemerkte der Pascha Rabia, die zögernd unter der Tür stehengeblieben war. «Was wünscht meine Herrin?» fragte er. Sie überbrachte ihre Botschaft, aber er schien mit seinen Gedanken weit weg. «Ich werde ihr persönlich antworten.»

Rabia wandte sich zum Gehen, aber der Pascha rief sie zurück, und auch Kanarya winkte sie zu sich. «Nächste Woche bin ich nicht mehr hier, Rabia», sagte sie mit gesenktem Kopf und ungewohnter Demut. «Wir werden unsere Mahlzeiten nicht mehr zusammen einnehmen.» Tränen liefen ihr über die Wangen, und kaum hörbar fügte sie hinzu: «Ich werde dafür sorgen, daß du in den Palast eingeladen wirst.»

Der Pascha folgte Rabia auf den Gang. «Erzähle Hanım Efendi nichts von Kanaryas Tränen, am besten sagst du gar nicht, daß sie hier war.»

Der Hinweis war überflüssig, Rabia hätte es ohnehin nicht erwähnt.

Drei Tage später herrschte, als Rabia eintraf, große Aufregung im Konak. Die Kronleuchter an der Decke strahlten, alle Bewohnerinnen gingen in Seide und zogen lange Schleppen hinter sich her. Fieberhafte Erregung lag in der Luft, edle Stoffe raschelten. An diesem Abend würde Kanarya den Konak verlassen.

Es versprach ein glanzvolles Fest zu werden. Die zweite Gemahlin des Sultans und künftige Besitzerin der blonden Tscherkessin beehrte das Haus mit ihrer Anwesenheit. Es würde Musik geben, und Kanarya sollte tanzen.

Auf einem vergoldeten Sessel, der auf einem

Podium im Empfangssaal plaziert war, thronte die edle Dame. Die Diamanttiara in ihrem hellen Haar und die Halskette mit Brillanten sprühten, wenn das Licht der beiden hohen Kerzen von hinten auf sie fiel. Einige ältere Frauen, allesamt Palastdamen, saßen steif auf Stühlen, die um das Podium herum aufgestellt waren, die jüngeren Frauen standen oder gingen in den Korridoren umher. Alle hatten die Schleppen ihrer langen Kleider lässig über den linken Arm gelegt. Die kleine Kopfbedeckung aus dünnem, gazeartigem Stoff saß in keckem Winkel über einem Ohr. Sie sprachen Tscherkessisch, eine eigentümliche Abart des Türkischen, das wie Vogelgezwitscher klang. Ein ganz eigener Glanz umgab sie. In ihrer blonden Schönheit sahen sie sich sehr ähnlich. Sie wirkten wie ältere oder jüngere Ausgaben von Kanarya und zogen auch auf die gleiche Art eine Augenbraue hoch – teure, kostbare Puppen, in Serie von einem einzigen Künstler geschaffen.

Auf dem Diwan saßen die Frauen der Minister und wedelten ein wenig nervös mit den riesigen Fächern aus Pfauenfedern. Die Musiker hinter dem weißen Vorhang ließen das erste Stück ein wenig langsam angehen, dann aber stimmten sie eine lebhafte Weise an, und Kanarya schwebte herein. Sie trug ein in Purpur und Rubinrot gehaltenes Kostüm mit Pluderhosen, phantasievoll mit Gold- und Silberpailletten bestickt, und mit dünnen Ärmeln, die ihre langen schneeweißen Arme wie Flügel umflatterten. Leben und Bewegung ging nur von den Armen und Händen aus, an deren schmal zulaufenden Fingern goldene Kastagnetten befestigt waren. Der in das enge, ärmellose Mieder gezwängte junge Leib blieb seltsam starr und unbeteiligt. Das glatte sonnengoldene Haar fiel ihr seidig schimmernd über den Rücken. Lange glänzende Strähnen streiften die weißen Arme, während sie sich zum ständig wechselnden Rhythmus bewegte. Rabia konnte sich an ihr nicht satt sehen.

Als Tanz, Gesang und Mahl beendet waren, zogen die blonden Frauen in langer Reihe hinaus, die edle Dame mit der Diamanttiara voran, Kanarya als letzte. Die vielfarbigen seidenen Umhänge schimmerten bei jeder Bewegung. Wie Wolken umhüllten dünne weiße Schleier die Köpfe und ließen nur einen schmalen Schlitz für die Augen, die, blau oder grau und mit schwarzem Kajal umrandet, ein verlockendes Geheimnis zu bergen schienen. Kanaryas Augen strahlten wie Edelsteine, als sie Rabia in der Menge einen Abschiedsblick zuwarf. Die Frauen der Minister, die bei Sabiha Hanım gestanden hatten, verabschiedeten sich an der Pforte zum Harem. Am Ende des Gartens erblickte Rabia eine Reihe geschlossener Kutschen, ungeduldig tänzelnde Pferde, Eunuchen in nüchternem Schwarz und Reitknechte in Livree. Die Reitknechte öffneten die Wagentüren. Es war vorbei.

«Kanarya sah aus wie ein großer Pfau», sagte Sabiha Hanım zu Rabia, die jetzt neben ihr stand. «Kinder und Kindsköpfe mag sie damit blenden, aber ein richtiger Tanz war das nicht.»

Nachdem sie Rabia mit den Worten «Das ist Ihre Schülerin» vorgestellt hatte, zog die *kahya kadın* sich zurück. Heute sollte Rabia ihre erste Musikstunde bei Vehbi Efendi erhalten. Befangen stand sie mitten im Zimmer: «Wo sind nur seine Hände?» Irgendwo hinter dem langen Kamelhaarumhang, der seine Gestalt von Kopf bis Fuß einhüllte, mußten sie sein – und die hatte sie zu küssen, wie die Etikette es von Kindern verlangte. Warum reichte er ihr nicht die Hand zum Kuß wie andere Erwachsene? Scheu und ratlos sah sie ihn an, musterte aber interessiert den hohen braunen Filzhut, Zeichen seines Ordens,

77

der Tanzenden Derwische. Den Kopf nach links geneigt, die hohe Gestalt leicht gebeugt, brachte seine ganze Haltung Aufmerksamkeit zum Ausdruck. Seine Seele öffnete sich, um zu empfangen, was die Mitmenschen ihm anvertrauen mochten.

Dann trafen sich ihre Blicke. Die mageren elfenbeinfarbenen Hände kamen unter den Falten des Umhangs hervor. Vehbi Efendi kreuzte sie über der Brust und grüßte Rabia mit einer zurückhaltenden Verbeugung, wie es in seinem Orden Brauch war.

Sie war überrascht von seiner Ausstrahlung und seinem Gesichtsausdruck. Die dunkelbraunen Augen blickten vertrauensvoll, das Gesicht mit der breiten Stirn und dem zarten spitzen Kinn bildete nahezu ein Dreieck. Die Nase war lang und gerade, der sanfte Mund schien zu lächeln. Der rötlichbraune Bart wuchs auf den Wangen nur spärlich, am Kinn aber sehr dicht. «Setz dich, meine Tochter», sagte er und rückte ein Kissen auf dem Boden für sie zurecht. Während sie sich gehorsam hinkniete, beugte er sich über sie, nahm ihre Hände, legte sie ihr auf die Knie und spreizte die Finger. Damit half er Rabia, die gewöhnlich angespannt war, ein wenig lockerer und ruhiger zu werden.

Sie beobachtete, wie er seinen Umhang auf den

Diwan legte und sich ihr gegenüber auf einem Schaffell niederließ. Die wollene Hose war abgewetzt, das bis zum Hals zugeknöpfte Hemd an den Ärmeln sorgsam geflickt und die ärmellose Kamelhaarweste vom vielen Tragen blank gescheuert, doch alles war makellos sauber, und er trug die schlichte Kleidung mit großer Würde. Sobald er saß, gab er Rabia ihre erste Lektion in Rhythmus und Synkopierung[32] türkischer Musik.

«Dum, tek, tek, dum, tek», wiederholte er immer wieder und hieß sie abwechselnd auf ihre Knie schlagen. Es war ein normaler Viervierteltakt, die einfachste Taktart von allen. Als er den Eindruck hatte, daß seine neue Schülerin begriffen hatte, nahm er eine Rohrflöte vom Diwan, auf dem mehrere Musikinstrumente lagen. «Jetzt schlag du den Takt für mich», befahl er und spielte eine schlichte Weise in Moll. Den Kopf hatte er zur linken Schulter geneigt, während die hageren Finger in rascher Folge über die Grifflöcher tanzten.

So begann Rabias Musikunterricht, und nach und nach erfüllte der Rhythmus, der alle orientalische Musik und vielleicht auch die orientalische Seele durchzieht, ihr ganzes Wesen.

Als sie alle Taktarten korrekt schlagen und sein Flötenspiel begleiten konnte, kam das Tamburin an die Reihe, das jede Sängerin beherrschen muß, die kein Holzblasinstrument spielt. Rabia fand es faszinierend, jene Verbindung von Klängen zu erzeugen, die typisch sind für das Tamburin – das Klirren der Schellen und das sanfte rhythmische Trommeln der Finger auf dem gespannten Leder. Dabei hatte ihre Mutter von diesem Instrument immer behauptet, so etwas Ordinäres und Sündhaftes nähmen nur Zigeunerinnen in die Hand, oder Frauen von noch geringerem Ansehen.

Als Rabia zu Hause erzählte, daß man sie lehrte, das Tamburin zu spielen, ging Emine auf ihren Vater los: «Wohin sollen diese Lektionen im Konak denn noch führen? Willst du tatenlos zusehen, wie aus deiner Enkelin eine schamlose Dirne wird?»

Der Imam strich sich den Bart. «Gewiß, das Tamburinspiel ist abscheulich, besonders wenn es zu sündhaften Liedern ertönt», sagte er ratlos. Dann wandte er sich an Rabia: «Wer ist dein Musiklehrer?»

«Vehbi Efendi, der Tanzende Derwisch.»

«Dann liegt der Fall natürlich anders», verkündete er salbungsvoll. «Der Derwisch ist ein heiliger Mann, und in seinem Orden begleitet man mit dem Tamburin heilige Lieder. Laß das Kind in Ruhe, Emine.»

Nachdem der Imam das Tamburin für achtbar erklärt hatte, war Emine machtlos und konnte nicht mehr an Rabias Musikstunden herumnörgeln. Unter der kundigen Anleitung des großen Meisters entfaltete sich Rabias angeborene musikalische Begabung glänzend. Nach dem Tamburin lernte sie die *oud* zu spielen, und schließlich beherrschte sie fast so viele Instrumente wie ihr Lehrer und übte jeden Nachmittag auf ihnen. Im Anschluß an das Abendessen ging sie zu Sabiha Hanım, um der vornehmen Dame Gesellschaft zu leisten. Auf dem Fußboden hockend, ließ sie die Finger langsam über das Tamburin wandern und sang leise vor sich hin. Es dauerte nicht lange, und der Pascha kam mit seiner *nargileh*[33] herein. Auf Zehenspitzen ging er zum Diwan, setzte sich zu Füßen Sabiha Hanıms auf ein Bodenkissen, zog an der Pfeife und hörte mit großem Vergnügen zu.

Manchmal gesellte sich dann auch Hilmi dazu und lauschte mit einem verzückten Ausdruck in den träumerischen Augen.

«So langsam findest du also Gefallen an der Musik deiner Vorfahren?» bemerkte Selim Pascha eines Abends.

«Die Stimme der Kleinen hat mir von Anfang an gefallen», gab Hilmi beiläufig zurück.

Eines Donnerstag abends folgte Rabia der *kahya kadın* ein wenig befangen zum ersten Mal in Hilmis Zimmer. Der Pascha war nicht im Haus, und Hilmi hatte Rabia gebeten, für seinen berühmten Musiklehrer zu singen. Sie wußte, daß es in der Familie eine Auseinandersetzung darüber gegeben hatte, ob Vehbi Efendi oder Peregrini ihre Ausbildung übernehmen sollte. Die Stunden bei dem Derwisch machten ihr so viel Freude, daß sie fürchtete, Hilmi könne den Pascha dazu bringen, sie statt dessen von diesem unbekannten Ausländer unterrichten zu lassen.

Hilmi saß auf dem Klavierschemel, als die *kahya kadın* Rabia ins Zimmer schob und die Tür hinter ihr schloß. Neben ihm standen seine Freunde, Şevki, ein großer brünetter Mann mit strenger Miene und scharfem Blick, und Galip, ein kleiner hellhaariger Bursche mit wenig ausgeprägten Zügen und trüben blauen Augen. Peregrini beugte sich gerade über Hilmis Schulter. Die vier am Klavier sprachen über alles mögliche, nur nicht über Musik.

Peregrini hörte Rabias Schritte auf dem dicken Teppich als erster und wandte sich um. Den schwarzen, mit lässiger Eleganz über eine Schulter geworfenen Straßenumhang hatte er noch nicht abgelegt, denn er war gerade erst gekommen. Der Italiener war von kleinem Wuchs, er hatte einen Spitzbart und ein Gesicht voller Falten, seine schwarzen Augen lagen tief in den Höhlen und glänzten intensiv. Um seinen Hals war locker ein großes Tuch geschlungen. Er konnte ebensogut dreißig wie vierzig sein. Seine Augen lächelten freundlich, und seine Stimme war entwaffnend liebenswürdig. «Das ist also das Wunderkind», sagte er und reichte Rabia die Hand.

Wenn ein Erwachsener ihr die Hand hinstreckte, konnte das für Rabia nur eins bedeuten: diese Hand respektvoll zu küssen – der Brauch des Händeschüttelns war ihr neu. Die drei jungen Männer lachten, aber Peregrini schien angenehm berührt. Rabia unterschied sich wohltuend von seinen türkischen Schülern, die ihm immer vorkamen wie Kopien europäischer Kinder. Dieses Mädchen in dem schlichten türkischen Gewand mit dem schmalen Gesicht und den fünf hellbraunen Zöpfen, die ihm auf den Rücken herabhingen, war eindeutig ein Original. Der ernste Blick aus ihren honiggoldenen Augen, die unbewußte, in sich ruhende Gelassenheit, die in dem energischen Mund zum Ausdruck kam, faszinierten ihn. Er strahlte, und die Falten in seinem wandelbaren Gesicht vertieften sich zu einem unwiderstehlichen Lächeln.

Rabia lächelte zurück.

«Was soll sie singen?» fragte Hilmi.

«Sie ist doch, wenn ich recht unterrichtet bin, Koransängerin in der großen Moschee. Laßt sie etwas aus dem Koran rezitieren, ganz so, wie sie es auch sonst tut.»

Rabia hob instinktiv die Hand zum Kopf. Sie trug keinen Schleier, und ohne Schleier durfte sie nicht singen. Hilmi begriff sofort, eilte hinaus und war gleich darauf mit einem Tuch aus spanischer Spitze zurück, das er im Zimmer seiner Frau gefunden hatte. Seine Freunde trafen die üblichen Vorbereitungen. Das Kissen, auf dem Rabia knien würde, wurde auf den Fußboden gelegt, davor ein niedriger Tisch mit einer brennenden Kerze rechts und links gestellt. Rabias schmales Gesicht, weich umrahmt von der spanischen Spitze, erschien zwischen den zuckenden Flammen. Peregrini, den der dramatische Aspekt der Vorstellung interessierte, löschte die Lampe auf dem Flügel. Schatten erfüllten den Raum, und in dieser Umgebung, die alle Umrisse verschwimmen ließ, kam ihm Rabia vor wie ein Heiligenbild. «So muß Dante seine Beatrice gesehen haben», sagte er leise vor sich hin.[34]

Einen kurzen Augenblick verharrte die kindliche Gestalt regungslos. Dann war es, als stiege

84

eine Flutwelle in ihr hoch, die Kopf und Schultern in wiegende Bewegung versetzte, bis Rabia schließlich eine eigenartige Weise in Moll über die Lippen kam. Die Worte «Im Namen Allahs, des Erbarmers, des Barmherzigen ...», mit denen jede Koranrezitation beginnt, setzten mit einem langsam schwingenden Rhythmus ein, der sich nach und nach beschleunigte, in eindringlichen Synkopen zum Höhepunkt gelangte und mit den abschließenden Worten «Der große Allah spricht die Wahrheit» zum Ende kam.

Rabia kniete regungslos auf ihrem Kissen. Die Flutwelle, die diesen göttlichen Rhythmus in ihrem Körper und ihrer Stimme hervorgebracht hatte, schien verebbt.

Peregrini war tief bewegt und blieb mit gesenktem Kopf sitzen, einem andächtigen Mönch in diesem Moment ähnlicher als dem heiteren Musiker und philosophischen Freidenker, als der er sich im allgemeinen gab. Sein gewohnter Überschwang war ihm vorübergehend abhanden gekommen. Er tätschelte Rabia väterlich die Schulter. «Was bedeuten deine Worte, junge Freundin?»

Rabia mußte die Antwort auf diese Frage schuldig bleiben, aber Hilmi war schon aufgesprungen und hatte einen alten Korankommentar zutage gefördert. Er las und übersetzte den Text aus den vergilbten, staubigen Seiten, während der Italiener sich Notizen machte.

Es waren Verse aus der zweiten Sure[35]: «Und als dein Herr zu den Engeln sprach: ‹Siehe, Ich will auf der Erde einen einsetzen an Meiner Statt›, da sprachen sie ‹Willst Du auf ihr einen einsetzen, der auf ihr Verderben anstiftet und Blut vergießt?›»

Mit diesen Worten aus dem Koran hatte Peregrini zu seiner üblichen Spottlust zurückgefunden. «Eine ganz ähnliche Logik hat mich veranlaßt, meine Zelle zu verlassen», bemerkte er trocken und steckte das Notizbuch wieder ein. Ganz konnte er seine nachdenkliche Stimmung aber nicht abschütteln. «Ich werde für dich spielen», flüsterte er Rabia zu.

Die drei jungen Männer, die ihn bewunderten und als ihren Meister betrachteten, hatten ihn noch nie in dieser eigenartigen Verfassung erlebt. Nicht nur durch sein musikalisches Können, sondern mehr noch durch Geist und Bildung, durch seine Beherrschung der türkischen Sprache, Literatur und Philosophie und sein sicheres Urteilsvermögen war er ihnen zum Vorbild geworden. Auch daß er sich der allmächtigen katholischen Kirche widersetzt hatte, spielte bei ihrer Freundschaft zu ihm eine Rolle. Sie meinten, die Fesseln ihres Glaubens abgestreift zu haben, indem sie den Islam für jedwede Behinderung des Fortschritts verantwortlich machten. In Peregrini hatten sie wegen seiner verbitterten und kritischen Haltung gegenüber der Religion eine verwandte Seele vermutet, aber Rabias Gesang schien ihn nun in eine geradezu fromme Stimmung versetzt zu haben.

«Würde es Sie nicht reizen, diese Stimme auszubilden?» fragte Hilmi.

In Rabias Augen blitzte leiser Protest auf.

«Nein, das Kind soll seiner eigenen vollkommenen Kunst treu bleiben. Man gebe dem Kaiser, was des Kaisers ist! Das Kind gehört Allah, dort ist sein Platz.»

## KAPITEL 12

Rabia wurde nun jeden Donnerstagabend in Hilmis Gemächer gebeten. Nach einer Weile gesellte sich regelmäßig auch Vehbi Efendi zu der lebhaften kleinen Gruppe, der als einziger Peregrini nicht allzu ernst nahm, sondern den kindlichen Überschwang des Italieners belächelte. Selbst die aufrührerischen Reden von Hilmi und seinen

87

Freunden schienen ihn nicht über Gebühr zu beeindrucken. Peregrini war ganz offensichtlich sehr von ihm angetan. Er versuchte immer wieder, den Derwisch in hitzige metaphysische Diskussionen zu verwickeln und mit seinen gewagten religiösen Ansichten zu schockieren. Der aber gab sich um so gelassener, je mehr Peregrini sich ereiferte.

Peregrinis dramatische Persönlichkeit und seine Art, sich auszudrücken, faszinierten Rabia. Am spannendsten fand sie es, wenn er sich lobend über den Teufel äußerte. Dann glitzerten seine Augen boshaft, und sein Bart zitterte, was Rabia in eine ihr unerklärliche Erregung versetzte. Bislang kannte sie nur Schmähreden über den Teufel, aber im Prinzip waren ihr Gespräche über dieses Thema nicht fremd. Schließlich gab es wohl kaum ein Kind ihres Alters, das mit so vielen religiösen Geschichten aufgewachsen war wie sie.

«Adam wäre es nicht im Traum eingefallen, von der verbotenen Frucht zu kosten, wenn ihm nicht der Teufel diesen genialen Gedanken eingegeben hätte», sagte er.

«Was wäre geschehen, wenn er es nicht getan hätte, Signore?»

«Er wäre im Paradies geblieben.»

«Wäre das nicht besser gewesen, Signore?»

«Nein, denn dann hätte ich mich nicht mit dir unterhalten können ... außerdem ist die Erde ein lustiger Ort.» Rabia sah ihn groß an. Der Italiener lachte ihr ins Gesicht. Aber schlagartig wurde er auch schon wieder ernst. «Hör zu, Kind! Der Teufel zeichnet sich durch eine bewundernswerte und erstrebenswerte Eigenschaft aus, nämlich den Mut. Was wir an geistiger Unbeugsamkeit besitzen, kommt von ihm. Um seiner Ideen willen verzichtete er auf seine Stellung als Erzengel im Himmel und nahm die Vertreibung aus der Fülle und Glückseligkeit des Paradieses auf sich.»

«Das klingt mir sehr nach Eitelkeit», bemerkte Vehbi Efendi.

«Ist es auch – aber auf höchstem Niveau. Ich liebe alles Große. Jetzt hört zu, ich habe eine Apologie für ihn komponiert.» Er setzte sich an den Flügel und schlug die ersten Akkorde an. Sie klangen aufwühlend wild und erhaben.

Rabia überlief es kalt. Ihr Herz klopfte vor Furcht und Erregung.

«Was meint ihr, sollten wir hierzulande den Satanskult einführen, um so die Menschen zum Nachdenken zu zwingen?» fragte Galip.

Vehbi Efendi ließ die Gebetskette sinken. Zum ersten Mal hatte er sich entschlossen, seine Ansichten über Gott und Satan kundzutun, Ansichten, die sich natürlich mit denen seines Ordens deckten. Es schien, als antworte er Galip, aber sein Blick ruhte auf Rabias glühenden Wangen. Ihre heillose Aufregung während des Gesprächs über den Teufel war ihm nicht entgangen.

Ihre Seele würde in den kommenden Jahren zum Spielball in den Händen sowohl des abtrünnigen Mönchs wie des muslimischen Mystikers werden. Aber bei Vehbi Efendi sollte Rabia stets zur Ruhe kommen, auch wenn sie die Bedeutung seiner Ausführungen in diesem Augenblick noch nicht ganz verstand. Auch was Peregrini sagte, begriff sie nicht völlig, nahm seine Worte jedoch begierig auf, und sie stiegen ihr zu Kopf wie starker Wein.

«Es gibt keine zwei Mächte, nicht so etwas wie Gott und Teufel», führte Vehbi Efendi gerade aus. «Es gibt nur eine einzige Wirklichkeit, eine einzige Macht. Das Weltall in all seinen Erscheinungsformen, vom Atom bis zur größten Sonne, vom Menschen bis zur Qualle, ist nichts anderes als die Manifestation einer höchsten Schöpfermacht. Dies alles ist Teil eines großen, sich ständig wandelnden Bildes. Gut und böse, häßlich und schön, Gott und Teufel sind nur erfundene Kategorien. Hinter allem und in allem steckt die sich selbst erschaffende Einheit, die ständig neu erschafft und ihre Schatten auf die Leinwand wirft, die wir das Weltall nennen. Dort, wo es am hellsten ist, finden wir einen Schlüssel zu jener Einheit, und dieser Schlüssel ist die Liebe.»

«Und was ist mit dem Abstoßenden, mit Haß, mit Perversität? Sind das nicht auch Schlüssel zu der selbst erschaffenden und weiterhin schaffenden Macht?» wandte sich der Italiener herausfordernd an den Derwisch.

«Nein, das sind nur unbedeutende Spiegelungen, Schattierungen, Farben, Ausdrucksmöglichkeiten für den ewigen Maler.»

«Haben Sie eine individuelle, unvergängliche Seele, ja oder nein?» stieß Peregrini hervor.

«Eine individuelle Seele nur in dieser Welt. Wie es sich nach dem Tod mit ihr verhält, weiß ich nicht. Ich glaube daran, daß ich nur ein Strahl des Ewigen Lichtes bin. Er fällt auf den Leib, und der Leib lebt. Wohin er geht, wenn die vergängliche Hülle nicht mehr ist, kann ich nicht sagen. Die Seele aber ist unvergänglich. Alles andere wird der Mensch diesseits des Vorhangs nicht erfahren.»

«Und das bedeutet…?»

«Das bedeutet, daß unser höchstes Ziel die Einheit sein sollte, die Erkenntnis, daß wir Teil einer großen liebenden Macht sind. Das ist die einzige Wahrheit inmitten der flüchtigen Schatten und des vergänglichen Materials, das der Schaffung eines ewigen und ewig sich wandelnden Bildes dient.»

Peregrinis Blick wurde milder, Şevki hingegen machte ein finsteres Gesicht, und die anderen hörten ein wenig ratlos zu.

«Ich wünschte, ich wüßte mehr über das Wozu und Warum dieser Dinge», sagte der Derwisch leise und wie zu sich selbst. «Das Bild ist verworren. Es steht nie still, ist nie so weit vollendet, daß der Mensch es als Ganzes betrachten könnte, sondern entwickelt sich immer weiter. Die ganze Geschichte der Menschheit, die ganze Natur ist geprägt durch diesen ständigen Wandel. Aber das ist alles zu schwierig für dich, Rabia. Singen wir noch etwas für unsere Freunde, dann müssen wir gehen.»

Sie setzte sich mit dem Tamburin in der Hand zu ihm, und er griff nach seiner Flöte. Sie sang, das Tamburin schlug den Takt und harmonierte aufs schönste mit den hohen Tönen der Flöte und dem gleichmäßigen Rhythmus ihrer sanften leisen Stimme. «Wieder ist das Schiff meines Herzens zerschellt und wurde an Land gespült», sang sie mit ergreifender Schwermut, die das ganze

Lied bis zu der letzten Zeile durchzog. Die beschrieb noch einmal das Leben, wie es Vehbi Efendi sah: «Manche fielen dem Verlust von Ruhm und Namen anheim, andere dagegen erlangten Ruhm und Ehre.»

Als die beiden gegangen waren, brach Peregrini das Schweigen. «Wessen Tochter ist dieses erstaunliche Kind?» fragte er.

«Die Tochter eines Spaßmachers, dessen erklärtes Lebensziel es war, sich Farbe ins Gesicht zu schmieren und als grotesker Frauenimitator zu brillieren», gab Hilmi zur Antwort.

«Eines Künstlers...»

«So könnte man ihn wohl nennen.»

«Ist er tot?»

«Nein, aber sie hat ihren Vater nie gesehen, er lebt seit vielen Jahren im Exil. Bis auf meine Mutter scheinen alle den bedauernswerten Narren vergessen zu haben.»

«Eine Art armer Yorick[36] also, dessen Mund so oft geküßt ward und der jetzt voller Staub ist... Hat sich der Bursche an der Politik die Finger verbrannt?»

«Von diesen Dingen verstand er nichts. Er war ein schlichtes Gemüt. Aber er hat die Fanatiker und Konservativen gegen sich aufgebracht, sie unterstellen seiner Schauspielerei einen verderb-

lichen Einfluß. Er hat etwas Unbedachtes und –
ja, man muß wohl sagen: Unfeines und Unappe-
titliches angestellt, was ein anständiger Mann
nicht tun darf, deshalb wurde er außer Landes
geschickt. Natürlich von meinem Vater.»

Hilmis Stimme klang bitter wie immer, wenn
er von seinem Vater sprach. Doch er bezwang
sich und fuhr fort: «Sie lebt bei ihrem Großvater,
einem alten ignoranten Imam, der über nichts
anderes redet als über Hölle und Teufel und seinen Schwiegersohn fünfmal am Tag in seinen Gebeten verflucht. Als Mensch völlig uninteressant,
ganz anders als Vehbi Efendi.»

«Trotzdem würde ich ihn diesem Derwisch
vorziehen», erklärte Şevki. «Dessen Philosophie
ist viel gefährlicher als die des Imams mit seiner
primitiven Sicht von Himmel und Hölle. Das ist
doch der reinste Aberglaube. Ganz anders die
Ideen des Vehbi Efendi. Eine Gesellschaft würde
vor die Hunde gehen, wenn sie nicht eine klar
umrissene Vorstellung von Gut und Böse hätte.
Ein Gott, der ohne Sinn und Zweck Bilder pinselt
und für den Gut und Böse nichts als Malfarben
sind … Absurd! Die logische Folgerung seiner
Philosophie wäre, daß alles, selbst der Rote Sultan[37] mit seiner Kamarilla, Teil des göttlichen
Plans ist. Einen Mann, der einer so verderblichen

Philosophie anhängt, könnte man nie zu einem Aufstand gegen die herrschenden Verhältnisse bewegen, und seien sie noch so schlecht.»

«Da spricht einer, der den Staat der Zukunft errichten will.» Peregrini lächelte. «Aber darum geht es Vehbi Efendi auch gar nicht. Sein Anliegen ist die Seele des einzelnen, ist der innere Mensch, dieses verborgene Wesen mit all seinem Hunger und seinem Durst, all seinem Streben und seinen Nöten. Mit dem Staat hat das nichts zu tun. Dächte der Mensch nur an die äußere Ordnung, wäre er nicht besser als ein Tier und unsere Gesellschaft ein Ameisenhaufen oder noch Schlimmeres. Der Mensch ohne dieses innere Leben – pah!»

«Wenn die Jungtürken an die Macht kommen», unterbrach ihn Şevki erregt, «werde ich dafür sorgen, daß diese Vehbi Efendis, diese mystischen Denker und ihre Orden, rücksichtslos ausgemerzt werden. Sie besitzen zwar keinerlei weltliche Macht, aber sie sind die Bewahrer einer geistigen Kraft, die den Lebenswillen einer ganzen Nation untergräbt, zu Phantastereien führt und den materiellen Fortschritt hemmt, und der ist schließlich alles, was zählt. Alles andere ist Traumtänzerei.»

Peregrini sah die Überlegungen seiner Freunde, die er für recht langweilig und verkünstelt gehalten hatte, plötzlich in ganz neuem Licht. Er hatte bisher geglaubt, daß sie das, was sie über die Jungtürkenbewegung sagten, nur aus Büchern kannten und diskutierten, um sich die Zeit zu vertreiben. Şevkis heftige und sehr handfeste Reaktion aber gab ihm zu denken. Waren hier also doch historische Kräfte am Werk, die sich auf seltsamen Wegen verwirklichen würden? Von Hilmi erwartete er nichts. Er war eine Art türkischer Hamlet, den die Schlechtigkeit seines Vaters umtrieb, einer von vielen grüblerischen, redseligen, wirren Hamlets dieser Welt. Von ihm ging keine Gefahr aus. Aber Şevkis Ideen waren gefährlich.

«Meiner Meinung nach sind Zerstörer wie ihr eine unvermeidliche historische Kraft. Man muß die Trümmer beseitigen, um Platz für Neues zu schaffen. Aber auch ein Vehbi Efendi hat in dieser arg entmutigten und unterdrückten Welt seinen Platz. Er bringt den Seelen Trost und Frieden.»

«In einem gut geführten Staat», erklärte Şevki großspurig, «gibt es keine Seelen, die Trost und Frieden brauchen. Es ist Vehbi Efendi mit seiner Philosophie, der die hilf- und ziellos grübelnde Seele schafft. Unser Staat wird niemanden entmutigen oder unterdrücken. Wir werden uns all

96

jener entledigen, die seine Ordnung stören und sein Gleichgewicht gefährden.»

«Genau wie der Sultan», sagte Galip, und Peregrini lachte.

Vehbi Efendi und Rabia folgten dem Diener, der ihnen mit einer Laterne voranging. Die Nacht war still und schön. Als der Derwisch sich verabschiedete, deutete er zum Himmel. «Schau, Rabia, Allah hat heute all seine Kerzen angezündet.»

Eine seltsame Ahnung überkam sie, als sie nach oben blickte. Eine warme sternenklare Istanbuler Nacht war so recht dazu angetan, eine empfindsame Seele in erwartungsfrohe Stimmung zu versetzen. Die unzähligen Kerzen, die Allah über die dunkelblaue Kuppel verstreut hatte, funkelten vertraut und freundlich über ihrem Kopf.

Der Diener führte sie durch das Sinekli Bakkal nach Hause. Es gab eine Abkürzung, aber die hatte er offenbar vergessen. Als sie um die Ecke bogen, sahen sie die blühenden Ranken der Glyzinien, die wie lebendig wogten und ihren Duft im Schatten der ärmlichen Häuser verbreiteten. Das bedächtige Tropfen des Wasserhahns am Brunnen unterstrich die Stille noch. Sie blieben stehen und lauschten. In der Ferne bellten einsame Straßenköter.

«Komisch, daß da oben Licht brennt», sagte der Diener, und Rabia sah hoch zu dem hellen Geviert über dem Laden ihres Vaters. Solange sie denken konnte, war die Wohnung dort oben dunkel und verlassen gewesen. In ihrer Aufregung griff sie nach der Hand des Dieners.

«Wer mag das sein?» fragte sie. Das Herz schlug ihr bis zum Hals.

«Keine Ahnung. Einbrecher vielleicht?»

«Können wir nicht nachschauen gehen?»

«Ausgeschlossen», sagte er, aber Rabias Aufregung ging ihm nah. Er stand seit fünfzehn Jahren im Dienste Selim Paschas und kannte die Geschichte aller Familien im Viertel. Plötzlich hörte er den Stock des Nachtwächters auf dem Pflaster. Vielleicht konnte der die Sache klären. Der Diener hielt ihn auf. «*Merhaba*,[38] Şevket Aga!»

«*Merhaba!* Wir haben das Licht im Fenster da oben gesehen. Hast du es auch bemerkt?»

«In Tevfiks Haus meinst du? Er ist schon seit einiger Zeit zurück und will zu Ramadan das Geschäft wieder aufmachen.» Der Nachtwächter ging seines Weges.

Rabia sah zu dem matten Licht empor und legte beide Hände auf ihr pochendes Herz.

«Komm weiter, er liegt bestimmt schon im Bett», sagte der Diener und zog sie weg.

Rabia gehorchte. «Aber morgen», dachte sie, «morgen werde ich mit meinem Vater sprechen.» Wie unwirklich das alles war! Vor dem Haus des Imams wartete die gelbe Hündin auf sie, die Rabias Liebling war und gerade Junge geworfen hatte. Sie strich Rabia um die Beine und rieb die weiche Schnauze an ihren Knien. Rabia legte ihr die Arme um den Hals. «Sarman, Sarman», schluchzte sie. «Mein Vater ist wieder da.» Rabia klingelte, und das Tor wurde von innen mit einem Strick geöffnet. Sie hastete über den Hof, betrat auf Zehenspitzen das Haus und hoffte inständig, ihre Mutter möge sie heute abend nicht mehr ansprechen.

### KAPITEL 13

Am nächsten Morgen betrat Rabia, einen Korb mit Gemüse schwenkend, eilig die Sinekli-Bakkal-Straße. Vor dem Lebensmittelgeschäft stand ein kleiner Bengel, hatte die Hände in die Taschen gesteckt, las, was an der Tür geschrieben stand, und pfiff vor sich hin. Es war kein gewöhnlicher kleiner Junge, denn die liefen selten mit einem riesengroßen Turban aus Damaszener Seide und einem weiten Mantel herum. Erst auf den zweiten Blick bemerkte Rabia, daß er seltsam mißgestaltet war, und als er sich umwandte, wobei er fast gegen sie gestoßen wäre, erkannte sie, daß es ein Zwerg war, ein Zwerg in mittleren Jahren mit ernstem, gütigem Gesicht. Neugier, Trauer und Zynismus spiegelten sich in seinen Zügen, aber auch die Nachsicht eines Menschen, der mit Humor gesegnet ist. «Tevfik», rief er über die Schulter in den Laden hinein, «deine erste Kundin!»

Der Angesprochene streckte den Kopf zur Tür hinaus und erblickte eine anmutige Erscheinung. Die honigfarbenen Augen mit den auffälligen graugrünen Einsprengseln leuchteten, das zarte, von einem dünnen weißen Schleier umrahmte Gesicht strahlte. Und auch Rabia war ihrerseits sehr angetan von dem Mann im Laden. Er war ungewöhnlich groß, hatte freundliche braune Augen und über dem lachenden Mund einen langen, borstigen Schnurrbart. Er mochte um die dreißig sein.

Leichthin, ja fast redselig sprach er sie an. Wie üblich spielte er eine Rolle – diesmal die des Krämers, der einen Laden neu eröffnet. «Wir haben noch nicht auf, aber sag mir, was du willst, und du sollst es bekommen. Bitte, tritt ein, du bist die erste. Mögest du uns Glück und reichlich Kundschaft bringen.»

Rabia hob ihren Korb, der bis zum Rand voll mit Zwiebeln und Spinat war, in die Höhe, und ihre goldenen Augen lachten den Krämer liebevoll an. «Was ich heute brauche, habe ich schon gekauft.»

«Wie schade. Aber vielleicht verschlägt es dich ja wieder einmal hierher?»

«Ganz bestimmt. Jeden Morgen sogar», sagte sie so nachdrücklich, daß er aufhorchte.

An wen erinnerte ihn dieses Mädchen? Ja, natürlich – an Emine! Aber an eine Emine, die keinen verkniffenen Mund hatte und nicht böse dreinblickte. Was hatte dieses Kind für wunderbare Augen! In diesem Alter mußte jetzt auch seine Tochter sein. Eine heiße Welle überlief sein Gesicht, und in seinen Ohren brauste es. Er hörte den Nachtwächter sagen: «Deine Tochter ist ein großes Mädchen geworden, Tevfik. Sie ist Koransängerin.»

«Wessen Tochter bist du?» Seine Stimme klang schroff und heiser.

«Ich bin die Tochter von ‹kız-Tevfik›.» Sie lachte ihm ins Gesicht.

Der Zwerg suchte Halt am Türpfosten, und die Tränen liefen ihm über die gefurchten Wangen, als er sah, wie überwältigt Tevfik von seinen Gefühlen war – ein wahrer Wirbelsturm, ein Tevfik,

der «die Stimme erhob und weinte»³⁹, wie es in
der Bibel heißt. Sein Benehmen allerdings hatte
nichts von biblischer Würde. Er zerrte Rabia in
den Laden, umarmte sie, hielt sie auf Armeslän-
ge von sich weg, betrachtete sie von Kopf bis Fuß,
umarmte sie wieder. Er trug das große Mädchen
auf seinen starken Armen im Laden herum und
herzte und küßte es, als wäre es ein kleines Kind.
Dann setzte er Rabia auf einen Sack Bohnen und
redete unter Tränen auf sie ein.

Als sich seine erste Aufregung gelegt hatte,
schwang er sich auf eine Seifenkiste zwischen
dem Zwerg und Rabia, legte die Arme um beide
und drückte sie abwechselnd. Er hätte kaum sagen können, was ihn glücklicher machte, Rabia
anzusehen und ihrer Stimme zu lauschen oder sie
zu umarmen.

Rabias Beschützerinstinkt war geweckt. Bei
Tevfik bedurfte die Seele, bei dem Zwerg der Leib
mütterlicher Fürsorge. Sie würde die beiden an
die Hand nehmen. Tatsächlich wünschte sich Tevfik nichts sehnlicher. Hatte er sich nicht seiner-
zeit auch von Emine an die Hand nehmen lassen?

Er erzählte seiner Tochter von der Zeit im Exil,
alles wild durcheinander, aber so lebhaft und
anschaulich, daß sie deutlich vor sich sah, wie er
die ersten Jahre in Elend verbracht hatte, durchs

Land gezogen war und sich mit Späßen auf den Marktplätzen ein paar Münzen verdient hatte. Sie sah ihn als Einsamen, Heimwehkranken, Hungrigen, meist ohne ein Dach über dem Kopf.

Tevfik merkte, daß sich Rabias schöne Augen verdunkelten und wechselte die Tonlage. «Als Zati Bey Gouverneur von Gallipoli wurde, lächelte den Verbannten das Glück. Dein Vater wurde erster Spaßmacher des Gouverneurs, bekam eine Bleibe, warme Sachen gegen seine Blöße und reichlich gutes Essen für seinen leeren Bauch… und all das war ehrlich verdient. Er arbeitete hart, zu Hause und anderswo.»

«Wie mutig von Zati Bey, die Exilierten zu beschützen. Hatte er keine Angst vor dem Sultan?»

«Ich weiß es nicht, mein Herz. Von meinen Leidensgenossen hörte ich, daß er das nicht ohne Grund tat. Er selbst befand sich nämlich gewissermaßen auch in der Verbannung. Zati Bey hatte hoch in der Gunst des Sultans gestanden, aber aus irgendeinem Grund war er dem Herrscher verdächtig geworden. Mit dem Gouverneursamt gab ihm der Sultan auf höfliche Weise zu verstehen, daß er nicht mehr in seiner Gunst stand, denn so hält der Sultan es immer, wenn er den Großen des Landes sein Mißfallen aussprechen will. Zati Beys Protektion der Exilierten war eine Art Erpressungsversuch, ein Wink, daß er sich den Jungtürken zuwenden würde, wenn der Sultan nicht bereit war, ihn wieder in Gnaden aufzunehmen.»

Ganz konnte Rabia den Ausführungen nicht folgen, aber ihr fiel ein, daß es sich ganz ähnlich angehört hatte, wenn der Pascha Sabiha Hanım erklärte, wer warum befördert worden war. Der große Schurke belohnte den kleinen Schurken für allerlei Schurkereien...

«Wir verbrachten unsere Tage in den Gärten zwischen Obst und Blumen, feierten mit Zati Bey und seinen Freunden, aßen, tranken und ließen es uns gutgehen...» Tevfik zögerte. Wie schändlich diese nächtlichen Lustbarkeiten und wie schlimm insbesondere die Ausschweifungen des Gouverneurs und seiner Freunde gewesen waren, konnte er seiner Tochter unmöglich erzählen. «Es gab da eine pockennarbige Zigeunerin namens Pembe. Pembe die Tänzerin. Eine Schönheit war sie nicht, aber ein keckes, durchtriebenes Teufelsweib, und sie hatte eine Art zu tanzen und zu reden...»

«Sie muß eine schlechte Person sein, wenn sie vor Männern getanzt hat», erklärte Rabia im tugendhaften Tonfall ihrer Mutter Emine.

«Urteile nicht zu streng über sie, mein Herz»,

sagte Tevfik erschrocken. «Sie war die einzige, von der ich Freundschaft und Menschlichkeit erfuhr. Ohne sie wäre ich nur ein abgerichtetes Tier gewesen, ein Bär oder ein Affe an der Kette, der seine Herren mit Kunststücken unterhält und sich damit eine Mahlzeit verdient. Sie war ein tapferes, ein wunderbares Mädchen…»

«Meine Liebe ist ihr gewiß», versprach Rabia großzügig, so daß Tevfik sie sofort wieder zärtlich in die Arme schloß.

«Und wieso bist du jetzt wieder hier, Tevfik?» fragte Rabia. Ja, Tevfik nannte sie ihn, als sei er ein kleiner, ihrer Obhut anvertrauter Bruder und nicht ihr großer, starker Vater. Sie hatte ihn nie anders genannt.

«Wußtest du nicht, daß Zati Bey zurückbeordert und zum Innenminister ernannt wurde?»

«Ja, aber…»

«Er hat mich hergeholt und mir auch ein wenig Geld gegeben»

«Was hast du seither getrieben?»

«Am liebsten ginge ich wieder ans Theater, aber meine frühere Truppe hat sich aufgelöst. Es gibt da eine neue, aber die spielt nicht mehr im Freien, unter unserem schönen lichten Himmel, sondern in einem hölzernen Schuppen, und zwar sogenanntes zeitgenössisches Theater. Ihre Rollen

lernen die Spieler aus übersetzten Stücken auswendig. Damit kann ich nichts anfangen. Ein
Schauspieler, der die Geschichte der Figur kennt,
die er darstellen soll, weiß auch, wie diese Figur
spricht und sich bewegt. Wenn er sie sich nicht
selbst erfinden kann, ist er nicht besser als eine
Marionette. Wir haben unsere Dialoge immer
improvisiert.» Tevfik schüttelte traurig den Kopf.
Daß es mit dem Theater so bergab gegangen war,
betrübte ihn.

Dann aber kam er auf die Begegnung mit seinem alten Freund zu sprechen, dem Zwerg, der
ein berühmter Schauspieler und in der Narren-
rolle unvergleichlich war, und seine Miene hellte sich auf. «Wir sind Blutsbrüder, er und ich,
und werden uns nie trennen. Du darfst ihn Onkel Rakım nennen...»

Rabia beugte sich vor und sah den erwartungs-
vollen Blick des Zwerges, der sie an ihre geliebte
Hündin erinnerte. Sie sprang von ihrem Sack
herunter, legte ihm die Arme um den Hals und
drückte ihm einen herzhaften Kuß auf beide
Wangen.

Er wischte sich die Backen, quiekte entzückt
und ließ die kindliche Gestalt, die jetzt im Laden
herumlief und ihre Nase in Säcke, Kisten und
Kasten steckte, nicht mehr aus den Augen.

Tevfik folgte ihr voller Stolz und redete dabei unentwegt. Sein Traum war es, reich zu werden und das alte Theater wiederaufleben zu lassen. Er wollte an den Ramadan-Abenden im Garten Schattenspiele aufführen. Das wäre einerseits Werbung für den Laden, andererseits brauchte Tevfik diese Auftritte ohnehin. Seine Zunge drohte einzurosten, sein Geist träge zu werden, wenn er kein Publikum hatte, mit dem er seine Scherze treiben konnte.

Angesteckt von seinen verlockenden Träumereien begann Rabia mit ihm und dem Zwerg das Geschäft und die Vorstellungen zu besprechen, als sei es bereits ausgemachte Sache, daß sie zu ihnen ziehen würde. Erst als Rakım einen Korb mit Gemüse umstieß und Zwiebeln in alle Richtungen rollten, kam sie wieder zur Besinnung.

Sosehr sie sich auch beim Einkaufen beeilte – ihre Mutter schalt sie immer. Jetzt war schon fast Mittag, und der Imam würde lautstark nach seiner Mahlzeit verlangen. Hastig griff sie sich ihren Korb und lief davon, nicht ohne ihrem Vater zum Abschied zuzulächeln. «Ich komme nach dem Mittagessen wieder, Tevfik», rief sie.

## KAPITEL 14

Rabia hielt Wort. Am Nachmittag war sie wieder
da. Von dem Verdruß, den es zu Hause gegeben
hatte, erzählte sie den beiden Männern nichts,
sondern machte sich sofort an die Arbeit. Zunächst mußte hier gründlich geputzt werden. Sie
hatte das lange Kleid gerafft und rechts und links
in den Gürtel gesteckt, hatte einen nackten Fuß
auf eine Bürste gestellt, mit dem anderen festen
Stand gesucht, einen Arm in die Hüfte gestützt
und den zweiten ausgestreckt, um das Gleichgewicht zu halten, und scheuerte so, sich vor und
zurück wiegend, den Boden. Auch der Zwerg hatte Schuhe und Socken ausgezogen, holte Wasser
aus dem Brunnen im Garten, brachte es in einem
lecken Eimer nach oben und schüttete es auf die
Stellen, die sie ihm zeigte. Tevfik war im Laden
geblieben, um letzte Hand an die Pappfiguren für
das Schattenspiel zu legen, kam aber alle zwei
Minuten gerannt, um seine Hilfe anzubieten.

Beim Kampf mit dem jahrelang angesammelten Schmutz war Rabia in so beschwingter Stimmung, wie sie es im Haus des Imams nie erlebt
hatte. Zum ersten Mal betrieb sie die Arbeit wie
ein Spiel, war sie befreit von den lastenden Zwän-
gen ihrer Kindheit und empfand Freude ohne

schlechtes Gewissen. Hin und wieder runzelte sie die Stirn, wenn sie daran dachte, daß ihre Mutter früher oder später die Wahrheit erfahren würde, denn sie hatte ihr nichts von der Begegnung mit dem Vater erzählt.

Als sie so spät nach Hause gekommen war, hatte sich Emine gebärdet wie eine Furie. Wo sie gewesen sei, hatte sie die Tochter angefaucht. Doch Rabia schwieg. Nach der wohltuenden Herzlichkeit des Vaters kam ihr die Mutter doppelt trübselig und unerträglich vor. Weil Rabia sich weigerte, den Grund für ihre Verspätung zu nennen, verstieg sich Emine zu den abwegigsten Vermutungen, ja sie schlug Rabia sogar. Erst als der Imam dazwischenging, ließ sie von ihr ab.

«Ich will zu meinem Vater», begehrte Rabia auf.

«Zu deinem Vater?» schrie Emine. «Der wird seinen Fuß nie wieder in diese Stadt hier setzen. Sollte er es doch tun, werde ich von Tür zu Tür gehen, von seiner Schlechtigkeit berichten und nicht ruhen, bis der Sultan ihn wieder ans Ende der Welt geschickt hat.»

Das war eine so schreckliche Drohung, daß Rabia beschloß, die Ankunft es Vaters so lange wie möglich geheim zu halten. Unwissentlich kam ihr der Imam zu Hilfe.

«Es wird Zeit, daß Rabia zum Unterricht geht,

Emine», sagte er und an Rabia gewandt: «Wasche dich und komm mit mir.»

Rabia verließ mit dem Imam das Haus. Er begleitete sie noch ein Stück in Richtung Konak, aber sobald er umgekehrt war, machte sie sich auf den Weg zu Tevfiks Laden. Noch am selben Abend wollte sie Sabiha Hanım die Wahrheit gestehen. Die würde ihr helfen, der verzwickten Lage zu entkommen.

Doch Sabiha Hanım hatte Gäste, so daß Rabia nicht von ihrem Abenteuer erzählen konnte. Am nächsten Abend hatte sie dann der Mut verlassen, und sie schwieg. So verstrich eine Woche. Rabia ging nachmittags statt zum Unterricht zu ihrem Vater und ließ sich erst abends im Konak sehen. Das Leben dort war so vielfältig und geschäftig, daß man Rabias Abwesenheit am Nachmittag nicht gleich bemerkte. Indessen putzte sie mit Feuereifer die heruntergekommene Wohnung über dem Krämerladen und sorgte für Ordnung. Hin und wieder sprachen sie darüber, ob und wann man ihr auf die Schliche kommen würde, und überlegten mögliche Konsequenzen. Es war letztlich unvermeidlich, daß man ihr Geheimnis entdeckte, was Tevfik sehr unglücklich machte. Aber Rakım tröstete ihn. Für den Ernstfall hielt das Gesetz eine Lösung bereit. Jedem Kind, das älter als neun Jahre war, stand das Recht zu, zwischen Vater und Mutter zu wählen. Rabia beteuerte den beiden Männern, daß sie, einerlei, was passierte, zu Tevfik halten würde. Danach waren sie alle drei wieder bester Laune, genossen den Augenblick und ließen die Zukunft Zukunft sein.

Rabias Abenteuer kam an einem Donnerstag ans Licht, an dem sie gerade besonders viel Spaß miteinander gehabt hatten. Dank Rabia hatten auch die Männer sich ans Werk gemacht und den Laden aufgeräumt. Die Säcke und Kisten standen in Reih und Glied, lose Ware war malerisch ausgebreitet, aufgehängt oder in den Regalen gestapelt und das ganze Geschäft mit buntem Papier geschmückt. Alles sah sehr festlich aus, und Rabia war so glücklich, als sollte sie selbst hier arbeiten.

Auch die Pappfiguren für das Schattenspiel waren fertig. Zu dritt entschieden sie, wo genau im Garten der Vorhang gespannt werden sollte und wo sie Matten auf den Boden legen und für vornehme Zuschauer ein paar Schemel hinstellen würden. Es versprach ein spätsommerlich schöner Ramadan mit lauer Luft und einem kräftig getönten Himmel zu werden, an dem viele Kerzen Allahs über dieser armen kleinen Welt von Sündern leuchten würden.

«Wenn wir singen, hört sich das schrecklich an, Rakım, und ein Tamburin für die Geräusche, die wir für die Vorstellung brauchen, haben wir auch nicht», klagte Tevfik und zog einen Flunsch wie ein kleiner Junge.

«Ich kann mein Tamburin aus dem Konak mitbringen, es hat so lustige Schellen... und singen kann ich auch, und das Tamburin spiele ich ebenfalls sehr schön», rühmte sich Rabia.

«Wirklich, mein Herz?» Er kniff die Augen zusammen, und um seine Lippen zuckte es. «Aber du bist Koransängerin, Rabia», fuhr er entmutigt fort, «da kannst du doch keine läppischen Liedchen singen und dazu Musik machen!» Und als er hörte, daß Rabia eine Schülerin von Vehbi Efendi war, setzte er hinzu: «Bei ihm hast du sicher gelernt, langsam und feierlich vorzutragen, wie es sich gehört. Aber das ist nichts für die Straßenkinder und einen verachteten Schattenspieler wie mich.»

Sie lachte. «Lehre mich das Lied, und ich singe es dir, wie du willst.» Sie lief in die Küche und war blitzschnell mit einem Blechtablett zurück, das sie wie ein Tamburin hielt und dem sie mit den schlanken Fingern dumpfe Töne entlockte.

Tevfik nahm es ihr ab, trommelte darauf und sang laut das Auftrittslied der Hauptfigur.

Rabia klatschte entzückt in die Hände und griff nach dem Tablett. Sie hatte ein gutes Gehör, das eine Melodie rasch und genau erfaßte, und sang in seinem Tonfall und im gleichen Takt: «Hab' ich dir nicht gesagt, du sollst nicht lieben ...»

«Ich kaufe dir einen Affen und schicke dich damit durch die Straßen, Rabia», lachte Tevfik. «Es wird Geld aus den Fenstern regnen, und der Affe wird besser tanzen als jede Zigeunerin.»

Bei diesen Worten mußte sie an die Zigeunerinnen denken, die sich in ihrer Kindheit mit abgerichteten Affen auf der Straße produziert hatten. Damals hatte sie ihre Nase ans Fenstergitter gedrückt und durch die kleinen Öffnungen gespäht, um sich nur ja nichts entgehen zu lassen.

Sie entlockte dem Tablett wilde, dumpfe Schläge, warf den Kopf zurück, verzog das Gesicht, sprang hin und her und trat nach einem nicht vorhandenen Tier, um es zum Tanzen zu bringen. Da war auch der Zwerg nicht mehr zu halten. Er schlug Purzelbäume, lief auf allen Vieren, warf die Beine, kreischte, schälte Nüsse, bewarf Tevfik mit den Schalen, schnitt Grimassen und tanzte immer wilder um Rabia herum, wie ein ausgelassenes Affenkind.

Das war der Höhepunkt jener Woche, in der die drei so gelebt hatten, als gäbe es kein Morgen.

## KAPITEL 15

Als die *kahya kadın* mit einer Botschaft von Hilmi Bey in den Musiksaal kam, unterrichte Vehbi Efendi gerade die jungen Sklavinnen. Hilmi ließ den Derwisch bitten, nach dem Abendessen zu ihm zu kommen, mit seiner Schülerin Rabia.

«Sie war seit Donnerstag nicht mehr hier. Ich dachte, sie sei krank.»

Die *kahya kadın* ging verwundert hinaus, denn sie wußte, daß Rabia abends immer bei Sabiha Hanım gewesen war. Sie würde sich Emine einmal vornehmen, denn dieses zänkische Weib hatte manchmal die unerklärlichsten Launen.

Rabias Mutter war gerade am Wäschewaschen, als die *kahya kadın* schellte. Da sie wie immer schlecht gelaunt war, überlegte sie ernsthaft, ob sie aufmachen oder das Schellen überhören sollte. Die Glocke aber gab keine Ruhe. Endlich zog sie an dem Strick, der die Tür entriegelte, und wartete vergeblich darauf, daß der Besuch über den Hof ins Haus kam. Schließlich trocknete sie die roten Hände und ging hinaus.

Die *kahya kadın* des Konaks stand auf dem Hof und sah sich suchend um. «Wo ist Rabia?» fragte sie, ohne Emine auch nur eines Blickes zu würdigen.

«Im Konak, wie üblich.»

«Von da komme ich gerade. Sie war am Nachmittag nicht beim Unterricht, am Abend aber bei Sabiha Hanım. Ich wollte wissen, warum ...»

«Seit wann vermißt du sie nachmittags?»

«Seit Donnerstag.»

«O diese Schweinebrut, dieses Komödiantenbalg», keifte Emine. Ihr Mund verwandelte sich zu einem schmalen Strich, ihre Augen zu stechenden schwarzen Punkten. Sie überlegte. Rabia erschien ihr seit jenem Donnerstag, als sie so spät heimgekommen war, wie ausgewechselt. Ihre Arbeit verrichtete sie noch gewissenhafter als sonst, aber wie entrückt, ohne ihre Umgebung wahrzunehmen und unberührt von Emines Schelte. Hatte nicht Tevfik vor der Trennung von ihr genau so ausgesehen, hatte er sich nicht ebenso seltsam benommen, als sie ihn verloren hatte? Die Tochter würde ihr entgleiten, wie der Ehemann ihr entglitten war. War es nicht auffällig, wie ähnlich Rabia ihrem Vater in der vergangenen Woche geworden war? Emines Besorgnis mischte sich mit ihrem Zorn über Rabias unerklärliches Verhalten und die zehn Jahre zurückliegende Tragödie. Die *kahya kadın* war in diesem Augenblick fast vergessen.

«Warum habe ich ihr nicht alle Knochen im

Leib gebrochen? Warum habe ich sie nicht zu
Wurst verarbeitet, ehe sie den Weg der Schande einschlagen konnte?» jammerte Emine und
schlug sich mit den roten, geschwollenen Händen an den Kopf.

«Nur ruhig, Emine Hanım, ich weiß, was du
dir einredest. Aber Rabia ist noch ein Kind…»

«Elf Jahre alt und noch ein Kind? Für eine wie
dich bedeutet es wohl nichts, daß sich ein junges
Ding, das schon Brüste wie Äpfel hat, auf der
Straße herumtreibt! Und das heutzutage, wo das
Viertel vor Gecken und Rüpeln nur so wimmelt!
Für dich und deine Herrin, die sich selbst in ihrem
Alter noch schamlos Farbe ins Gesicht und Kajal
um die Augen schmiert…»

«Untersteh dich, an einer vornehmen Dame
wie meiner Herrin die Zunge zu wetzen…»

«So? Du Speichelleckerin, geile Kupplerin, ge-
dungene Zuträgerin…» Emine spie der Frau ins
Gesicht. «Glaubst du, ich habe Angst vor deiner
Herrin, nur weil sie zufällig die Frau eines Paschas
ist? Zum Gespött der Straßenhunde werde ich sie
machen…»

Die *kahya kadın* war eingeschüchtert. Sie hätte
auf diese zänkische Hexe das eine oder andere er-
widern können, aber sie wußte, daß der Pascha
sie auf der Stelle entlassen würde, wenn sie einen

Skandal anzettelte. Als der Imam, durch den Lärm in seinem Nachmittagsschlaf gestört, in Pantoffeln angeschlurft kam, verdrückte sie sich deshalb schleunigst und machte die Tür hinter sich zu.

Sabiha Hanım genoß jenen Donnerstag in vollen Zügen. Sie meinte fast, den ganzen Tag im Theater zu sitzen. Eine unterhaltsame Szene jagte die andere, jede war anders, und in jeder war Trauriges und Lustiges auf die rechte Art gemischt. So liebte sie das Leben – Heiterkeit, leicht mit Herzweh gewürzt.

Am frühen Nachmittag erschien Pembe, die tanzende Zigeunerin. Nachdem sie lange durch die Provinzen gezogen war, hatte nun Istanbul sie wieder, und sie hatte sich beeilt, Sabiha Hanım ihre Aufwartung zu machen. Der Klatsch über die Beamtenschaft in den Provinzen, besonders aber über Zati Beys Tun und Treiben in Gallipoli, war anschaulich und amüsant. Sabiha Hanım lachte noch, als plötzlich die *kahya kadın* mit sorgenvoller Miene ankam und die Geschichte von Rabias rätselhafter Abwesenheit und Emines schändlichem Verhalten zum besten gab. Da wurde auch schon Emines Ankunft gemeldet. Die wütende Mutter stürzte, kreischend wie vierzig Eulen, auf Sabiha Hanım zu. Die *kahya kadın* und

Pembe, die sich eiligst zurückgezogen hatten und nun an der Tür lange Ohren machten, hörten, wie Emine die Gemahlin des Paschas mit den abscheulichsten Schimpfworten belegte. Beide staunten über die geradezu bewundernswerte Geistesgegenwart und Selbstbeherrschung ihrer Herrin.

«Nimm Platz», sagte Sabiha Hanım deutlich freundlicher, als sie üblicherweise mit Emine zu sprechen pflegte.

«Ich denke nicht daran. Ich bin gekommen, um mein Kind aus dieser Brutstätte der Verderbnis zu holen.»

«Wir werden sehen, ob der Imam diese rüde Ausdrucksweise billigt», entgegnete ihre Gastgeberin würdevoll.

Der strenge Ton dämpfte Emines Hysterie, denn sie wußte, wie unterwürfig sich ihr Vater stets um die Gunst des Konaks bemüht hatte. «Ich weiß nicht, wie mir geschieht. Seit ich von Rabias schamlosem Verhalten erfuhr, fühle ich mich wie eine tolle Hündin. Wo ist sie? Wo war sie?»

«Ich weiß, wo sie war, und ich weiß auch, wo sie ist», log Sabiha Hanım. Sie stellte sich mit dieser Notlüge vor ihre kleine Freundin und war darüber aufgeregt wie ein Kind. «Ich werde sie heute abend früher als gewöhnlich heimschikken, dann wird sie es dir selbst sagen. Jetzt geh nach Hause.» Sabiha Hanım erhob sich, auf ihren Stock gestützt. «Ich empfehle dir zur Nervenberuhigung eine große Portion Zitronenblütenwasser.»

Ratlos und mit dem Gefühl, eine Niederlage erlitten zu haben, zog sich Emine zurück

«Wer ist die Frau, die sich aufgeführt hat wie die Heldin in Tevfiks ‹Kılıbık›?» fragte Pembe, die zusammen mit der *kahya kadın* wieder ins Zimmer gekommen war.

«Sie war das Vorbild für die Figur, denn sie ist – oder besser: war – Tevfiks Frau.» Und nun erzählte Sabiha Hanım der Zigeunerin Rabias Lebensgeschichte, und die Zigeunerin berichtete ihrerseits, wie sie sich in Gallipoli mit dem Komödianten angefreundet hatte. Die *kahya kadın* fuhr ungeduldig dazwischen. Man solle mit diesem leichtfertigen und nutzlosen Gerede aufhören und lieber darüber sprechen, was in dieser heiklen Situation zu tun sei. Mitten in diesen Kriegsrat platzte Rabia.

«Jetzt paß einmal auf, Rabia Abla», sagte Sabiha Hanım und zwinkerte dem Mädchen zu. «Am besten erzählst du uns auf der Stelle, wo du die ganze Woche über nachmittags gesteckt hast. Vor einer Stunde war deine Mutter hier, und ich habe ihr gesagt, ich wüßte, wo du bist. Heraus mit der Sprache!»

Das Spiel war aus. Daß die Gemahlin des Paschas ihr offenbar vertraute, daß sie zu ihr gehalten und sie vor dem begreiflichen Zorn ihrer Mutter in Schutz genommen hatte, stimmte Rabia hoffnungsfroh. Aber der Gedanke, daß man sie womöglich von ihrem Vater trennen würde, schnürte ihr die Kehle zusammen. «Ich wollte es Ihnen sagen», stotterte sie ängstlich, «aber Sie hatten abends Gäste, und danach habe ich mich nicht mehr getraut. Bitte, bitte lassen Sie nicht zu, daß man mich von ihm trennt.» Vor Weinen brachte sie kaum noch ein Wort heraus.

«Von *ihm*?» fragte Sabiha Hanım belustigt und besorgt zugleich. «Was hast du angestellt, du dummes Kind?»

«Mein Vater ist zurück, er hat seinen Laden aufgemacht. Ich habe nachmittags für ihn geputzt.»

«Heia, gleich laufe ich zu meinem Tevfik aus Gallipoli», jubelte die Zigeunerin und tänzelte hinaus, während eine Dienerin erneut Rabias Mutter meldete. Die Ereignisse überschlugen sich so, wie es auf der Bühne niemals möglich gewesen wäre, aber Sabiha Hanım zeigte sich der Situation gewachsen. Gelassen gab sie Befehl, Rabia hinauszubringen, ehe sie Emine zu sich bat.

«Ich habe vor dem Tor aufgepaßt», sagte diese verdrossen. «Rabia hat vor einer Stunde den Konak betreten. Warum haben Sie das Kind nicht sofort heimgeschickt?»

«Ganz so lange ist es noch nicht her, ich fürchte, du hast nicht genug Zitronenblütenwasser getrunken, du bist noch immer sehr erregt.» Sabiha Hanım drohte ihr mit dem Finger. «Am besten sage ich es dir selbst. Rabias Vater ist wieder da, sie war nachmittags bei ihm im Laden.»

Das war ein unerwarteter Schlag.

«Sie machen sich über mich lustig», sagte Emine ratlos.

«Geh und überzeuge dich selbst», erwiderte Sabiha Hanım mit kaum verhohlenem Triumph.

«Meine Tochter kommt mit mir.» Emine erhob sich schwankend.

«Du bist nicht ganz bei dir. Der Pascha und der Imam werden sich mit dem Fall befassen. Ich behalte Rabia heute nacht hier. Morgen ist Zeit genug, um alles zu regeln. Das Kind hat das Recht, sich für Vater oder Mutter zu entscheiden, so will es das Gesetz des Landes und des Propheten.»

«Ja, und inzwischen werden Sie meine Tochter dazu überreden, ihren Vater zu wählen», höhnte Emine.

«Ich werde alles in meiner Macht Stehende

tun, damit sie bei einer so guten Mutter wie dir
bleibt», gab Sabiha Hanım nicht weniger höhnisch zurück. In Wirklichkeit bemühte sie sich
an diesem Abend nach Kräften, das verängstig-
te Mädchen in seiner Entscheidung für den Vater
zu bestärken und ihm Mut zuzusprechen.

## KAPITEL 16

Der Imam sah aus wie jemand, dem man schweres Unrecht angetan hat. Er sah mit gesenktem
Kopf auf den Teppich und sprach mit gebrochener Stimme. Der Pascha sollte in Rabias Fall vermitteln und hatte beschlossen, zuerst ihn anzu-
hören. «Ich bin bereit, den Ratschluß unseres
gnädigen Pascha als heiliges Gesetz zu akzeptieren», sagte der Alte. «Was mich dabei am meisten
bekümmert, ist nicht, daß ich das Kind verlieren
werde. Sie wird sich mit Sicherheit für ihren Vater
entscheiden. Er ist unwiderstehlich wie alle, die
dem Teufel verfallen sind. Meine große Angst
aber ist, daß Tevfik sie nach all meinen persönlichen Bemühungen um Rabia, nach der sorg-
samen Erziehung, die berühmte Lehrer auch im
Hause Eurer Exzellenz dem Mädchen haben an-
gedeihen lassen, Zati Bey zuführt. Für diesen

Trunkenbold wäre sie nicht mehr als ein Spielzeug.» Er fuhr sich, scheinbar überwältigt vom bloßen Gedanken an diese Möglichkeit, mit der Hand über die Lider, aber zugleich musterten seine tiefliegenden zornigen Augen verstohlen das Gesicht des Pascha.

«Ich werde ausdrücklich anordnen, daß sie das Haus von Zati Bey nicht betreten darf.»

«Ganz gewiß ist unser gnädiger Pascha der Mächtigere und derjenige, der bei Seiner Majestät höher in Gunst steht.» Der Imam rieb sich insgeheim die Hände. «Daß Tevfik im Sinekli Bakkal einen Laden aufmacht, läßt tief blicken. Ein Schützling von Zati Bey! Natürlich werden die Leute ihn für einen Spion halten. Seine Nachbarn sind einfache Leute, bei denen lohnt das Spionieren nicht… und deshalb…» Der Imam sah dem Pascha vielsagend in die Augen.

Doch mit dem Versuch, die politische Rivalität zwischen Selim Pascha und dem neuen Innenminister für sich zu nutzen, hatte er den Bogen überspannt.

Im Grunde amüsierte sich der Pascha über die ungeschickten Bemühungen des Alten, ihn wegen Tevfiks Verbindung zu Zati Bey gegen den Komödianten aufzubringen. «Lassen wir die Staatsgeschäfte, Imam Efendi.»

Der Imam begriff, daß seine Taktik fehlgeschlagen war und unternahm einen neuen Anlauf. Bei einem Mann wie dem alten Pascha kam man mit Offenheit weiter – sie war entwaffnender. «Wenn Rabia zu Tevfik geht, steckt er auch das Geld ein, das sie verdient. Wovon soll ich leben, gnädiger Pascha? Ich habe viel für sie ausgegeben und eine Menge Zeit auf ihre Erziehung verwandt. Ich hoffte, sie würde mich auf meine alten Tage unterstützen. Wie der gnädige Pascha weiß, sind die Leute heutzutage nicht mehr gottesfürchtig. Was sie für die Dienste eines Imams zahlen, ist nicht der Rede wert. Ohne Rabias Einnahmen könnte ich mir kaum eine warme Mahlzeit leisten.» Bis auf die Behauptung, er habe viel Geld für Rabia ausgegeben, war das die Wahrheit oder zumindest nahezu die Wahrheit.

Ehe der Pascha dem Imam antworten konnte, trat Tevfik ein. Er wirkte so bekümmert und verängstigt, daß Selim Pascha lächeln mußte. «Du bist also wieder da? Ich kann nur hoffen, daß du dich besonnen und gebessert hast.»

«Ich habe das Theaterspielen aufgegeben und werde wieder meinen Laden aufmachen, den, wie ich hoffe, auch der Konak mit seiner Gunst beehren wird», stotterte Tevfik. Rakım hatte ihm diese Worte in den Mund gelegt.

«Bringt die Kleine her», befahl Selim Pascha. Er lächelte milde, als er sie sah. «Komm her, Rabia Hanım», forderte er sie fast liebevoll auf. Ihren Fall aber verhandelte er ganz wie ein Kadi aus alter Zeit. «Hier steht dein Vater, den du bisher nicht kanntest, dort dein Großvater, der dich all die Jahre aufgezogen hat. Bei wem möchtest du leben?»

«Bei meinem Vater, Efendim», erwiderte Rabia mit klarer, entschlossener Stimme.

«Bedenke, wieviel Zeit und Geld dein Großvater dir geopfert hat und… und wieviel Zuneigung er dir zuteil werden ließ. Dein Vater hat keine Frau im Haus. Es wäre schicklicher, wenn du bei deinem Großvater leben würdest, in der Obhut deiner tugendhaften Mutter. Ich würde es so regeln, daß du deinen Vater regelmäßig besuchen darfst.»

Rabia hatte geduldig und höflich zugehört. Jetzt wiederholte sie in demselben klaren, entschiedenen Ton: «Ich möchte bei meinem Vater leben, Efendim.» Sie hatte bisher Selim Pascha vertrauensvoll angesehen, jetzt aber wandte sie sich Tevfik zu und griff nach seiner Hand, als müßte sie ihren großen, hilflosen Vater beschützen. «Seht, Efendim, mein Vater hat niemanden, der sich um ihn kümmert. Ich möchte für ihn sorgen.»

«Bist du in der Lage, deine Tochter zu ernähren, Tevfik?»

«Ja, das bin ich», beteuerte der.

«Er will sie nur bei sich haben, weil der Ramadan vor der Tür steht und er mit ihren Einnahmen rechnet», krähte der Imam.

«Der Imam soll ihre Einnahmen haben, ich will nur meine Tochter.»

«Bist du vermögend genug, ohne ihre Honorare auszukommen?» Im Blick des Paschas glomm Argwohn auf.

Rabia kam ihrem Vater zu Hilfe. «Wir haben doch das Geschäft. Ich werde es mit ihm zusammen führen, und alle werden bei uns kaufen. Auch Ihr, gnädiger Pascha, nicht wahr?» So tapfer sie sich bisher gehalten hatte – jetzt war es um ihre Fassung geschehen. Sie verbarg ihr Gesicht an Tevfiks Ärmel und weinte hemmungslos.

«Erstaunlich, wieviel Mut in diesem zerbrechlichen Persönchen steckt», dachte Selim Pascha. Bei Allah, er würde zu ihr halten! «Kehre in den Harem zurück, mein Kind. Alle anderen mögen sich ebenfalls zurückziehen. Ich will mit Tevfik allein sprechen.»

Der Imam glaubte, letztlich ein gutes Geschäft gemacht zu haben. Daß Rabia ihren Vater ihm, dem Imam, vorzog, schmerzte zwar ein wenig, aber ihre Honorare einzustreichen, ohne gleichzeitig für ihren Unterhalt aufkommen zu müssen, entschädigte ihn dafür. Wenn er nur Emine dazu bringen könnte, die Sache ebenso vernünftig zu sehen! Aber das wagte er bei einer so halsstarrigen Person kaum zu hoffen. Als er den Konak verließ, war er hin- und hergerissen zwischen der Überlegung, wie er Emine die Neuigkeit beibringen sollte, und brennendem Interesse an dem, was der Pascha wohl mit Tevfik besprechen mochte. Selim Pascha würde darauf bestehen, daß Rabia für Zati Bey unerreichbar blieb, und er würde auch fordern, daß sie ihren Unterricht fortführte, wahrscheinlich würde er Tevfik tüchtig einheizen...

Alle diese Vermutungen des Imams trafen zu.

KAPITEL 17

In Tevfiks Laden ging es lustig zu. Rabia, die einzige Frau in der kleinen «Familie», übernahm – mehr noch als ihre Mutter – die Rolle des Hausherrn, und im Geschäft drängten sich von morgens bis abends die Kunden. Alle drei waren selig, wenn sie Menschen über die Straße huschen sahen. Ihr Leben glich dem junger Katzen, die mit einem Seidenknäuel spielen, den endlosen Faden packen und ihn entrollen, ohne daran zu denken, daß sie sich womöglich darin verfangen könnten.

Rakım sah sich als Kopf der Familie. Während er Grimassen schnitt und Possen riß, plante und überlegte er insgeheim für sie alle. Nach außen hin gab er sich wie ein Hund, der ohne Liebkosungen nicht leben kann, treu und zärtlich ist, bereit, verdächtige Gestalten anzubellen, an ihnen hochzuspringen und sogar zuzubeißen.

Auch Pembe beteiligte sich an dem vergnügten Treiben. Sie hatte sich selbst zur Hauptunterhalterin von Sabiha Hanım ernannt und sich im Konak häuslich eingerichtet. Doch es verging kein Tag, an dem sie nicht um die Ecke bog, mit den Frauen am Brunnen scherzte und in Tevfiks Geschäft verschwand.

Nur an den Samstagnachmittagen saß Tevfik allein hinter dem Ladentisch und fühlte sich ein wenig einsam. Wie lange sich Rabias Unterricht hinzog! Und wieviel Zeit Rakım brauchte, um neue Ware einzukaufen!

Eine Woche vor Ramadan geschah es dann, daß Tevfik den Schatten eines hochgewachsenen Derwischs über die Straße huschen sah. Der Mann kam zu Tevfiks Geschäft hinüber, bückte sich, um nicht an die niedrige Türöffnung zu stoßen, und trat ein.

«Ist dies das Geschäft von Tevfik Efendi, dem Vater von Rabia Hanım?»

«Ich bin Tevfik, Herr.»

«Und ich bin ihr Musiklehrer. Ich möchte etwas mit dir besprechen.»

«Dann sind Sie Vehbi Efendi?» Tevfik zappelte vor Aufregung.

Der Besucher lächelte beruhigend. «Hör zu, mein Sohn. Während des Ramadans erteile ich keinen Unterricht, sondern ziehe mich ins Kloster zurück. Bei deiner Tochter aber möchte ich in Anbetracht ihrer außergewöhnlichen Begabung eine Ausnahme machen. Wenn sich in eurem Haus ein passender Raum finden läßt, will ich gern am Donnerstag nach dem Abendgebet herkommen.»

Das bedeutete, daß Rabias Unterricht nicht mehr im Konak, sondern in der Wohnung über dem Laden stattfinden würde. Es bedeutete auch, daß Vehbi Efendi bereit war, Rabia zu unterrichten, ohne daß Selim Pascha ihn dafür bezahlte. Und alles miteinander bedeutete, daß der Derwisch Rabia als sein geistiges Kind ansah.

Daß dieser berühmte Meister sich für seine Tochter interessierte, machte Tevfik überglücklich. «Das ist eine große Ehre, Herr.» Seine Stimme zitterte. «Wollen Sie nicht hereinkommen und hinten im Garten eine Tasse Kaffee trinken?»

«Rabia Abla, ich möchte für zehn Para[40] Kaugummi», erklang von der Straße her ein schrilles Stimmchen.

«Herein mit dir, du Schlingel!» Tevfik wog den Kaugummi ab und wickelte ihn ein. Ein barfüßiger Bengel betrat den Laden, wischte sich mit dem Ärmel die Nase und hielt die Zehn-Para-Münze gut sichtbar hoch. Tevfik gab ihm das Päckchen, klopfte ihm auf die Schulter, flüsterte ihm etwas ins Ohr und schob ihn hinaus. Der Junge grinste, leckte sich die Lippen und steckte das Geld wieder ein.

«Müßtest du dich nicht mehr um deine Einnahmen kümmern?» fragte Vehbi Efendi, dem die Szene ein Schmunzeln entlockt hatte.

Tevfik bemerkte es und strahlte dankbar, denn selbst Rakım putzte ihn immer herunter, weil er den Kindern ihre Zehn-Para-Stücke nicht abnehmen mochte. «Wenn Rabia nicht da ist, lasse ich schon einmal fünf gerade sein, Herr. Sie wird sich sehr freuen, wenn sie erfährt, wer uns mit seinem Besuch beehrt hat. Sie ist gerade beim Persischunterricht.» Unablässig redend ging er in den Garten voraus.

«Schilt sie manchmal mit dir?»

«Und ob, Herr! Sie gebärdet sich mehr wie mein großer Bruder. Auch ihre Mutter hatte eine scharfe Zunge ...» Er lächelte, denn die Zeit hatte die Erinnerung in milderes Licht getaucht.

Vehbi Efendi folgte ihm durch die aufgeräumte und blitzblanke Küche in den Garten, wo Tevfik sich am liebsten aufhielt und den er mit Hingabe hegte und pflegte. Der Derwisch sah zu den spiegelnden Küchenfenstern hoch, die halb vom Laub der Reben verdeckt waren. In der untergehenden Sonne leuchteten die Blätter scharlachfarben. Wildes Geißblatt und Jasmin rankten an der Küchentür empor bis zum Dach. Unter dem Walnußbaum war wie immer eine saubere Matte ausgebreitet.

Tevfik legte seinen geöffneten Tabakbeutel darauf, bat den Derwisch Platz zu nehmen und ging ins Haus, um den Kaffee zu bereiten. In den Zweigen gurrten Tauben, und dem Besucher wurde es dank dieser freundlichen Umgebung ganz warm ums Herz. Es dauerte nicht lange, bis der Gastgeber mit dem Kaffeetablett zurückkam und munter weiterredete, ohne unbedingt eine Antwort zu erwarten. Sehr angetan von dieser schlichten, friedlichen Häuslichkeit hörte Vehbi Efendi zu. Tevfik gefiel ihm, war er doch eins von Allahs unbeschwert herumvagabundierenden Kindern. Verborgen trug er das Zeichen der Gnade und war denen nicht unähnlich, die nach den Stürmen des Lebens sein Kloster aufsuchten und ihr Leben im Schutz dieser Gemeinschaft von Eingeweihten beendeten.

An einem anderen Tag, Rakım hütete den Laden und thronte auf einem maßgefertigten hochbeinigen Hocker, so daß er hinter dem Ladentisch wie ein Mensch von normaler Größe wirkte, trat ein kleinwüchsiger Mann mit faltigem Gesicht ein. Er trug einen schwarzen Umhang, hatte einen breitkrempigen Hut in der Hand und bewegte sich rasch und entschieden. Aufmerksam sah er sich in Tevfiks Laden um.

Das Sinekli Bakkal war ein muslimisches Viertel, in dem auch arme Christen wohnten. Die besaßen aber keine Filzhüte. Der Mann mußte also aus dem Bezirk kommen, in dem vornehme Ausländer lebten. Hatten sich der Name und der Ruhm ihres Ladens schon so weit herumgesprochen? Rakım sprang eilfertig vom Hocker, um den Kunden zu bedienen. «Was wünschen der Herr?»

Peregrini hatte das Geschäft nicht ohne Bedenken betreten. Schüchternheit war ihm zwar fremd, aber die Wohnstätten der ärmeren Muslime erschienen ihm bisher wie uneinnehmbare Festungen. Die Häuser der Reichen hatte er sich erobert, selbst der Sultanspalast barg kaum mehr Geheimnisse für ihn. Wie man ihn jedoch in diesem Krämerladen aufnehmen würde, wußte er nicht. Als er den Zwerg sah, der auf und ab hüpfte wie ein Korken an der Schnur, verlor er seine Scheu. Noch immer sah er sich einigermaßen ratlos um, denn er wußte nicht recht, was er kaufen sollte. Aufs Geratewohl entschied er sich für ein großes, rundes Blatt *güllaç*[41].

Rakım war schon dabei, ein besonders gelungenes, wohlgeformtes Exemplar auszusuchen, hielt aber plötzlich inne. Sein Gesicht verdüsterte sich, Argwohn spiegelte sich in seinen Blick. Ein Filzhut und *güllaç* – das paßte irgendwie nicht zusammen. War dieser seltsame Kunde vielleicht nur hereingekommen, um sich den komischen Zwerg näher anzusehen? «Wissen Sie, wie man die zubereitet, Signore?» Rakıms Ton klang nun alles andere als liebenswürdig.

«Ich wollte sie immer schon kaufen, habe mich aber nicht getraut. Nein, ich weiß nicht, wie man sie zubereitet, aber vielleicht kannst du es mir

133

verraten?» Auf diese Ausrede war Peregrini spontan verfallen. Noch während er sprach, erwachte seine ständige Neugier, so daß die Frage glaubwürdig klang und Rakım überzeugte. Peregrini holte sein Notizbuch heraus und schrieb sich das Rezept auf, das der Zwerg ihm diktierte. Er zahlte und klemmte sich das Päckchen unter den Arm, ging aber noch nicht.

«Ich bin der Musiklehrer von Hilmi Bey», sagte er plötzlich.

«Nein, wirklich?»

«Und ich bin auch ein Freund von Vehbi Efendi. Lange Zeit war er jeden Donnerstagabend mit seiner Schülerin Rabia Hanım bei Hilmi Bey. Sie hat eine wunderbare Stimme. Bist du vielleicht ihr Vater?»

Der Zwerg schmunzelte. «Ich bin ihr Onkel. Und ihr Lieblingsaffe. Vehbi Efendi, der im Ramadan nicht unterrichtet, kommt Rabia zuliebe seit Beginn der Fastenzeit am Donnerstagabend zu uns.»

«Also deshalb habe ich sie so lange nicht gesehen. Ich habe sie immer mit Freude den Koran rezitieren hören. Sie singt in den großen Moscheen, hat man mir gesagt. Kannst du mir sagen, in welchen?»

«Am Donnerstag in der Hagia Sophia, am Mittwoch und Samstag in der Fatih-Moschee[42] und an den anderen Nachmittagen in der kleinen Moschee des Sinekli Bakkal. Sie bekommt viel Geld dafür, aber das streicht alles ihr Großvater ein, der Pascha will es so. Wir drei verdienen unseren Lebensunterhalt mit diesem Geschäft hier. Im Ramadan führen wir auch Schattenspiele auf. Tevfik ist darin ein Meister. Wenn Sie wollen, schenke ich Ihnen eine Freikarte.»

«Da komme ich gern.» Peregrini hatte es sich auf einer Seifenkiste bequem gemacht und fächelte sich mit der runden weißen Teigscheibe frische Luft zu. Die Fliegen summten, von der Straße drang kein Laut herein. An Fastentagen wie diesem verschliefen die Gläubigen den Nachmittag. Er war in gehobener Stimmung. Diese plötzliche Vertrautheit trotz der fremdartigen Umgebung... es war das gleiche Gefühl wie damals, beim Eintritt in die Freimaurerloge. Das Geheimnis, in das er hier eingeweiht wurde, war das Geheimnis von Rabias Leben und Herkunft.

Er lächelte versonnen. «Ich muß sie in der Hagia Sophia singen hören», sagte er.

Der Zwerg warf einen bedenklichen Blick auf den Filzhut. «Die Gemeinde ist es nicht gewöhnt, daß ausländische Besucher ihren religiösen Ritualen beiwohnen», sagte er taktvoll.

Peregrini begriff. «Ich werde nicht mit Hut kommen», versprach er. «Zu Hause habe ich einen Fes. Ich kann die Gefühle der Gläubigen nachvollziehen. Früher war ich Mönch, mein Freund, also eine Art Derwisch.»

«Und das sind Sie jetzt nicht mehr?»

«Nein. Aber ein Mönch bleibt immer ein Mönch, auch wenn er den Orden verlassen hat. Ich bin aus dem Kloster weggelaufen.»

«So was…» Rakım sperrte staunend Mund und Nase auf. «Sind Sie weggelaufen, weil Sie vom Glauben abgefallen waren?»

«Ja, so könnte man wohl sagen. Aber die Religion behält man im Blut, sie ist ein unheilbares Leiden, ja vielleicht sogar ein Laster. Ich bin nicht religiös, ich wüßte nicht zu sagen, ob ich überhaupt an etwas glaube, aber ich komme auch nicht davon los. Es zieht mich zu Gottesdiensten jeder Art, ich liebe Kirchen, Moscheen und Synagogen, verliere völlig die Fassung, wenn ich Korangesang höre, ich schwelge in Ritualen. Ich bin wie die Fliege, die sich vollgesaugt hat, aber nicht vom Honigtopf lassen kann. Bist du ein frommer Mann?»

«Ja, gewiß, da ich, Allah sei Dank, als Muslim zur Welt kam. Aber Moscheen und Gebetshäuser bedrücken mich, und Kirchen machen mir angst. Die Rituale schläfern mich ein, und mit frommen Leuten halte ich es nicht lange aus. Ich gestehe Ihnen gern, daß ich nicht fünfmal am Tag bete. Mein Freund Tevfik, Rabias Vater, ist genau wie ich.»

«Betest du nicht einmal im Ramadan?»

Rakım lachte leise vor sich hin. Vor einem Mann, der aus einem Kloster weggelaufen war, konnte er offen sprechen. «Nein, nicht einmal im Ramadan. Aber wir tun so, als ob wir fasten, Tevfik und ich. Das machen wir Rabia zuliebe, die sich an diese Dinge hält.»

«Und kommt sie euch nicht auf die Schliche?»

«Das ist so, Herr: Wenn in der Nacht die Trommeln zum *sahur*[43] geschlagen werden, essen wir mit ihr und machen uns für den anstehenden Fastentag bereit. Morgens stehen wir spät auf und rühren keinen Bissen an, bis sie für ihren Korangesang in der Moschee das Haus verlassen hat. Dann essen und rauchen wir … Wenn sie zurückkommt, tun wir so, als brächen wir mit ihr zusammen bei Sonnenuntergang das Fasten.»

«Raffiniert!» sagte Peregrini lachend.

«Auffallen dürfte ihr nur, daß wir so vergnügt sind. Wer fastet, hat normalerweise schlechte Laune. Aber womöglich erklärt sie sich diese Munterkeit mit unserem engelhaften Wesen. Ihr

137

zuliebe werde ich die letzten drei Tage aber wirklich auf Nahrung verzichten.»

«Nicht um deiner selbst willen?»

In Rakıms Lächeln lag leise Bitterkeit. «Kinder brauchen nicht zu fasten, Affen tun es nie, und dem Allmächtigen hat es nun mal gefallen, mich nach dem Bilde eines Affenkindes zu schaffen...»

Von jetzt ab ließ sich, wenn Vehbi Efendi kam, um Rabia zu unterrichten, eine Stunde später regelmäßig auch Peregrini sehen. Da Hilmi und seine beiden von ihm unzertrennlichen Freunde wie selbstverständlich überall dort auftauchten, wo sie Peregrini nah sein konnten, stellten auch sie sich ein.

Das bescheidene, aber geräumige Zimmer über dem Laden wurde an den Donnerstagabenden des Ramadans so etwas wie ein intellektueller und musikalischer Treffpunkt. An anderen Abenden drängten sich dort die Komödianten und alten Gefährten von Tevfik, das leichtlebige Personal des Sinekli Bakkal.

## KAPITEL 18

Die zweite Hälfte des Ramadans verlief sehr lebhaft. Immer mehr jugendliche Zuschauer drängten zu Tevfiks Vorstellungen, der Garten war stets überfüllt. Rabia verkaufte im Laden die Eintrittskarten und sorgte dafür, daß die Kinder den Garten leidlich geordnet durch die Küche betraten. Nach Beginn der Vorstellung schloß sie die Türen, schlüpfte hinter den gespannten Vorhang und sah zu, wie Tevfik mit seinen Pappfiguren arbeitete. Fast menschlich wirkten sie, und Tevfiks Stimme wandelte sich von der eines Gecken zu der eines Eunuchen, dann zu der einer Frau, eines Kindes, eines Raufboldes und schließlich zum schauerlichen Geheul eines Dschinn[44]. Sein Gesang war fröhlich und ungekünstelt und hatte einen ausgelassenen Rhythmus, den Rakım kräftig unterstützte.

Rabia schlug das Tamburin und steuerte die Summ- und Brummlaute bei, die den Dschinn und anderen übernatürlichen Wesen zugeschrieben werden. Wenn sie ab und zu einen Blick nach draußen tat, sah sie Peregrini auf einem der Hokker in der ersten Reihe sitzen. Weiter hinten kauerte Vehbi Efendi auf der Matte, sein brauner Hut erhob sich hoch über die Kinderköpfe. Beide schüttelten sich vor Vergnügen, und Rabias silberhelles Lachen mischte sich mit dem Gelächter der Kinder vor dem Vorhang.

In den letzten fünfzehn Tagen des heiligen Monats begegnete Rabia Peregrini dann auch in den Moscheen, in denen sie sang. Er war in Begleitung von Rakım und machte eine etwas komische Figur, denn der Fes war ein wenig zu klein für seinen mächtigen Kopf. Die beiden waren ebenso versunken wie alle anderen Zuhörer. Unter der gewaltigen düsteren Kuppel, im Schein der goldenen Kerzen, die über den verschwommenen Umrissen der Gläubigen flackerten, und während aus hundert Ecken deren gelegentliches Husten als vielfach verstärktes Echo drang, vergaß sie Peregrini und verlor sich, den schlanken Körper hin und her wiegend, ganz in ihrem Gesang. Die Frauen befanden sich in unmittelbarer Nähe ihres Pultes, hinter ihnen, in geziemender Entfernung, saßen die Männer, die ihr so intensiv zuhörten, daß Rabia ihre Nähe als Gruppe stärker ins Bewußtsein drang als die der Frauen. Nur einmal entdeckte sie Vehbi Efendis schlanke Gestalt neben Peregrini. Er hatte die Augen geschlossen und lauschte hingebungsvoll. Einen kurzen Moment hielt sie mit zitternden Lippen

inne. Daß der Meister zugegen war, schüchterte
sie ein.

> «Erschaffen hat Er den Menschen aus Lehm
> wie ein Tongefäß.
> Und erschaffen hat Er den Dschinn aus
> rauchlosem Feuer …
> Der Herr der beiden Osten. Und der Herr
> der beiden Westen! …
> Und Sein sind die Schiffe, die hohen im Meer,
> gleich Bergen.
> Alle auf ihr sind vergänglich.
> Aber es bleibt das Angesicht deines Herrn
> voll Majestät und Ehre.»[45]

Die schöne Stimme vollführte eine verschlun-
gene Arabeske[46] in Moll und verlieh den Versen
eine majestätische Würde und Erhabenheit. Es
traf sich seltsam, daß sie gerade jene Worte rezitierte, die die Grundlage des muslimischen My-
stizismus bildeten. Vehbi Efendi war hingerissen
von der Schönheit ihrer Kunst und ihrer Stimme.
Für Rabia war der Gesang frei von jeder religiösen und intellektuellen Bedeutung. Sie freute
sich nur an dem schönen Klang.

Als die beiden Männer, Rakım im Schlepptau,
die Moschee verließen, flüsterte Peregrini, den

Blick auf die Tauben im Hof gerichtet, dem Derwisch zu: «Setzen Sie dieses Mädchen an ein Pult zwischen zwei Kerzen, und der Gesang, der von ihren Lippen kommt, beschwört sogleich das Bild eines Dämons oder eines Engels herauf. Es ist unheimlich, wie sie uns durch den Zauber ihres Gesangs aller vernünftigen Gedanken beraubt.»

«In diesem Moment verschmelzen die widersprüchlichen Aspekte ihres Wesens. Mit ihrem Gesang erreicht sie Einheit und stimmt sich auf die Unendlichkeit ein», bestätigte der Derwisch.

Der Ramadan ging zu Ende, und mit ihm endeten auch Tevfiks Schattenspiele. Jedes Kind bekam zum Abschluß von ihm eine bunte Tüte mit Zuckerzeug. Die kleinen Zuschauer versammelten sich vor dem Laden und ließen Tevfik hochleben. Manche hatten Trommeln mitgebracht, die sie kräftig schlugen, und alle stimmten das Abschiedslied des Ramadans an: «Siehe, er ist gekommen, siehe, so geht er dahin!» Sie schwenkten ihre bunten Lampions. Für Sekunden tauchte ein Stück abgetretenes Pflaster, eine vertraute Dachschräge aus dem Dunkel auf und verschwand wieder, wenn die Menge trommelnd und singend weiterzog. Ein Schattenspiel, ein Menschenleben, das Weltall – siehe, es ist gekommen, siehe, so geht es dahin …

Tevfiks Gäste stiegen die Treppe hoch, wo Sorbets sie erwarteten. Auch Hilmis Freunde waren geblieben. Nicht nur der gutmütige Galip, sondern auch der stets düster gestimmte, schwierige Şevki hatte Freude an dem Abend gefunden. Die Stimmung stieg noch, als Pembe mit Körben voller Lebensmittel und Obst aus dem Konak eintraf. Sie und Rabia kümmerten sich in der Küche um das Essen.

Die Männer waren bester Laune. Peregrini hatte sich seinen Hocker aus dem Garten mitgebracht, und Rakım hockte zu seinen Füßen auf dem Boden. Hilmi und Galip lachten noch immer so herzhaft über Tevfiks Späße, daß sie sich aneinander festhalten mußten, um nicht umzufallen. Tevfik war erschöpft, der Hals tat ihm weh, und er wischte sich ein ums andere Mal mit einem gewaltigen Taschentuch die Stirn.

Vehbi Efendi zog an einer erkalteten Pfeife. Die sonst so glatte Stirn war nachdenklich gerunzelt. «Tevfik hat uns deutlich gemacht, wie der Eine Gott, der Lebende Gedanke, der Beweger des Weltalls, mit seinen Geschöpfen verfährt. Leben entsteht erst dann, wenn der Geist hinzutritt. Tevfik hat Pappfiguren zum Leben erweckt, sie haben die Kinder zum Lachen oder zum Weinen gebracht. Heute abend habe ich so recht die Bedeutung der Worte Jesu, des Sohnes der Maria, begriffen: ‹Er ist ein Gott der Lebenden und nicht der Toten, denn alles lebt nur durch Ihn.›»

Er hielt inne, zündete die Pfeife wieder an, und als er sie in Gang gebracht hatte, sprach er halblaut weiter: «Ich träume von Schattenspielfiguren, die alle Kinder Liebe und Brüderlichkeit lehren. An erster Stelle müßten Buddha, Jesus und Mevlana[47] stehen, aber auch unbekanntere Heilige und Botschafter der Liebe sollten mit besonders eindrucksvollen Szenen aus ihrem Leben vertreten sein. Mit der entsprechenden Musik und von großen Künstlern verfaßten Texten könnte man den künftigen Generationen schon im Kindesalter jene Ideen und Empfindungen nahebringen, aus denen wahre Kultur erwächst.»

«Und ich», fuhr Şevkis schneidende Stimme dazwischen, «träume von einem Schattenspielpersonal, das nur aus Bösen, Verderbten und Menschenquälern besteht und dem auch unser blutiger Sultan mit seiner Kamarilla angehört – Figuren, die dazu verurteilt wären, ihre abscheulichen Verbrechen für die künftigen Generationen immer und immer wieder zu durchleben. Ich bin dafür, das Evangelium des Hasses zu lehren, eines Hasses, der die Kommenden dazu befähigt, die alte morsche Welt mit Stumpf und Stiel auszurotten, einen Neuanfang zu machen, alles, was Vergangenheit war, hinwegzufegen. Dann – und nur dann – werden wir wahre Kultur schaffen.»

Für einen Augenblick senkte sich bedrücktes Schweigen auf die eben noch so vergnügte kleine Gruppe. Dann sagte der Zwerg mit angstvoll geweiteten Augen: «Pst! So dürft ihr nicht über den Sultan sprechen, sonst ziehen sie uns bei lebendigem Leibe die Haut ab, stopfen sie mit Stroh aus und hängen sie zum Trocknen an die Sonne.»

Tevfik kratzte sich nachdenklich am Kopf. «Keine Sorge, schließlich habe ich schmerzhaft erfahren dürfen, was dabei herauskommt, wenn man die Mächtigen und ihr Tun und Treiben bloßstellt. Mit diesen Menschen legt man sich am besten nicht an. Ich möchte bis an mein Lebensende in Istanbul bei meiner kleinen Tochter bleiben.» Seine Stimme bebte. Schaudernd erinnerte er sich der Kerkerhaft vor seiner Verbannung. Durch die offene Tür sah er Rabia, die mit Gläsern und Schüsseln vorbeikam. «Mich schützen die Großen des Landes», erklärte er weiter. «Ich bin ein armer, unwissender Mann. Einem wie mir bleibt nur, im Prolog und Epilog jeder Vorstellung für sie zu beten.»

Doch in Wahrheit begann Tevfik in Gedanken schon Szenen aus Gallipoli in sein Schattenspiel aufzunehmen, Szenen mit Zati Bey als betrunkenem Helden – er war eben doch ein Künstler. Eine großartige Schattenspielfigur würde Zati Bey abgeben! Nein, Schluß damit! Er, Tevfik, hatte sich entschieden, Krämer zu bleiben und Käse und andere übelriechende Waren zu verkaufen.

Zwei Monate später bekam Tevfik Besuch vom Besitzer des berühmten Cafés «Kabasakal»[48]. Er hatte sein Etablissement vergrößert, die Wände mahagonibraun gestrichen, die Sessel mit schönem roten Plüsch gepolstert und fragte nun an, ob Tevfik bereit wäre, einmal in der Woche, an einem Tag seiner Wahl, Geschichten zu erzählen oder darzustellen.

Tevfiks Augen glänzten. Er schluckte. Sein Besucher erwartete eine begeisterte Zusage. Doch plötzlich trübte sich Tevfiks Blick, und er schüttelte den Kopf. «Nein», gab er sehr entschieden zur Antwort.

Eine Woche später kam der Besucher wieder. Er bot Tevfik an, zweimal wöchentlich in seinem Café Schattenspiele für Kinder zu veranstalten. Ein Wink des Schicksals – es konnte nicht anders sein! «Ja», gab Tevfik zurück.

## KAPITEL 19

Zwei Jahre waren vergangen. Rabia war inzwischen dreizehn. Noch immer beherrschten dieselben Akteure die Bühne ihres Lebens. Sie selbst, die Hauptfigur, ging gelassen wie immer ihrer Arbeit nach. Trotz der Sehnsucht nach Freiheit, einer Art Pulvermagazin ihrer Seele, gab sie sich ernsthaft und diszipliniert. Ihre Pflichten im Haus und im Geschäft erledigte sie fast spielerisch, ohne viel Aufhebens davon zu machen. Wichtig waren ihr hingegen die Auftritte in der Öffentlichkeit und der Unterricht. Beides weckte in ihr Gefühle und Gedanken, die sie weder zu analysieren noch zu formulieren vermochte. Alles in allem war sie vergnügter und zufriedener denn je. Zu den tiefen Furchen in den Mundwinkeln und den Falten zwischen den Augenbrauen, die sie bereits in früher Jugend erworben hatte, gesellten sich nun Fältchen der Heiterkeit um die golden leuchtenden Augen, und beim Lachen zog sie die Nase kraus, was reizend anzusehen war. Wenn sie lustig und guter Dinge war, glätteten sich die Male des Leidens und der Unterdrückung, vertieften sich aber gleich wieder, sobald sie innehielt und sich auf die Vergangenheit besann. Diese Mischung aus grübelnder Schwer-

147

mut und Lebenslust verlieh dem jungen Gesicht einen ganz eigenen Reiz.

Besonders zwei Männern aus Rabias unmittelbarer Umgebung hatte es ihre komplexe Persönlichkeit angetan. Beide begehrten ihre Seele, wenn auch auf unterschiedliche Weise. Peregrini, der unruhige, analytische Geist, hatte die widersprüchlichen Kräfte, die Rabia zu dem machten, was sie war, ziemlich klar erkannt. Den Zug zum Puritanischen, das klare Denken und die Bereitschaft zu schnellen Entscheidungen verdankte sie ihrer strikten Erziehung durch den Imam und ihre Mutter. Von Emine hatte sie auch die Anlage zu heftigen Gefühlsausbrüchen geerbt, was nicht unproblematisch war. Von Tevfik dagegen stammten jene Eigenschaften, die sie zu einer eigenständigen, originellen Persönlichkeit gemacht hatten. Die Versuche des Imams und seiner Tochter, alle Gefühle in ihr abzutöten, waren fehlgeschlagen. Rabia war anderen Menschen gegenüber stets offen, aber Peregrini gehörte zu den wenigen, denen sie wirklich zugetan war. Daß seine genialische Art, seine Souveränität Eindruck auf sie machten, gefiel ihm. Immer wieder gelang es ihm, sie zu verunsichern, ihre jugendliche Selbstsicherheit ins Wanken zu bringen. Es war wie ein Versteckspiel, bei dem sie ihm auswich, gleichzeitig aber wünschte, daß er sich anhaltend mit ihr beschäftigte. Tatsächlich bemühte er sich ständig um ihre Aufmerksamkeit. Er zog sie ins Gespräch, komponierte und spielte für sie, bat sie, sich an den Flügel zu stellen, damit er sehen konnte, wie seine Musik auf sie wirkte.

Diese Zwanghaftigkeit, der ständige Versuch, Rabia an sich zu binden, lag Vehbi Efendi fern. Er hatte die zwei Seiten von Rabias Wesen ebenso klar erkannt wie der Italiener, aber er wußte auch, daß die menschliche Natur tausend Facetten kennt. Er sah Rabia als seine geistige Tochter, und sein Ziel war es, sie sicher durchs Leben zu geleiten und darauf zu achten, daß keine ihrer Fähigkeiten zu kurz kam. Rabias strenger Puritanismus einerseits und andererseits ihre Fähigkeit, sich schrankenlos dem hinzugeben, was das Herz ihr befahl, waren wertvolle Eigenschaften. Sie würde, ja sie mußte ihren Weg gehen, denn sie war hochintelligent und verfügte über eine tüchtige Portion gesunden Menschenverstands. Ihre Urteile fielen, so jung sie auch war, klar und eindeutig aus, ihre Entscheidungen waren gerecht.

Peregrinis Bemühungen, Rabias Gedankenwelt einzunehmen, waren Vehbi Efendi nicht entgangen, und er verfolgte sie halb belustigt, halb besorgt. Wegen ihres gemeinsamen Interesses an Rabia und auch weil Peregrini selbst ein so ungewöhnlicher Mensch war, wurde Vehbi Efendis Beziehung zu ihm immer enger. Er bewunderte in ihm den feinnervigen Künstler, der es verstand, jeden Eindruck von außen im Gespräch und in seiner Musik wiederzugeben. Der abstrakte Geist aber, dem es mühelos gelang, sich von persönlichen Emotionen zu distanzieren, beunruhigte ihn. Hier zeigte sich die extreme und gefährliche Intellektualität des Gelehrten, der mit seiner logischen Argumentation alles Unlogische und Unvernünftige der menschlichen Natur rücksichtslos außer acht ließ. Der Derwisch sah in diesem Wesenszug etwas Krankhaftes, was den Charakter des Italieners trübte und zu Eitelkeit und Selbstüberhebung führen mußte, die ihn früher oder später blenden, ja zugrunde richten konnte. Deshalb fand Vehbi Efendi Peregrinis Einfluß auf dieses junge, unschuldige Wesen nicht unbedenklich. Andererseits war es durchaus vorstellbar, daß Peregrinis seelische Verhärtung wich, wenn er eines Tages die Liebe und mit der Liebe auch ihre Leiden erfuhr. Würde Rabia die Flamme sein, in der Peregrinis geistiger Hochmut zu Asche wurde? Vehbi Efendi wachte deshalb nur noch sorgsamer über Rabia. Er wußte um seinen Einfluß auf sie, ohne daß er sich, wie Peregrini, ständig darum bemühen mußte. Er versuchte sie zu beruhigen, seine Worte schenkten ihr Frieden und stärkten sie.

In gewisser Weise betrachteten beide Rabias Seele nach wie vor als Spielball, den ihnen der Himmel zu ihrem spirituellen und intellektuellen Zeitvertreib gesandt hatte.

Rabia war sich des starken Interesses, das sie in diesen bemerkenswerten Menschen geweckt hatte, nicht bewußt. Die beiden spielten trotz ihrer Gaben und Vorzüge in ihren Augen nur eine untergeordnete Rolle. Für sie war Tevfik der wichtigste Mensch auf der Welt und tief in ihrem Herzen verwurzelt. Er erfüllte ihr tausend unausgesprochene und unterdrückte Wünsche, war ihr tausenderlei auf einmal, war ihr zugleich Vater und Mutter, ersetzte ihr Spielgefährtinnen, die sie nie hatte, und die im Waschkesselfeuer verbrannte Puppe, an die sie immer noch mit schmerzlicher Sehnsucht dachte, Tevfik ersetzte ihr das Lied, das sie nicht hatte singen dürfen, war ihr Spaß und Zärtlichkeit, die man ihr vorenthalten hatte.

Bei aller mütterlichen Zuwendung und auch hin und wieder sanften Tyrannei, die Rabia auf ihren Vater ausübte, versuchte sie im Gegensatz zu Emine nie, seine Gewohnheiten zu ändern. Sie bediente ihn so zuverlässig und umsichtig, wie sie den Imam bedient hatte. Jeden Abend trug sie das Tablett mit Raki, Salznüssen und Oliven so achtsam zu ihm hinein, wie sie dem Imam das Wasser für seine Waschungen herbeigeschafft hatte. Sie fand nichts dabei, ihm etwas zu bringen, was der Islam verbot, ehe sie selbst ihre Abendgebete verrichtete. Das fünfmalige Beten am Tag war ihr so selbstverständlich wie das Ankleiden oder Waschen und das Fasten an den dreißig Tagen des Ramadans. Bei diesen Übungen zeigte sie keinerlei Gefühlsregungen, sie praktizierte ihre Religion fast mechanisch. Es war eine in der Kindheit erworbene und offenbar sehr bekömmliche Gewohnheit, denn Rabia war kaum einmal krank.

Auch im täglichen Leben anderer Menschen spielte Rabia eine wichtige Rolle. Sie sei «ein Gehstock für vierzig Blinde», hatte Tevfik einmal gesagt, und das traf es genau. Selim Pascha und seine Gemahlin kamen ohne Rabia nicht mehr aus. Auch Tevfiks Dasein war ohne sie undenkbar. Rakım war ihr bedingungslos ergeben. Für Hilmi und seine Freunde gehörte sie wie selbstverständlich dazu, nicht anders, als wäre sie ein Knabe gewesen. Daß sie zum jungen Mädchen heranwuchs und verstörende Signale aussandte, merkte nur der hellhaarige Galip, aber der behielt es für sich.

## KAPITEL 20

«Hast du keine Angst, der Imam könnte sich rächen, weil Rabia ihn verlassen hat?» fragte Sabiha Hanım ihren Gemahl eines Tages.

«Zur Zeit hält er still», erwiderte der Pascha. «Das wird andauern, solange er die Honorare für ihre Auftritte bekommt. Aber es würde mich nicht wundern, wenn er insgeheim schon Rachepläne schmiedete für den Fall, daß Rabia ihm kein Geld mehr bringt.»

Diese Vermutung war richtig, soweit es den Imam betraf. Emines Haltung war radikaler. Sie hatte ihre Tochter im Beisein von Selim Paschas Gemahlin verleumdet, hatte verkündet, sie werde Rabia in den fünf täglichen Gebeten verfluchen, bis Allah die Undankbare in dieser Welt vernichtete und in der nächsten zu ewigem Höllenfeuer verdammte. Rabias neues Leben verfolgte sie neugierig und verbittert. Die Tochter war ihr gründlicher entglitten als der Ehemann. Schlimmer noch: Rabia hatte sich Tevfiks bemächtigt. Nicht daß Emine ihn hätte zurückhaben wollen, aber sollte sie vielleicht doch ein Fünkchen Hoffnung gehabt haben, er werde sich anders besinnen, konnte sie diese Hoffnung jetzt begraben. Rabia hielt ihn mit einer Hartnäckigkeit und Leidenschaft von ihr fern, die Emines würdig war.

«Was kümmert mich der schmutzige Mammon, den mein Vater von dieser Verabscheuenswürdigen bekommt», murmelte Emine. Daß Tevfiks Geschäft florierte, daß drei Menschen dort glücklich und zufrieden unter einem Dach lebten, hatte ihren Groll in brennenden Haß verwandelt. Man hatte ihr alles geraubt, was ihr Leben lebenswert gemacht hatte. Der letzte Mensch, den sie hatte beherrschen und plagen können, war von ihr gegangen. Sie hätte ihre Nöte gern verständnisvollen Zuhörern anvertraut, aber sobald sie anfing, von ihrer Tochter zu sprechen, erinnerten sich die Nachbarinnen daran, daß sie dringend noch etwas zu erledigen hatten, und entfernten sich schleunigst. Selbst der Imam mochte ihr nicht lauschen, sondern entschuldigte sich und ging nach oben, um zu beten.

Emine gewöhnte sich an, nach dem Gebet laut das Unrecht zu beklagen, das man ihr angetan hatte, doch auch da griff der Imam ein. «Wenn du so weitermachst, werden die Nachbarn verlangen, daß ich dich in ein Tollhaus sperre», murrte er.

Der Haß in ihrem Herzen vergiftete allmählich den ganzen Körper, so daß sie schließlich nicht mehr ganz zurechnungsfähig war.

Eines Tages sagte eine junge Frau beim Metzger zu ihr: «Ich habe den Eindruck, daß Onkel Tevfik auf allzu vertrautem Fuß mit Pembe, der Zigeunerin, steht.»

«Mit dieser pockennarbigen Schlampe, dieser Possenreißerin?» höhnte Emine.

Die junge Frau musterte sie neugierig. Emines Gesicht mit den kleinen, heftig blinzelnden Augen war vertrocknet und gealtert. Am schlimmsten sah ihr Mund aus: Die schmalen, farblosen Lippen glichen einer horizontalen Narbe mitten im Gesicht. Was mochte der hübsche Onkel Tevfik an dieser abstoßenden, boshaften Fratze einmal gefunden haben?

«Schauspieler sind eben sonderbar, Tante Emine», sagte die Frau nicht ohne Gehässigkeit, «man weiß nie, an wen sie sich hängen. Es würde mich nicht wundern, wenn er die Zigeunerin zur Frau nähme.»

An jenem Abend hockte Emine stundenlang vor dem Kohlenbecken und stocherte darin herum. Die Holzkohle wurde zu grauer Asche, aber noch immer saß sie da und rührte in der Schlakke. Am nächsten Morgen machte sie sich auf den Weg zu Tevfiks Geschäft. Der Laden war mit bunten Girlanden dekoriert und verriet bescheidenen Wohlstand. Hinter dem Ladentisch saß

Rabia, jeder Zoll eine Geschäftsfrau, und prüfte die Kasse. Emine hatte das Gefühl, daß man ihr großes Unrecht getan, daß man ihr etwas genommen hatte, was ihr zustand – und daß daran die eigene Tochter die Schuld trug.

«Du tust ja sehr vornehm», keifte sie.

Rabia fuhr zusammen, als sie die vertraute Stimme hörte. Eine alte Furcht rührte an ihr Herz, und alle Farbe wich aus ihrem Gesicht.

«Du brauchst die Nase gar nicht so hoch zu tragen», fuhr Emine fort. «Warum starrst du die eigene Mutter so giftig an? Dein Vater wird diese Zigeunerin heiraten, und dann wird sie hier das Regiment führen und dich zum Teufel jagen.»

Der Gedanke, ihr Vater könne wieder heiraten, war Rabia sehr unwillkommen, aber Emines Hohn traf sie noch mehr. «Was geht dich das an? Willst vielleicht du ihn wieder heiraten?» gab sie zornig zurück.

«Ich – diesen schlechten Kerl heiraten? Jahrelang hat er wie ein hungriger Hund unter meinem Fenster herumgejault, aber eingebracht hat ihm das nur einen Eimer kaltes Schmutzwasser.»

«Du bist hart wie Stein.» Rabias Augen funkelten. «Nicht einmal von hinten wird mein Vater dich ansehen!»

«Ich an deiner Stelle wäre mir da gar nicht so

sicher», stichelte Emine, zog dann aber eilig den Schleier übers Gesicht und verließ den Laden, denn sie hatte die junge Frau gesehen, die ihr von Pembe erzählt hatte. Die sollte sie nicht in Tevfiks Geschäft antreffen. Wie würde Tevfik wohl reagieren, wenn er hörte, daß sie hiergewesen war? Am Ende drückte er sich doch wieder sehnsüchtig vor ihrer Tür herum... Das wäre eine Rache nach ihrem Herzen!

Der Zwerg, der wohlweislich in der Küche geblieben war, als er Emines Stimme erkannte, riet Rabia, Tevfik nichts von dem Besuch zu erzählen. Rakım wußte um die Schwächen der Menschen und kannte Tevfik besser als jeder andere. Rabia, in der allmählich die Frau erwachte, leuchtete das ein, und so erfuhr Tevfik nichts.

Der Winter verging, es wurde Frühjahr, aber Tevfik dachte offenbar gar nicht daran, sich vor Emines Tür herumzudrücken. Sie wurde zunehmend trübsinnig und reizbar, fühlte sich krank und hielt sich oft die Seite, als habe sie Schmerzen. Ihr Gesicht war fahl und eingefallen. Zwei alte Frauen aus der Nachbarschaft, die ihr schlechtes Aussehen bemerkt hatten, sprachen den Imam darauf an. Sollte man nicht versuchen, eine Versöhnung zwischen Mutter und Tochter herbeizuführen? Der Imam wies den beiden empört die Tür. Die aber gingen sogleich zu Tevfik, erzählten ihm von Emines schlechtem Gesundheitszustand und baten ihn, Rabia zu ihrer Mutter zu schicken, damit sie ihr die Hand küsse. Tevfik war sehr bestürzt, und obgleich Rabia sich sträubte, setzte er sich ausnahmsweise durch und schickte sie hin. Die alten Frauen begleiteten sie.

Emine saß in einer Ecke und ließ die Gebetskette durch die Finger gleiten. Sie sah elend aus. Ihr Mund glich einem bläulichen Strich. Rabias Anblick brachte sie gänzlich aus der Fassung. Von den verfärbten Lippen kamen die schlimmsten Schmähungen, die Rabia je gehört hatte. Diese Demütigung traf sie so sehr, daß sie gar nicht merkte, wie krank ihre Mutter offenbar war. Sie stürmte aus dem Haus, verschloß ihr Herz vor jeder liebevollen, menschlichen Regung und erinnerte sich nur an all das Schlimme, das sie unter diesem Dach erlebt hatte.

«Sie haßt uns», rief sie Tevfik zu, der – was sie noch mehr erbitterte – begierig auf ihren Bericht wartete. «Und ich hasse sie auch», setzte sie hinzu und brach in Tränen aus. Es war das letzte Gespräch, das Mutter und Tochter miteinander führten.

## KAPITEL 21

Selim Paschas Gärtner Bayram Aga fand, daß es
Zeit war, sich einen Nachfolger heranzuziehen.
Er war über sechzig, sehr groß und mager, doch
bewegten sich seine Hüften in den Gelenken wie
gut geölte Türen in Scharnieren, und auch die
schlanken Gliedmaßen waren elastisch wie eh
und je. Wenn er ausholte, um mit Steinen nach
den Krähen im Gemüsegarten zu werfen, streckten sich seine Arme so mühelos wie immer, und
seine Füße federten wie die eines jungen Tigers.

Auf der Straße schritt Bayram Aga mit der ge-
messenen Würde eines Großwesirs dahin, aber
im Garten tollte er ausgelassen umher wie ein
Lamm. Sein Gesicht war faltig wie gegerbtes fein-
poriges Leder, hinter farblosen Wimpern funkelten angriffslustige blaue Augen. Seine scharfen
Zähne waren glänzend weiß, der Kinnbart rund
und voll, der Schnurrbart sorgsam gestutzt. Der
stumpfen Nase und kurzen Oberlippe wegen sah
es immer aus, als ob er die Zähne fletschte. Die
lange rote Schärpe hatte er sich von der Taille bis
zu den Achseln gewickelt. Er war gesund und
kräftig wie ein Junger.

Trotzdem – ein Nachfolger mußte her, und
zwar einer, der sich lenken und leiten ließ, bis er

selbst sich zur Ruhe setzte, und dem er die heiklen Geheimnisse der Gartenkunst anvertrauen konnte. Er liebte den Garten, den er selbst angelegt hatte, mit eifernder Leidenschaft. Die Stellung des Obergärtners sollte in der Familie bleiben. Da er nur Töchter besaß, bot sich dafür sein Neffe Bilal an. Der Brief, den Bayram Aga einem öffentlichen Schreiber im Hof der Beyazit-Moschee[49] diktiert hatte, brachte den Fünfzehnjährigen nach Istanbul, und sogleich wurde er als jüngstes Mitglied in Selim Paschas Dienerschaft aufgenommen.

Bilal war eine jüngere Ausgabe von Bayram Aga. Eine kurze blaue Hose verbarg muskulöse Schenkel, und die Füße federten womöglich noch raubtierhafter als bei seinem Onkel. Eine lange rote Schärpe wand sich um einen gerade gewachsenen, schlanken Körper, und die blaue Troddel des roten Fes fiel mit elegantem Schwung über die linke Schulter. Er hatte die gleichen eisblauen Augen und farblosen Wimpern wie der Onkel, doch dazu eine lange, gebogene Nase und einen energischen Mund. Bilal hatte etwas von einem stolzen Falken an sich.

Da er jung war, versuchten die anderen Dienstboten ihn herumzukommandieren, aber er gab sich wie die Besten seines Volkes selbstbewußt und unnahbar und weigerte sich, Botengänge für sie zu erledigen. Wenn Ältere versuchten, ihn zu treten, rannte er wie der Blitz auf und davon. «Ich werd's euch allen zeigen!» zischte er dann hinter einem Baum hervor oder von einem hohen Ast herab, und seine Peiniger erbebten vor dem drohenden Glitzern der eisblauen Augen.

Den Tellerwäscher im Haus des Paschas verdroß es sehr, daß er Wasser vom Brunnen holen sollte, wenn es doch da einen Jungen gab, der das für ihn besorgen konnte, einen Jungen, der sich im Küchengarten herumdrückte und faul die Arme hängen ließ. Er lief, einen leeren Kochtopf in der Hand, hinter Bilal her, aber der war schneller. Wie ein gejagter Fuchs schnürte er durch die Buchsbaumhecke und den Obstgarten in eine Rosenallee, wo er um ein Haar mit einem hochgewachsenen Mann zusammengestoßen wäre, der eine weiße Nachtmütze und einen Schlafrock aus Damaszener Seide trug. Es war Selim Pascha, der sich nach dem Morgengebet an seinen Rosen freute und in tiefen Zügen die Luft des jungen Tages einatmete.

«Was hat das zu bedeuten?» fuhr der Pascha den Tellerwäscher an, der, noch immer den leeren Kochtopf schwenkend, Bilal gefolgt war und sich jetzt heftig über diesen faulen Lümmel beklagte.

«Wer ist der Junge?» fragte der Pascha.

«Bayram Agas Neffe, gnädiger Herr, frisch aus Rumelien[50] eingetroffen, um hier das Gärtnerhandwerk zu erlernen. Er hat sich geweigert, Wasser aus dem Brunnen zu holen, wo doch der erste Koch so viel Wasser zum Abwaschen braucht.»

«Und was machst du?»

«Ich bin Küchenhelfer, Herr.»

«Dann geh du und hole das Wasser. Sofort!»

Der Mann zog ab, und der Pascha musterte Bilal, der an einem Baum lehnte und an den Nägeln kaute. Die stolze Pose, die hochmütige Haltung des blonden Kopfes, das gebräunte Gesicht mit den Sommersprossen und die so besonderen Augen – das alles gefiel ihm.

«Würdest du statt Gärtner nicht lieber Offizier oder Beamter werden?»

«Gewiß, gnädiger Herr.» Bilals Gesicht hellte sich auf. «Jetzt werd' ich's allen zeigen», dachte er bei sich.

«Sag deinem Onkel, er soll mich Ende des Sommers darauf ansprechen. Ich werde dich auf eine geeignete Schule schicken.» Damit war die Sache für den Pascha erledigt. Er drehte Bilal den Rücken zu und ging davon.

Dieser Vorfall befreite Bilal von den Zudring-

162

lichkeiten der Dienerschaft, bescherte ihm aber zugleich viele unausgefüllte Stunden. Nach der Arbeit bei seinem Onkel streifte er nun stets auf der Suche nach Gefährten durch die Straßen, aber die Jungen im Sinekli Bakkal ließen ihn nicht mitspielen, denn er war anders gekleidet als sie, sah aus wie ein Provinzler und sprach eine merkwürdige Mundart. Die Älteren ließen ihn links liegen, die Jüngeren äfften seine Redeweise nach. Sie behandelten ihn noch unfreundlicher als die Dienerschaft des Paschas.

«Ich werd's euch zeigen», rief er den großen Jungen zu, aber als er sich mit ihnen anlegte, gelang es ihm nicht, sie zu besiegen – schließlich kämpfte er allein, und sie waren viele. Daß er sich nicht hatte behaupten können, empfand er als bittere Schmach, zumal die kleineren Jungen ihm jetzt höhnisch nachriefen: «Da kommt der Ich-werd's-euch-zeigen, da kommt der Ich-werd's-euch-zeigen!»

Bei seinen Streifzügen entdeckte er auch Tevfiks Laden. Eines Morgens stand er davor und versuchte das Schild zu entziffern. Die Farbenfreude und die gelungene Anordnung der Waren begeisterten ihn. Säcke mit Bohnen, Reis, Zucker und Seife, Körbe voller Trauben, reife Wassermelonen, die man aufgeschnitten hatte, um den

Kunden zu zeigen, wie saftig sie waren, Trocken-
früchte aller Art – all das war hier auf engstem
Raum zu besichtigen. Er wäre gern hineingegan-
gen, um etwas zu kaufen, aber er traute sich nicht.
Hin und wieder kam eine schmale Mädchenhand
zum Vorschein, die mit einem großen Wedel aus
langen weißen Papierstreifen die Fliegen ver-
trieb. Gespannt blieb Bilal mitten auf der Straße
stehen und sah zu.

Holzschuhe klapperten übers Pflaster. Eine
Gruppe kleiner Jungen und Mädchen mit Bü-
chertaschen hatte vor dem Schaufenster haltge-
macht. Die junge Krämerin kam heraus, um sie
zu bedienen. Sie war schlank und schien groß
für ihr Alter. Obwohl sie sich wie die Schulkinder ganz einfach kleidete, war sie auffallend gepflegt und hübsch anzusehen. Bewundernd sah
Bilal auf ihre fünf langen, ordentlich geflochte-
nen Zöpfe, die ihr bis über die Taille reichten. Im
Morgenlicht glänzte das dunkle Kastanienbraun
wie poliertes Gold. Die honigfarbenen Augen
mit den graugrünen Pünktchen gönnten ihm
kaum einen Blick. Das Mädchen hatte eine überaus reizvolle Art, die Augenbrauen hochzuziehen, fand er, und die schmalen Hände reichten
mit flinkem Griff einem kleinen Kunden nach
dem anderen das Gewünschte.

Plötzlich sah Bilal, wie sich ein ganz kleiner barfüßiger Junge an den Schulkindern vorbeischlich und ein Stück Zuckerzeug stibitzte. Er machte einen Satz und packte den Übeltäter beim Handgelenk, damit er das Diebesgut fallen ließ. Der Junge jaulte laut auf vor Schmerz, und die anderen Kinder erhoben ein feindseliges Geschrei. Offenbar hätten sie Bilal am liebsten in Stücke gerissen.

«Dreckiger Rumelier!»

«Du Hund, du!»

«Hätte ich etwa ruhig zusehen sollen, wie der Bankert das Zuckerzeug stiehlt?» verteidigte sich Bilal.

Inzwischen hatten sich die Frauen am Brunnen, ein paar Passanten und zahllose Hunde – die Welpen schrill kläffend, die älteren Hunde unter drohendem Knurren – in den Streit eingemischt.

Rabia griff sich den Dieb und sah ihm tief in die Augen. «Hast du gestohlen – ja oder nein?»

Der Sünder blinzelte, schluckte und gab dann klein bei. «Ja, Rabia Abla!» sagte er und stieß ein markerschütterndes Geheul aus, das seine Mutter auf den Plan rief.

«Die Tochter des Possenreißers will den Jungen verzaubern», jammerte sie. «Mein Sohn stiehlt nicht! Hier sind deine zehn Para, du Schlampe!»

«Nimm dein dreckiges Geld zurück, du gemeine Dirne!» Rabias Augen hatten sich zu schmalen Schlitzen verengt, der Mund sich drohend verzogen.

Die Mutter machte sich, ihren Sohn hinter sich herziehend, schleunigst aus dem Staub. Andere Frauen versuchten Rabia zurückzuhalten. Die Schulkinder waren längst geflüchtet, ein paar Mädchen zischten Bilal verstohlen etwas zu. Von ihren Lippen las er ab, was sie sagten: «Dreckiger Rumelier!»

Im Haus gegenüber rief die alte Zehra aus dem Fenster: «Gräm dich nicht wegen dieses Flittchens, mein Goldkind! Ich werde der Welt verraten, wie und wo und von wem sie ihren Bankert bekommen hat. Er ist ein Dieb, er stiehlt meine Backpflaumen und bindet meiner Katze Blechdosen an den Schwanz...»

Bilal sah, daß die Hände der kleinen Krämerin zitterten, als sie die Säcke zurechtrückte. Es quälte ihn, aber er wußte nicht, wie er ihr helfen sollte. Ohne zu bedenken, daß es nur deshalb zu der Szene gekommen war, weil er versucht hatte ihre Interessen zu schützen, kam ihr das kränkende Wort in den Sinn, das ihrem Vater gegolten und das dieser Junge provoziert hatte.

«Wie heißt du?» fuhr sie ihn plötzlich an.

«Bilal!»

«Scher dich zur Hölle!» Die blauen Augen hinter den hellen Wimpern funkelten.

Rabia hob einen Stein vom Gehsteig auf. «Ich schlage dir den Schädel ein, wenn du mich weiter anglotzt wie ein Ochse auf der Weide!»

Lässig die langen Arme schwenkend, ging er davon. Doch im Geiste sah er Scharen weiß verschleierter Mädchen, die ihn verhöhnten und bespuckten. Über ihnen erhob sich drohend Rabia, den Stein in der Hand, und scheuchte ihn weg wie einen Hund. Warum durften sie ihn beleidigen und anspucken, nur weil er aus Rumelien kam? Er haßte Rabia, er haßte Istanbul, und Rumelien wurde für ihn zu etwas Heiligem, dessen Ehre es zu verteidigen galt.

«Ich werd's ihnen allen zeigen», preßte er durch die zusammengebissenen Zähne. Obgleich das ganze Sinekli Bakkal sich über ihn lustig machte, und sehr zu Rabias Ärger, zog es ihn künftig immer wieder zu Tevfiks Laden. Rabia glaubte den Jungen zu hassen und hatte nichts als Hohn und Spott für ihn. Nur einmal fand sie, daß Bilal gar zu verloren aussah, und schenkte ihm ein gutes Wort. Daß sie alle beide mehr oder weniger zum Konak von Selim Pascha gehörten, wußten sie nicht.

An einem Spätnachmittag ging Rabia in den Rosengarten, um einen Strauß für Sabiha Hanım zu holen. Zu ihrer Überraschung traf sie dort Bilal an, der Büsche beschnitt.

«Was machst du denn hier?» fragte sie hochfahrend.

«Und du?» Er saugte an seinem Daumen, in den er sich vor Überraschung gestochen hatte, als er sie kommen sah.

«Wo ist Bayram Aga? Die Herrin will Rosen haben», befahl sie und fühlte sich so offensichtlich heimisch in dieser Umgebung, daß ihm dämmerte, dies sei womöglich die wunderbare Koransängerin, von der so oft in der Gesindestube gesprochen wurde.

Er schnitt also einige Stengel für die Gemahlin des Paschas ab und arrangierte sie zu einem lockeren Strauß, wie er es seinem Onkel abgeschaut hatte. Dann wählte er eine einzelne gelbe Rose aus und hielt sie errötend Rabia hin. Die hatte gute Lust, sie wegzuwerfen oder gar zu zertreten, aber da sie eine Schwäche für gelbe Rosen hatte, roch sie an der Blüte und schenkte Bilal einen freundlichen Blick. «Wenn du mal wieder in unserer Straße bist, komm in den Laden, dann schenke ich dir was Süßes», sagte sie.

## KAPITEL 22

Tevfik erlebte die Welt in diesen Jahren von ihrer Sonnenseite. Er spannte im Café «Kabasakal» einen weißen Vorhang, entzündete Fackeln und führte seine Schattenspiele vor.

Er begann stets, so wie es üblich war, mit dem Gebet für den Sultan: «Mögen die Tage des hohen Herrschers ewig währen», betete Tevfik, «möge sein Schwert stets scharf sein und mögen seine Feinde der Vernichtung anheimfallen, zu schwarzer Erde und von Würmern gefressen werden.» Doch anders als die Helden des traditionellen Schattenspiels ähnelten die Helden, die Tevfik dann präsentierte, zeitgenössischen Gestalten, manche erinnerten sogar an die Favoriten des Herrschers, die in aller Munde waren. Früher war die Figur des «Millionenerben» im Schattenspiel ein einfältiger Jüngling gewesen, der von Speichelleckern ausgenommen wurde, bis er in Armut starb. Tevfiks «Millionenerbe» hingegen war ein kraftvoller, schlauer, skrupelloser Fürst, ein wahrer Meister in der Kunst der Erpressung und Korruption. Es war, als habe Zati Bey, der einstige Gouverneur von Gallipoli und derzeitige lasterhafte Innenminister für ihn Modell gestanden. Tevfiks Interpretationen der herkömmlichen

Figuren – vom albanischen Raufbold bis zum schwarzen Eunuchen – erinnerten an die Clique um den Sultan, aber er ließ sie in so ausgefallenen Situationen auftreten, daß seine Zuschauer die Vorbilder atemlos vor Spannung zu erraten suchten und doch nicht eindeutig sagen konnten, wer genau gemeint war.

Tevfik zeigte das Leben des einfachen Volkes in gnadenlos realistischen Bildern – die widerwillige Fügsamkeit des kleinen Mannes, sein unterwürfiges Kriechen vor den Großen des Reiches, die ätzende Kritik, sobald man unter sich war, den passiven Widerstand. «Schwarzauge», die zentrale Figur des Schattenspiels, war das meisterliche Porträt eines gutmütigen, schlauen Menschen. Schmeichlerisch, demütig, voller Nachsicht, Schläge und Erniedrigungen hinnehmend in der nüchternen Erkenntnis, daß es ja doch keine Alternative gab, erinnerte er an Tevfiks Verhalten zu jener Zeit, als er in Gallipoli den Spaßmacher für Zati Bey gespielt hatte.

Die Gäste des Kaffeehauses drängten Tevfik, an den spielfreien Abenden Geschichten zu erzählen und darzustellen, und diese Geschichten wurden allmählich noch beliebter als seine Schattenspiele. Wieder war er zum gesuchtesten Unterhalter für wichtige Anlässe geworden. Bekannte Schriftsteller boten ihm an, seine Geschichten aufzuschreiben oder zu dramatisieren, aber er lehnte das ab. Er konnte seine Texte nur auf seine eigene Art aufführen.

An den Abenden, an denen Tevfik auftrat, reihte sich vor dem Café «Kabasakal» eine Kutsche an die andere. Er hätte ein reicher Mann werden können, wäre da nicht seine geradezu krankhafte Großzügigkeit gewesen. Er verlieh Geld an seine alten Bekannten und an Bedürftige seines Viertels, wußte dabei genau, daß er es nie wiedersehen würde, und war nachlässig im Kassieren der Zinsen.

Um sein Geschäft kümmerte er sich in dieser Zeit kaum. Abends gab er seine Vorstellungen, am nächsten Morgen stand er spät auf. Nachmittags erfand und probte er seine Geschichten.

Rabia und Rakım sonnten sich in seiner Popularität. Ihren Unterricht im Konak hatte Rabia aufgegeben, zum einen, weil es nicht mehr viel gab, was man ihr hätte beibringen können, zum anderen, weil sie Rakım im Geschäft helfen mußte. Zu den Musikstunden aber ging sie nach wie vor, auch wenn in ihnen kaum noch unterrichtet, sondern vor allem konzertiert wurde.

Sie war jetzt fünfzehn und merkte nicht nur an ihrer Größe, daß sie allmählich erwachsen wurde. Ihr war bewußt, daß etwas Beunruhigendes von ihr ausging, etwas, was sie von der Welt trennte, in der sie lebte. Größer als die anderen Kinder ihres Alters, ausgeglichener und weniger schüchtern, schritt sie durch die Straßen wie eine junge Zypresse, die ein Zauberer in ein hübsches Mädchen verwandelt hat. So dachten und sprachen die alten Frauen, und so dachten auch die jungen Burschen aus dem Viertel.

Als Alter und Stellung sie nötigten, sich in der Öffentlichkeit wie eine Frau zu kleiden, entschied sie sich für den langen, locker sitzenden schwarzen Mantel der Arbeiterfrau, der dem geistlichen Gewand ihres Großvaters nicht unähnlich war. Er hatte weite Ärmel. Ihren Kopf bedeckte ein festes weißes Baumwolltuch, das bis unter die Taille reichte. Auch ein schwarzer Schleier gehörte zu dieser Tracht, den sie aber immer zurückschlug, weil sie ihn vor dem Gesicht nicht ertragen konnte. Sie brauchte Luft zum Atmen und wollte sehen, was sich auf der Straße tat. Schließlich gingen auch die Arbeiterfrauen unverschleiert.

Ihr Gesicht hatte jetzt ein wenig mehr Farbe als in ihrer Kinderzeit und wurde ganz von den Augen beherrscht. Daß sie ein erfülltes Leben führte und daraus Zufriedenheit bezog, hatte ihre Kummerfalten geglättet und ließ den großen schönen Mund weicher erscheinen. Kühne junge Männer dachten voller Verlangen an sie – ein Mädchen, das reif war für die Ehe und mit dem man versuchen konnte anzubändeln. Doch ihr halb religiöser Status als Koransängerin, ihre Unkenntnis weiblicher Kunstgriffe, die Geradlinigkeit und Unabhängigkeit ihres Charakters und vor allem ihre schlagfertigen Antworten und furchtlosen Angriffe schützten sie vor allzu dreisten Aufdringlichkeiten.

Um jedes andere Mädchen in diesem Alter hätte sich die ganze Gemeinschaft gekümmert. Vor allem die alten Frauen hätten sich eifrig bemüht, eine passende Heirat zu arrangieren. Weil Rabia aber die Verantwortung für das Geschäft und die Familie trug – denn niemand sah Tevfik als Familienoberhaupt an –, und auch wegen ihrer Gelehrsamkeit und ihrer ungewöhnlichen Begabung überlegten sie ein wenig ratlos, wer unter den jungen Burschen aus ihren Kreisen für eine Ehe mit ihr überhaupt in Frage käme. Die Männer begannen zu murren. Diese wehrhafte Tochter des Tevfik mußte unbedingt verheiratet werden, soviel stand fest, aber wer, wenn nicht ein ganz Starker, würde sich an ein so eigenwilliges Geschöpf herantrauen?

Auch die Feuerwehrmänner des Sinekli Bakkal besprachen das Problem im kleinen Kaffeehaus des Viertels. Sabit Beyağabey, der «große
Bruder» Sabit, hörte zu und erklärte dann, jeder
Junggeselle, der nur den kleinsten Funken von
Männlichkeit im Leib trage, müsse eigentlich
den Wunsch haben, Rabia vom Fleck weg zu ehelichen und zu zähmen. Sie stelle eine Provoka-
tion für jeden unverheirateten Mann dar. Denn
noch bestimme sie, wie eine Heldin in Männer-
rüstung. Es sei folglich hohe Zeit, ihren Stolz zu
brechen und ihr zu zeigen, was ihre Pflicht war –
nämlich dem Mann die Socken zu stopfen und
seinen Sohn zu wiegen.

Ein Neuling, der beweisen wollte, daß er sich
vor nichts fürchtete, wandte sich herausfordernd
an Sabit Beyağabey. «Warum machst du es nicht
selbst? Du bist schließlich Junggeselle und der
Kühnste unter den Kühnen.»

Sabit Beyağabey spuckte in die Hände und rieb
sie erwartungsvoll wie ein Ringer vor dem Mei-
sterschaftskampf. «Morgen nachmittag gehe ich
hin und zeige mich – alles andere ist dann ein
Kinderspiel.»

«Und wir bleiben draußen und warten ab, was
passiert», versprachen seine Anhänger.

Sabit Beyağabey war der Hauptmann der Bezirksfeuerwehr, der alle Draufgänger des Viertels, aber auch etliche gemäßigtere Männer angehörten. Schließlich brach oft genug Feuer aus, deshalb hatte jeder Bezirk seine eigenen Feuerwehrleute. Die Wehr des Sinekli Bakkal hatte Sabit ins Leben gerufen, und wegen seines Eifers und seiner Fähigkeiten war er zu ihrem Hauptmann ernannt worden. Er war es auch, der mit den ihm anvertrauten öffentlichen Geldern die kleine Handfeuerspritze erstanden hatte. Wenn der Feuerturm von Beyazit[51] signalisierte, daß es irgendwo brannte und der Ausrufer die Straße im Sinekli Bakkal nannte, in der der Brandherd lag, machten sich die kühnen Mannen von Sabit Beyağabey bereit. Sie schlüpften in ihre Westen, zogen ihre Strickmützen auf, schlüpften in die Sandalen und schulterten die Spritze. Dann setzten sie sich, den gellenden Schlachtruf des Viertels ausstoßend, in Bewegung.

Sabits Feuerwehrleute arbeiteten schneller und waren malerischer anzusehen als alle anderen in Istanbul. Männer in scharlachfarbenen Uniformen liefen mit roten Laternen voraus, andere im gleichen Aufzug bildeten die Nachhut, und alle drängten sich um die Feuerspritze wie Küken um die Henne. Sabit ritt – wie jeder Hauptmann, der etwas auf sich hielt – auf einem Rappen an der Spitze des Zuges. Die Feuerwehrmänner des Sinekli Bakkal schlugen, typisch für alle Männerbünde, schon mal kräftig über die Stränge, aber sie besaßen auch einen ungeschriebenen Ehrenkodex.

Am folgenden Nachmittag schlenderten zahlreiche junge Streithähne durch die Straße, um zu erleben, wie es Sabit erging. Um diese Zeit war es ruhig im Geschäft und Rabia allein. Der Feuerwehrchef kam großspurig hereinstolziert, aber Rabia beschäftigte sich mit ihrer Kasse und sah kaum auf. Über der linken Braue hatte er eine tiefe Narbe, auf die er sehr stolz war. Weil er hoffte, Rabia damit beeindrucken zu können, schob er seinen kleinen schwarzen Fes zurück, um den er ein rotes Tuch gewunden hatte. Mit verwegenem Schwung fiel es auf seine Schultern. Seinen Mund verzog er ein wenig, als könne er jeden Augenblick einen Schlachtruf ausstoßen. Die Arme schwangen lässig.

Er konnte durch den angewinkelten Ellbogen zwei Meter weit nach hinten ausspucken und danach genüßlich den Schnurrbart am Ärmel abwischen – ein Kunststücke, um das ihn neue Mitglieder der Brigade heiß beneideten. Es war stets ein Zeichen dafür, daß Sabit nun gleich Ernst machen würde.

Rabia nahm das Ausspucken und Schnurrbartwischen zur Kenntnis und stellte fest, daß es im Ladenraum nach Raki roch. Sabit hatte sich Mut angetrunken.

«Jetzt hör mal her, Rabia Abla, und sieh mich an», begann er gereizt.

«Ich höre dich, denn ich bin ja nicht taub. Und ich sehe dich, denn ich bin ja nicht blind», erwiderte sie scharf.

Er riß die vom Raki geröteten Augen auf, spuckte nochmals nach hinten aus und hob eine Schulter. «Weißt du, wer ich bin? Weißt du, wozu ich fähig bin?»

«Laß mich überlegen. Du bist der Oberraufbold aller Raufbolde. Du hast deiner Schwester zu einem blauen Auge verholfen und ihr den Arm gebrochen. Du erschreckst die Frauen am Brunnen. Und vermutlich trittst du auch hilflose Welpen tot. Hab' ich was vergessen?» Ihre goldenen Augen musterten ihn verächtlich.

Sabit stutzte. Er besaß ein scharfes Gehör und hatte Geräusche auf der Straße vernommen. Seine Leute standen vor dem Laden und horchten. «Ich könnte dich in kleine Stücke hacken und verschlingen», drohte er und verzog den Mund noch etwas mehr.

«Ach ja?» Wie ein Raubvogel stieß sie auf ihn

herab, wirbelte um ihn herum wie ein Tornado. Ihre Augen versengten ihn mit grünen Blitzen. «Du bist doppelt so groß wie ich», rief sie. «Du Kinderquäler und Welpenprügler, du Feigling, du! Ich spucke dir ins Gesicht, und wehe, du rührst mich an. Wir sind zwar ganz allein, aber ich habe keine Angst vor dir.» Wut loderte in ihren Augen, und sie spuckte ihn tatsächlich an. Dreimal.

Er wich zurück. Die Raki-Nebel hatten sich aus seinem Hirn verzogen. Er bekam es mit der Angst zu tun. Schon hörte er die Männer im Kaffeehaus sagen, daß er, der Kühnste unter den Kühnen, ein alleinstehendes Mädchen belästigt habe.

«Sachte, sachte, Rabia Abla», brachte er ängstlich stotternd heraus. «Ich wollte dich nicht anfassen. Ein großer Kerl wie ich wird doch einer wehrlosen Frau nichts tun! Ich wäre ein Hund, wenn ich je an so etwas gedacht hätte. Wer es wagt, auch nur den Saum deines Kleides zu berühren, dem schneide ich die Kehle durch, den verspeise ich roh! Ich bin dein großer Bruder, dein Beschützer, das schwöre ich bei unserer Feuerspritze.» Und dann ließ er den Schlachtruf der Feuerwehr des Sinekli Bakkal folgen: «Auf, Männer, Feuer löschen! Auf, Männer, Herzen brechen! Auf! Auf!»

Der Ruf hallte durch die ganze Straße und ver-

178

setzte Rabia erneut in Wut. «Hör auf mit diesem widerlichen Geschrei, du Rohling, du Schuft. Verschwinde! Mit deinesgleichen werde ich schon allein fertig, ich brauche deinen Schutz nicht. Scher dich weg, in die Tiefen der Hölle … sofort!»

Sie war immer lauter geworden und sah sich suchend nach einem Wurfgeschoß um.

Er verließ schleunigst den Laden, und prompt umringten ihn seine Freunde.

«Erst mal weg hier», befahl er. Sobald sie um die Ecke waren, bestürmten sie ihn mit Fragen.

«Sie ist zehnmal mutiger als Tevfik. Kein Mann auf dieser Welt ist würdig, ihr auch nur die Schuhe zu putzen», verkündete er begeistert und sah seine Anhänger gebieterisch an. «Wer es wagt, sie zu belästigen, bekommt es mit mir zu tun.»

Das war unmißverständlich, und zur Bestätigung spuckte er noch einmal nach hinten aus. Seine Jünger taten es ihm nach und schrien: «*Viva*, Rabia Abla …»

«Psst! In dieser Gegend verbitte ich mir ab jetzt jeden Mucks, ist das klar?»

Tatsächlich liefen die jungen Feuerwehrhelden in Rabias Straße künftig artig und auf Zehenspitzen. Sabit hätte für sie mit sieben Drachen gekämpft. Wenn sie sich auf der Straße begegneten, warf er ihr flehentliche Blicke zu, aber sie ging an ihm vorbei wie an einem Fremden. Insgeheim beschloß sie jedoch, sich zum nächsten *bayram*, wenn die Muslime einander vergeben, mit ihm zu versöhnen. Eigentlich mochte sie ihn.

KAPITEL 23

Monarchen, dachte Selim Pascha, sind wie Völker – sie haben ein kurzes Gedächtnis.

Es war eine harte Zeit für ihn. Sich gegen den neuen Innenminister durchzusetzen erwies sich als schwierig. Er diente dem Sultan so treu wie eh und je, aber es wurde ihm immer weniger gedankt. Bei den Freitagsempfängen gab es keine rote Börse mit Goldstücken mehr, so daß es ihm fast unmöglich war, auf großem Fuß zu leben wie bisher. Schon hatte er einen Teil des von seinen Vorfahren ererbten Besitzes verkaufen, das Taschengeld seines Sohnes und Dürnevs Ausgaben kürzen müssen. Seine Frau aber sollte ihre Equipage behalten und den gewohnten Lebensstil fortsetzen dürfen. Seine Macht, Menschen ins Gefängnis werfen oder ins Exil schicken zu können, hätte ihm leicht ein Vermögen eingebracht, aber er war nicht käuflich, und wer etwa ahnte, wie es um seine finanziellen Verhältnisse stand, und es wagte, ihm verschleiert ein Bestechungsgeld zu offerieren, bereute es später.

Ablenkung boten ihm nur die Abende bei seiner Frau. Sie war stets gut gelaunt, und daß diese Stunden friedvoll und angenehm verliefen, hatten sie beide weitgehend auch Rabia zu verdanken. Der Pascha hörte ihr gern zu, denn in dem jungen Kopf steckte viel gesunder Menschenverstand. Außerdem war sie frisch und anmutig anzusehen wie ein Rosenbusch. Ihm gefielen ihr schlicht geflochtenes Haar und ihre glatte ungeschminkte Haut. Die jungenhaft schmalen Hüften, die zierlichen Schultern, die sanft gerundeten jungfräulichen Brüste erfreuten das Auge, ohne sich aufzudrängen. Es wäre ihr nie eingefallen, ihre Weiblichkeit zur Schau zu stellen, wie es die anderen Frauen seines Hauswesens so unverhohlen taten.

Besonders amüsierte ihn der Klatsch aus dem Sinekli Bakkal, den sie zu erzählen wußte. Ihre Bemerkungen bewegten sich oft an der Grenze zur Impertinenz, ohne sie je zu überschreiten.

«Meinst du nicht, daß du dich langsam aus dem Geschäft deines Vaters zurückziehen solltest?» fragte er sie eines Abends, nachdem er sie eine Weile mit leicht spöttisch hochgezogenen Brauen gemustert hatte.

«Unmöglich, Pascha Efendi. Tevfik ist doch so selten da, und Rakım muß Waren auf dem Markt einkaufen und Bestellungen ausliefern.» Sie seufzte leise. «Warum wollt Ihr, daß ich den Laden aufgebe?»

«Du wirst langsam erwachsen, kleine Abla, und bist ja nicht gerade häßlich. Ich könnte mir denken, daß solche und solche Leute bei euch ein und aus gehen...»

«Unsinn», sagte Sabiha Hanım. «Siehst du nicht, daß das Kind die schlimmsten Raufbolde bändigen kann? Im Zorn ist sie die reinste Wildkatze.»

«Ihr hättet sehen sollen, wie ich mit dem Feuerwehrhauptmann fertig geworden bin!» Rabia sprang auf, band sich das Schnupftuch des Paschas um den Kopf und stolzierte, die Prahlereien Sabits nachäffend, in anmaßender Haltung und mit verschränkten Armen auf und ab.

Als sie sich wieder gesetzt und das Tuch seinem Besitzer zurückgegeben hatte, betrachtete der Pascha sie mit einem etwas ratlosen Ausdruck in den grauen Augen. Das Selbstbewußtsein der Kleinen verwirrte ihn. Er hatte es immer als seine Aufgabe angesehen, sich vor seine Frauen zu stellen, sie vor der rauhen Welt zu beschützen und für sie zu sorgen, wie sein Geschlecht und seine

Religion es ihm gebot. Dieses Kind aber meinte seine Männer beschützen zu müssen.

«Es wird Zeit, daß sich jemand ein wenig um dich kümmert. Du arbeitest für deine Leute, schuftest dich für sie ab. Selbst der alte Imam lebt von dir. Wo sind sie, wenn Rabauken in den Laden kommen und dich belästigen? Eines Tages wird jemand um deine Hand anhalten wollen. Du brauchst einen Mann zu deinem Schutz. Hast du dir darüber schon mal Gedanken gemacht?»

«Ja, habe ich.» Um ihre Augen erschienen Lachfältchen. «Aber ich bin ja dünn wie ein Besenstiel, und meine Nase ist zu lang. Mich will bestimmt niemand zur Frau. Tevfik hat mir prophezeit, daß ich eine alte Jungfer werde.»

«Eines Tages wird vielleicht auch Tevfik noch einmal heiraten.»

«Nie!» erklärte sie heftig. «Pembe wollte ihn sich angeln, aber ich habe gesagt, daß ich ihr die Augen auskratze, wenn sie es versucht. Ihr kann man leichter Angst einjagen als Tevfik.»

«Warum willst du immer unbedingt alle Mädchen an den Mann bringen, Pascha?» schalt Sabiha Hanım. «Rabia ist unverheiratet viel besser dran. Außerdem: Wer soll mich abends unterhalten? Wer dir mit Gesang die Sorgen vertreiben? Ein Ehemann wäre nur noch eine zusätzliche Be-

183

lastung, sie würde auch ihn wie ein Wickelkind behandeln.»

Eines hatte Rabia nun begriffen: daß den Menschen, die ihr nahestanden, die Veränderungen an ihr aufgefallen waren. Sie wurde zur Frau.

Am nächsten Abend war sie zusammen mit ihrem Vater und Rakım bei Hilmi zu Gast. Peregrini spielte eine ergreifend schwermütige Weise, und Rabia stand wie gewöhnlich am Flügel. Undeutlich nahm er wahr, daß der schmale Kopf, der vor vier Jahren nur knapp die Oberkante des Flügels erreicht hatte, ihn jetzt weit überragte. Es traf ihn wie ein Schlag, so daß er kaum weiterspielen konnte. Er sah genauer hin. Rabias zarte Wangen hatten die Farbe von altem Wein. Ihre freundlich-unverbindliche Beziehung schien ihm plötzlich schmerzhaft persönlich geworden. Auch sie war offenbar verwirrt, denn sie senkte die Lider. Das alte Band war zerrissen, etwas Neues bahnte sich an. Etwas in ihr suchte sich fast panisch zu verbergen. Sie fühlte sich wie Adam im Paradies, als er zum ersten Mal seines eigenen Ich bewußt wurde und sich vor dem Herrn seiner Nacktheit schämte.

Peregrini nahm die Hände von den Tasten.

Alarmiert durch die jähe Unterbrechung sei-

nes Spiels und vielleicht auch durch Rabias verän-
derten Gesichtsausdruck trat Vehbi Efendi zum
Flügel und legte Peregrini eine Hand auf die
Schulter.

«Erst jetzt fällt mir auf, wie groß Rabia geworden ist. Als ich sie kennenlernte, war sie noch so
klein, und jetzt...» Peregrini hatte in sachlichem
Ton begonnen, aber Rabias sprühender Blick
brachte ihn wieder aus der Fassung.

«Das Leben geht weiter, Schritt für Schritt»,
entgegnete Vehbi Efendi gelassen.

«Bald wird sie sich verschleiern müssen», sagte Hilmi, der zu ihnen getreten war. «Was für ein
schändlicher alter Brauch. Allein der Gedanke,
daß wir dann auf den Anblick unserer Rabia Abla
verzichten müssen...»

«Warum eigentlich?» begehrte sie auf. «Im Laden bin ich ständig Männerblicken ausgesetzt,
und auch in der Moschee sind ja Männer.»

«Schon, aber da begegnest du ihnen bei deiner
Arbeit, meine Rose, entweder als Koransängerin
oder als Krämersfrau», bemerkte der Zwerg mit
seiner Piepsstimme.

«Dann werde ich eben künftig jedesmal, wenn
ich zu Hilmi komme, etwas aus dem Koran singen!»

Es war offensichtlich, daß Rabia sich nicht von

ihnen trennen wollte. Hilmi tätschelte ihr brüderlich den Arm, dennoch entstand im Zimmer ein befangenes Schweigen, das ihr schmeichelte und sie zugleich beunruhigte. Die Männer würden sie sehr vermissen, soviel stand fest, doch warum ging ihr der Gedanke, die Abende bei Hilmi nicht mehr besuchen zu können, so nah? Der dunkelhaarige Şevki bedeutete ihr nichts, der blonde Galip ebenso wenig. Hilmi würde sie nach wie vor in den Räumen seiner Mutter sehen können. Vehbi Efendis Position war unangreifbar, denn er war ihr Lehrer, außerdem verschleierte sich vor ihm keine Frau. Nur mit Peregrini würde es schwierig werden. Es gab in Zukunft keinen Grund für sie, sich mit ihm zu treffen. Sie sah ihn bestürzt an.

Auch ihm schien langsam bewußt zu werden, daß er drauf und dran war, etwas zu verlieren. Er richtete seine schwarzen Augen auf Tevfik. «Wirst du deine Tochter eines Tages vor mir verschleiern, Tevfik?»

«Sie wird tun, was ihr gefällt», erwiderte Tevfik, war aber nachdenklich geworden. Daß sich seine Tochter aus dieser Männergesellschaft würde zurückziehen müssen, lag auf der Hand. Es wurde Zeit. Höchste Zeit. Er würde eine Entscheidung treffen müssen, und damit tat er sich immer schwer. Ach was, am besten vergaß man die Sache oder schob sie auf die lange Bank!

«Vater», sagte Rabia feierlich, «ich will den Signore auch künftig sehen können...»

Tevfik staunte. Würde sie, eine fromme Muslimin, sich gegen die Tradition auflehnen?

Nach diesem Gespräch kam Rabia in Gedanken lange nicht mehr von Peregrini los, der so lebendig und so anders als die anderen war – für sie eine neue Welt. Wenn sie nicht mit ihm zusammen sein konnte, rief sie sich sein Bild in Erinnerung, seine beweglichen Gesichtszüge, sah seinen glutvollen Blick und vor allem seine Hände: kleine, feste, verrunzelte Hände mit flachen Fingern, stark und biegsam, Hände, von denen eine verführerische Vitalität ausging.

Nur langsam fiel die emotionale Erschütterung jenes Abends von ihr ab und sie dachte seltener an ihn, aber wenn sie es tat, beschleunigte sich ihr Puls und jagte ihr die Röte ins Gesicht. Sie mochte nicht näher untersuchen, warum das so war, aber ihr Unterbewußtsein hätte ihr die Antwort geben können.

«Hanım Efendi, was geschieht, wenn eine Muslimin einen Christen heiratet?»

«Was für eine Frage! Nichts geschieht, denn so

etwas kommt einfach nicht vor. Es ist streng verboten.»

Rabia ließ nicht locker. «Aber was geschieht, wenn eine Frau trotzdem einen Christen heiratet?»

«Wenn sie sich gegen dieses unumstößliche Gesetz vergeht, wird man sie und ihren christlichen Liebhaber auf offener Straße steinigen.»

«Aber Muslime heiraten christliche Frauen …»

«Ach, Kind, bei Männern ist das etwas anderes, wußtest du das nicht?»

«Und was kann eine Muslimin tun, wenn sie einen Christen liebt?»

«Sie kann den Liebhaber bitten, zum Islam überzutreten … Warum fragst du?»

«Ich weiß nicht», antwortete Rabia gedankenverloren. Aber das war nur die halbe Wahrheit.

KAPITEL 24

Es war April, und man feierte *hıdrellez*[52]. Gab es irgendwo unter der Sonne eine Stadt mit vergleichbaren Menschenmassen, ähnlich bunt, ähnlich laut, mit ähnlich ausgelassenem Leben und Treiben, vergleichbaren Jahrmärkten und vor allem derart kolossalen Mengen an Lammbraten und Pilaw[53]?

Tevfik räkelte sich genüßlich im Bett. «Diese Zigeunerin», dachte er träge, «führt jetzt wahrscheinlich begleitet von Trommeln und Querpfeifen auf einer grünen Wiese ihre Bauchtänze vor.... Ohrenbetäubend, dieser Radau, das Quietschen und Rasseln von Spielzeug, das unablässige Gesumm und Gebrumm auf der Straße, das sich anhört wie der Lärm in einem riesigen Bienenstock.» Wenn die Sonne nicht mehr so sengend auf die Stadt herunterbrannte, war immer noch Zeit genug zum Aufstehen. Er wollte für seine Freunde ein Festmahl bereiten, würde Vehbi Efendi und Peregrini mit Lammbraten und Pilaw bewirten. Seine Kochkünste standen seinen schauspielerischen Fähigkeiten nicht nach, kamen aber nur beim Frühlingsfest zum Einsatz. So blieb er denn im Bett liegen, träumte vom Speisen im Garten hinter dem Haus und anregenden Gesprächen unter einem tiefblauen Himmel, umrahmt von den rosafarbenen und weißen Blüten der Quitten- und Mandelbäume.

Die Gäste trafen ein. Rabia erschien mit aufgekrempelten Ärmeln. Den Saum des Kattunkleides hatte sie geschürzt, um Tevfik zur Hand zu gehen. Wenn sie in den Garten sah, erkannte sie den hohen Hut von Vehbi Efendi und das gewellte Grauhaar von Peregrini. Die beiden saßen auf einer Matte unter dem Spalier von Reben, Vehbi Efendi heiter gelassen, der Italiener leicht erregt wie immer. Auch sie selbst spürte eine seltsame Unruhe. Zum ersten Mal fühlte sie sich unter ihren Freunden wie verloren.

Alle, sogar Peregrini, sogar ihr geliebter Tevfik waren ihr plötzlich fremd geworden, zwischen ihnen und ihr hatte sich eine Kluft aufgetan. Sie wußte nicht, daß es ihre Gefühle als Frau waren, die sich in diesem Augenblick meldeten. Es war ja nicht so, daß sie gar nichts von den Geheimnissen des Lebens gewußt, daß sie das Gerede der Frauen im Konak nicht gehört hätte, aber sie brachte diese Dinge zunächst nicht mit der Unrast in Verbindung, die sie erfaßt hatte. Satzfetzen und Blütenblätter wehten in die Küche.

«Unsere Lieder wären nicht fröhlich? Unsinn… Hört einmal zu!» Vehbi Efendi sang leise Nef'is[54] unvergleichliche «Ode an den Frühling» und schlug dazu den Takt auf den Knien.

«Zu schläfrig für meinen Geschmack. Wie wäre es statt dessen damit?» widersprach Peregrini und gab ein keckes italienisches Lied zum besten, das die Luft und Rabias Körper in Schwingungen versetzte. Seine warme Stimme schaffte es, die Kluft zwischen ihr und den Männer zu überbrücken.

Sie goß Kaffee in die Täßchen und ging, den Blick auf das Tablett geheftet, damit in den Garten. Ihre Männer verlangten ständig nach Kaffee, und sie war stolz darauf, daß sie ihn servieren konnte, ohne einen Tropfen zu verschütten. Als ihre Holzschuhe auf den Kieseln vor der Küchentür knirschten, verstummte jäh der Gesang. Das flüchtige Gefühl, Peregrini nahe zu sein, verging mit den Klängen, und er wurde ihr wieder so fremd wie die anderen.

Vehbi Efendi lächelte, als das junge Gesicht zwischen all den Frühlingsblüten auftauchte. Peregrini runzelte die schwarzen Brauen. Der Derwisch beugte sich zu ihm hinüber. «Hier ist ein Vers, der zu dem Bild paßt», sagte er leise. «‹Einen Burschen von fünfzehn Jahren fein, den such' ich, der soll mein Liebster sein…›»

Wie müßte einer aussehen, überlegte Rabia, den sich ein Mädchen in ihrem Alter zum Liebsten nehmen könnte? Plötzlich sah sie Bilal vor sich. Der war zwar älter als fünfzehn, aber gleichviel… Als sie versuchte, ihn sich in seiner Schuluniform vorzustellen, kamen die Täßchen auf dem Tablett ins Rutschen.

«Paß auf, du wirst den Kaffee verschütten!» mahnte Rakım.

Doch da war das Unglück schon geschehen. Peregrini eilte herbei, kniete sich hin und wischte Rabia die schwarze Flüssigkeit vom Kleid, während Rakım ihr das Tablett abnahm. Sie war vor Scham und Ärger ganz rot im Gesicht. Der Derwisch blieb ruhig sitzen und summte seine Frühlingsode.

Jetzt kam auch Tevfik in den Garten und entzündete am Spalier die orangefarbenen Lampions. «Meine Herren, der Braten ist fertig», verkündete er und steckte lässig die Streichholzschachtel zurück in die Tasche.

Der Mond von Istanbul, eine leuchtende Silberscheibe, war am purpurfarbenen Nachthimmel aufgezogen. Tevfik holte auf einem großen Kupfertablett dampfendes Fleisch und Pilaw aus der Küche. Rabia folgte ihm mit klappernden Holzschuhen, in den Händen Löffel und Teller. Die Männer setzten sich um das Tablett herum und aßen genußvoll. Unerklärlich gereizt hörte Rabia ihnen beim Kauen zu. «Sie benehmen sich wie Tiere, die ihre Beute verschlingen», dachte sie.

Rabia aß schnell und beeilte sich, wieder in die Küche zu kommen, aber Rakım folgte ihr und bot seine Hilfe an. Ungewohnt schroff wies sie

ihn ab, am liebsten hätte sie ihm einen Tritt versetzt. Der verwachsene Körper ekelte sie plötzlich an, die Augen, die um Freundlichkeit bettelten wie ein Hund um einen Knochen, die
umständliche Dienstfertigkeit waren ihr unerträglich. Kein Mensch dürfte so einen Körper haben, dachte sie. An diesem Abend sehnte sie sich
nach Schönheit, Kraft und Jugend. Jedesmal,
wenn er Reste des Essens in die Küche brachte,
schob sie ihn schnell wieder hinaus. Schließlich
zog er mit dem Kaffeetablett ab, und sie atmete
auf, weil er jetzt seinen Kaffee trinken, rauchen
und sie in Ruhe lassen würde.

Die drei Männer hatten es sich auf der Matte
bequem gemacht. Peregrini stützte den Kopf in
die Hände und betrachtete Rakım, seine unnatür-
lich großen Augen, das traurige und zugleich komische Gesicht... Der Zwerg hatte ein Knie an-
gewinkelt, Rauch schlängelte sich aus Mund und
Nase, immer wieder sah er zur Küche hin. Peregrini hatte das unheimliche Gefühl, als steckte er
selbst in dem Körper des Zwerges und empfände
dessen Qual. Auf den riesigen Turban fiel oran-
gefarbenes Licht. «Eine von einem gemarterten
Genie geschaffene romantische Figur», dachte
der Italiener. «Bestimmt ist er in Rabia verliebt.
Sie foltert ihn mit ihrer schlechten Laune. Doch

was kann er sich mehr von ihr erhoffen, als daß sie ihn freundlich ansieht und streichelt wie die Hündin an der Tür, während sie doch an einen Fünfzehnjährigen denkt… Das bedauernswerte kleine Ungeheuer leidet Höllenqualen, aber er wird nie…» Peregrini führte den Gedanken nicht zu Ende, sondern begann zu summen. Rabia hörte die fiebrige Erregung in seiner Stimme.

Jenseits der Mauern saßen und speisten noch andere Leute im Freien. Ein Mann hustete, ein Säugling gluckste, eine Frau rief ein säumiges Familienmitglied mit lauter Stimme zum Mahl. Die Gärten waren wohl gleich nach Sonnenuntergang gewässert worden. Der Geruch nach feuchter Erde mischte sich mit dem nach Frühlingsblumen und den Düften von Braten und fritiertem Gemüse. Von der Straße drangen gedämpfte Geräusche zu ihnen, es war, als befinde man sich dort und in den Gärten hinter den Häusern jeweils in einem eigenen Land.

Draußen klopfte es.

«Wer ist da?» rief Rabia und zog an dem Seil, das die Tür öffnete.

«Ich bin's», erwiderte eine rauhe Stimme. Pembe war vom Fest zurückgekehrt, hinter ihren Ohren und unter dem Schleier wippten Rosen. Sie sang vor sich hin.

«Im Garten sind Gäste, Tante Pembe», sagte Rabia. Pembe zuckte die Schultern und ging hinaus, ohne Rabia ihre Hilfe anzubieten. Man hörte Gelächter und ausgelassenen Gesang. Pembe schnippte beschwingt die Finger.

Wieder klopfte es, wieder öffnete Rabia die Tür und fragte: «Wer ist da?»

Als niemand antwortete, schritt sie durch den matt beleuchteten Laden zu der halb geöffneten Tür. Draußen stand vergnügt schwänzelnd eine Hündin mit ihren Welpen. «Ja, seit wann klopfst du denn an?» fragte Rabia und lachte zum ersten Mal an diesem Abend. Draußen hustete jemand – leise und schüchtern. Sie zog den Schleier tiefer und beugte sich vor. Eine schlanke dunkle Gestalt lehnte an der Hauswand.

«Ich bin's», sagte jemand, der offenbar im Stimmbruch steckte.

«Wer ist ‹ich›?» fragte Rabia scheinbar ernst, dabei hatte sie die Stimme längst erkannt.

«Na ich, Bilal. Hilmi Bey hat Gäste und bittet Tevfik Efendi und die anderen zu sich.»

«Ich sag's ihm… Also du bist es, Bilal?» Rabia hatte es nicht eilig zu gehen.

«Und das bist du, Rabia Hanım? Wie du gewachsen bist! Ich hätte dich kaum wiedererkannt.»

Er hatte seine Schüchternheit überwunden und wagte es sogar, ihr in die Augen zu sehen. Sie gab seinen Blick zurück. Der Silbermond spiegelte sich in den beiden Augenpaaren.

«Laß mich deine Uniform sehen», bat Rabia und streifte, ohne die Antwort abzuwarten, mit ihren noch nassen Händen, die nach Seife rochen, über die Goldlitzen am Kragen und an den Ärmeln.

«Wer ist denn da, Rabia?» rief Tevfik aus dem Garten.

«Hilmi Bey bittet euch alle zu sich», antwortete sie und machte sich wieder an den Abwasch.

Die Gäste freuten sich wie die Kinder über die Einladung, nur Rabia schloß sich der allgemeinen Begeisterung nicht an. Sie habe Kopfschmerzen, sagte sie, und werde nicht mitkommen. Sie müsse noch aufräumen und werde dann früh zu Bett gehen.

Die anderen verließen das Haus, auch Pembe.

Bilal, der vor der Haustür stehengeblieben war, sah ihnen nach. Rabia öffnete die Tür, und Bilal blickte sie sehnsüchtig an.

«Was machst du allein hier auf der Straße?» fragte sie.

«Ich weiß nicht... Was machst du allein im Haus?»

«Ich räume auf. Wie gut der Garten riecht, und wie mild es draußen ist.»

Eine ausdrückliche Einladung war das nicht, aber die schien auch nicht nötig. Ihr war, als sei jemand aus der ihr vertrauten Welt zu Besuch gekommen. Die Alten, von denen diese neue Kluft sie trennte, waren fort und hatten Rabia sich selbst überlassen. Sie ging durch die Küche in den Garten, und Bilal folgte ihr. Wo war die heftige Abneigung geblieben, die sie vor Jahren gegen ihn empfunden hatte?

Sie setzten sich auf die Matte, blickten einander mit hungrigen Augen an oder hoch zum Mond. Einen Moment schien es, als sähe eines ins klopfende Herz des anderen, ja, Bilals Herz konnte man förmlich hören, so wild schlug es gegen die bis oben zugeknöpfte Jacke. Er stand auf und ging wortlos hinaus. Die Kehle war ihm wie zugeschnürt. Rabia folgte ihm. Vor der Tür blieben sie stehen. Wieder streichelten ihre Hände die Goldlitzen der Uniform, und er küßte mit eiskalten, zitternden Lippen ihre Wange, die fast den steifen Kragen berührte.

«Hübsch, diese Schuluniform», sagte sie, weil ihr nichts Besseres einfiel, und flüsternd setzte sie hinzu: «Ich sehe dich dann nächste Woche, wenn du wieder aus dem Internat kommst.»

Langsam ging sie nach oben, strich ihr Lager glatt, legte sich hin und blickte zur mondhellen Zimmerdecke hoch. Sie hatte vergessen, ihre Gebete zu sprechen. Allmählich verfiel sie in einen leichten Schlummer. Jemand küßte sie sanft auf die Lippen, und ein seltsamer Schauer überlief sie. Wer es war, wußte sie nicht, sie spürte nur harte Hände, die ihre schmalen Schultern packten – Peregrinis Hände. Sie seufzte entspannt. Bald schlief sie tief und traumlos.

## KAPITEL 25

«Ein wirklich netter Mann will dich zur Frau, Rabia», verkündete Sabiha Hanım, «der Pascha wird morgen mit Tevfik sprechen.»

«Was für ein Mann? Pascha, Bey oder einfacher Soldat?» fragte Rabia und ahmte dabei Pembe nach, wenn sie aus getrockneten Bohnen die Zukunft voraussagte.

«Ich scherze nicht, Rabia. Es ist Galip Bey, Hilmis Freund. Was machst du denn für ein Gesicht, du Äffchen? Er stammt aus guter Familie, sein Vater war Beamter, und er hat weder Mutter noch Schwestern. Du könntest also in einem großen Haus nach Belieben schalten und walten.»

«Ich will aber nicht», antwortete Rabia trotzig.

Als sie abends mit den Männern im Garten beim Essen saß, fiel allen auf, wie müde Rabia aussah.

«Was betrübt mein Töchterchen denn?» fragte Tevfik.

«Galip Bey will mich heiraten, und der Pascha wird morgen deswegen bei dir vorsprechen», erwiderte Rabia verblüffend direkt und ohne Ziererei.

Tevfik verzog gequält das Gesicht. Wieder verlangte ihm das Leben eine Entscheidung ab, eine Entscheidung, durch die er womöglich Rabia verlor. Als Galips Frau würde sie in das große, ihm wohlbekannte Haus in Kadiköy[55] ziehen müssen. Dort wäre sie nicht nur örtlich, sondern auch durch gesellschaftliche Schranken von ihm getrennt. Ein Leben ohne Rabia, die sein Herz erwärmte und Licht in sein Heim brachte, würde die Hölle sein. «Und was sagst du dazu, Rabia?»

«Ich werde ihn nicht heiraten», erklärte sie bestimmt.

«Bewundernswert», dachte er, «in diesem Alter schon zu wissen, was man will, bewundernswert, so schnell entscheiden zu können.» Vor lauter Bewunderung trat die Erleichterung über ihre Entscheidung fast in den Hintergrund. Er wandte sich an Rakım, der ihn und Rabia mit glitzernden Augen beobachtete. Beiden war feierlich zumute. «Was sagst du dazu? Du bist schließlich ihr Onkel.»

«Sie könnte es schlechter treffen als mit einem Ehemann, der Galip heißt.»

Rabia drohte ihm mit der Faust. «Ich wußte ja gar nicht, daß du mich loswerden willst.»

Er grinste. «Du bist ein armes Mädchen ohne Mitgift. Wenn du mich als Heiratsgut mitbringst, brauchen wir uns nicht zu trennen. Galip Bey ist ein sanftmütiger junger Mann. Er war immer gut zu mir, und du könntest ihn um den kleinen Finger wickeln. Ich bin nicht sicher, ob ein anderer Ehemann dir erlauben würde, mich mit in die Ehe zu bringen, vielleicht würde ich dich nicht mal mehr sehen dürfen.»

«Elender selbstsüchtiger Zwerg», schalt Tevfik. «Du denkst nur an dich, du Mißgeburt!»

Damit war das Thema Galip beendet, und die Wolke, die ihr heiteres Heim kurze Zeit verdunkelt hatte, zog vorüber. Auch Rabias Stellung im Konak war damit klar. Daß sie Hilmi besuchte, wenn andere Männer bei ihm waren, kam nun nicht mehr in Frage. Aber Peregrini würde weiterhin zu ihrem Vater kommen, und sie würde ihn sehen und sprechen können.

Singend ging Rabia auf ihr Zimmer. Als sie vor ihren Waschungen die Ärmel hochstreifte und die Strümpfe auszog, dachte sie allerdings nicht an Peregrini, sondern fragte sich, wann sie Bilal wiedersehen würde. Bei diesem Gedanken klopfte ihr das Herz. Doch während andere Mädchen in ihrem Alter bei einem romantischen Stelldichein meist schon an Hochzeit dachten, hatte Rabia nicht die Zukunft vor Augen, sondern nur das verlockende Bild jenes Fünfzehnjährigen, von dem das Lied sprach.

Als Bilal am Freitagnachmittag aus dem Internat kam, mußte er einige Vorbereitungen treffen. Er rechnete damit, daß Rabia den Rosengarten aufsuchen würde, um sich mit ihm zu treffen, und war seinem Onkel deshalb so lange um den Bart gegangen, bis er eingewilligt hatte, ihn an diesem Tag allein dort arbeiten zu lassen. Als der Alte hörte, daß der Neffe allen Ernstes vorhatte, in seiner feinen Uniform Büsche zu beschneiden und Komposthaufen umzusetzen, hatte er nur laut gelacht. Bilal hatte seine auf Figur geschnittene elegante Jacke ausziehen und die Ärmel hochkrempeln müssen, ehe Bayram Aga seine Einwilligung gab. Daß er die Jacke ablegen mußte, ärgerte Bilal gewaltig. Rabias lebhaftes Interesse für die Goldlitzen an seinen

Ärmeln und am Kragen hatte er sehr aufregend gefunden...

Als sie in den Garten kam, war er mit Schneiden und Binden beschäftigt, reckte immer wieder den langen Hals und spähte erwartungsvoll durch die Büsche. Sie war hingerissen von seiner Frische und Tatkraft, das Zusammensein mit einem Gleichaltrigen brachte sie gründlich aus der Fassung. Förmlich bat sie um Rosen für die Herrin, aber ihr Blick blieb auf ihn gerichtet, ihre Mundwinkel zuckten, die Nase kräuselte sich vergnügt. Sie bückte sich, um ihm bei der Arbeit zu helfen, und bei dieser Gelegenheit verharrten ihre Finger kurz auf seinen schmalen, kühlen, sommersprossigen Händen. Als er sich hinunterbeugte, um ihr Gesicht besser erkennen zu können, stieg ihr der Anblick seines geschmeidigen Nackens und der Geruch seiner heißen Haut zu Kopf. Sie hätte ewig dort stehen und den blonden Schopf anschauen mögen. Bilal hätte gern ein Gespräch in Gang gebracht, aber er wußte nichts zu sagen und ärgerte sich, daß er sich so plump und blöde anstellte wie der letzte Trottel aus seinem Dorf. Rabia bemerkte das kaum. Sie ging, die Nase in ihrem Rosenstrauß, früher als er erwartet hatte, und ließ ihn traurig und hilflos zurück.

Rabia faszinierte ihn, aber nicht auf die gleiche elementare Weise, wie das umgekehrt bei Rabia der Fall war. Zu dem großen Mysterium, das die Stadt Istanbul für ihn darstellte, gehörte von Anfang an untrennbar auch Rabias Gesicht. Seit er sie in ihrem Geschäft die kleinen Kunden hatte bedienen sehen, stand er unter ihrem Bann. Das gerade zu Ende gegangene Schuljahr hatte ihm vielerlei Erfahrungen gebracht. Seiner sportlichen Erfolge wegen war er zu einigem Ansehen unter den älteren Rumelierjungen gelangt, ging mit ihnen aus und lernte dabei jüdische und griechische Mädchen kennen. Er war mit seinen Freunden eines Nachts sogar heimlich aus einem Fenster des Internats geklettert, hatte im Salon einer griechischen Dame von zweifelhaftem Ruf gesessen und geraucht. Das alles hatte dazu geführt, daß er sich nun ein bestimmtes Bild von den Frauen machte.

Da gab es einmal die jungen Prostituierten aus Pera, die hinter den Männern und auch schon hinter den Schuljungen her waren und die man für Geld haben konnte. Zum anderen die noch unberührten Mädchen, jene abgeschieden lebenden, geheimnisvollen Wesen, die vor einem flohen und sich nicht fangen ließen, denen man sich erst nach der Eheschließung nähern konnte.

Zu eben diesen Außergewöhnlichen, Unerreichbaren gehörte Rabia. Er wollte sie heiraten. Noch schmerzte die Erinnerung an ihr überlegenes Gehabe, ihre Kränkungen, aber eines Tages würde er sie mit seinen Leistungen beeindrucken.

Die Nachtigallen schlugen, die Rosen blühten, der Silbermond stand am Himmel. Die beiden jungen Menschen schmiegten sich in diesem bezaubernden Garten zärtlich aneinander, und dann erzählte Bilal von der großen Zukunft, die ihn erwartete: Reichtum, Pferde, Equipagen, Diener, unzählige Menschen, die ihm zu Diensten waren – und allen würde er «es zeigen». Rabia sollte begreifen, daß er kein gewöhnlicher junger Mann war. Die Gier nach Macht und ein gefährlicher Tatendrang benahmen ihm fast den Atem.

Jener alberne Spruch «Ich werd's euch allen zeigen!» wurde sein Lebensmotto. Bilal zweifelte keine Sekunde daran, daß er dazu ausersehen war, Großes zu vollbringen. Doch würde Rabia jemals vergessen können, wie man ihn gedemütigt und gekränkt hatte, als er noch ein junger, unbedeutender Diener im Hause von Selim Pascha gewesen war? Mehr noch als nach ihren Küssen sehnte er sich danach, ihre goldenen Augen bewundernd strahlen zu sehen, wünschte er sich, daß sie ihm mit der zaghaften Demut einer unwissenden Jungfrau lauschte.

Sie trafen sich immer öfter, und Rabia war immer stärker von ihm fasziniert, er aber blieb, wenn sie sich trennten, stets gereizt zurück, enttäuscht, fast verzweifelt. Rabia sah in dieser Idylle etwas Vorübergehendes, völlig Natürliches und verschwendete keinen Gedanken an ein Morgen. Sie folgte ihren Instinkten, den Instinkten eines jungen Tieres, schmiegte sich verlangend an ihn, rieb ihr heißes Gesicht an seiner Uniform, streifte mit den Fingern über seinen Mund und den leichten Flaum auf seiner Oberlippe, so daß er wie elektrisiert und ihr hilflos ausgeliefert war.

Wenn er aber später an solche Momente dachte, war er schockiert. «Sie hat nichts Mädchenhaftes an sich», dachte er, «sie benimmt sich wie ein Junge.» Er hatte sich eingebildet, ein Mädchen würde immer von ihm wegstreben wollen, gleich einem Vogel, der – jederzeit fluchtbereit – mit ausgebreiteten Flügeln auf einem Zweig saß. Daß Rabias in seinen Augen unschickliche Beherztheit nur ihrer Unschuld zuzuschreiben war, begriff er nicht.

Seine Versuche, sie mit der Schilderung seiner glänzenden Zukunft zu beeindrucken, scheiter-

205

ten kläglich. Sie hörte sich zwar geduldig an, wie er prahlte, daß die Welt noch einmal vor ihm zittern werde, aber es berührte sie nicht. Sie war unter hochbegabten Menschen mit ausgeprägter Persönlichkeit aufgewachsen und versuchte ihrerseits, Bilal von ihren Fähigkeiten, ihrer Arbeit zu erzählen, aber das ließ nun wieder ihn kalt. Ob Rabia die Gespräche, die sie im Konak und zu Hause hörte, immer ganz verstand, sei dahingestellt. Zumindest begriff sie, daß das, was Bilal zu sagen hatte, verglichen damit nur Geschwätz war.

«Vehbi Efendi, Peregrini ...», fing sie an.

«... sind nichts als angestellte Musiklehrer», höhnte er. «Was erwähnst du sie überhaupt? Rakım ist ein Hanswurst, Hilmi Bey und seine Freunde sind Gecken und Schwätzer ...» Es war sein Glück, daß er Rabias Vater nicht erwähnt hatte.

«Und wer bleibt dann noch?»

«Selim Pascha!» Seine Augen blitzten. «Bei Allah, das ist ein wahrhaft großer Mann. Er kann die Bastonade anordnen, wann und gegen wen er will, er kann die Mutter jedes Sterblichen im Reich zum Weinen bringen. Und er besitzt so viele schöne Dinge ... Meine Frau wird einmal alles haben, was auch seine Frau hat.» Er errötete tief und warf Rabia einen vielsagenden Blick zu, aber sie schien nicht zu begreifen, was er meinte.

«Ich glaube nicht, daß der Pascha irgendeine Mutter zum Weinen bringt, das sähe ihm nicht ähnlich. Er ist zu uns allen freundlich und liebenswürdig.»

«Was weißt denn du! Denk daran, daß du ihm nur im Harem, unter Frauen, begegnest. Wenn ihm etwas fehlt, dann Bildung. Außerdem ist er natürlich altmodisch. Wenn er nur die Hälfte von dem gelernt hätte, was ich schon jetzt weiß ...»

«Ich glaube gar, du willst so werden wie Sabit Beyağabey», fuhr sie auf.

Das traf ihn ins Herz. Daß sie seine Worte mit den großmäuligen Reden eines ungehobelten Feuerwehrmanns gleichsetzte, schmerzte ihn. Dieses Mädchen, das er so gern beeindrucken wollte, nahm ihn nicht ernster, als es die Dienerschaft des Paschas getan hatte. Es war demütigend. Er ballte die Fäuste. «Eines Tages werd' ich's dir zeigen!»

«Ach ja?» Sie erhob sich gähnend.

«Morgen fängt das neue Schuljahr an», dachte er, «dann bleiben uns nur noch die Freitage für kurze, heimliche Treffen.» Alle Wärme war aus dem Garten gewichen, die Blätter welkten, der Wind blies kalt. Bilal traten Tränen in die Augen.

Er versuchte verzweifelt, zu ihr durchzudringen, und dafür fiel ihm nur ein Mittel ein. Er ergriff ihre schlanken Arme und küßte sie auf die Lippen.

Das kam so überraschend, daß Rabia fast die Fassung verlor. Es war, als habe der zarte Schnabel eines schönen Vogels an ihren Lippen gepickt. Die jähe grüne Flamme in ihren goldenen Augen traf sengend die seinen.

Auch ihr war bewußt gewesen, daß dies das letzte Treffen in den Sommerferien war, und als sie sich getrennt hatten, packte sie der Zorn. Warum hatte er das nicht schon längst getan, statt ständig nur große Reden zu schwingen wie der Oberraufbold im Schattenspiel?

Ganz mit sich und ihrer ersten Liebe beschäftigt, war ihnen gar nicht in den Sinn gekommen, daß man sie entdecken könnte. Doch die Diener hatten sie beobachtet, wenn sie im Schutz der dichten duftenden Rosenbüsche ins Gespräch vertieft waren, hatten sogar mitgezählt, wie oft sich trafen. Für sie stand fest, daß Bilal dem Mädchen nachstellte und Rabia nichts vorzuwerfen war. Schließlich war sie eine begnadete Koransängerin, erfolgreich in allem, was sie anpackte, hochgeschätzt vom Pascha und seiner Gemahlin. So lange sie zurückdenken konnten, war nicht einer Frau im Harem so eine Auszeichnung zuteil geworden. Im übrigen war ein Mädchen aus Istanbul einem solchen eitlen rumelischen Hahn mehr als gewachsen. Man konnte sich darauf verlassen, daß Rabia dem Jungen eine Lektion fürs Leben erteilen würde.

Die Diener deuteten Bayram Aga gegenüber die Möglichkeit einer Heirat zwischen Rabia und seinem Neffen an. Bestimmt, dachten sie, würde er Himmel und Hölle in Bewegung setzen, um diese Verbindung zu erreichen. Zu ihrer Überraschung war das Gegenteil der Fall. Die blutunterlaufenen Augen des Gärtners quollen vor Wut aus den Höhlen. Er schlug mit der Faust auf den Tisch und fluchte, was das Zeug hielt. Sein Neffe – und die Tochter eines Komödianten? Ein Junge wie Bilal, dem die Welt offenstand? Wenn jemand es wagen sollte, noch einmal davon anzufangen, würde er es mit Bayram Aga zu tun bekommen. Der Obergärtner stammte aus einem Land, in dem die Blutrache herrschte, anders also als die anderen Bediensteten, friedliche Anatolier, die in der gelösten Atmosphäre der Stadt noch ein Stück friedlicher geworden waren. Sie hüteten sich fortan, auch nur ein weiteres Wort über die Angelegenheit zu verlieren.

Dem Alten aber ging die Sache nach. Er glaubte fest daran, daß Bilal eine glänzende Zukunft vor sich hatte. Der Junge würde es in der Welt zu etwas bringen, er konnte Minister werden, ein zweiter Selim Pascha, und die Tochter des Sultans heiraten. Gab es in der Gegenwart nicht genügend Beispiele dafür, daß mittellosen jungen Männern so etwas widerfahren war? Das mindeste, was Bilal erwarten konnte, war die Heirat mit der Tochter des Paschas. Warum sollte Selim sich so um die Ausbildung des Jungen bemühen, wenn er nicht im Sinn hatte, ihn zu seinem Schwiegersohn zu machen? Hatten die Paschas nicht früher hübsche und intelligente Sklaven gekauft, sie ausbilden lassen, ihnen ihre Töchter zur Frau gegeben und sie sogar zu ihren Nachfolgern bestimmt? Daß ein Sohn dem Vater im Amt nachfolgte, kam selten, ja so gut wie nie vor. Weniger die Herkunft als Können, Tatkraft und eine gute Ausbildung waren die Voraussetzung für eine verantwortungsvolle Stellung. Diese Gedanken beschäftigten Bayram Aga, als er vor den Pascha trat.

Der große Mann klaubte Schnecken von seinen Rosen. Bei jeder Schnecke, die er von den zarten Blättchen entfernte, auf die Erde warf und zertrat, verzog er schmerzlich das Gesicht. Er haßte es, Leben zu zerstören. Außerhalb der

Dienstzeit war ihm Gewalt in jeglicher Form ein Greuel.

Bayram Aga hüstelte diskret und verbeugte sich.

«Was gibt's?» Der Pascha war leutselig gestimmt.

«Es geht um etwas, was die Ehre Eures Hauses betrifft», raunte Bayram Aga geheimnisvoll und schüttelte heftig den Kopf.

Selim Pascha ließ die Schnecke fallen, die er in der Hand hielt, und vergaß, sie zu zertreten. Das freundliche Lächeln, mit dem er den Gärtner begrüßt hatte, war verschwunden und hatte einer bedrohlichen Miene Platz gemacht. «Was soll das heißen, Mann?» donnerte er.

«Noch ist nichts passiert», beeilte sich Bayram Aga zu versichern. «Aber das Fleisch ist schwach. Selbst ein rumelischer Junge, der die Ehre mehr liebt als sein Leben, kann vom Wege abkommen. Bilal und Rabia Hanım treffen sich heimlich im Garten. Und wo Rauch ist...»

Selim Paschas Züge glätteten sich. «Das wäre eine durchaus respektable Verbindung. Ich würde Rabia eine Mitgift geben und meine Gemahlin ihr vermutlich ein Haus kaufen.»

«Gott behüte! Gegen Rabia Hanım ist gewiß nichts einzuwenden, aber sie sollte einen bescheidenen Musikanten heiraten, einen Kaufmann, einen kleinen Händler. Bilal dagegen...»

«Wer ist schon dieser Bilal!» fuhr der Pascha ihn an.

«Vergebt einem unwissenden Mann.» Der Gärtner spürte, daß er sich auf dünnem Eis bewegte. «Euer Ehren haben die beste Schule für ihn ausgesucht, Euer Ehren haben sich ganz gewiß Gedanken über eine passende Braut für seinen Sklaven Bilal gemacht. Halten zu Gnaden, aber junge Burschen wie Bilal sind schon Schwiegersöhne eines Sultans geworden. Pascha Efendi weiß, daß es keine Sünde ist, die Augen zu der Tochter eines Paschas zu erheben.»

Auch ohne das geheimnisvolle Gehabe seines Gärtners begriff der Pascha, daß Bayram Aga für seinen Neffen um die Hand seiner Tochter bat. Er gehörte zur alten Schule und störte sich nicht an der untergeordneten Stellung des Jungen. Vor Allah waren alle Muslime gleich, zumindest wenn es ums Heiraten ging. Er hatte seiner Tochter, die keine besondere Begabung besaß und sich auch nicht durch Schönheit auszeichnete, bislang kaum Beachtung geschenkt. Ob sich – trotz seiner hohen Stellung – überhaupt ein Ehemann für sie finden würde, war nicht ausgemacht. Doch dieser ansehnliche Rumelier war zu gut für sie.

Rabia paßte besser zu ihm. Diese Gespräche im Garten ...

Selim Pascha runzelte die Stirn. «Eins sage ich dir: Wenn Bilal leichtfertig etwas mit Rabia Hanım angefangen hat, schlage ich ihm sämtliche Knochen entzwei.»

«Das verhüte Allah!» Bayram Aga blickte noch strenger als Selim Pascha. «Bisher ist nichts passiert. Würde mir etwas dergleichen zu Ohren kommen, würde ich den Jungen in tausend Stükke hacken. Die eigene Mutter würde ihn nicht mehr erkennen und die Hunde sich weigern zu fressen, was von ihm übrigbliebe. Ich bin ein alter Rumelier, Pascha Efendi, ich würde, wenn es die Ehre gebietet, meine Mutter, meine Tochter, meinen Sohn, ja selbst meinen eigenen Vater töten.»

«Ich werde der Sache nachgehen», sagte der Pascha und entfernte sich. Wenn dieses nette Kind dem Burschen zugetan war, sollte sie ihn bekommen – Bayram Aga hin oder her. Wenn die beiden jungen Leute aber nur belanglose Gespräche geführt hatten und Rabia sich gar nichts aus Bilal machte, war er als Schwiegersohn nicht von der Hand zu weisen. Rabia sollte die erste Wahl haben.

Als er abends zu seiner Gemahlin kam, strich Rabia gerade die Decke über Sabiha Hanıms

Knien glatt, während Pembe, die Zigeunerin, eine unterhaltsame Geschichte erzählte. Rabia beeilte sich, sein Sitzkissen an den Diwan zu rükken und den Aschenbecher bereitzustellen. Ihre Bewegungen waren flink und anmutig. Die fünf hellbraunen Zöpfe wippten.

«Bei Allah, sie soll den Jungen haben, wenn sie ihn will», beschloß er und ging geradewegs auf sein Ziel los. «Findest du nicht, daß Bilal in seiner Schuluniform sehr stattlich aussieht?» bemerkte er laut.

«Stattlich genug, um in die Familie des Sultans einzuheiraten», höhnte sie. Allein der Name Bilal brachte sie an diesem Abend in Rage. Vor einer Stunde hatte ihr Bayram Aga im Garten aufgelauert, ihr einen langen Vortrag über Bilals Zukunft und seine Eignung als Schwiegersohn des Sultans gehalten und die Möglichkeit einer Ehe zwischen ihm und der Tochter des Paschas angedeutet. Rabia hatte die Warnung begriffen und kochte vor Zorn. Sie erinnerte sich an Bilals törichtes Gerede, seine Bewunderung für Selim Pascha, sein Verlangen nach Pomp und Gepränge, Diener und Kutschen. Das also war sein Ziel! Der seltsame Kitzel seines Kusses hatte sich verflüchtigt, andere Gedanken schoben sich in den Vordergrund. Der Garten, dessen Boden mit welkem

Laub bedeckt war, bot ein trauriges Bild. Es war, als hätte dort nie eine Nachtigall geschlagen, kein Mond auf ein junges Liebespaar herabgeblickt.

«Ist er so wichtig, wie er sich nimmt, Rabia?» Der Pascha hatte spöttisch die Augenbrauen hochgezogen und zwinkerte ihr zu.

Rabia lächelte. Sie setzte sich den Fes auf, den Hilmi auf dem Diwan hatte liegen lassen, stellte sich auf die Zehenspitzen, ließ mit der merkwürdigen Ernsthaftigkeit, die allen Rumeliern zu eigen ist, ihren Blick über die Anwesenden schweifen und ahmte dann, langsam auf und ab gehend, Bilals Tonfall und seine Wortwahl nach. Gekonnt parodierte sie sein prahlerisches Gerede – wie viele Dienstboten er haben, wie er ihnen allen die Bastonade verordnen, wie er dafür sorgen würde, daß das ganze Sinekli Bakkal sich vor ihm in den Staub warf, wenn er an der Macht war, und wie viele Menschen er verbannen würde, sollte er jemals Minister für öffentliche Sicherheit werden.

Sabiha Hanım lachte nur, aber Selim Pascha wurde nachdenklich. Da gab es also jemanden, der ihn als Helden verehrte. Es war schmeichelhaft, für einen Schüler des «Galatasaray» ein Held zu sein. Heutzutage fühlten sich die meisten von ihnen sehr überlegen und sahen auf die Beamten alter Schule von oben herab. So albern er sich auch aufführte – man spürte den Machtwillen des Jungen, seinen Ehrgeiz, seine Kraft. Sonderbar, daß dieses kleine Mädchen darüber lachen konnte.

«Findest du nichts Bewundernswertes an Menschen, die Macht und eine hohe Stellung besitzen?»

Rabia zuckte die Schultern. Pembe beobachtete die Szene mit wissendem Blick. Sie hatte die Situation durchschaut und konnte Rabias widerstreitende Gefühle verstehen. Ein Lied kam ihr in den Sinn, das genau auf die komplizierten Gedanken von Tevfiks Tochter paßte. Sie begann es zu summen.

«Sing laut», befahl Selim Pascha.

Pembe sang, während sie sich wand und drehte, und einem unsichtbaren Raufbold mit den Fingern ins Gesicht schnippte:

«Dem Bilal Bey, 's ist wunderbar,
tät nie ein Schuß mißlingen.
Doch wirbt er um mich auch sieben Jahr –
er wird mich nie erringen!»

«Denkst du so über Bilal, Rabia?» fragte Sabiha Hanım.

«Ich glaube schon», gestand sie.

In Windeseile verbreitete sich das Lied im ganzen Viertel. Pembe führte einen Bauchtanz dazu auf, Rabia sang es Tevfik vor, und der fand Gefallen daran und baute es als «Lied des albanischen Raufbolds» in sein Schattenspiel ein. Die Straßenjungen nahmen es auf und grölten es im Chor, besonders wenn sie Bilal kommen sahen. Dem setzte das mächtig zu. Auch ohne das verwünschte Lied war seine Lage betrüblich genug. Die Treffen mit Rabia hatten aufgehört. Bayram Aga hatte gedroht, ihm alle Knochen im Leib zu zerschlagen, wenn er es wagte, ihr nachzulaufen.

Bilal lag gar nichts daran, die häßliche und aus seiner Sicht ältliche Tochter des Paschas zu heiraten, aber Rabia zeigte ihm entschlossen die kalte Schulter. Traurig dachte er über seine Liebe zu ihr nach und hätte gern ihr Vertrauen zurückgewonnen. Aber als er einmal abends ins Sinekli Bakkal kam, sich unter ihr Fenster stellte und an *hıdrellez* dachte, wo er und sie so glücklich gewesen waren, hörte er Rabia hinter den Fensterläden den vermaledeiten Vers singen:

«Doch wirbt er um mich auch sieben Jahr –
er wird mich nie erringen!»

## KAPITEL 26

Das Lied von Bilal Bey wehte durch das Viertel wie eine frische Brise und verklang wieder.

Für Rabia verblaßte die Erinnerung an ihn schnell, denn Tevfik war an Typhus erkrankt. Die Seuche war so weit verbreitet, daß man sie überall nur kurz «das Fieber» nannte. Selim Paschas Arzt, der Tevfik behandelte, befand, es stehe ernst um ihn und man müsse sogar um Tevfiks Leben bangen. Rabia pflegte ihn und verließ kaum noch sein Zimmer. Der Ramadan kam und ging ohne Koranrezitationen und auch ohne Einnahmen für den Imam.

Eine schwere Erkrankung wie die von Tevfik rief die nachbarschaftliche Fürsorge des ganzen Sinekli Bakkal auf den Plan. Sie stellte die Solidarität der Bewohner vor eine Herausforderung und verlieh der kleinen Seitenstraße größere Bedeutung. In den letzten zehn Jahren waren dort nur Betagte an Altersschwäche und Säuglinge an den üblichen Kleinkinderkrankheiten gestorben. Dieser Mann aber war bärenstark, bildschön, immer vergnügt und lustig – und konnte doch jeden Augenblick das Zeitliche segnen. Das ließ niemanden im Viertel unberührt.

Der Kranke, hatte der Arzt gesagt, brauche

strengste Ruhe, Lärm könne für ihn tödlich sein. Deshalb herrschte in der sonst so betriebsamen Gasse tiefe Stille. Die Klatschbasen verständigten sich in Zeichensprache, die kleinen Jungen gingen mit ihren Kreiseln eine Straße weiter und fragten sich bang, ob «Onkel Tevfik» sie jemals wieder mit seinen Schattenspielfiguren zum Lachen oder Weinen bringen werde. Wenn Fremde laut miteinander sprachen, kamen die Frauen vom Brunnen hinzu und wiesen sie in dramatischem Ton darauf hin, daß unter jenem Dach ein Mann lag, der «das Fieber» hatte. Die Kunden betraten Tevfiks Laden auf Zehenspitzen und äußerten ihre Wünsche nur im Flüsterton.

Jeden Tag kochte eine der Nachbarsfrauen ein Gericht und brachte es Rabia, damit sie Tevfik nicht allein zu lassen brauchte. Noch die Ärmste unter ihnen wäre beschämt gewesen, hätte sie nicht wenigstens einen Topf heiße Suppe beisteuern können. Für das Sinekli Bakkal war Tevfiks Krankheit so etwas wie ein Theaterstück – ein Drama mit betrüblichem, ja möglicherweise tragischem Ausgang. Den letzten Akt kannte niemand. Dennoch hatten alle eine Rolle übernommen, die sie schlicht und mit großer Ernsthaftigkeit verkörperten – und bei diesem Spiel siegte stets das Gute im Menschen.

«Sitzt das Fieber im Kopf oder im Magen?»
wurde Rakım gefragt.

Der deutete ernst auf seinen Kopf. Der Kranke phantasierte und erkannte niemanden.

Oben im Haus mühte sich Rabia um Tevfik, unten arbeitete Rakım für Rabia. Auch Pembe half. Alle Räume waren blitzsauber. Während sie zu zweit die Treppe scheuerten, hörten sie Tevfik laut und zusammenhanglos reden.

Traumbilder verfolgten ihn, durch die vor allem Emine geisterte. «O Herr, im Namen deiner Heiligkeit, rette uns», bat Tevfik. Er war ein kleiner Junge, der in einer Prozession mitlief, und hielt Emines Hände. «Meine Paradiesrose, mein Knospenmund», stammelte der in seine junge Frau Verliebte. Hin und wieder glaubte er auch in Gallipoli zu sein. Was Rabia in diesem Zusammenhang zu hören bekam, erschreckte sie und ließ sie um Jahre altern.

Nach einiger Zeit war das Schlimmste überstanden, der Zustand des Kranken besserte sich, und er konnte wieder klar denken. Doch der Tevfik, der aus jenen düsteren Fieberphantasien zurückkehrte, war nur noch ein Schatten seiner selbst und hing nun an Rabia wie eine Klette.

Vergeblich versuchte Sabiha Hanım sie zu bewegen, den Rekonvaleszenten hin und wieder allein zu lassen. Täglich schickte sie ihre *kahya kadın*, und die brachte eines Nachmittags die gewohnte Botschaft mit besonderem Nachdruck vor: «Heute abend mußt du aber bestimmt kommen.»

Rabia kochte ihr gerade Kaffee in der Küche. Die *kahya kadın* hatte sich auf einen Schemel gesetzt, vor sich einen Korb mit Obst, die tägliche Gabe für den Kranken. «Heute abend gibt es ein Fest. Die Verlobung der Tochter des Paschas mit Bilal Bey wird bekanntgegeben. Es wird hoch hergehen.»

Rabia wandte sich um. «Das ging aber schnell! Dann wird der Neffe des Gärtners am Ende wirklich so wichtig, wie er sich nimmt.»

«Warum nicht, kleine Rabia? Er ist ein stattlicher Bursche, ist schon in den *selamlık*[56] gezogen, und die Dienerschaft hat Befehl, ihn mit ‹Herr Schwiegersohn› anzureden. Die Hochzeit soll in zwei Jahren sein. Gewiß, sie ist ein wenig älter als er, aber weil er so großgewachsen ist, fällt das nicht weiter auf.»

Die *kahya kadın* wußte von der Romanze zwischen Rabia und Bilal. Sie wollte Rabia nicht weh tun, aber es tat gut, einmal unbeschwert drauflosreden zu können. Rabia war ein Mädchen aus ihren Kreisen, und die Armen lernen früh, schlechte Nachrichten, ja auch Schläge und Tritte hinzunehmen, ohne viel Aufhebens davon zu machen. Die *kahya kadın* war es leid, der Familie des Paschas unangenehme Neuigkeiten immer verbrämt und auf Umwegen beibringen zu müssen. Die Reichen verlangten stets Unmögliches, Rabia dagegen war ein geduldiges und vernünftiges Mädchen. Sie hörte schweigend zu, während die *kahya kadın* amüsante Einzelheiten über «den Herrn Schwiegersohn» und die künftige Braut zum besten gab. Pah – zwanzig Jahre alt, fliehendes Kinn, schwache Augen und so häßlich! Es geschah Bilal ganz recht, wenn ...

In Rabia regte sich ein seltsamer Schmerz, als sie sich Bilals Eheleben vorstellte. Eine alte Wunde in ihrem Herzen drohte wieder aufzubrechen. «Tevfik braucht mich, ich muß zu ihm», sagte sie und bemühte sich nicht einmal um ein Lächeln. «Ich küsse der gnädigen Frau die Hände.»

Am Nachmittag kamen Vehbi Efendi und Peregrini. Peregrini blieb in der Küche, sah Rabia zu, wie sie den Kaffee kochte, plauderte in gewohnt freundlichem Ton mit ihr und strich ihr sogar ein- oder zweimal väterlich über die Schulter. Sie schwieg, aber man merkte ihr an, daß sie sich freute, ihn zu sehen.

«Soll ich Ihre Tasse hinaufbringen, Signore?» fragte sie.

«Nein, laß sie ruhig hier stehen. Ich leiste dir gern noch ein wenig Gesellschaft.»

Rabia war kaum draußen, als Peregrini aus dem Laden erregte Stimmen hörte. Mit ratlosem Gesicht trat der Zwerg in die Küche. «Stellen Sie sich vor, Signore: Rabias Mutter ist in der vergangenen Nacht gestorben, eine Nachbarin kam, um uns Bescheid zu sagen. Sie fand, daß Rabia es wissen sollte. Wie wird sie es wohl aufnehmen?»

«Überlaß es mir, ihr die Nachricht beizubringen, Rakım. Da ich früher einmal Priester war, verstehe ich mich auf derlei Dinge. Nach dem, was ich von euch weiß, bedeuten Mütter euch viel. Bei uns ist es genauso.»

«Den Männern bedeuten sie sehr, sehr viel. Wie es bei den Frauen ist, weiß ich nicht, sie sind so anders.» Rakım dachte an Rabias letzten Besuch bei Emine.

«Onkel Rakım, bring Vehbi Efendi eine *nargileh*», sagte Rabia, als sie mit dem leeren Tablett in die Küche kam. Ihre Augen funkelten, die zarte Haut war gerötet. Seit Tevfiks Erkrankung hatte sie nicht mehr so wohl ausgesehen. Ihr Anblick weckte in Peregrini liebe Erinnerungen und Gedanken, die er längst entschlossen verdrängt

hatte. Sie bemerkte seinen sehnsüchtigen Gesichtsausdruck und fügte rasch hinzu: «Tevfik
geht es heute sehr gut, er scherzt wie in alten
Zeiten.»

Peregrini betrachtete sie schweigend. In seinem
Blick lagen Zärtlichkeit und Mitgefühl und noch
etwas, das er eigentlich vor ihr zu verbergen
suchte, was sie aber zutiefst erregte und in ihr die
gleiche süße Pein, das gleiche Glück weckte wie
die Erinnerung an Bilals Kuß. Wie konnten ein
Kuß, ein Blick sie so aus der Fassung bringen? Es
mußte da ein dunkles Geheimnis, eine gewaltige
Macht tief in ihrem Innern geben.

Sie setzte sich auf den Schemel und schlug die
Hände vors Gesicht. «Schauen Sie mich nicht
so an, Signore!»

Sie merkte, daß er auf sie zukam, sie spürte
seine Hände auf ihren Schultern und wartete mit
klopfendem Herzen – ja, worauf? Sein Griff
löste sich. Er zog ihr die Hände vom Gesicht.
«Deine Mutter ist tot, mein Kind.»

«Oh, oh...» War es ein Schluchzer oder nur
ein Ausruf der Überraschung? Sie sah ihn mit
stummem Schmerz an. Trauerte sie um ihre Mutter? Oder weil sie vergeblich auf etwas gewartet
hatte? Langsam senkten sich die seidigen Wimpern. Um ihre Lippen zuckte es. Wenn sie anfing

zu weinen, würde er zu ihr kommen und sie in die Arme schließen.

Rabia hob den Blick. «Glauben Sie, daß Tevfik auch sterben muß, Signore?»

«Wo denkst du hin!» entgegnete er energisch. «Aber warte noch etwas, bis du ihm die Trauerbotschaft überbringst. Er ist noch nicht kräftig genug. Wenn du dich aussprechen willst, rede mit mir. Auch ich habe eine Mutter, meine kleine Freundin.»

«Wo denn, Signore?»

«In meinem Heimatland natürlich. Meinst du, dein alter Musiklehrer sei nicht von einer Frau geboren?»

«Aber Sie sind doch gar nicht alt, Signore.» Und nach einer kleinen Pause fuhr sie fort. «Besuchen Sie denn Ihre Mutter nie?»

Er fröstelte, als hätte er einen Geist gesehen. Sollte er ihr verraten, wer er war, sollte er ihr seine Vergangenheit enthüllen? Er stellte es sich schön vor, Rabia in der sanften Dämmerung, wenn die Holzkohlen im Becken glühten und die Katze schnurrte, von sich zu erzählen.

Rakım steckte den Kopf durch die Tür. «Vehbi Efendi ruft nach Ihnen, Signore!»

## KAPITEL 27

Am nächsten Morgen machte sich Rabia zwar heiterer als sonst daran, Tevfik das Gesicht zu waschen und sein Bett zu richten, aber sie war blaß und hatte dunkle Schatten unter den Augen.

«Im Ramadan war es diesmal nichts mit dem Korangesang, nicht wahr Rabia? Wie der Imam wohl ohne deine Honorare zurechtgekommen ist? Er muß recht arm sein. Ich habe heute nacht von Emine geträumt. Die ganze Nacht lang.»

«Onkel Rakım wird dich rasieren, du siehst mit diesem abscheulichen Bart aus wie ein Kinderschreck. Nein, nein, ich will keinen Kuß von dir!»

«Emine versuchte, etwas zu sagen...»

«Sprich nicht von Emine!... Da ist ja Onkel Rakım! Komm und seife ihn ein, Onkelchen. Wenn er nicht stillhalten will, nehme ich seine Hände.»

«Eifersüchtig, mein Herzblatt?» Tevfik lächelte verschmitzt. «Ich werde über Emine sprechen, soviel ich will. Mehr noch – du sollst zu ihr gehen, ihr die Hand küssen und fragen, ob sie etwas benötigt. Sie hat so sonderbar geredet...»

«Laß uns mit deinen Träumen in Ruhe, Tevfik. Ich halte dir die Seifenschale, Onkelchen.»

«Nicht nötig.» Rakım machte sich langsam und sorgfältig ans Werk.

Tevfik lauschte den Geräuschen, die von der Straße kamen. «Ich höre fromme Gesänge – ein Leichenzug kommt vorbei. Schau aus dem Fenster, Rabia! Mann oder Frau?»

Rakım rasierte langsamer, während Rabia ans Fenster trat.

Emine, die Frau, die ihr die Kindheit mit ihrer Nörgelei zur Qual gemacht hatte, lag in einer schmalen, mit Tüchern verhüllten Kiste: obenauf ein hübsches rosa Kopftuch, das sie vielleicht als junges Mädchen getragen hatte, um Tevfiks Aufmerksamkeit zu erringen. Der Imam, gebrechlich und gebeugt, in schlotterndem schwarzen Gewand, hatte seinen riesigen, kunstvoll geschlungenen Festtagsturban aufgesetzt. Ein paar alte Männer – die meisten ebenfalls mit Turban – trugen Emines Sarg auf den Schultern und murmelten mit matter Stimme arabische Gebete.

Rabia warf sich schluchzend auf den Diwan. «Du darfst nicht sterben, Tevfik, du darfst nicht sterben…»

«Es muß ein Mann sein», sagte Tevfik erleichtert. «Nein, mein Herzblatt, ich sterbe nicht, das verspreche ich dir. Nicht, solange du lebst.»

Am Nachmittag schlief er, und Rabia saß zum ersten Mal, seit ihr Vater erkrankt war, wieder hinter dem Ladentisch. Ein Fremder trat ein und blieb abwartend stehen. Er trug einen leuchtend roten, ungewöhnlich hohen Fes, war groß und dünn und hatte unangenehm vorquellende Augen. Daß die junge Frau hinter dem Ladentisch ihm kaum Beachtung schenkte, ärgerte ihn sichtlich. Den Zwerg, der ihn wie erstarrt vor Angst mit weit aufgerissenen Augen ansah, hatte er noch nicht bemerkt.

Rabia fand die anmaßende Haltung des Unbekannten recht seltsam und zählte gelassen weiter ihr Kleingeld.

Jetzt richteten sich die Glubschaugen des Fremden auf Rakım. Er sah den Zwerg an, als sei er ein Wurm, der sich zu seinen Füßen ringelte. «Ist dies das Geschäft von Tevfik?»

«Jawohl, Herr.» Rakıms ehrerbietiger Tonfall reizte Rabia noch mehr.

«Was wollen Sie?» fragte sie scharf.

Ohne sie weiter zu beachten, wandte er sich wieder an Rakım. «Ich muß ihn sofort sprechen.»

«Ich werde hinaufgehen und sehen, ob er wach ist, Herr.»

«Was fällt ihm ein, am hellen Nachmittag zu schlafen?»

«Er war sehr krank, Herr. Ich bringe Sie zu ihm», winselte Rakım.

«Ich soll an das Bett dieses Kerls treten?» Der

Mann im roten Fes kniff die Augen zusammen und senkte den Kopf wie ein wilder Eber vor dem Angriff. «Du weißt nicht, mit wem du sprichst. Ich komme von Zati Bey, dem Innenminister.»

«Mein Vater kennt Zati Bey.»

Diesmal geruhte der Fremde das Wort an Rabia zu richten. Seinen Schnurrbart zwirbelnd, sah er sie aus noch immer verengten Augen an. «Sein Befehl lautet, Tevfik unverzüglich zu ihm zu bringen. Unverzüglich, hast du mich verstanden?»

«Sie sind ein Schinder, ein gemeiner Hund», zischte sie zornig.

«Weiß sie wirklich, wer Zati Bey ist?» fragte er Rakım verdutzt und riß die Augen weit auf.

«Nein, Herr … doch, ja, Bruder, aber nehmt es ihr nicht übel, denn sie ist außer sich vor Sorge um ihren Vater. Sie ist noch so jung …»

«Wage es nicht, mich Bruder zu nennen, du dreckiger, kriechender Maulwurf. Also meinetwegen: Los, nach oben!» Er folgte Rakım, der ihn so schnell wie möglich von Rabia wegbringen wollte, denn in dieser Stimmung war ihr alles zuzutrauen. Rabia ihrerseits fragte sich, warum Rakım so ängstlich dreinsah.

«Rabia Abla, bist du allein?» flüsterte es von der Tür her.

«Was willst du, Sabit Beyağabey?» Sie war froh,

ihn zu sehen. Er mochte seine Fehler haben, aber er besaß Bärenkräfte.

«Ich habe diesen Hurensohn, diesen Bastard, dieses unreine Schwein bei uns herumschnüffeln sehen. Er hat nach Onkel Tevfiks Laden gefragt. Seine Kutsche steht an der Ecke. Da bin ich hergekommen für den Fall, daß du Hilfe brauchst. Die Straße ist verlassen, ‹kein Vogel fliegt, keine Karawane zieht vorbei›[57] – das Schwein hat alle vertrieben.» Sabit Beyağabey strich sich den langen Schnurrbart, spuckte nach hinten aus und rieb sich erwartungsvoll die Hände.

«Kennst du den Mann, Sabit Beyağabey?»

«Wer würde den roten Fes dieses unreinen Halunken nicht erkennen? Was will er hier?»

Jetzt wurde Rabia alles klar. Sie wußte zwar, daß Spitzel einen grellroten Fes trugen, war zuvor aber noch nie einem begegnet. In dieser ärmlichen Straße gab es für Schnüffler üblicherweise nichts zu tun. «Er kommt von Zati Bey, dem Innenminister», erwiderte sie. «Und er hat uns bedroht.»

«Schande über das Grab seiner Ahnen! Mögen die Hunde seinen Hemdkragen entweihen, seinen Glauben, seine Religion, möge …»

«Keine Flüche über die Religion, Sabit Beyağabey!»

230

«Möge ...»

«Psst», unterbrach ihn Rabia. Sie hatte Schritte auf der Treppe gehört.

Sabit Beyağabey lehnte sich an den Ladentisch und tat, als wollte er etwas bestellen. «Zwei Okka[58] Knoblauch, zwei Okka Zwiebeln ...»

Welcher vernünftige Mensch verlangt zwei Okka Knoblauch? Trotz ihrer Anspannung mußte Rabia lächeln.

Schwankend kam Tevfik herein. Er war blaß und wirkte besorgt, sagte aber tapfer: «Heute abend bin ich wieder da, Rabia, es kann sich nur um eine Verwechslung handeln.»

Rabia und Sabit Beyağabey sahen ihm und dem Spitzel nach, und Rakım folgte ihnen zitternd. Sie warteten, bis das Rollen der Räder in der Ferne verklungen war. Die Straße war tatsächlich so ausgestorben, wie es Sabit Beyağabey beschrieben hatte. Der rote Fes war hindurch geweht, gleich einem übelriechenden Hauch, vor dem die Bewohner in ihre Häuser geflüchtet waren. Sabit Beyağabey räusperte sich kräftig und ging davon.

## KAPITEL 28

Endlich war der Imam auf eine Möglichkeit verfallen, sich an Tevfik zu rächen. Aber er hatte gründlich überlegt und lange gezögert, ehe er seinen Plan in die Tat umsetzte.

Als er erfuhr, daß Rabia während des Ramadans nicht in den Moscheen würde singen können, hatte er eine bedenkliche Miene aufgesetzt. Emine war krank, und er brauchte Geld für die Frau, die ihm solange das Haus besorgte. Die Zeiten waren hart. Er hatte auf Hilfe von Selim Pascha gesetzt, aber als er im Konak vorsprach, mußte er feststellen, daß er einen ungünstigen Moment gewählt hatte. Den großen Mann plagten ebenfalls Geldsorgen, und als der Imam sich anschickte, ihm ausführlich seine häuslichen Schwierigkeiten darzulegen, mußte er sich sagen lassen, daß er nicht erwarten durfte, für alle Ewigkeit von den Einnahmen seiner Enkelin zu leben.

Eine Weile hoffte er noch, der hohe Herr werde sich früher oder später erweichen lassen. Bald aber begriff er, daß Selim Paschas Stern im Sinken und sein Wohlstand im Schwinden war. Schon hatte er etliche Dienstboten entlassen und Sparmaßnahmen in seinem Hauswesen verfügen müssen.

«Warum soll ich nicht versuchen, Zati Bey um Hilfe anzugehen», sagte sich der Imam. Er wußte, daß der Minister ein gespanntes Verhältnis zu Selim Pascha hatte. Außerdem setzte ihm das Quengeln und Jammern seiner kranken Tochter zu, die ihn zur Rache an Tevfik drängte. Als sie dann das Zeitliche gesegnet hatte – sie war erloschen wie eine Kerze –, beschloß er, zur Tat zu schreiten. Bitterste Armut und ein trostloses Alter vor Augen, würde er alles daransetzen, sich Hilfe zu holen, einerlei bei wem, und es gleichzeitig Tevfik heimzuzahlen, dem er diese mißliche Lage zu verdanken hatte. Auch Selim Pascha war, so herzlos, wie er den Imam behandelt hatte, nicht ohne Schuld und sollte seine Strafe bekommen.

Der Alte setzte sich hin und verfaßte einen langen Brief an Zati Bey, den er auf teurem Papier ins Reine schrieb und mit vielen Schnörkeln schmückte. Hauptzweck dieses Schreibens war es, Zati Bey Geld abzuluchsen, insofern war es eine formvollendete Bittschrift. Da der Imam aber wußte, daß der Innenminister niemandem aus reiner Menschenfreundlichkeit helfen würde, flocht er in seinen Brief auch zweckdienliche Informationen über Selim Pascha oder vielmehr dessen Sohn ein und erwähnte, daß Tevfik Zati

Bey nachahmte. Er könne sich, schrieb er, für den Wahrheitsgehalt seiner Angaben verbürgen, und beruhigte damit sein muslimisches Gewissen. Alle – einschließlich des Mannes, den er um Hilfe bat – hatten das heißeste, sengendste Höllenfeuer verdient. Dieses Schreiben würde sie, einen wie den anderen, zugrunde richten, dem Imam aber erheblichen Nutzen bringen. Das hieß mehr als zwei Fliegen mit einer Klappe schlagen. Er überreichte seine Bittschrift dem Innenminister persönlich und harrte der Dinge, die da kommen sollten.

Zati Bey las die weitschweifige und wirre Epistel gerade zum fünften Mal, als sein glotzäugiger Emissär den kranken und angstschlotternden Tevfik aus dem Bett zerrte. Es war eine lehrreiche Lektüre, denn sie führte dem Minister vor Augen, daß die politische Satire ihre größte Wirkung unter besonders despotischen Gewaltregimen entfaltet. Mag der gewöhnliche Journalist unter solchen Umständen dazu verleitet werden, sich in theoretischen Darlegungen und einschläfernden Kritiken zu ergehen, die nur eine begrenzte Leserschaft ansprechen, so waren es die volkstümlichen Geschichten und Witze, die von Mund zu Mund gingen. An den Karikaturen des Volkstheaters haben alle zu allen Zeiten ihren Spaß. Das dort gezeigte Zerrbild von Zati Bey mit all seinen Lastern und seiner Bestechlichkeit hatte sich den Massen dauerhaft eingeprägt. Wie zielsicher, wie unfehlbar war doch die Rache des Volkes! Der Innenminister schwor, Tevfik, diesem undankbaren Schuft, das Handwerk zu legen.

Nachdem er den Brief des Imams zehnmal gelesen, zehn Tassen Kaffee getrunken und zwanzig Zigaretten geraucht hatte, beruhigte er sich langsam. Tevfik des Landes zu verweisen war keine Kunst – aber war es auch klug? Dem Mann war zuzutrauen, daß er noch im Exil Zati Bey parodierte … und schließlich schielten insgeheim alle Provinzgouverneure auf das Amt des Innenministers. Jeder konnte sich Tevfiks Kunst bedienen, um Zati Bey zu stürzen. Da war es wohl besser, dem Kerl einen gehörigen Schrecken einzujagen, ihm seine Schauspielerei zu versalzen und ihn unter Beobachtung zu stellen.

Die Tür öffnete sich, und der Emissär trat ein. «Tevfik lag im Bett, und er sieht aus wie ein Gespenst», meldete er. «Aber auf Befehl Eurer Exzellenz hat er sich hergeschleppt. Eine erstaunliche Tochter hat er, sie hat mir ganz schön zugesetzt.»

«Du hast das Mädchen hoffentlich nicht erschreckt.»

«Sie hat mich einen Schinder und einen Hund genannt und mich ohne Grund angespuckt.»

Zati Bey verbiß sich ein Lächeln. Frauen waren manchmal wie vom Teufel besessen. Eine fromme kleine Koransängerin, die plötzlich der Jähzorn packte ... die Vorstellung reizte seine Phantasie. «Wie ist sie denn so?» fragte er scheinbar gelangweilt.

«Ein Teufelsweib, aber keine Schönheit. Dürr wie ein Besenstiel.»

«Hol mir Tevfik», befahl Zati Bey. Junge Frauen, die nicht nur zanksüchtig, sondern obendrein noch häßlich waren, interessierten ihn nicht.

Tevfik zog sich mühsam am Treppengeländer hoch. Trotz seiner Schwäche, seiner Verunsicherung und Angst registrierte er aufmerksam, wie es im Haus des neuen Innenministers aussah, einem weitläufigen Gebäude voll billiger, geschmackloser Möbel in europäisiertem Stil. Auf den Gängen drücktsen sich viel zu viele, viel zu schlecht ausgebildete Diener herum. Von außen wie von innen war Zati Beys Haus genau so, wie man sich das Heim eines typischen Aufsteigers und Neureichen vorstellte.

Zati Bey selbst hatte sich seit ihrer letzten Begegnung verändert. Statt der offenen Jacken mit weichen Kragen, die Tevfik von ihm kannte, trug er jetzt eine korrekte Palastuniform. Das frühere Wohlwollen war aus seinem Blick gewichen, um den Mund lag ein hochfahrender Zug.

«Setz dich, Tevfik.» Er deutete auf einen Stuhl. Die Herablassung, die er zur Schau trug, sollte deutlich machen, daß er einer so unwichtigen Sache wie dem Fall Tevfik nicht mehr als ein paar Minuten widmen konnte. «Ich höre, daß dein Geschäft floriert. Und daß du als Selim Paschas Unterhalter hoch geschätzt bist.»

«Ich unterhalte seinen Sohn, Herr.»

«Auch deine Tochter soll ja zur Zerstreuung von Selim Paschas Familie – der Männer wie der Frauen – beitragen. Damit verdient ihr gewiß gutes Geld.»

«Ich nehme kein Geld, Herr. Der Pascha war gut zu meiner Tochter, als ich in der Verbannung war, hat sie alles gelehrt, was sie weiß. Wenn jemand Rabia ins Gerede gebracht hat …»

«Lassen wir die Frauen aus dem Spiel», unterbrach ihn Zati Bey schroff. «Sag deinen Sternen Dank, daß ich der Innenminister, und zwar ein ungewöhnlich mächtiger Innenminister, bin. Man hat dich bei Seiner Majestät wegen Volksverhetzung angezeigt, doch der Bericht gelangte in meine Hände. Ich habe ihn Seiner Majestät noch nicht gezeigt.»

«Was habe ich getan, Herr?»

«Selim Paschas Sohn und andere, von denen bekannt ist, daß sie mit den Jungtürken liebäugeln, kommen in deinem Haus zusammen und bleiben dort bis nach Mitternacht.»

«Das hat nichts weiter zu bedeuten, Herr. Sie sind keine Jungtürken. Wir machen nur ein wenig Musik. Ich werde sie ersuchen, nie wieder über meine Schwelle zu treten.»

«Nichts dergleichen wirst du tun! Wenn du bislang noch nicht ihr Vertrauen genießt, wirst du danach trachten, es zu erlangen.»

«Wozu, Herr?»

«Wozu? Um zu berichten, was sie reden...»

«Ich soll ihnen nachspionieren? Das kann ich nicht, Herr.»

Die Miene des Ministers verfinsterte sich. «Du erhebst Einwände?» fragte er drohend.

«Ja, Herr... nein, Herr... ich... das brächte ich nichts übers Herz.» Tevfik weinte jetzt hemmungslos. Zati Beys Ansinnen machte ihm große Angst, und er fühlte sich sehr hilflos.

Zati Bey registrierte aufmerksam, daß dieser Possenreißer offenbar glaubte, sich den Luxus eines Gewissens leisten zu können, und beschloß, nach seinen Einschüchterungsversuchen zur Abwechslung den Großherzigen zu spielen. «Nun gut, lassen wir das. Man sagt mir, daß du satirische Geschichten und Schattenspiele aufführst.»

Tevfik sah schuldbewußt drein. Warum hatte er nur damit angefangen? «Ich will's nie wieder tun, Herr.»

«Das möchte ich dir auch geraten haben. Denk daran, wie es Nef'i, unserem größten Dichter, ergangen ist. Er wurde erdrosselt und ins Meer geworfen, nur weil er gewagt hatte, sich über einen Minister lustig zu machen. Schau nicht so verzagt, ich werde dich nicht erdrosseln lassen, du hast schließlich ein Kind… Warum hast du übrigens nicht veranlaßt, daß deine Tochter meiner Gemahlin ihre Aufwartung macht?»

«Meine Tochter hat schlechte Manieren», log Tevfik. «Außerdem arbeitet sie von morgens bis abends, sie ernährt praktisch die ganze Familie.»

«Sie soll ja auch singen», sagte Zati Bey, der sich an bestimmte Stellen aus dem Bericht des Imams erinnerte.

«Die lustigsten Lieder klingen von ihren Lippen wie Trauergesänge, Herr, sie lebt nur für die Religion, genau wie ihr Großvater, der Imam.» Tevfik spielte schon wieder Theater. Daß Zati Bey ständig Rabias Namen ins Spiel brachte, war ihm nicht geheuer und erinnerte ihn an die Zeit in Gallipoli. Er bemühte sich deshalb nach Kräften, unverzüglich jedwedes Interesse des Ministers an seiner Tochter zu ersticken.

Offenbar mit Erfolg, denn der mächtige Mann erhob sich. «Kann sein, daß meine Gemahlin deine Tochter kennenlernen möchte. Sie liebt Koranrezitationen. Mich langweilt die Religion. Jetzt lasse ich dich gehen.»

Zati Beys Stimme war milder geworden, aber vor dem Spitzel, der Tevfik zu ihm gebracht hatte, schlug er wieder einen unerbittlich-strengen Ton an. «Du wirst nie wieder eine Vorstellung geben, sonst lasse ich dir den Schädel einschlagen und die Augen ausstechen…» Er brach ab und befahl dem Glotzäugigen in einem neuerlichen Anflug von Großmut: «Bring Tevfik Efendi in meiner Kutsche nach Hause. Hier sind fünf Lira[59] für die Tochter. Sie hat sich gewiß Sorgen gemacht. Leb wohl, Tevfik!»

KAPITEL 29

Der Erste Kammerherr stand in elegantem langem schwarzem Mantel vor seinem Mahagonischreibtisch. Man fragte sich allenthalben, wie ein so kultivierter und menschenfreundlicher Mann dem Sultan Abdülhamid so treu ergeben sein konnte. Das gelang ihm nur dadurch, daß er sich innerlich ganz von dem Umfeld distanzierte, in dem er lebte. Er erledigte seine Aufgaben mit Takt und Geschick, aber fast mechanisch. In seinen Mußestunden sammelte er antike türkische Pfeifen, Schwerter und alte englische Uhren. Abends zerstreute er sich zusätzlich mit dem Schnitzen von Rückenkratzern aus Sandelholz, ein Steckenpferd, das er mit Selim Pascha teilte und das sie einander nähergebracht hatte. Außerdem war er Mystiker und ein Schüler von Vehbi Efendi. Eines Tages hoffte er ein religiöses Epos zu schreiben. In seiner Bibliothek standen mystische und philosophische Klassiker auf türkisch, arabisch und persisch, aber sie enthielt kein einziges modernes Buch. Seine eigene Zeit und deren Literatur waren ihm fremd.

Sowenig er in den Augen Außenstehender zum Hofstaat Abdülhamids zu passen schien, war seine Stellung doch keineswegs so belanglos, wie sie meinten. Er war ein Mensch, der die Dinge hinnahm, wie sie waren, und hatte keinen Ehrgeiz, die Welt zu verändern, denn aus seiner Sicht war Veränderung gleichbedeutend mit Schlamperei. Seine Majestät war für ihn der Mittelpunkt der gesellschaftlichen und politischen Ordnung. Seine Majestät schenkte der Welt ein gewisses

Maß an Stabilität. Zudem war der Erste Kammerherr seinem Souverän als Mensch zugetan, denn dieser benahm sich wie ein Herr, geriet nie in Wut und hob auch nie die Stimme, sondern sprach mit seinen Untergebenen stets milde und freundlich. Selbst finsterste Ränke schmiedete er aufgeräumt und mit großer Gelassenheit. Für den Ersten Kammerherrn waren untadelige Manieren – gleich nach dem Glauben – das höchste Gut. Vom Wesen her lag ihm die Tyrannei höflicher Despoten mehr als das Regiment liberaler, dafür rüder und ungeschliffener Herrscher.

Die Schattenseiten des Hoflebens nahm der Erste Kammerherr kaum zur Kenntnis. Er war blind für die Rivalitäten der jeweiligen Favoriten, die Korruption, die schamlose Gier nach Privilegien, die Bestechungen. Derlei Dinge waren so naturgegeben wie Sonne und Regen. Ließ er bei einem Gewitter die Rolläden herunter und steckte sich die Finger in die Ohren, so konnte er auch sein Denken derart abschirmen, daß menschliche Störungen es nicht erreichten. Unerfreuliches, Gemeines und auch Tragisches ereignete sich in der kultivierten Atmosphäre des Sultanspalastes, aber er nahm nichts davon zur Kenntnis.

Wichtigste Aufgabe des Ersten Kammerherrn war es, jederzeit zu einem Gespräch mit Seiner

Majestät bereitzustehen, wenn der Erhabene ihm sein Herz auszuschütten wünschte. Außerdem mußte er Botschaften des Sultans – angenehme wie unangenehme – überbringen, und die Orden, die roten Börsen und andere herrscherliche Gunstbeweise befanden sich zudem in seiner Obhut. Seine Majestät wußte, daß er sich auf seinen Ersten Kammerherrn verlassen konnte, dem, wie ihm selbst, gute Manieren über alles gingen.

Heute war der Erste Kammerherr genötigt, seinem alten Freund Selim Pascha eine unerfreuliche Botschaft zu übermitteln. Er tat es nicht gern. Es widerstrebte ihm um so mehr, als auch Zati Bey anwesend war, für den diese Botschaft vor allem bestimmt war. Der Innenminister besaß eine unangenehm laute Stimme und gestikulierte wie ein Straßenhändler – ein abstoßender Anblick, wie der Erste Kammerherr fand.

Mit düsterer Miene und gebeugten Schultern kam Selim Pascha herein. Zati Bey hatte es so einzurichten gewußt, daß der Pascha geraume Zeit nicht mehr zum Sultan hatte vordringen können – ein demütigender, ja besorgniserregender Zustand. Seinen Widersacher ignorierte Selim Pascha an diesem Tag so gründlich, als sei der Stuhl leer, auf dem er saß, obwohl Zati Bey sich nach Kräften bemerkbar zu machen suchte: Er lachte, er rauchte, er strampelte mit den Beinen wie ein ungezogener Schuljunge.

Nach einem kurzen Austausch von Höflichkeiten erhob sich der Kammerherr. «Ich habe eine Botschaft des Sultans, unseres Herrn, zu überbringen», sagte er.

Selim Pascha und Zati Bey sprangen auf.

«Eine ungewöhnlich große Zahl aufwieglerischer Schriften wurde heimlich ins Land gebracht.»

«Sie gelangen mit der Post für die Ausländer zu uns», bemerkte Selim Pascha. «Der Innenminister, unser fortschrittlicher junger Kollege hier, ist für die Kontakte zu den ausländischen Institutionen zuständig. Er setzt auf Kompromißbereitschaft und hofft so, sich mit Ausländern wie Jungtürken gut zu stellen.»

«Wenn Sie bei besagtem Jungtürken auf den Sohn Eurer Exzellenz anspielen, ist in der Tat Vorsicht geboten», gab Zati Bey zurück. «Einige der Pamphlete sind an die Adresse Ihres Sohnes gerichtet.»

«Würden Sie die Güte haben, sie vorzulegen?» bat Selim Pascha gelassen.

«Das kann ich nicht. Euer Exzellenz werden nicht erwarten, daß ich die Ausländer durchsuchen lasse, über die diese Machwerke höchstwahrscheinlich an Ihren Sohn gelangen. Es gibt da das unerfreuliche Faktum der Kapitulationen, und Seine Majestät wünscht internationale Verwicklungen zu vermeiden.»

Selim Pascha sah den Ersten Kammerherrn fragend an.

«Seine Majestät zweifelt nicht an Ihrer Loyalität, Selim Pascha. Es ist durchaus möglich, daß Ihr Sohn den Inhalt der an ihn gerichteten Briefe gar nicht kennt. Zati Bey erfuhr durch einen Angestellten der französischen Post, der anonym bleiben möchte, von der Sache. Seine Majestät bat mich nun, Sie vorzuwarnen. Er möchte in Erfahrung bringen, ob Ihr Sohn ...»

«Ich bitte um Verzeihung», unterbrach ihn Selim Pascha. «Sollte mein Sohn es gewagt haben, zu den Feinden Seiner Majestät überzulaufen, hat er mir das bislang erfolgreich verheimlicht. Würde ich ihn darauf ansprechen, könnte er seine Komplizen warnen. Wenn man ihm also etwas beweisen will, darf er nicht wissen, daß er unter Verdacht steht.»

Der Pascha hatte sich in Rage geredet. Mit gefährlich funkelnden Augen fuhr er fort: «Sollte ich jemanden bei derlei Machenschaften ertappen, würde ich dem Schurken die Bastonade verordnen, bis ihm die Haut seiner Sohlen in Fetzen herunterhängt, und ihn anschließend in die Wüste schicken. Dort mag er dann seine Wunden lecken. Wer auch immer versucht, die Sicherheit des Staates zu untergraben – einerlei ob mein Sohn, Seiner Majestät Sohn, jeder Mutter Sohn –, darf nicht mit Gnade rechnen.»

Der Kammerherr sah ihn aufmerksam an. Für Zati Bey kam dieser Ausbruch sichtlich unerwartet. Zwei lange Minuten herrschte Schweigen.

Dann hatte Selim Pascha sich wieder gefaßt und fuhr fort: «Würden Sie bitte Seiner Majestät diese meine Meinung darlegen. Bei allem Respekt vor Zati Beys modernen Ansichten kann ich ihm den Vorwurf nicht ersparen, daß er seiner Pflicht nicht nachgekommen ist. Er hätte die Namen der ausländischen Freunde meines Sohnes in Erfahrung bringen und ihn beobachten lassen müssen.»

«Wenn Sie mich bitte kurz entschuldigen wollen, meine Herren…» Der Erste Kammerherr verließ rasch den Raum.

Zehn Minuten später war er wieder da, stellte sich in Positur, salutierte und überbrachte die Antwort des Sultans: «Seine Majestät entbietet Ihnen seinen Gruß. Er geruht, mit den Ermittlungen im Fall der eingeschmuggelten Schriften Selim Pascha zu betrauen. Zati Bey fehlt in dieser

Sache die Erfahrung. Man nimmt an, daß die Unruhe unter den Kadetten der Militärakademie auf das Einsickern dieser subversiven Schmähschriften zurückzuführen ist. Wollen Sie bitte nächste Woche das Ergebnis Ihrer Maßnahmen vorlegen, Selim Pascha. Die Herren möchten sich jetzt gewiß zurückziehen...»

Er ging zur Tür und öffnete sie. Zati Bey verließ den Raum als erster.

Eine rote Börse fand den Weg in Selim Paschas Hand. «Ein Zeichen der Wertschätzung Seiner Majestät», flüsterte der Kammerherr ihm ins Ohr.

Es war das erste Mal, daß eine solche rote Börse dem Pascha die Hand versengte. Der Staatsräson zuliebe sollte er den eigenen Sohn zur Strecke bringen und wurde dafür mit Geld belohnt...

Bei Allah, er haßte diese Goldstücke! Das Zitat eines Dichters kam ihm in den Sinn. «Die Nähe zum Sultan ist ein verzehrendes Feuer», murmelte er vor sich hin, während er in seine Kutsche stieg.

## KAPITEL 30

«Nach Erhalt der Order Euer Majestät, die Person oder die Personen aufzuspüren, die sich des Einschmuggelns aufrührerischer Schriften schuldig gemacht haben, begann ich unverzüglich mit den Ermittlungen. Da der Innenminister durchblicken ließ, mein Sohn käme möglicherweise als Empfänger solcher Machwerke in Betracht, ließ ich seine Freunde sämtlich beschatten. Nachdem ich in Erfahrung gebracht hatte, daß der Musiklehrer Peregrini auf dem französischen Postamt vorzusprechen pflegt, stellte ich auch ihn unter Beobachtung. Am Mittwoch verließ er das Amt mit einem Päckchen, das ihm rein zufällig von Straßenräubern abgenommen wurde. Es enthielt zwei Bücher, zum einen eine Abhandlung über die Hölle aus der Feder eines gewissen Dante, zum anderen ein Buch von einem Autor namens Mazzini[60]. Ich erlaube mir, diese Bücher Euer Majestät beizulegen. Peregrini zeigte den Überfall an, da auch seine Börse und seine Uhr geraubt wurden, um der Sache den Anstrich der Echtheit zu geben. Beides wird man ihm zurückerstatten. Ich bitte Euer Majestät untertänigst, zu glauben, daß wir bei unseren Bemühungen, die Schuldigen zu ermitteln, größte Sorgfalt walten lassen, um Reibungen mit ausländischen Repräsentanten zu vermeiden, und daß alle angemessenen Maßnahmen ergriffen werden, um die Bestimmungen der Kapitulationen nicht zu verletzen.»

So lautete der erste Bericht zum Thema «Einschmuggeln gefährlicher Schriften», den Selim Pascha dem Sultan vorlegte.

«Mein Sohn bat um die Erlaubnis, seine Frau nach Beirut zu bringen, da sie an einer Brustschwäche leidet», hieß es im zweiten Bericht. «Um einem Fluchtversuch vorzubeugen und mögliche Kontakte zu verdächtigen Subjekten in Beirut aufzudecken, werden ihm zwei der fähigsten Mitarbeiter meines Ministeriums auf der Spur bleiben. Sollten sie den Eindruck haben, daß er Anstalten macht, sich zu absentieren, wird man ihn sofort verhaften. Er reist am Freitag, und ich darf Euer Majestät versichern, daß die Angelegenheit innerhalb der nächsten vierzehn Tage zu Eurer Zufriedenheit aufgeklärt sein wird.»

Selim Pascha ahnte nicht, daß sich die Angelegenheit schon sehr viel früher klären sollte.

Sabiha Hanım erriet, daß ihr Gemahl wie früher die Gunst des Sultans genoß, und hatte daher kein Verständnis für seine umdüsterte Stimmung.

Die glückliche Wendung schien ihm keine Freude zu bereiten, und auch daß er ihr nichts davon erzählt hatte, erstaunte sie sehr. In ihrem Beisein war er befangen, ja er ging ihr sogar aus dem Weg.

Seine Gedanken kreisten um die Depeschen, die ihn aus Beirut erreichten. Hilmi unternahm nichts Außergewöhnliches und hatte in den ersten beiden Tagen mit niemandem Kontakt aufgenommen. Selim Pascha wäre es nicht im Traum eingefallen, seinen Sohn zu decken, aber er war fest entschlossen, im Eyüb-Mausoleum[61] einen Widder zu opfern, sollte es ihm gelingen, die Unschuld des Jungen zu allseitiger Zufriedenheit zu beweisen. Die Berichte aus Beirut ließen ihn hoffen. Jetzt war er soweit, daß er in den Räumen seiner Frau die Friedenspfeife rauchen und Rabia ein wenig necken konnte. Aber Rabia war nicht gekommen. Der Pascha und seine Gemahlin wollten gerade nach ihr schicken, als sie doch noch im Konak eintraf.

«Ich habe bis jetzt auf Tevfik gewartet und mache mir Sorgen um ihn», sagte sie.

«Ja, wo steckt er denn?» fragte der Pascha.

«Er ist heute nachmittag aus dem Haus gegangen, um einem frisch vermählten Freund, einem seiner alten Kollegen vom Theater, in Kadiköy einen Streich zu spielen.»

«Einen Streich?» wiederholte der Pascha belustigt und zog an seiner Pfeife.

«Er hat sich als Frau verkleidet und wollte eine der früheren Gattinnen des Freundes spielen.» Rabia lachte über Tevfiks Plan. «Erkannt hat ihn bestimmt niemand. Wenn man seine Augen hinter dem Schleier sieht, kann man ihn glatt für eine Frau halten. Hoffentlich hat die neue Angetraute Tevfik nicht in einem Anfall von Eifersucht umgebracht. Eigentlich hätte ich gar nichts sagen dürfen, er hat mich gebeten, es niemandem zu verraten. Wenn es um seine Frauenrollen geht, ist er so empfindlich wie eh und je.»

«Tevfik sollte nicht in Frauenkleidern herumlaufen», entgegnete der Pascha. «Wenn ich ihn einmal in diesem Aufzug erwische, lasse ich ihn auspeitschen.»

«Das brächtet Ihr nicht übers Herz. Tevfik ist seit dem Abschiedsessen für Hilmi Bey bester Laune. Das macht wohl das sprudelnde, schäumende Zeug, das sie ihm zu trinken gegeben haben. Seit seiner Krankheit war er immer so trübsinnig. Das Gespräch mit Zati Bey hat ihn nervös gemacht, dazu der Tod meiner Mutter...»

«Richtig, die Sache mit Zati Bey hatte ich ganz vergessen. Warum hat der ihn damals rufen lassen?»

«Irgend jemand hatte ihm berichtet, Tevfik
hätte ihn in seinen Schattenspielen nachgeäfft.»

Die *kahya kadın* erschien an der Tür. «Rana
Bey ist im *selamlık* und wünscht den Pascha Efendi zu sprechen.»

Rana Bey war der Assistent des Paschas, und
daß er zu dieser ungewöhnlichen Tageszeit in den
Konak kam, konnte nur bedeuten, daß im Ministerium etwas Schwerwiegendes vorgefallen war.

Der Besucher rieb sich die Hände, als der
Pascha im Morgenrock das Zimmer betrat. Er
hatte eine gewaltige Hakennase, ein kleines Kinn
und Augen wie Stecknadelköpfe und ohne Wimpern, die ihr gnadenloses Funkeln hätten mildern
können. Das fliehende Kinn signalisierte in seinem Fall auch keine Schwäche – ganz im Gegenteil: Er sah nicht nur aus wie ein Raubvogel, er
war einer.

«Ich vermute, es geht bei deinem Besuch um
die Verhaftung eines Mannes in Frauenkleidern»,
sagte der Pascha lächelnd.

«So ist es, Herr.»

«Handelt es sich um ‹*kız*-Tevfik›?»

«Um ebendiesen. Aber woher wußtet Ihr
das?»

«Er wohnt in der Nachbarschaft, ist ein ehema-
liger Schauspieler und läuft gern in Weiberzeug

herum. Eben erst habe ich seiner Tochter gedroht, ich würde ihn auspeitschen lassen, wenn ich ihn noch mal in diesem Aufzug erwische. Was hat der dumme Kerl diesmal angestellt? War er betrunken? Hat er im Kaffeehaus respektlose Reden geführt oder den Innenminister nachgeäfft?»

Daß Tevfik ein ernsteres Vergehen begangen haben könnte, wäre dem Pascha nie eingefallen, aber die funkelnden Augen seines Mitarbeiters ließen nichts Gutes ahnen.

«Weit schlimmer! Er wurde verhaftet, als er das französische Postamt verließ, verkleidet als Frau und mit einem Packen gefährlicher Schriften unter dem Arm.»

Dem Pascha sank der Mut. Die durch die Telegramme aus Beirut geweckte Zuversicht schwand dahin. Es gelang ihm, das Geschehen zwar nicht in allen Einzelheiten, aber doch durchaus zutreffend zu rekonstruieren: Hilmi hatte den armen Toren zum Essen eingeladen, ihn mit Leckereien vollgestopft, ihm Champagner eingeflößt und ihm schöngetan, bis er eingewilligt hatte, aufwieglerische Briefe für ihn abzuholen. Wie ehrlos! Wie abscheulich! Sein Sohn versteckte sich hinter einem Possenreißer... Welch unverzeihliche Feigheit, schändlicher noch als Hochverrat!

Die strenge Dienstmiene verbarg in diesem

Moment sein Entsetzen, so daß Rana Bey nichts Ungewöhnliches an ihm auffiel. «Setz dich und berichte», befahl der Pascha.

«Ich hatte meine Leute neben dem Kastanienröster postiert, der am Eingang zum französischen Postamt steht. Dort gehen stets viele junge, elegante Frauen ein und aus. Als sie unter ihnen ein Weib in altmodischer Kleidung entdeckten, schöpften meine Männer Verdacht. Sie sah nicht aus, als würde sie Post aus dem Ausland bekommen. Zunächst zögerten sie noch einzuschreiten, es hätte sich schließlich auch um eine Bediente aus dem Hauswesen eines der Minister handeln können. Als das Weib wieder herauskam, blieb es stehen, um sich Kastanien zu kaufen. Die Hände waren zu groß für eine Frau, und als sie ihr Kleid raffte, um die Börse herauszuholen, sah man Männerschuhe. Meine Leute folgten der vermeintlichen Frau, versuchten auf die grobe Art des Volkes mit ihr anzubändeln, rissen ihr den Schleier herunter und mit dem Schleier auch die Perücke. Der Mann wurde unverzüglich ins Ministerium gebracht, und ich habe die Briefe durchgesehen, die man bei ihm fand. Die Sache ist sehr ernst, Herr.»

«Stand auf den Briefen eine Anschrift?»

«Er muß die Umschläge im Postamt vernichtet haben. Wir konnten ihn nicht zu einem Geständnis bewegen. Ich hätte nie gedacht, daß ein Kerl in Frauenkleidern so halsstarrig sein könnte. Ich habe Muzaffer holen lassen, den man auch ‹Der Totschläger› nennt, aber nicht einmal der konnte ihm ein Wort entlocken!»

Selim Pascha erhob sich. «Warte ein paar Minuten, ich gehe mit dir ins Ministerium», sagte er.

<br>

KAPITEL 31

Das Ministerium für öffentliche Sicherheit, in dem alle Fenster hell erleuchtet waren, bot einen fast festlichen Anblick. Die Beamten frohlockten wie Jäger, die nach langer Zeit endlich einen verschlagenen Fuchs erwischt haben. Zwei große Kerle von brutalem Aussehen schleppten den «Fuchs» zum Oberjäger.

Tevfik war noch als Frau zurechtgemacht, die Wangen rot und weiß geschminkt, die Augen schwarz umrandet, aber die Farben waren verlaufen und die dunklen Male, die sich auf seinem Gesicht abzeichneten, eindeutig keine Schönheitsflecken. Aus den Augenwinkeln ergossen sich kajalschwarze Tränenbäche. Seine braunen, weiblich sanften Augen blickten glasig. Es war fraglich, ob er überhaupt mitbekam, was um ihn herum geschah. Das lange, mit einem Tuch um die Taille gegürtete Kattunkleid war zerrissen und schmutzig.

Selim Pascha machte für Tevfiks benommenen Zustand den Mann zu seiner Rechten verantwortlich: «Den Totschläger», dem man gefährliche und halsstarrige politische Verdächtige zu überantworten pflegte. Er war ein großer, schwerer Kerl mit einem Doppel- oder besser Dreifachkinn, das über den vorschriftsmäßig geknöpften Jackenkragen hing, wabbligen Wangen und wulstiger Stirn. Auf den ersten Blick sah er recht harmlos aus – eher wie ein Ringer im Ruhestand, der sein Training und seine strenge Diät aufgegeben hat. Die hinter den Fleischmassen fast verschwindenden kleinen Augen blickten freundlich, sein Lächeln war angenehm und seine ganze Art einnehmend.

Derselbe Mann aber brachte es fertig, sein Opfer nicht nur für immer taub zu prügeln, sondern ihm auch, wenn man ihm gestattete, ungehemmt die Kraft seiner Faust einzusetzen, ein Auge auszuschlagen. Da ihm sehr daran gelegen war, Tevfik noch vor der Ankunft des Paschas zu einem Geständnis zu bewegen, hatte seine Faust bereits ganze Arbeit geleistet.

«Gebt dem Mann einen Stuhl und eine Zigarette», sagte Selim Pascha. Tevfik nahm die Zigarette mechanisch entgegen, ohne sie zwischen die Lippen zu schieben.

«Ich glaube, der Bursche spielt Theater, Herr. Darf ich…» Muzaffer erbot sich erneut, ihn zum Sprechen zu bringen.

«Du darfst gar nichts… Laß ihn in Ruhe! Ihr könnt gehen. Alle beide.»

Als Selim Pascha und Rana Bey mit Tevfik allein waren, beugte der Pascha sich vor, sah Tevfik in die Augen und tätschelte ihm die Schulter, so wie er ein verletztes Pferd getätschelt hätte. «Und jetzt rede, Tevfik! Wer hat dich auf die Post geschickt? Sag es frei heraus, auch wenn es mein eigener Sohn war! Ich bin in erster Linie der Diener Seiner Majestät und erst dann Vater. Ich werde dafür sorgen, daß dem Recht Genüge getan wird.»

Tevfik kam allmählich wieder zur Besinnung, er konnte schon einigermaßen verstehen, was der Pascha sagte. Sein Anblick ließ Bilder von fröhlicher Gesellschaft vor seinem inneren Auge erstehen, er sah das sprudelnde Getränk vor sich, das so gut geschmeckt hatte, und hörte Hilmis brüderliche Stimme: «Vernichte die Adressen und sag niemandem, daß ich dich aufs französische

Postamt geschickt habe.» Hilmi war der einzige, der ihn als Bruder angenommen, der seinem Mut, seiner Loyalität vertraut hatte. Andere hatten gelacht, hatten sich an seinen heiteren Stücken gefreut, ihn in den Tagen seines Erfolges hofiert. Doch als er in Schwierigkeiten geriet, hatten sie den am Boden Liegenden noch getreten. Was lag ihnen an einem Possenreißer?

Er schloß die Augen, und seine Lippen bewegten sich. Die beiden Männer beugten sich gespannt vor. «Bei Allah, ich sag's nicht.»

Selim Pascha versuchte es im guten.

«Aber du mußt es sagen», beschwor er ihn, «gerade dann, wenn es mein Sohn war. War es Hilmi? Ich verspreche dir, daß man dich nicht mehr foltern, sondern nur ins Exil schicken wird, und daß du Rabia mitnehmen darfst. Ich werde dich sofort freilassen. Aber erst mußt du es mir sagen.»

Die Erwähnung von Rabias Namen öffnete alle Schleusen, und wieder liefen zwei kajalschwarze Rinnsale über Tevfiks Wangen.

Der Pascha hatte mehr als einmal mit Männern zu tun gehabt, die lieber gestorben wären, als etwas zu verraten – aber die hatten keine Tränen vergossen. «Laßt den Mann ausruhen, und keine weitere ‹Behandlung›, Rana Bey.»

«Sehr wohl, Herr.»

«Holt einen Arzt. Man soll ihn waschen und in anständige Kleidung stecken.»

«Soll ich nach seinen Sachen schicken?»

«Nein, seine Tochter soll vorerst noch nichts erfahren. Ich werde ihn morgen noch einmal verhören.»

Als Tevfik den Raum verlassen hatte, sah der Pascha seinen Assistenten an und sagte sehr bestimmt: «Wenn es Hilmi war, wird er nicht ungestraft davonkommen.»

Dann nahm er die belastenden Briefe zur Hand, die vor allem Auszüge aus in Paris gedruckten revolutionären Zeitungen[62] enthielten. Für Selim Pascha lasen sich diese Texte so zusammenhanglos und verworren wie Träume eines Wahnsinnigen. Eines der Schreiben aber, aus dem der Name des Empfängers nicht hervorging, wurde konkreter. Von Vorbereitungen zum Sturz des Sultans war die Rede, und auch die Namen der Verschwörer waren aufgeführt. Das bedeutete Verhaftungen in großem Stil – und Folter. Möglicherweise würde Hilmi unter den Verhafteten sein.

Der Pascha schrieb seinen Bericht und sandte ihn an den Palast. Es war schon heller Tag, auf den Straßen herrschte geschäftiges Treiben.

«Schickt mir einen Gebetsteppich und einen Krug Wasser. Ich werde meine Morgengebete sprechen und dann eine Stunde ruhen.»

Nachdem er den Teppich gefaltet und wieder beiseite gelegt hatte, ließ er sich in den breiten Sessel sinken, und kaum hatte sein Kopf die steife Rückenlehne berührt, war er auch schon eingeschlafen. Draußen wurde es zunehmend lauter, eine Drehleier spielte, und der Pascha begann zu träumen: Es war *bayram*. Hilmi war sechs Jahre alt und stolzierte mit einem Blechschwert an der Seite im Zimmer umher. Seine junge Mutter, eine fröhliche, liebreizende, juwelenfunkelnde Erscheinung, ging um ihn herum und klatschte in die Hände, aber der Kleine hatte angefangen zu greinen, er wollte eine Drehleier haben. Konnte niemand den Jungen zum Schweigen bringen? Da war nun er, der Pascha, gefragt, er würde ihn auspeitschen müssen. Aber warum? Was hatte das Kind eigentlich verbrochen? Wie quälend ist doch ein Traum, in dem man vergeblich versucht, sich auf etwas zu besinnen!

Selim Pascha erwachte. Schweißperlen standen ihm auf der Stirn. Er erhob sich, während die Klänge der Drehleier immer näher kamen. «Bei Allah, diesmal soll er seine Strafe erhalten», sagte er.

## KAPITEL 32

Vier Tage lang wurde Rabia über den Verbleib ihres Vaters im Ungewissen gelassen. Jeden Morgen ging Rakım nach Kadıköy und erkundigte sich bei Tevfiks alten Freunden, ob ihn jemand in seinen Frauenkleidern gesehen habe. Sie warfen ihm verstohlene Blicke zu und schwiegen. Ohne irgendwelche Neuigkeiten kehrte Rakım zurück. Das war bitter. Rabia arbeitete den Tag über im Laden und wartete abends an der Tür auf ihren Vater. Unter den schönen Augen lagen dunkle Schatten.

An Tevfiks Verschwinden nahmen die Nachbarn ebenso lebhaften Anteil wie an seiner Krankheit. Sie drängten sich im Laden und fragten nach Neuigkeiten, auch draußen standen sie in Grüppchen und tuschelten miteinander. Am Brunnen und im Kaffeehaus war von nichts anderem die Rede. Die Gassenjungen erfanden ein neues Spiel – die Entführung von Onkel Tevfik. Abwechselnd steckten sie den Kopf durch die Tür und fragten Rabia, ob es etwas Neues gebe.

Wäre sie nicht so ganz mit ihren Sorgen beschäftigt gewesen, hätte Rabia sich über Sabiha Hanıms Verhalten wundern müssen. Sie, die Tevfik so gern hatte und auch Rabia so zärtlich zugetan war, hatte kaum Mitgefühl erkennen lassen, als Rabia zu ihr geeilt war, um ihre Hilfe zu erbitten. Den Pascha traf sie in den Räumen seiner Frau nie an, und als sie einmal nach oben zu seinem Zimmer ging, war die Tür verschlossen.

Selim Pascha hatte seiner Frau erzählt, wie es um Tevfik stand, und sie gebeten, Rabia nichts zu verraten oder sie erst dann aufzuklären, wenn Tevfik die Namen seiner Verbündeten preisgegeben hatte. Er hatte sie bei diesem Gespräch nicht angesehen, und sie wußte, warum. Auch sie wandte den Blick ab und gab sich unbeteiligt, denn sie dachte an Hilmi. Wußte Selim Pascha etwas von einer Beteiligung Hilmis an den geplanten Anschlägen, was er ihr vorenthielt? Bei Allah, sie haßte ihren Mann in jenen Tagen, aber mehr noch haßte sie den Staat, in dessen Namen der Pascha bereit war, den eigenen Sohn zur Strecke zu bringen. Rabia mußte vor ihrer Sorge um Hilmi zurückstehen. Sie verbot sich an die Folter zu denken, die Tevfik drohte, und betete, er möge sterben, ehe man ihm die Namen seiner Verbündeten entreißen konnte.

Es dauerte vier Tage, bis die düstere Stimmung aus dem Konak nach außen drang. Die Menschen des Sinekli Bakkal spürten, wie sich das Unheil über ihren Köpfen zusammenbraute, ahnten die

Grausamkeiten, die verübt wurden, so wie Tiere die nahende Gefahr erkennen. Flüsternd standen sie beisammen, behielten die Straßenecken im Auge und zerstreuten sich mit finsterer Miene, wenn ein Fremder sich näherte. Selim Pascha wurde zu einer Schreckgestalt, schon das Geräusch der Räder seiner Kutsche trieb die Kinder in Deckung, und selbst die Klatschweiber am Brunnen flüchteten in ihre Häuser.

Indessen hatten alle außer Rabia Tevfiks Verschwinden mit den zahlreichen Verhaftungen in Verbindung gebracht, von denen gemunkelt wurde. Sabiha Hanım blieb schließlich nichts anderes übrig, als sie aufzuklären. Sie brachte ihr die schlimme Nachricht so schonend wie möglich bei. Rabia dürfe ihrem Vater Kleidung und Tabak bringen, sagte sie, ob man ihr aber gestatten werde, ihn zu sehen, wisse sie nicht.

Für Selim Pascha stand jetzt fest, daß Tevfik mit den Namen seiner Auftraggeber nicht herausrücken würde, und während das seine Frau ein wenig beruhigte, lag es ihm schwer auf der Seele. Dieser Possenreißer hatte sich als immun gegen Einschüchterung und Folter erwiesen, auch daß man ihm Gold und eine Begnadigung in Aussicht stellte, half nicht. Tevfik sah seine Peiniger aus sanften Frauenaugen an und schwieg.

Selim Paschas letzte Hoffnung war ein freiwilliges Geständnis von Hilmi. Der war schließlich sein Sohn und würde es für unter seiner Würde erachten, sich hinter Tevfik zu verstecken. Dennoch fand Selim Pascha keine Ruhe, die Angst vor der Reaktion seiner Frau trieb ihn um.

Am Morgen, nachdem sie die schlimme Nachricht erhalten hatte, stand Rabia vor dem Tor des finsteren Gebäudes, in dem Tevfik gefangen saß. Sie hatte ein Bündel in der Hand, und Rakım klammerte sich an ihre weiten Röcke. Im Kaffeehaus des Sinekli Bakkal hatte der Zwerg erfahren, daß Folterungen bei der Vernehmung politischer Gefangener im Ministerium für Öffentliche Sicherheit an der Tagesordnung waren, und er schlotterte an allen Gliedern. Den Turban schief auf dem Kopf und beklommen nach rechts und links blickend, schlurfte er mit seinen Holzschuhen über das Pflaster, bereit, gleich beim ersten Anzeichen von Gefahr die Flucht zu ergreifen. Vorerst aber ließ er trotz seiner Angst Rabias Röcke nicht los.

Das klägliche Paar schlich durch die stillen Gänge, auf denen noch mehr Leute mit stumpfem leerem Blick, einem Bündel unter dem Arm und auf der Suche nach Angehörigen unterwegs waren.

Ein überaus dicker Mann sprach sie an. «Was willst du, kleine Schwester?»

Sie schenkte ihm einen dankbaren Blick. Daß dieser Mensch Muzaffer, «Der Totschläger», war, ahnte sie nicht.

«Ich suche ‹kız-Tevfik›.»

«Zur Zeit darf noch niemand zu ihm. Laß das Bündel hier, ich sorge dafür, daß er es bekommt.»

«Aber ich bin seine Tochter.»

«Du hättest eine schriftliche Order des Paschas mitbringen müssen.»

«Wenn der Pascha hier ist, werde ich ihn darum bitten. Ich kenne ihn gut.»

«Ich rede mal mit Rana Bey, das ist sein Assistent», sagte der Dicke. Er ging ein Stück mit ihnen und hieß sie vor einer Tür warten. Nach einer Weile, die Rabia vorkam wie eine kleine Ewigkeit, gab er ihr ein Zeichen, einzutreten. Rakım mußte draußen warten.

Rana Bey war sehr beschäftigt und denkbar schlechter Laune, aber weil er wußte, daß der Pascha das Mädchen mochte, hatte er eingewilligt, sie zu empfangen – allerdings nicht ohne den festen Vorsatz, standhaft zu bleiben.

«Du kannst heute nicht zu deinem Vater, ich lasse dir Bescheid geben, wenn es soweit ist.»

«Ich muß ihn aber sehen, Herr.»

In diesem Augenblick kam Selim Pascha herein, und Rana Bey atmete erleichtert auf.

Rabia stürzte auf ihn zu. Sie wollte sich nicht eingestehen, wie furchteinflößend und abweisend er plötzlich wirkte. «Pascha Efendi, sie wollen mich nicht zu meinem Vater lassen», klagte sie. Das schmächtige Persönchen mit dem Kindergesicht und dem schmucklosen Kleid einer Arbeiterfrau bot einen jämmerlichen Anblick.

«Geh sofort heim, Rabia, das Weinen nützt dir nichts», antwortete der Pascha nicht unfreundlich, aber entschieden.

Ihre Augen waren blind vor Tränen. Jetzt wußte sie, daß ihre letzte Hoffnung, den Vater zu sehen, dahin war. Unvermittelt warf sie sich vor dem Pascha zu Boden und umfing seine Knie. «Ich gehe nicht. Laßt ihn mich nur ganz kurz sehen, nur durchs Schlüsselloch, damit ich weiß, daß er lebt. Oder... oder habt ihr meinen Vater umgebracht?»

Bei Allah, das war peinlich! Der Pascha blickte sich um, und als er den Zwerg entdeckte, der sich an der Tür herumdrückte, sich aber nicht zu nähern wagte, winkte er ihn heran.

«Der Pascha ist groß und gut, Rabia», sagte Rakım. «Er wird erlauben, daß wir ein andermal wiederkommen. Reize ihn nicht, Kind.»

Rakıms dünnes Stimmchen beruhigte sie. Nie würde sie dieses Piepsen, die schwache Stimme eines so starken Herzens vergessen. Wie winzig und lächerlich er in diesem riesigen Raum neben den großen, kräftigen Männern wirkte, Männern mit breiter Brust, aber ohne Herz.

Muzaffer «Totschläger» war ebenfalls hereingekommen und wartete nur auf ein Zeichen des Paschas, das Mädchen und den Zwerg am Kragen zu packen und hinauszuwerfen wie lästige Straßenköter.

«Laß sie in Ruhe», befahl der Pascha jedoch streng, dann wandte er sich an Rakım und erklärte, weit milder: «Bring sie weg und sieh zu, daß es vor dem Haus keine unliebsamen Szenen gibt.»

Rakım gelang es schließlich, Rabia zum Gehen zu bewegen.

Muzaffer folgte ihnen. «Gib mir das Bündel, kleine Schwester. Er wünscht sich vor allem Tabak.»

Rabia gehorchte. «Sei gut zu meinem Vater», bat sie.

Natürlich würde er gut zu ihm sein. Wenn er nicht gerade damit beschäftigt war, Geständnisse zu erzwingen, war Muzaffer eine Seele von Mensch.

Schweigend traten Rabia und Rakım durch

die finstere Straße den Rückweg an, aber an der Ecke sank das Mädchen plötzlich auf einer Türschwelle zusammen, legte den Kopf auf die Knie und weinte bitterlich. Der Zwerg beugte sich über sie und streichelte ihr die Schultern. Die Passanten hielten sie für eine Bettlerin, die sich einen Zwerg mitgebracht hatte, um noch mehr Mitleid zu erregen, und wollten ihr Geld geben, was ihr Schluchzen schnell verstummen ließ.

### KAPITEL 33

Vierzehn Tage nach Tevfiks Verhaftung kehrte Hilmi aus Beirut zurück. Sein zukünftiger Schwager erwartete ihn zusammen mit einem Beamten aus dem Ministerium seines Vaters am Kai. Er war mit der Kutsche seiner Mutter gekommen, und die Pferde scharrten ungeduldig mit den Hufen auf dem schadhaften Pflaster.

Bilals Begrüßung fiel recht reserviert aus.

«Was ist los mit dir, Bilal? Ist zu Hause jemand krank?»

«Nein, alle sind wohlauf. Wollen Sie bitte einsteigen? Wir holen noch Ihr Gepäck.»

Die beiden waren kaum weg, als Şevki auftauchte, Hilmi am Arm packte, ihn in die Kutsche schob und den Wagenschlag schloß. In wenigen Worten umriß er die Situation, erzählte von Tevfiks Verhaftung und dem Vorfall im französischen Postamt. Er fürchtete, Hilmi könne sich im Überschwang seiner Gefühle verraten. Tevfik hatte seine Bewährungsprobe bestanden, nun mußte nur Hilmi noch schweigen.

Der Brief, in dem von einem bevorstehenden Aufstand die Rede war, hatte den Sultanspalast und auch Selim Pascha in wilde Wut versetzt. Wenn Hilmi zugab, daß er in die Sache verwickelt war, würde die Regierung nicht ruhen, bis man von ihm die Namen aller Verschwörer erfahren hatte, die zum engeren Kreis gehörten.

«Gegen Muzaffers Faust kommt normalerweise niemand an», sagte Şevki. «Daß Tevfik ihm bisher widerstanden hat, ist ein wahres Wunder. Würdest du deine Beteiligung gestehen, wäre es um die Revolutionäre geschehen, die das Ideal der Freiheit in den Herzen unserer Jugend lebendig erhalten.»

Şevkis Vehemenz brachte Hilmi ganz aus der Fassung. Ihm blieb keine Zeit, eine Entscheidung zu treffen, denn schon kamen Bilal und der Beamte mit dem Gepäck zurück. Hilmi saß neben Şevki und Bilal, dem Beamten gegenüber. Eine Weile schwiegen alle.

Hilmi war von der Plötzlichkeit dieses Schicksalsschlags überwältigt, er schwitzte und schämte sich seiner peinlichen Lage. «Aber die Ehre», murmelte er halblaut, «die Ehre gebietet...»

Doch da hatte ihm Şevki schon die Hand über den Mund gelegt. «Ehre ist ein leerer Begriff, mit dem man kleinliche persönliche Eitelkeiten befriedigen mag – aber hier geht es um etwas Großes», antwortete er scharf.

Bilal starrte Şevki an. Der Ausdruck fanatischer Überzeugung in seinem Gesicht beeindruckte ihn. Lautlos bewegte er die Lippen, um sich den Satz einzuprägen.

Am Tor des Konaks nahm sich Hilmi kaum Zeit, Şevki zum Abschied die Hand zu schütteln, so eilig hatte er es, zu seiner Mutter zu kommen. Dort erfuhr er zu seiner Verblüffung, daß sie Şevkis Haltung teilte, wenn auch in gemäßigter und humanerer Form.

Nur flüchtig erkundigte sie sich nach Dürnevs Befinden, umarmte ihn kurz und berichtete dann ausführlich von Tevfiks Verhaftung. Vor allem eine Sorge schien sie umzutreiben: «Angeblich hat Tevfik Komplizen», flüsterte sie. «Bisher hat er sich geweigert, ihre Namen zu nennen. Jemand müßte sie warnen und ihnen sagen, sie sollen sich in Sicherheit bringen.» Sie fröstelte.

«Warum diese Angst vor dem möglichen Schicksal von Tevfiks Komplizen?» fragte sich Hilmi. Ahnte sie etwa die Wahrheit? Er lächelte gezwungen. «Weißt du denn, um wen es sich handelt, Mutter?»

«Nein, nein, und ich will es auch nicht wissen, ich darf es nicht wissen. Ich bete Tag und Nacht, daß sie in Sicherheit sind. Tevfik wäre nicht geholfen, wenn sie sich stellten. Dann würden nur noch mehr Mütter und Ehefrauen und auch Kinder leiden, mehr Familien auseinandergerissen.» Ein tiefer Seufzer – dann fing sie an zu weinen. Sie hatte die Arme fest um seinen Hals gelegt, als wollte sie ihn nie wieder loslassen, als könnte sie Hilmi so daran hindern, sich zu verraten.

«Bitte nicht...» Behutsam löste er ihren Griff und betrachtete ihre gealterten, von Sorgen und Tränen entstellten Züge. Das schlaffe Gesicht mit der maskenhaft aufgetragenen Schminke erinnerte ihn an ein ehemals vornehmes Haus, das inzwischen so alt war, daß keine weitere Farbschicht mehr auf seinen Wänden halten und keine Reparatur mehr helfen würde.

«Ach Mutter, Mutter!» Alles Blut war aus seinem Gesicht gewichen. Ohne es auszusprechen, hatte sie ihn gebeten, das zu opfern, woran er zu-

tiefst geglaubt hatte. Şevkis Appell hatte nur seinen Verstand erreicht, ihre menschliche Bitte dagegen sein Herz.

Eine Dienerin meldete, der Pascha warte in
seinem Zimmer und wünsche Hilmi zu sehen.
Gebeugt wie ein alter Mann verließ er seine
Mutter.

Er mußte zugeben, daß sein Geständnis Tevfik
nichts nützen würde. Warum sollte er anderen
Müttern und auch der eigenen Kummer bereiten? Vielleicht hatte ihn zunächst tatsächlich
nur Eitelkeit getrieben. Aber war es nun das Leid
seiner Mutter und die Sorge um die Sicherheit
seiner Kameraden, was ihn schweigen ließ? Oder
nicht vielmehr seine übergroße Angst vor gewalt-
tätiger Behandlung? War er eben doch ein Feigling? Seine Überlegungen blieben unbestimmt
und wirr. Er schauderte beim bloßen Gedanken
an Grausamkeiten und Brutalität.

War Gewalt eine unvermeidliche historische
Kraft? Gab es überhaupt irgend etwas, was sich
ohne sie bewerkstelligen ließ? Ein Sultan nach
dem anderen hatte sich der Gewalt bedient, um
entweder neue Ideen durchzusetzen oder aber
ihr Eindringen zu verhindern. Vielleicht war das
ja auf der ganzen Welt so. Selbst im glorifizierten
und idealisierten Westen… Wenn man, geeiste

Sorbets vor sich, in einem gut geheizten Raum saß, ließ es sich leicht über die Kultur und den Fortschritt Frankreichs reden. Bestand denn die Französische Revolution nur aus schönen, erhabenen Ideen? Er versuchte sich Frankreich in jener Zeit vorzustellen. Wie mußten die Frauen gelitten haben! Er sah Mütter mit verweinten Gesichtern und stumpfen Augen voller Angst – überall auf der Welt.

Wie würden die Jungtürken sich verhalten, falls es ihnen gelingen sollte, die Regierung von Abdülhamid zu stürzen? Şevki war einer von ihnen, hatte sich in der revolutionären Bewegung weit stärker engagiert als Hilmi – und doch war er, der sich mit solcher Leidenschaft gegen die Brutalität des derzeitigen Regimes wandte, noch grausamer als Hilmis Vater. Es schien, als sei der einzelne in einem Teufelskreis gefangen und gezwungen, Gewalt zu tolerieren, wenn er nicht sogar genötigt war, sie selbst auszuüben.

Hilmi hatte sich noch nie so einsam und elend gefühlt. Er meinte Peregrinis höhnische Worte zu hören: «Die Welt ist eine Arena, in der Gott, der Teufel und ihre jeweiligen Anhänger um die Vorherrschaft kämpfen. Wenn du mitkämpfen willst, mußt du dich für die eine oder die andere Seite entscheiden.»

Außer Geisteskranken und Kretins schloß sich jedermann einem Lager an, für das er in den Kampf zog. Selbst sein Vater, selbst ein junger Mann wie Şevki mit seinem Haß auf das alte Regime – alle bildeten sich ein, mit ihrem brutalen Vorgehen Rettung und Erneuerung zu bewirken. Benebelt von diesen Gedanken und mit geröteten Augen betrat Hilmi das Zimmer seines Vaters.

Nie hatte Selim Pascha sich mehr beherrscht. Die benommene Haltung seines Sohnes verriet ihm, daß er bereits von Tevfiks Verhaftung erfahren und daß sie ihn tief getroffen hatte.

Der Pascha deutete auf einen Stuhl und begann, ohne weiter nach dem Befinden seiner Schwiegertochter oder dem Verlauf der Reise zu fragen, Hilmi rücksichtslos die Fakten darzulegen, ihm den armen Tevfik vor Augen zu stellen, der für die Vergehen eines feigen Schurken hatte leiden müssen.

«Vielleicht hat Tevfik mehr Hintermänner, als wir glauben. Was dann?» fragte Hilmi.

«Dann erwarte ich von allen, daß sie sich stellen und ihre Schuld eingestehen.»

«Und wenn sie nicht der Ansicht sind, daß sie sich schuldig gemacht haben?»

«Das ist unmöglich.»

274

«Warum? Begreift Ihr denn nicht, daß man der Meinung sein kann, sich auch mit dem Dienst am Sultan schuldig zu machen?» fragte Hilmi leicht ironisch.

«Was sagst du da?»

«Nehmt es einmal an.»

«Das werde ich nicht tun! Es gibt Recht und es gibt Unrecht. Das Recht ist auf meiner Seite. Könnte es sein, daß du weißt, wer Tevfiks schurkische Hintermänner sind? Könnte es sein, daß du dazugehörst?»

«Ich würde es für eine größere Schurkerei halten, einen hilflosen Menschen wie Tevfik zu foltern, als mich hinter ihm zu verstecken.»

«Beantworte meine Frage!»

«Glaubt, was Ihr wollt!»

«Wenn ich an deine Schuld glaubte, wärst du da, wo Tevfik jetzt ist. Aber du hast ja nicht einmal den Mumm dieses Komödianten, dieses Burschen, der in Frauenkleidern herumläuft. Du an seiner Stelle hättest um Gnade gebettelt, hättest die Namen sämtlicher Komplizen preisgegeben … du schlapper, hasenherziger Schuft.»

Die Blutsbande zählten plötzlich nicht mehr, der Vater hatte seine Autorität verloren. Der Ältere ließ die Arme hängen, als hielte er den Jüngeren für zu verächtlich, um ihn zu schlagen, der

Sohn aber ging mit erhobenen Fäusten auf den Vater los.

Beide hatten die alte Dame nicht bemerkt, die auf ihren Stock gestützt seit zwei Minuten an der Tür stand. Erst ihr Eingreifen machte ihnen das Unhaltbare der Situation bewußt.

«Ich möchte mit deinem Vater sprechen, Hilmi. Bitte geh!» sagte sie. Ihre Stimme klang alles andere als hilflos.

Hilmi hätte am liebsten zugeschlagen, aber er gehorchte.

KAPITEL 34

«Ich glaube, daß es mir gelungen ist, dem Schmuggel von aufwieglerischen Schriften durch die ausländischen Postämter einen Riegel vorzuschieben. Man sieht dort keinen einzigen Türken mehr», erklärte Selim Pascha dem Ersten Kammerherrn.

«Tevfik hat sich also bis zuletzt geweigert, die Namen seiner Komplizen zu nennen?» fragte der. «Vielleicht gab es auch gar keine?»

«Sie kennen ihn nicht, sonst würden Sie nicht so sprechen.»

«Zati Bey behauptet, Tevfik vergifte durch seine karikierende Darstellung bedeutender Persönlichkeiten die Seelen der Jugend. Das muß ja ein ganz gerissener Bursche sein.»

«Zati Bey ist empfindlich, wenn jemand auf die Trinkfestigkeit einer Person anspielt oder dergleichen, aber solche Anspielungen gibt es im türkischen Theater, und selbst auf den Marionettenbühnen, seit eh und je. Nein, Tevfik deckt jemanden.»

Da der Kammerherr nicht antwortete, fuhr der Pascha fort: «Der Kerl hat ein Weiberherz. Für die heilige Pflicht des Mannes seinem Land gegenüber hat er kein Verständnis. Ich habe versucht, ihm begreiflich zu machen, daß der einzelne für den Staat nur eine Ameise ist und daß wir folglich einzelne wehrlose Wesen nur dann hart anfassen, wenn der Staat es verlangt.»

Selim Pascha legte eine Pause ein, und als der Kammerherr sich weiter in Schweigen hüllte, fuhr er erregt fort: «Ich verstehe jetzt, warum wir früher eine so bedeutende Nation waren. Unser Staat war eine riesige, gutfunktionierende Mühle, in der die einzelnen zu Körnern einheitlicher Größe zermahlen wurden. Kein Mensch, nicht einmal der Sultan, konnte persönliche Rechte einfordern, die wichtiger gewesen wären als der Staat. Der einzelne war nichts als ein willenloser Sklave, der Herrscher unantastbar.»

«Was veranlaßt Euch zu solchen Überlegungen, Pascha?»

Selim Pascha trocknete sich die Stirn. Der Drang, seine Gedanken dem Kammerherrn anzuvertrauen, war übermächtig geworden.

«Der Anlaß war Tevfik. Er hat mir meinen Seelenfrieden geraubt. Ich kann ihn nicht einordnen. Er hat etwas von einer Frau. Man kann ihn nicht tapfer, nicht mannhaft nennen, aber er ist auch kein Feigling. Ein Mann, dem es an Mut fehlt, läßt sich einschüchtern, aber bei einem Mann mit dem Herzen einer Frau geht das nicht. Und dann muß ich an meine Gemahlin denken und an ihre vielen wunderbaren Eigenschaften. Würde der Sultan sie zum Premierminister ernennen, könnte sie die Geschäfte besser führen als der jetzige Amtsinhaber. Geriete sie aber in einen Konflikt zwischen Pflicht und Mutterschaft, würde sie um ihres Sohnes willen fünfzig Staaten zertrümmern, das Weltall auf den Kopf stellen und sich jeder Art von Folter unterziehen.»

«Die Liebe hat ihre eigene Moral.» Der Kammerherr lächelte. «Irgendwann wird vielleicht sie es sein, die das menschliche Miteinander bestimmt. Das hoffe ich jedenfalls.»

Selim Paschas hageres Gesicht fiel mehr und mehr ein. Die Schädelknochen des Raubtierkopfes zeichneten sich scharf unter der Haut ab, die einen grünlichen Schimmer angenommen hatte. Auf den hohen Wangenknochen brannten hektische Flecken.

«Liebe! Ich mag das Wort nicht mehr hören. Alle haben sich in ihrem Haß gegen mich verbündet. Um ein Haar hätte mein Sohn die Hand gegen mich erhoben – gegen mich, seinen Vater! Tevfiks Verhaftung und sein heldenhaftes Schweigen haben ihn sehr mitgenommen. Jedesmal wenn ich ihm berichte, wie es dem armen Teufel ergeht, kann er sich kaum beherrschen. Ich handle nicht zu meinem Vergnügen so. Dem eigenen Sohn zuzusetzen, damit er endlich gesteht – auch das ist eine Art Heldentat! Warum begreift er das nicht, warum bringt er mir dafür nicht wenigstens Respekt entgegen? Aber nein, sogar als Schurken hat er mich beschimpft. Dann ist da noch seine Mutter, gebrechlich, fast gelähmt und völlig verzweifelt – aber sie sagt kein Wort. Da ist Tevfiks Tochter, die ich aufgezogen habe und die ich liebe wie mein eigenes Kind. Die mich jetzt meidet, die sich weigert, mein Haus zu betreten. Selbst meine Nachbarn im Viertel, ob Mann oder Frau, ergreifen die Flucht, wenn sie meine Kutsche sehen. Man könnte denken, ich sei kein Mensch mehr, sondern die Pest in Person.»

Der Kammerherr hatte sich erhoben. Sein Mitgefühl galt in diesem Moment eher der Gegenseite, Tevfiks bedauernswerter Tochter. Er wußte mehr über sie, als Selim Pascha ahnte. Vehbi Efendi hatte ihn veranlaßt, diskret, aber umsichtig hinter den Kulissen tätig zu werden. «Ich denke, es ist an der Zeit, Eure Vorschläge im Hinblick auf die Inhaftierten zu formulieren», sagte er.

«Das ist bereits geschehen.» Selim Pascha überreichte ihm ein großes Kuvert, auf dem in energischen, regelmäßigen Schriftzeichen der Name Seiner Herrlichkeit des Sultans stand.

## KAPITEL 35

Am Mittwoch begab sich Selim Pascha in den Palast, um weitere Befehle entgegenzunehmen.

Ein Kammerherr verlas das Schreiben, das der kaiserliche Gebieter ihm diktiert hatte. Es begann mit einer langen Liste von Namen mehr oder weniger bedeutender Beamter sowie zahlreicher Studenten und Kadetten der Militärakademie. Ob man den Aufstand, von dem in dem bewußten bei Tevfik gefundenen Brief die Rede war, durch rechtzeitiges Eingreifen hatte verhindern können oder ob es sich bei dem Schreiben nur um einen schlechten Scherz handelte, hatte sich allerdings nicht ermitteln lassen. Nichtsdestotrotz sollten diejenigen, deren Namen in dem Brief aufgeführt waren, sämtlich außer Landes geschafft werden, denn Seine Majestät würde keine Ruhe finden, solange sie in Freiheit waren.

Selim Pascha hatte keine Skrupel, die Verurteilten von Haus und Hof zu verjagen und auf unbegrenzte Zeit in die Verbannung zu schicken. Was waren schon ein paar einzelne gegen den Seelenfrieden des Sultans, der den Staat symbolisierte?

Tevfik sollte nach Damaskus ausgewiesen werden, durfte sich dort frei bewegen, aber die Stadt nicht verlassen. Es sah aus, als habe man ihm eine besonders milde Strafe zugedacht, was Selim Pascha erfreute und zugleich verwunderte, denn die übrigen Verurteilten wurden in die libysche Wüste verbannt.

«Seine Majestät hält es für angeraten, auch Euren Sohn Hilmi Bey nach Damaskus zu schicken. Er legt ein ungesundes Interesse für aufrührerische Schriften an den Tag. In Anbetracht Eurer wertvollen Dienste wird Hilmi Bey ehrenhalber zum Vertreter des Gouverneurs ernannt. Er wird unter Beobachtung stehen, und es ist ihm nicht gestattet, die Stadt zu verlassen, sofern kein neuerliches Dekret des Großherrn dieses Verbot aufhebt.»

Selim Pascha hatte schweigend zugehört. Jetzt atmete er erleichtert auf. Den anderen Verurteilten hatte man nichts nachweisen können. Trotzdem war ihm die Kehle trocken geworden.

«Die Genannten werden morgen in aller Frühe das Land verlassen. Wenn der Sultan zum Freitagsgebet die Moschee besucht, müssen sie schon auf See sein. Der Dampfer ‹Şevketi Derya›[63] wird Euren Sohn und Tevfik in Beirut absetzen und mit den übrigen Verbannten nach Tripolis weiterfahren.»

Noch immer äußerte Selim Pascha sich nicht.

«Ihr werdet entsprechende Anweisungen geben und die Familien der Exilanten benachrichtigen», fuhr der Kammerherr fort. «Angehörige dürfen die Verurteilten nicht begleiten, es ist ihnen jedoch gestattet, sie noch einmal kurz auf dem Schiff zu sehen, ehe es ausläuft. Seine Majestät geht davon aus, daß Ihr für einen reibungslosen Ablauf ohne unliebsame Zwischenfälle Sorge tragen werdet.»

«Die Befehle unseres gnädigen Herrschers werden umgehend ausgeführt», sagte Selim Pascha, verbeugte sich und wandte sich zum Gehen.

Der Kammerherr begleitete ihn noch bis zur

Tür. «Erstellt auch bald eine Liste von Personen, die Ihr zur Beförderung vorschlagt.»

Der Kammerherr legte seine schmale blasse Hand auf die breite Schulter des Paschas. Sein Blick und seine Stimme erinnerten Selim Pascha ein wenig an Vehbi Efendi – sie verrieten Sanftmut, die aus tiefstem Herzen kam. «Wir sind alle nur Schatten, die über das Wasser ziehen. Grämt Euch nicht allzusehr. Auch Euer Sohn ist nichts als ein Schatten und muß den ihm bestimmten Weg gehen.»

Selim Paschas Mund nahm einen grimmig-ironischen Zug an. «Für seine Mutter ist er jedenfalls mehr als ein Schatten!»

Eine rührend lächerliche Angewohnheit von Sabiha Hanım kam ihm in den Sinn. Sobald Hilmi vom Dienst zurückkehrte, schob sie ihm regelmäßig die Hand in den Kragen, um festzustellen, ob er geschwitzt hatte. Jeden Abend wiederholte sich das. Wenn ihre Hand auch nur den leisesten Hauch von Feuchtigkeit spürte, befahl sie ihm, die Wäsche zu wechseln, und ließ einen Lindenblütentee für ihn zubereiten.

In einer von prachtvollen Rappen gezogenen Kutsche verließ der Pascha den Yıldız-Palast[64] und rollte über die staubig weiße Straße, die sich durch Pinienhaine und Hyazinthenfelder schlängelte. In seinem Büro angekommen, begann er unverzüglich, die Befehle des Sultans in die Tat umzusetzen.

Die abgetakelte alte «Şevketi Derya» mußte wieder seetüchtig gemacht werden. Der Kapitän, der vermutlich in irgendeinem Lokal in Galata[65] beim Bechern saß, der Erste Offizier, der sich dort gerade in einem anrüchigen Etablissement amüsierte, und die Mannschaft, die sich in allen möglichen Schenken und Spelunken herumtrieb – sie alle galt es innerhalb weniger Stunden zusammenzutrommeln.

Das gelang ihm, aber der Pascha empfand keine Freude über diesen Erfolg. Seine Gedanken weilten bei Hilmi. Gewiß, Damaskus war eine schöne Stadt, und sein Sohn war womöglich mit einer unverdient milden Strafe davongekommen. Aber seine Mutter... «Großer Gott», dachte der Pascha, «wie soll ich meiner Gemahlin gegenübertreten?»

Zurück im Konak, ließ er unverzüglich seinen Sohn rufen.

«Seine Herrlichkeit hat dich zum stellvertretenden Gouverneur von Damaskus ernannt», teilte er ihm mit, ohne sich lange mit einer Vorrede aufzuhalten.

«Zuviel der Ehre! Ich wüßte nicht, was ich mit

284

so einem Amt anfangen sollte. Bitte Seine Majestät, mich zu entschuldigen», gab Hilmi verdrossen zurück.

«Du wirst in diesem Amt nichts zu tun haben, es ist eine Sinekure[66] – nicht anders als dein Posten im Finanzministerium. Du wirst nach Damaskus gehen, ob du willst oder nicht.»

«Eine Art Exil für die Söhne der Reichen», höhnte Hilmi.

«Danke dem Herrn fünfmal am Tag, daß du aus reichem Hause bist. Die anderen werden nach Fessan geschickt.»

«Und Tevfik?»

«Wie du: nach Damaskus.»

Hilmi atmete auf. Er würde Tevfik alles erklären, würde Abbitte dafür leisten können, daß er den armen Teufel leichtsinnig ins französische Postamt geschickt hatte. Das Gefühl, ein Feigling, ja ein Wurm zu sein, hatte schwer auf ihm gelastet. Laut sagte er: «Wann soll es losgehen?»

«Ich schicke dich morgen mit einer Barkasse zum Dampfer. Dort wird eine Kabine für dich hergerichtet.»

«Welches Schiff wird es sein?»

«Die ‹Şevketi Derya›.»

«Wo ich schon auf der Überfahrt nach Kadiköy

seekrank werde ... Wie soll das erst auf diesem Dreckskahn werden? Könntet Ihr nicht für eine Passage auf einem Postboot sorgen? Ich könnte Tevfik mitnehmen und gebe Euch mein Ehrenwort, daß ich keinen Fluchtversuch unternehmen würde.»

Selim Pascha sah aus dem Fenster.

Hilmi fuhr fort: «Außerdem müssen wir an Mutter denken, müssen sie vorbereiten. Es wird ihr das Herz brechen, wenn sie mich während der Herbststürme auf diesem Seelenverkäufer weiß.»

«Ausnahmen sind nicht vorgesehen», entgegnete sein Vater kühl, dann drehte er sich zu seinem Sohn um: «Was hast du gegen das Schiff? Seit zwanzig Jahren bringt es Soldaten und Verbannte in den Jemen.»

Hilmi wandte sich schweigend zum Gehen.

«Wir sehen uns noch, Hilmi.»

«Das glaube ich kaum. Ich muß mich von meinen Freunden verabschieden.»

«Du darfst das Haus nicht verlassen, sondern wirst direkt zum Hafen gebracht.»

«Gut, dann treffen wir uns wohl im Zimmer meiner Mutter.»

Eine seltsame Würde ging plötzlich von dem lispelnden Muttersöhnchen aus. Selim Pascha sah wieder jene zärtlich mütterliche Bewegung sei-

ner Frau vor sich, sah, wie die schöne weiße Hand
Hilmis Nacken streichelte, um festzustellen, ob
er überhitzt, ob ein Wäschewechsel oder ein Lindenblütentee erforderlich war.

«Solltest du nicht vielleicht lieber gehen, ohne
ihr etwas zu sagen? Ich könnte ihr alles erklären…»

«Ich wünsche mir ihren Segen für den Weg»,
erwiderte Hilmi knapp.

«Du wirst Geld brauchen.» Der Pascha hatte
sich zum Schrank umgewandt und öffnete eine
Schublade, in der Bares bereitlag, so daß er nicht
wahrnahm, mit wieviel Haß, Demütigung und
Schmerz Hilmi seinen Rücken anstarrte. Indessen rang der Pascha mit sich. Er konnte seinen
einzigen Sohn unmöglich ohne einen Abschieds-
kuß gehen lassen. Er dachte an die Herbststürme,
an das uralte Schiff… Ja, wenn Hilmi ihm die
Hand küßte, würde er ihn seinerseits auf beide
Wangen küssen, fest und energisch, würde ihm
nützliche Ratschläge und seinen Segen geben. Er
wandte sich um und streckte Hilmi eine wohlge-
füllte rote Börse hin.

In den Augen des Sohnes blitzte es zornig auf.
«Behaltet Euer Geld», fauchte er. «Ich bin nicht
mehr Euer Sohn.» Ohne ein weiteres Abschiedswort, ohne einen Blick wandte er sich zum Ge-

hen und schloß die Tür hinter sich so behutsam, als läge ein Toter im Raum.

Selim Pascha war mitten im Zimmer stehengeblieben. Es war, als versengte ihm die rote Börse die Finger. Noch nie hatte ihn jemand so sehr ins Unrecht gesetzt. Dennoch war er nicht zornig, sondern nur todtraurig. Oft genug hatte Hilmi in ihm den Wunsch geweckt, ihn zu züchtigen, aber er hatte es nicht über sich gebracht. Hin und wieder hatte Hilmi es so weit getrieben, daß der Pascha den Sohn am liebsten verleugnet hätte, aber er hatte es nicht getan. Noch vor wenigen Minuten hatte er überlegt, wie lange des Sultans Zorn auf Hilmi wohl anhalten würde. Hatte es je einen so törichten Vater, einen so undankbaren Sohn gegeben? Dieser schlappe, hasenherzige junge Bursche hatte sich gegen ihn aufgelehnt, hatte ihn verleugnet – ihn, den Pascha!

Er war zutiefst gedemütigt, insgeheim aber dachte er voller Sorge an die Herbststürme. Er trat ans Fenster, zog den Vorhang zurück, sah ins Dunkel hinaus und horchte. Frischte der Wind schon auf? Nein, es war eine laue, sternenklare Nacht, blau und still. Die kleine Brise war zu schwach, um das Taschentuch einer Frau zu trocknen.

## KAPITEL 36

Istanbul lag in tiefem Schlaf. Die Luft war erfüllt
von perlmuttfarbenem Dunst, die Morgenröte
noch fern. Die zahllosen nebelverhüllten Tür-
me, das graublaue Wasser, reglos wie ein polier-
ter Spiegel – all das war noch nicht erwacht.

Am Galatakai standen zehn, zwölf dunkel
gekleidete Gestalten, lauschten den leisen Geräuschen aus der Stadt oder sahen auf die schwer-
fälligen Kähne und die Ruderer, die ihrerseits die
Männer anstarrten. Dann klapperten Hufe, Räder rollten, eine Reihe geschlossener Kutschen
näherte sich und hielt am Kai. Die dunkel gekleideten Männer öffneten die Wagenschläge, und
noch weitere düstere Gestalten, die neben den
Kutschern gesessen hatten, sprangen ab. Sie zerr-
ten Frauen in unförmigen schwarzen Kleidern
heraus, etliche mit Säuglingen im Arm, ein paar
alte Männer, einige kleine Mädchen und Jungen.
Das traurige Häuflein blieb dicht beisammen, die
Menschen hielten sich an der Hand, und wenn
sie keine Hand frei hatten, weil sie Kinder oder
Körbe trugen, standen sie Schulter an Schulter
und suchten aneinander Halt. Sie wurden in die
Boote verfrachtet, die Ruder tauchten klatschend
in die trägen Wellen, und die Kähne glitten über

die graublau schimmernde reglose Wasserfläche, hinein in den perlmuttfarbenen Dunst. Ihr Ziel war die «Şevketi Derya», die – ein winziger dunkler Fleck – weit draußen vor den Türmen der Selimiye-Kaserne ankerte.

Am Boden eines der Boote, in denen die Menschen zusammengedrängt waren wie Sardinen in einer Dose, hockte Rabia. Sie blickte in die finsteren Gesichter der dunklen Gestalten, die im Heck saßen. Nur sie hatten genug Platz, um ihre Glieder zu strecken. Zum ersten Mal im Leben hatte Rabia den dichten schwarzen Schleier vors Gesicht gezogen. Sie hätte selbst nicht sagen können, warum, aber den anderen Frauen in den Booten ging es offenbar ebenso: Obwohl es in ihren Kreisen nicht üblich war, sich zu verschleiern, hatten sie heute das Bedürfnis, sich zu verhüllen. Rabia sah die Schultern der jüngeren Frauen unter den dünnen Stoffen zucken. Die Älteren saßen steif da, die Arme um die zitternden Körper geschlungen. Unter den dichten Schleiern wanderten ihre Blicke zu den dunkel Gekleideten im Heck der Boote. Vor Rabia saß eine Frau mit schmalem gebeugtem Rücken, neben ihr ein vielleicht dreijähriger Junge, dessen Fes mit blauen Perlen bestickt war, und an ihrer Haltung erkannte man, daß sie unter dem langen schwarzen Umhang einen schlafenden Säugling im Arm hielt. Nur das Klatschen der Ruder durchbrach die Stille, die Rabia zu ersticken drohte. Die kleine Flotte mit ihrer stummen kläglichen menschlichen Fracht schien in die Ewigkeit hinauszurudern. Fast war sie erleichtert, als sie einen alten Mann aus einem anderen Boot einen seltsamen Schrei ausstoßen hörte. Es war der Großvater eines verurteilten Medizinstudenten, der in unverständlichen Worten vor sich hin jammerte. Wie auf ein Zeichen begann der Junge neben Rabia zu heulen. Die Mutter beugte sich über ihn. «Sei still! Schau, da ist der schwarze Mann, der frißt dich, wenn du weinst.» Der kleine Mund blieb offen stehen, ein verstörter Kinderblick richtete sich auf die Männer im Heck. Rabia hatte inzwischen Rakım entdeckt und schloß die Augen. Der Zwerg hütete den für Tevfik bestimmten Korb mit Proviant. Sein Gesichtsausdruck war von stummer Qual gezeichnet.

Endlich hatten die Boote das Exilantenschiff erreicht, und die Passagiere kletterten, unterstützt von barfüßigen und barhäuptigen Matrosen, über eine schwankende Strickleiter an Deck. Die Greise taumelten, die Frauen hielten sich fest, wo sie konnten, die Jungen bewältigten den Aufstieg gewandt wie die Affen, die Mädchen wimmerten.

Oben stand einer der Seeleute und fluchte aus Leibeskräften. Seine Flüche waren regelrecht kunstvoll, eine Mischung aus prallen seemännischen Kraftausdrücken und den sattesten, phantasiereichsten türkischen Verwünschungen. Sein Zorn richtete sich gegen all jene, die hilflose Säuglinge und deren bedauernswerte Mütter um diese Zeit aus dem Bett gerissen hatten, er richtete sich gegen jene, die unglückliche schuldlose Muslime in alle verfluchten vier Winde der Erde zerstreuten.

Es war ein Fluch auf alles und alle, und der ihn ausstieß, war ein Matrose, der seit zwanzig Jahren auf der «Şevketi Derya» zur See fuhr und herzzerreißende Szenen wie diese fast jedes Jahr erlebte. Das Schiff beförderte ausschließlich Exilanten in den Jemen oder nach Tripolis. In seine Verwünschungen schloß dieser Wackere die Vorfahren sämtlicher Tyrannen ein, bis hin zum Urvater der Menschheit. Sein Fluch verschonte auch die Nachkommen derer nicht, die ihre Mitmenschen verfolgten und in die Verbannung schickten, er vergaß auch nicht die Familien der Tyrannen in aller Welt und beschwor das Millennium, in dem Regierungen und Herrscher endlich aufhören würden, die erschöpften, unterdrückten Massen zu quälen.

Obgleich all diese Verwünschungen zweifellos dem Sultan und seinen Ministern galten, trafen sie so sehr die allgemeine Stimmung, daß die dunkel gekleideten Männer dem Matrosen weder Einhalt geboten noch ihn in Gewahrsam nahmen. Hatten sie nicht strikten Befehl, dafür zu sorgen, daß dieser Abschied ohne unliebsame Zwischenfälle vonstatten ging?

Als sich das Gelärme und Gewühl der Menge auf dem Schiffsdeck ein wenig gelegt hatte, entdeckte Rabia erneut die junge Frau mit dem Säugling und dem Jungen. Sie hockte mit dem Rücken zur Menge auf dem Boden und hatte das Kleine noch im Arm. Neben ihr stand ein magerer jüngerer Mann in der dürftigen Kleidung eines niederen Beamten und strich ihr schüchtern über die Schulter. Auf seinem Rücken ritt der Sohn, der die dicken Ärmchen um den Hals des Vaters gelegt hatte und ihm mit schmutzigen Schuhen gegen die Schienbeine schlug. Die blauen Perlen an seinem Fes, die den bösen Blick abhalten sollten, hüpften lustig, als er den Kopf zurückwarf – wie ein Reiter, der seinen Spaß daran hat, ein ungebärdiges Roß zu bändigen.

Vor dem grauen Dunst hob sich die reglose Gestalt eines Studenten ab. Der Alte, der im Boot so herzzerreißend gejammert hatte, kam auf ihn zugeschlurft und streichelte ihm mit hageren Fingern die Wangen.

«Komm, Großvater, beruhige dich. An *bayram* bin ich wieder zurück.»

Die hageren Hände reckten sich zitternd in die Luft, der lange Bart bebte, man hörte den Alten Verwünschungen murmeln. «Möge Allah die Tyrannen vernichten... möge Er ihre Heimstätten zerstören und an ihrer Stelle Feigenbäume pflanzen, mögen die Augen der Herrscher erblinden, ihre Herzen verdorren und brechen...»

Der Matrose, der so inbrünstig geflucht hatte, ging jetzt mit einem leckenden Krug herum, gab halb ohnmächtigen Frauen zu trinken, kitzelte Säuglinge, scherzte mit den Unglücklichen.

Endlich hatte Rabia auch Tevfik entdeckt. Er hielt den Säugling einer jungen Frau, die einem verlegen dreinblickenden Mann mittleren Alters gerade ein Tuch über die Schultern legte. Sie war klein und füllig und wies ihn in einem pausenlosen Redeschwall an, wie er sich nachts auf Deck warm zu halten habe.

Tevfik war ein zotteliger Bart gewachsen. Unter seinen Augen lagen bläuliche Schatten. Als er Rabia sah, hätte er um ein Haar das Kind fallen lassen, schließlich gelang es Vater und Tochter aber, sich über den Körper des Kleinen hinweg zu umarmen. Da ertönte auch schon die rauhe, gebieterische Stimme des Kapitäns: «In zehn Minuten geht es zurück an Land. Beeilt euch und übergebt eure Bündel.»

Vehbi Efendi stand an der Reling, während Rakım mit schweißnassem Gesicht den Korb für Tevfik anschleppte. Rabia breitete eine Matte aus und machte sich rasch daran, dem Gefangenen einen Schlafplatz herzurichten. Wie lange die Seereise dauern würde, wußte niemand. Die füllige kleine Frau tat es ihr nach.

Dann steckte Rabia ihrem Vater ein geknotetes Tuch in die Brusttasche. Es enthielt die Einnahmen des vergangenen Monats. «Ich habe gefüllte Weinblätter und Rosenblütenmarmelade mitgebracht, Tevfik», sagte sie. «Im Korb sind Fleisch, Brot und Käse. Schreib uns aus Damaskus, sobald du angekommen bist.»

«Ach, es geht nach Damaskus?» fragte er. Niemand hatte die Exilanten informiert, und gerüchtehalber war nur von Fessan und dem Jemen die Rede gewesen, den üblichen Bestimmungsorten.

Vehbi Efendi war tags zuvor eigens in den Laden gekommen, um Rabia von der unerträglichen Anspannung zu erlösen, und hatte ihr gesagt, wohin die Reise für Tevfik wirklich ging. Er hatte dafür gesorgt, daß sie die ganze Nacht hindurch Verpflegung für ihn zusammentrug und zubereitete und dadurch abgelenkt war, hatte eine Kutsche beschafft und sie und den Zwerg zum Kai und aufs Schiff begleitet.

Als eine Barkasse in Sicht kam, trat der Kapitän erneut in Aktion. Wie ein Signalhorn hallte seine Stimme: «Verabschiedet euch! Ab in die Boote.»

Die dunkel gekleideten Männer erschienen und scheuchten die Frauen. Wieder wälzte sich eine erregte Menschenmenge über das Deck. Der Junge, der auf dem Rücken seines Vaters geritten war, schrie wie am Spieß, und Vehbi Efendi versuchte, ihn zu trösten. Der schmächtige junge Beamte segnete seinen Sohn und bat den Derwisch, sich auf dem Rückweg um seine Familie zu kümmern. Mit zitternden Händen knotete er dem Kind das Kopftuch unter dem Kinn fester. «Es ist schon wieder eins unterwegs», stieß er hervor, dann brach er in Tränen aus.

Vehbi Efendi beflügelte mit seinem vergeistigten Gesichtsausdruck und seiner sanften, aber unauffälligen Hilfsbereitschaft die Phantasie der Menge. In der allgemeinen Gefühlsaufwallung kam er allen wie ein Heiliger vor, wie ein göttlicher Bote, den man ihnen zum Trost gesandt hatte. Erschienen solche Boten nicht immer im Gewand eines Derwischs?

«O Derwisch, schließe uns in deine Gebete ein. O Derwisch, beschütze unsere Kleinen, bitte im Himmel für uns...»

Die weinenden Frauen hatte jetzt die Boote erreicht. Wieder gab es Gerangel, Geschrei, Verwünschungen. Auch die Gruppe um Rabia hatte man vom Schiff gedrängt. Zum letzten Mal winkten die Männer an Deck. Man sah nur noch Taschentücher wehen, eine Pyramide aus Gesichtern, mitten darin auch Tevfik. Rabia hüllte sich in den schwarzen Schleier.

Das Wasser plätscherte und gurgelte unter den Rudern, blaugraues Licht, in dem fröhliche goldene Lichter aufblitzten, tanzte über die Wellen. Die hoch aufragenden purpurnen Prinzeninseln[67] glichen prähistorischen Ungeheuern an der morgendlichen Tränke. Über dem halbkreisförmigen Hafen von Istanbul ging in rosenfarbener Herrlichkeit die Sonne auf.

Die Boote steuerten auf den Hafen zu. Drückende Stille lag über der Menge, viele Menschen beteten, mit «Amen, Amen!» brachen sie leise im Chor das Schweigen.

«Ich habe Hilmi auf dem Schiff gesehen. Was hatte der dort zu suchen?» fragte Rakım.

297

«Er ist auch verbannt worden. Man wird ihn nach Damaskus bringen, was mich ein wenig beruhigt, denn Tevfik wird sich dort an ihn halten können», sagte Vehbi Efendi.

Rabias erstarrtes Herz erwachte wieder zum Leben. «Könnten die beiden mich nicht als Dienerin mitnehmen?»

Vehbi Efendi wandte den Blick ab, und Rakım versuchte, Rabia abzulenken. «Tevfik hat nach seinen Schattenspielfiguren gefragt, er wollte wohl auf dem Schiff Vorstellungen geben.»

Delphine schossen aus dem Wasser, purzelten übereinander, tollten und tobten über die Wellen.

«Die Schatten ziehen weiter», meinte Vehbi Efendi lächelnd.


KAPITEL 37

Nach Tevfiks Verbannung rührte sich Peregrini kaum mehr aus dessen Laden weg. Dennoch bekam er Rabia dort einen ganzen Monat nicht zu Gesicht, immer saß Rakım allein unten. Von ihm erfuhr Peregrini, daß sich die Nachbarinnen in Rabias Zimmer versammelt hatten und das arme Mädchen mit ihrem pausenlosen Geschwätz und ihren Erinnerungen an Tevfik schier um den Verstand brachten. Sie selbst, sagte er, trage ihr Leid ruhig und gefaßt. Peregrini sah ihrer ersten Begegnung mit Bangen entgegen und war deshalb fast froh über die Zufälle, die ihn daran hinderten, Rabia zu treffen.

Der Zwerg war wie ausgewechselt, er wirkte männlicher und wie jemand, auf dessen Schultern eine schwere Verantwortung lag. Über der neuen Würde, die er ausstrahlte, konnte man seine Kleinwüchsigkeit fast vergessen. Noch nie hatte er so tolle Einfälle gehabt, so viel sprühenden Witz verbreitet. Nur die Trauer tief in seinen braunen Augen verriet, wie sehr er unter dem Verlust seines alten Freundes litt. Doch der Gedanke, daß Tevfiks Tochter jetzt ganz auf ihn angewiesen war, gab ihm Kraft. Zum ersten Mal im Leben konnte er sein schmerzliches und demütigendes Zwergendasein zumindest zeitweise vergessen. Peregrini begriff, daß Rakıms Leben reich an freudvollen und leidvollen Erfahrungen im Umgang mit seinen Mitmenschen war, Erfahrungen, die jetzt alle Rabia zugute kamen.

«Pembe beschäftigt Rabias Hände mit dem Nähen von Wintersachen für Tevfik, und ich lasse mir andere Dinge einfallen, um ihren Geist abzulenken. Schauen Sie doch abends einmal vorbei. Die Nachbarinnen haben das Thema Tevfik inzwischen erschöpft und lassen das Mädchen jetzt zumindest um diese Zeit in Ruhe.»

«Dann komme ich gleich morgen», versprach Peregrini. «Im übrigen ist es eine gute Lösung, daß Pembe zu euch gezogen ist.»

Rakım nickte zufrieden.

Rabias verzehrender Schmerz nach jenem Abschied auf unbestimmte Zeit hatte sich inzwischen ein wenig gelegt. Trotz einer leichten Halsentzündung – «weil du ständig Tränen hinunterschlucken mußtest», bemerkte Rakım – brachte sie jetzt ein mattes Lächeln zustande, wenn der Zwerg Witze über die Nachbarinnen riß.

Als Peregrini eintraf, saß sie in der Küche auf einem Schemel am Feuer. Pembe und Rakım wärmten sich die Hände über dem Kohlenbekken. Draußen wehte ein kalter Wind, Vorbote der ersten Herbststürme. Im gelben Licht der Deckenlampe wirkte der Raum wohnlich und anheimelnd.

Rabia stand auf. Ein schmales Stirnband betonte die zarten Züge. Mit dem feinen weißen Schleier, den sie locker über das ordentlich gescheitelte Haar gelegt hatte, erinnerte sie Peregrini an eine junge Nonne. Unter ihren Augen lagen dunkle Schatten, fiebrig rote Flecken brannten auf den Wangen. Sie zwang sich zu einem Lächeln.

Peregrini ergriff ihre Hand, die sich heiß anfühlte. «Es geht dir gar nicht gut.»

Sie entzog ihm die Hand und deutete auf ihren Hals. «Die Mandeln...» Ihre Stimme klang belegt.

«Warst du beim Arzt?»

«Ich habe ihr einen Halswickel aus gestampften Oliven gemacht», sagte Pembe. «Heute abend mache ich ihr noch einen Lindenblütentee und achte darauf, daß sie sich gut zudeckt. Es ist nichts Ernstes. Kommen Sie zu uns ans Feuer.»

Sie rückten ihm einen Schemel heran, Rabia aber setzte sich in einiger Entfernung von ihnen hin und legte die Hände in den Schoß. Als Pembe den Kaffee gekocht hatte, begannen die drei Älteren zu rauchen.

«Du solltest auch rauchen, Rabia», sagte Rakım, «darüber vergißt man seine Sorgen und Nöte. Du bist inzwischen ja alt genug, schon über siebzehn!»

Peregrini sah sie an. Ihr schöner Mund hob sich an einer Seite ein wenig, der andere Mundwinkel hing schwermütig nach unten. Vergeblich wartete er darauf, daß sich ihre Nase krauste und sich Lachfältchen um ihre goldfarbenen Augen zeigten. Die Gesichtsmuskeln versuchten Heiterkeit vorzutäuschen, aber Rabias Blick ging in die Ferne. Sie lauschte dem Wind. «Was meinen Sie, ob er für rauhe See sorgt?»

«Das Mittelmeer ist zu dieser Jahreszeit immer spiegelglatt», versicherte Peregrini.

Ihre Züge entspannten sich. Sie griff nach einem Notizbuch, das neben ihr am Boden gelegen hatte. «Das Schlimmste ist wohl überstanden», stellte sie fest, nachdem sie es studiert hatte.

«So ist es», bestätigte Rakım und erklärte Peregrini, daß das Geschäft in den ersten zwei Wochen nach dem Unglück nur sehr schleppend gelaufen war. Die Nachbarn hatten den Laden ängstlich beobachtet und sich nicht in seine Nähe getraut, weil sie fürchteten, auf der Straße könnten Spitzel Posten bezogen haben, um die Namen derjenigen zu notieren, die das Geschäft betraten. Als weit und breit keine verdächtige Gestalt zu sehen war, hatte sich die Kundschaft wieder eingestellt, und die Geschäfte liefen sogar besser als früher, denn der Konak deckte nun seinen ganzen Bedarf in Tevfiks Laden.

«Die Armen können es sich nicht leisten, ihrem Kummer nachzuhängen, das Geschäft, das Leben heißt, verlangt einen wachen Verstand und ungeteilte Aufmerksamkeit», sagte der Zwerg und deutete auf seinen Bauch. «Es ist nicht einfach, dieses gierige schwarze Loch zu füllen, es hört nicht auf, nach Nahrung zu schreien, bis zu dem Tage, da der Staub es erstickt.»

«Was hättet ihr gemacht, wenn die Kundschaft nicht wiedergekommen wäre?» fragte Pembe.

«Für denjenigen, der in jedem anderen Gewerbe gescheitert ist, bleibt noch eine Tätigkeit, mit der er nie Schiffbruch erleiden wird – das Betteln. Der Bettler kann hierzulande steinreich werden, vorausgesetzt, er kennt die Tricks und Kniffe dieses Spiels.»

«Tricks und Kniffe? Wie meinst du das?» fragte Peregrini.

Rakım lachte leise. «Betteln ist nicht so einfach, wie es aussieht. Man braucht dafür in erster Linie ein verkrüppeltes Kind, ein häßliches, schreiendes Wesen, das man auf den Armen herumträgt. Sie ahnen gar nicht, wie viele unselige kleine Geschöpfe nur zu diesem Zweck verunstaltet werden. Hat man kein solches Kind zur Verfügung, muß man eben entweder selbst den Verkrüppelten spielen oder tatsächlich ein Krüppel sein. Auch Blindheit bringt dem Bettler Sympathien.»

«Schweig still», fuhr Pembe ihn an. «Zusätzliche Kunstgriffe hast du nicht nötig. So, wie der

Allmächtige dich erschaffen hat, entlockst du den Leuten in jedem Fall Tränen und Almosen.»

«Meinst du?» Im Nu hatte sich Rakım fast bis zur Unkenntlichkeit verändert. Mit einer Handbewegung rückte er den Turban schief, seine Brauen hatten sich zusammengezogen, aus einem Auge rollten Tränen über die Wange, das andere war geschlossen und scheinbar blind. Sein heiles Bein knickte um, halb gelähmt schleppte er sich vorwärts und leierte winselnd: «Für die Seelen eurer Toten, im Namen des Propheten und Seiner vier auserwählten Gefährten[68], für die Seelen und die Augen eurer Lieben – gebt Almosen!»

«Hör auf, Onkel, das tut ja weh! Jetzt bedaure ich es, daß ich Selim Paschas Hilfsangebot abgelehnt habe.»

«Das Geld der Reichen darf man nie ablehnen, schließlich leben sie von unserem Schweiß. Wäre die Kundschaft nicht zurückgekommen, hätte ich mir ernstlich überlegt, auf der Galatabrücke betteln zu gehen. Es wäre die zweitbeste Möglichkeit gewesen, meine Talente auszuleben.»

«Hör auf zu unken, Rakım, das macht Rabia traurig. Vehbi Efendi hat versprochen, sich nach Schülerinnen für sie umzusehen. Und bis zum Ramadan dauert es nicht mehr lang, im Heiligen

Monat gibt es genug Verdienstmöglichkeiten für sie. Außerdem habe ich schließlich auch noch einen straffen Bauch, der gut zum Tanzen taugt.» Sie strich sich versonnen über den Leib.

«Mit fünfundvierzig? Nein, Tantchen, fürs Tanzen ist dein Bauch zu alt.»

«Hätte ich nicht gerade Pilaw gegessen, hätte ich dir das Gegenteil bewiesen, du abscheulicher Zwerg!»

«Recht so, du schwarze Hexe. Tu nur, als säße ein Paradiesvogel auf deinem Kopf[69]. »

«Habt ihr Vehbi Efendi getroffen?» fragte Peregrini, um das Thema zu wechseln.

«Ja, er war heute vormittag hier. Es könne uns nun jeden Tag ein Brief aus Damaskus erreichen, meint er.»

«Wirst du weiter Musikstunden bei ihm nehmen?»

«Ich glaube kaum. Wie Tante Pembe schon sagte, will Vehbi Efendi nach Schülerinnen für mich suchen.»

«Und was ist mit deinem Korangesang?»

«Wirklich lohnende Aufträge bekommt man eigentlich nur während des Ramadans. Bis dahin müssen wir Tevfik helfen, in Damaskus Fuß zu fassen. Vielleicht verlege ich mich auf das *mevlut*-Singen. Das Loblied auf die Geburt des Propheten wird in jedem Haus gesungen, wenn jemand gestorben ist.»

«So wie die Ärzte um Kranke beten, so beten die *mevlut*-Sänger um Tote», spottete Rakım.

Beim Abschied hielt Peregrini einen Augenblick Rabias Hand und streichelte sie väterlich. Diesmal entzog sie sie ihm nicht und gab seinen liebevoll mitfühlenden Blick dankbar zurück.

Peregrini sehnte sich sehr danach, zu dem magischen Zirkel derer zu gehören, die das Vorrecht hatten, Rabia zu helfen und ihr zu dienen. Er fühlte sich ausgeschlossen. Vehbi Efendi war die bestimmende Kraft im Leben der jungen Frau, deshalb beschloß er, ihn gleich am nächsten Morgen aufzusuchen.

KAPITEL 38

Nicht weit vom Kloster der Tanzenden Derwische befand sich die freundliche kleine Schwarze-Falken-Straße. Alle Häuser waren hier von Gärten umgeben. Da ihnen die breiten vorspringenden Giebel fehlten, konnte das Licht zu jeder Tageszeit ungehindert einfallen.

So früh am Morgen lagen die Häuser noch schlafend in der warmen Sonne. Die Straßen-

köter, die sich vor den Gartenpforten zusammengerollt hatten, gähnten und reckten sich, und ein
paar fingen lustlos an zu bellen, als ein Mann mit
einem großen runden Tablett voller Pasteten auf
dem Kopf vorbeiging und «*Börek, börek!*»[70] rief.

In einem der kleinen Häuser wohnte Vehbi
Efendi. Ihn besuchte Peregrini am Morgen nach
seinem Gespräch in Tevfiks Laden. Auf sein
Klopfen öffnete ein älterer Derwisch mit dunkler Haut und heiterer Miene, der sich um Vehbi
Efendis leibliches Wohl kümmerte. Nachdem er
den Italiener mit einem freundlichen «Guten
Morgen!» begrüßt hatte, deutete er auf ein Fenster im Obergeschoß und kehrte wieder zu seiner Gartenarbeit zurück.

Vehbi Efendi saß auf einem frisch gewasche-
nen Schaffell in einem spärlich möblierten Zimmer. Kattunvorhänge dämpften das grelle Licht.
Nach dem heftigen Regen und Sturm der vergangen Nacht strahlte die Sonne in hochsommer-
licher Pracht. Es war warm im Zimmer, und
Vehbi Efendi genoß diese Wärme, denn seit Tevfiks Abreise hatte er fast ununterbrochen gefastet,
und wer fastet, friert leicht.

Nach jenen frühen Morgenstunden unter den
Verbannten auf der «Şevketi Derya» hatten ihn
düstere Gedanken umgetrieben. Nicht zum er-

sten Mal gefährdete der Anblick menschlichen Leids seine Seelenruhe. Ziel seines Daseins war es, das Unglück in der Welt zu mindern. Als er jedoch an der Weisheit des göttlichen Plans zu zweifeln begann, war das für ihn ein Zeichen, daß seine Seele ernsthaft aus dem Gleichgewicht geraten war, und es galt, so schnell wie möglich die gewohnte Harmonie wiederherzustellen. Dazu mußte er fasten und sich von seinem irdischen Leib lösen, mußte versuchen, zu den wesentlichen Dingen des Seins vorzudringen und sich durch Selbstverleugnung zu züchtigen.

«Ich bin nicht mehr Teil der ewigen Schöpferkraft, sondern nur mehr ein elender, vereinsamter, ziellos umherschweifender Geist», sagte er sich. Ganze Nächte verbrachte er auf den Knien, in Betrachtungen versunken und bestrebt, dem Reich der sinnlichen Eindrücke zu entkommen. Sobald es tagte, stand er auf und begann jenen mystischen Tanz, jenen Wirbel, der ihm helfen sollte, sich ganz auf seine Seele zu konzentrieren. Stundenlang versetzte er seinen großen, geschmeidigen Leib in kreisende Bewegung und stellte so die Verbindung zu einem Universum her, das aus einer Abfolge bestimmter Takte, einem Rhythmus mit eigenen Gesetzen bestand. So ging das seit vielen Tagen. Jetzt saß er auf seinem Schaffell und bewegte sich noch immer fast unmerklich, während er aus einem rhythmisch pulsierenden Vakuum zurückkehrte.

Als Peregrini eintrat, war seine Seele wieder im Einklang mit der eigenen Welt. Er war wieder ein ganzer Mensch.

«Offenbar verlangt es Sie nach einem Gespräch, Peregrini, das entnehme ich Ihrem Gesicht und der frühen Stunde. Und mich verlangt es nach Essen, mein Fasten geht heute zu Ende.» Er stand auf und reckte sich, dann trat er ans Fenster, zog den Vorhang zurück, klopfte an die Scheibe und machte ein Zeichen zum Garten hin.

Als sein Gehilfe ein Tablett mit *börek* und heißer Milch brachte, aß und trank Vehbi Efendi mit sichtlichem Genuß. Dann griff er nach seinem Tabaksbeutel, drehte sich eine Zigarette und zündete sie an. «Erleichtern Sie jetzt Ihre Seele und Ihr Herz. Was bedrückt Sie?»

«Rabia.»

«Was ist mit Rabia?»

«Ich war gestern abend bei ihr, und sie war krank.»

«Auch ich habe sie gestern besucht, da hatte sie Halsschmerzen. Gibt es Komplikationen?»

«Ich habe den Eindruck, daß sie sich wegen der Verbannung ihres Vaters allzusehr grämt.»

«Man sollte das Mädchen nicht zu wichtig nehmen. Mit den Leiden der Seele ist es wie mit einem kranken Körper – man muß beiden Zeit zur Selbstheilung geben, dem Ausbruch der Krankheit folgt die Krise und erst dann die allmähliche Genesung.»

In den Worten schwang eine unmißverständliche Warnung mit, die Peregrini nicht gern hörte. «Ich soll sie nicht wichtig nehmen? Schließlich kenne ich sie lange genug. Sind wir denn Schafe, die in getrennten Pferchen nebeneinander her leben?»

«Es gibt keine Hürden zwischen Mensch und Mensch.»

«Ach nein? Nationalität, Glaube, unterschiedliche Meinungen – sind das keine Hürden?»

«Wenn Sie dieser Auffassung sind – warum streiten Sie dann mit mir?»

«Ich habe den Eindruck, daß Sie sich an meinem Interesse für Rabia stören. Ich lebe nun schon seit so vielen Jahren in Ihrem Land, bin fast einer der Ihren, und doch scheint eine Art Niemandsland uns zu trennen. Nur auf – in moralischer Hinsicht – neutralem Boden können wir einander begegnen, können Freunde werden, und das bedeutet stets: bis hierher und nicht weiter …»

«Ich habe überhaupt nichts dagegen, daß Sie sich für Rabia interessieren.» Vehbi Efendi betrachtete lächelnd den Rauch, der sich aus seinen Nasenlöchern kräuselte. «Was mich stört, ist Ihre Aufgeregtheit. Sie ist unserem Wesen fremd. Sie sind zu rastlos, mein Freund, ich möchte nicht, daß sich das auf Rabia überträgt. Lassen Sie das Mädchen in Ruhe. Zur Zeit ist sie ganz damit beschäftigt, zu überlegen, wie sie Tevfik im Exil unterstützen kann. Früher oder später wird sie wieder zur Ruhe kommen.»

Peregrini schwieg eine Weile. Wie kam Vehbi Efendi dazu, so über das Mädchen zu verfügen? Nicht nur über Rabias spirituelle, sondern auch über ihre weltlichen Anliegen gebot dieser Mann mit der Miene eines mittelalterlichen Heiligen, der ihn an den Beichtvater seiner Mutter erinnerte. Eigenartig, wie sich das Schicksal wiederholte! Die beiden Frauen, denen er am engsten verbunden war, ließen sich gleichermaßen von einer religiösen Autorität leiten. Im Falle seiner Mutter gab es da eine Kluft, die er nie würde überwinden können. Aber wozu schmerzliche Erinnerungen wieder auffrischen? Die Vorstellung, daß man ihn womöglich von Rabia trennen würde, war ihm unerträglich – das durfte nicht geschehen! Rabia war für ihn die einzige wirklich wichtige menschliche Bindung an sein neues Heimat-land. Riß dieses Band, würde es ihm das Herz zer-reißen.

Vehbi Efendi hatte ihn nicht aus den Augen gelassen und merkte, wie aufgewühlt er war. «Warum heiraten Sie eigentlich nicht, Peregrini? Nicht jedem Mann ist die Ehelosigkeit bekömm-lich.»

«Ich werde nie heiraten.»

«Und warum nicht? Sie sind kein Ordensmann mehr. Im übrigen dürfte das Mönchsleben für einen Mann ihres Temperaments denkbar un-geeignet gewesen sein. Was hat Sie nur dazu ge-bracht, in einen Orden einzutreten?»

«Vielleicht die Furcht vor Verdammnis?» er-widerte Peregrini mit bitterem Lächeln. «Ich war ein verwöhnter, nichtsnutziger junger Mann.»

«Als Aristokrat ...»

«Woher wissen Sie ...?»

«Das aristokratische Gebaren ist in allen Län-dern gleich.»

«Mit anderen Worten: Alle Aristokraten sind egoistische, ichbezogene Teufel.»

«Vielleicht.» Vehbi Efendi lächelte. «Sie sollten mir verraten, was wirklich hinter der Sache steckt. Was hat Sie ins Kloster getrieben und wieder aus dem Kloster verjagt?»

«Das ist eine lange Geschichte. Der Grund war meine Mutter.»

«Ihre Mutter? Ich dachte, Mütter wollen vor allem Enkel.»

«Zu dieser Art von Müttern gehörte die meine nicht. Sie hätten sie sehen müssen – groß und dünn, scharf geschnittene Züge, in schwarze Tücher gehüllt, in den düsteren Winkeln alter Kirchen herumgeisternd…»

«Eine reizende Vorstellung…»

«Ja, nicht wahr? Aber mit der fordernden Art ihrer Religion und ihrer Liebe hat sie mich zerstört. All ihr Denken und Tun war von der Kirche diktiert. Sie war eine strenggläubige, sehr fromme Katholikin, besaß kein eigenes Urteil, gestattete sich keine eigene, von der ihres Beichtvaters abweichende Meinung.» Peregrini unterbrach sich und sah den Derwisch einen Moment mit geweiteten Augen an. «Geld und gesellschaftliche Stellung, Ruhm und Glück bedeuteten ihr nichts, der Wille Gottes, so wie ihre Kirche ihn deutete, dagegen alles. Sie erträumte sich für mich Heiligkeit, das heißt Ruhm und Ehre in der kommenden Welt. Zumindest eine Weile lang hat sie sich diesem Traum hingeben können.»

«Erzwungene Askese ist auch eine Form der Zügellosigkeit. Man darf sich vor seinen Mitmenschen erst dann zurückziehen, wenn man ganz sicher ist, daß man ihnen nicht von Nutzen sein kann.»

«Sie ist eine Form der geistigen Wollust», bestätigte Peregrini in zunehmend bitterem Ton. «Eine Orgie von Gebeten, Meditationen, Weihrauch – ungezügeltes Wühlen in der Seele auf Kosten von Geist und Körper. Ich hasse Unterdrückung. Als ich das Kloster verließ, der Seelenfreuden überdrüssig – so wie ich der fleischlichen Freuden überdrüssig war, als ich es betrat –, kam es zum bleibenden Bruch mit meiner Mutter. Sie konnte mir nicht verzeihen oder wäre nur bereit gewesen, mir Verzeihung zu gewähren, wenn ich wieder ins Kloster eingetreten wäre. Aber vergessen wir all das.»

Peregrini schwieg einen Augenblick. Dann sagte er bittend: «Nach meiner Mutter ist Rabia der wichtigste Mensch in meinem Leben. Ich brenne darauf, etwas für sie zu tun, ihr zu dienen, ich möchte dazu beitragen, ihr Leben angenehmer zu gestalten. Wenn Sie mir das verwehren, werde ich leiden und in Ihnen so etwas wie den Beichtvater meiner Mutter sehen.»

Peregrinis Blick war getrübt von ungeweinten Tränen, und sein rückhaltlos offenes Geständnis wirkte entwaffnend. Vehbi Efendi klopfte ihm begütigend aufs Knie. «Sie können Rabia helfen und ihr dienen, soviel Sie wollen. Ich bin überzeugt, daß Sie nur ehrenhafte Absichten haben. Aber lassen Sie auch mich offen sprechen. Wenn Sie Rabia lieben oder ihre Liebe erringen wollen, müssen Sie das Mädchen heiraten. Ich appelliere an den Edelmann in Ihnen – zerstören Sie Rabias Seelenfrieden nicht.»

«Hätten Sie wirklich nichts dagegen, daß ich Rabia heirate?»

«Nicht das mindeste. Allerdings würden Sie zum Islam übertreten müssen, und die Vorstellung, daß Sie nur um der Ehe willen die Religion wechseln, will mir nicht gefallen.»

Peregrini schüttelte den Kopf. «Wenn ein Mann eine Frau liebt, ist nicht einmal ein Glaubenswechsel ein zu großes Opfer. So weit bin ich allerdings noch nicht. Ich gestehe, daß ich Rabia auf der Stelle heiraten würde, wenn sie bereit wäre, mich zum Mann zu nehmen, ohne von mir eine radikale Anpassung an ihre eigene Umgebung zu verlangen. Deshalb werde ich Ihren Rat beherzigen und mich mit der Rolle des guten Freundes begnügen.»

«Ich staune. Soll das heißen, daß Sie, ohne wirklich von ihr überzeugt zu sein, eine neue Religion annehmen würden, nur um heiraten zu können?»

«Ja, aber nicht, solange es meine Mutter gibt, und die dürfte ihren Sohn noch überleben. Ihre Frage erstaunt mich aber ebenfalls. Ihnen, der Sie in einem universellen Sinn religiös sind, dürfte die Entscheidung für die eine oder die andere Konfession doch eigentlich nicht wichtig sein.»

«Sehr wahr – vorausgesetzt, daß eine echte religiöse Einstellung, das heißt der Glaube an Gott, vorhanden ist. Doch Sie glauben an gar nichts.»

«Wer weiß?» Peregrini wandte den Blick ab.

## KAPITEL 39

Drei lange Wochen vergingen nach Peregrinis Gespräch mit Vehbi Efendi. In dieser Zeit verlief Rabias Leben ruhig und ohne besondere Vorkommnisse. Weder Vehbi Efendi noch Peregrini ließen sich sehen. Wo waren sie abgeblieben? Sie wartete ungeduldig auf Schülerinnen, auf einen ersten Auftrag, den *mevlut* zu singen. Dabei lockte sie nicht nur das Finanzielle, sondern auch die neue Ausdrucksmöglichkeit ihrer Kunst. Gern und oft dachte sie auch an den schönen Abend, den sie in Peregrinis Gesellschaft verbracht hatte. Abgesehen von der Arbeit an dem Lob- und Preislied zur Geburt des Propheten und der abend-

lichen Überprüfung von Rakıms Einnahmen
kam ihr das Leben recht eintönig vor. Nachdem
sie aber gelernt hatte, den Verlust Tevfiks schick-
salsergeben hinzunehmen, trug sie jetzt auch das
ereignislose Dahinfließen der Zeit mit Fassung.
Ihre von Kindheit an stark ausgeprägte Geduld
war in jenen Wochen ihre wichtigste Stütze.

Nachts schlief Pembe bei Rabia im Zimmer.
Wenn beide ihr Bettzeug auf dem Boden ausgebreitet hatten, sah die Zigeunerin zu, wie Rabia
ihre Gebete verrichtete. Sie zogen sich in die
Länge und hinderten Pembe am Einschlafen, faszinierten sie aber auch, bewies ihr die Ausdauer,
mit der Rabia dieses lange Ritual absolvierte,
doch wieder einmal, daß es außerhalb des Zigeu-
nerclans mit dem gesunden Menschenverstand
nicht weit her sein konnte. Sie selbst war zu träge
zum Beten. Gott in seinem Himmel war so fern,
daß die Gebete einer armen Zigeunerin ihn unmöglich erreichen konnten. Wozu gab es schließlich die Heiligen und die Zauberer? Pembe stellte Kerzen auf alte Gräber und band Stoffreste
an die vergitterten Fenster der Heiligenschreine,
denn die standen ja an jeder Ecke.

Beten bedeutete genaugenommen, etwas von
Gott zu verlangen. War es nicht Aufgabe der heiligen Toten, sich für die Lebenden zu verwenden

und dafür zu sorgen, daß ihre Wünsche erfüllt wurden? Sie wußten schließlich genau, mit welchen Worten man sich an Gott zu wenden hatte. Und die Lebenden dankten es ihnen, indem sie in den Nächten ihre düsteren Gräber mit tausend Kerzen erhellten. Mit Hähnen und Naschwerk, verpackt in bunt bebänderten Musselin, ging Pembe zu Wahrsagern und Zauberern. Sie pflegten die besten Beziehungen zu den Geistern, die in den Heimstätten der Lebenden ihr Unwesen trieben und sich in ihre weltlichen Belange einmischten. Deren Gunst zu erlangen war vergleichsweise einfach. Sie lebten, wenn auch unsichtbar, während die Heiligen tot waren und in ihren Gräbern lagen. Ob sie die verlassen konnten, um im Himmel Fürsprache zu halten, wußte man nicht so genau. Pembe hatte nicht allzuviel Respekt vor ihnen. Oft genug rüttelte sie zornig an den Gittern des Tezveren-Dede-Schreins[71], weil dieser Heilige sie im Stich gelassen hatte.

«Du Betrüger!» hatte sie ihn bei ihrem letzten Besuch angeschrien. «Die Geister arbeiten schneller als du. Wie viele Kerzen habe ich dir nicht schon gestiftet, damit Tevfik mich heiratet! Statt dessen hast du ihn ins Exil geschickt. Hier ist ein Stück von seinem alten Hemd. Die Hoffnung, ihn zu heiraten, habe ich aufgegeben, aber mach wenigstens, daß er bald zurückkommt, wenn nicht um meinetwillen, dann wenigstens Rabia zuliebe.»

Vielleicht war doch etwas dran, für sich selbst zu beten. Pembe sah zu, wie Rabias langer Schatten im weiten Nachtgewand die Lampe löschte und das Öllämpchen für die Nacht anzündete. Jetzt breitete die schlanke Silhouette den Gebetsteppich aus, richtete sich auf, verbeugte sich, kniete nieder, fiel aufs Gesicht, stand schwankend auf, wiederholte immer wieder die gleichen Bewegungen. Das faszinierendste an diesem Schattenspiel war für Pembe, wenn Rabia – ein scharf begrenzter Umriß vor der weiß getünchten Wand – zum Schluß mit hoch erhobenen Händen niederkniete. Das war gleichsam der letzte Akt, das Ende der persönlichen Zwiesprache des Menschen mit Gott. Die Hände verharrten mit den Handflächen nach oben, um die von den Gläubigen erbetene göttliche Fülle und Gnade zu empfangen.

«Warum bleibt sie so lange unbeweglich in dieser Stellung? Wieso muß sie Gott ständig mit ihren Bitten belästigen?» fragte sich Pembe. Nach und nach aber lernte sie, an der Körpersprache des Schattens Rabias Stimmungen zu erkennen. Sie absolvierte dieses Ritual offenbar ohne bestimmte Ziele zu verfolgen. Auch wenn sie müde und benommen wirkte, schien ihr Gesicht zu lächeln, und mit einem tiefen «Amen!», das wie ein schmerzlicher Seufzer durch die Stille hallte, fielen die Hände auf die Knie. «Amen», wiederholte dann die Zigeunerin und begann schläfrig auf Rabia einzureden.

Die war darüber zuerst nicht erbaut gewesen, hatte Pembe gereizt abgewehrt oder hartnäckig geschwiegen. Neuerdings aber schien sie interessierter zuzuhören und gab hin und wieder sogar eine kurze Antwort. Unweigerlich brachte die Zigeunerin das Gespräch auf die Bewohner des Konaks.

«Seit Hilmi Beys Verbannung haben Selim Pascha und seine Frau nicht mehr miteinander gesprochen.»

«Das wissen alle im Viertel, Tantchen.»

«Aber letzte Woche haben sie sich endlich doch versöhnt! Sabiha Hanım ist mit Hochzeitsvorbereitungen beschäftigt.»

«So bald nach der Verbannung ihres Sohnes?»

«Was sollte sie machen? Die jungen Sklavinnen sind wegen Bilal Bey in allzu große Erregung geraten, er ist der Hahn im Hühnerhof. Es soll mehrere Ohnmachtsanfälle gegeben haben. Er ist so hübsch und spielt den jungen Herrn soviel besser als dieser weibische Hilmi Bey. O ja, Bilal Bey zeigt ihnen, wer im Konak das Sagen hat.»

«Dieser abscheuliche Emporkömmling! Was sagt Bilals künftige Frau, Mihri Hanım?»

«Sie weint und weint und tut kein Auge mehr zu. Es wird höchste Zeit, daß sie heiratet, sie ist im Sinekli Bakkal längst als alte Jungfer verschrien.»

Keine Antwort.

«Rabia, schläfst du?»

«Was ist, Tantchen?»

«Wärst du bereit, zur Hochzeit zu kommen?»

«Wie kannst du so etwas fragen? Habe ich dir nicht gesagt, daß ich jenes Haus nie mehr betreten werde?»

«Aber Sabiha Hanım sehnt sich doch so nach dir. Sie will am Eyüb-Schrein einen Widder opfern, wenn du zur Hochzeit kommst.»

«Was hat sie dir versprochen, wenn es dir gelingt, mich zu überreden, Tantchen?» fragte Rabia spöttisch.

«Ein Paar lange Korallenohrringe», erwiderte die Zigeunerin ungeniert.

«Die Ohrringe mußt du dir erst noch verdienen, Tantchen. Und jetzt laß mich um Gottes willen schlafen.»

Die Zigeunerin drehte sich zur Wand hin und

schlief auf der Stelle ein. Rabia hingegen blieb noch lange wach. Wenn die Tochter des Paschas Bilal heiratete, würde sie, Rabia, die einzige alte Jungfer im Sinekli Bakkal sein. Im April wurde sie achtzehn, und in ihrer Straße gab es außer ihr keine unverheiratete Frau, die älter war als fünfzehn. Aber wen könnte sie heiraten? Der einzige verfügbare ledige Mann war zur Zeit Sabit Beyağabey.

Rabia lachte leise vor sich hin. Nein, sie sah am Horizont keinen Ehemann für sich, aber tief in ihrem Inneren schlummerte seit jeher das Bild eines kleinen Mannes mit faltigem Gesicht und Augen gleich glühenden Kohlen. Und die Hände …

Sie sah die Finger in magischem Tempo über die Tasten jagen, hörte die herrlichen, erhebenden Töne, die sie hervorbrachten. Eine einzelne Weise zum Klingen zu bringen war keine Kunst, diese Hände aber entlockten dem Klavier viele Melodien auf einmal. Rabia warf einen Blick in die ferne Vergangenheit und hörte eine Dreizehnjährige Sabiha Hanım begierig fragen: «Was passiert, wenn eine Muslimin einen Christen heiratet, Efendim?»

## KAPITEL 40

Peregrini ging mit schnellen Schritten durch die Sinekli-Bakkal-Straße. Er frohlockte, denn er brachte Rabia eine gute Nachricht. Er hatte Arbeit für sie gefunden und war damit, wie er meinte, Vehbi Efendi endlich einmal zuvorgekommen. Als er nicht Rakım, sondern Rabia hinter dem Ladentisch sitzen sah, vertieften sich die so einzigartigen Falten seines Gesichts zu dem breiten, herzlichen Lächeln, das Rabia stets entwaffnete. «Spielst du wieder die Kaufmannsfrau?»

«Tantchen ist ausgegangen, und Rakım ist noch nicht vom Markt zurück. Wo haben Sie gesteckt? Einen ganzen Monat haben Sie sich nicht sehen lassen, Sie böser, böser Signore!»

Ihre Freude war rührend anzusehen. Das Leuchten der großen Augen in dem schmalen Gesicht erregte ihn. Voller Verlangen blickte er sie an. Rabia war nur noch ein Schatten ihrer selbst. Unter dem lockeren Gewand zeichnete sich ihr knochiger Körper ab. Wie spitz die Ellbogen waren, wie eckig die Glieder! Ihr abgezehrter Körper hatte etwas Vergeistigtes. «Sie sieht aus, als hätte ein mittelalterlicher Künstler sie gemalt», dachte er.

«Rakım ist sicher bald wieder da», sagte sie

und ging zur Tür. «Kommen Sie in die Küche und trinken Sie einen Kaffee mit uns. Ich werde das Geschäft schließen.»

Er half ihr, die Rolläden herunterzulassen, lehnte die Ladentür an und folgte ihr in die Küche. «Ich habe Arbeit für dich gefunden.»

«Wie schön!» Die grünen Flämmchen in den goldfarbenen Augen sprühten.

«Ich unterrichte im Haus von Prinz Nejat und habe ihm vorgeschlagen, drei seiner Sklavinnen in türkischer Musik ausbilden zu lassen. Er war sofort Feuer und Flamme. Du bist engagiert. Noch in dieser Woche sollst du der Prinzessin deine Aufwartung machen, um den Zeitplan zu besprechen. Ich freue mich so, daß ich es bin, der auf den Gedanken gekommen ist. Eigentlich ist nämlich Vehbi Efendi der Musiklehrer der Prinzessin, und er bemüht sich ständig um dich.»

Wie jungenhaft er trotz der ergrauenden Haare und der vorzeitigen Falten wirkte! Sie lachte wie früher, mit bezaubernd gekrauster Nase, und er klatschte in die Hände.

Dann aber verdüsterte sich ihre Miene. «Ich fürchte mich so vor Palästen…» Die Prachtbauten schienen für sie auf immer mit dem Exil ihres Vaters verbunden.

«Du brauchst keine Angst zu haben, die Prin-

324

zessin ist reizend, paß nur auf.» Er zwinkerte verschmitzt, als habe er noch ein besonderes Geheimnis in petto.

«Sie verheimlichen mir etwas.»

«Ja, das stimmt. Du wirst es erfahren, wenn du in den Palast gehst.»

«Diese Woche war wunderbar. Vehbi Efendi hat mir meinen ersten *mevlut*-Auftrag verschafft. Die Frau, die jedes Jahr im Haus des Ersten Kammerherrn gesungen hat, ist gestorben, und Vehbi Efendi hat mich empfohlen.»

Also war Peregrini doch nicht der erste, der ihr zu einem Auftrag verholfen hatte. «Der Prinz wohnt in Bebek, nicht weit vom Haus des Ersten Kammerherrn. Ich bin der Musiklehrer seines Neffen.»

«Das trifft sich gut. Ich werde am Donnerstagabend dort singen und im Haus übernachten, dann kann ich am nächsten Vormittag der Prinzessin meine Aufwartung machen.» Eifrig holte Rabia die Kaffeetassen aus dem Regal. Ihre Bewegungen waren rasch und energisch, der Kattunstoff umspielte ihren Körper wie edelstes Material. Sie behielt Peregrini im Blick, während sie sprach, und wenn sie lächelte, sah man es nicht nur ihrem Gesicht an.

«Ich habe ein bißchen Angst vor dem Singen

325

des *mevlut*. Bisher habe ich immer nur auf arabisch gesungen, das Lob- und Preislied zur Geburt des Propheten ist aber türkisch. In einer anderen Sprache als Arabisch kann ich mir religiöse
Gesänge gar nicht vorstellen.»

«Fromme Texte rezitieren kann man in jeder
Sprache. Es gibt keine Stimme in der Stadt, die an
die deine heranreicht.»

Sein Lob tat ihr sichtlich wohl. Ihre Wangen
erglühten wie Klatschmohn, und sie sah ihn dankbar an.

«Du wirst einmal eine sehr schöne Frau sein,
Rabia Hanım.»

Auf diese kühne Bemerkung hin vertiefte sich
die Farbe von Rabias Wangen zu sattem Nelken-
rot. Als sie ihm den Kaffee reichte, küßte er ihr
spontan die Hand. Er fühlte, wie sie zitterte. Hatte er sie erschreckt? Sie konnte ja nicht wissen,
daß so etwas in seinem Land durchaus üblich
war… Er mußte etwas tun, um den Anschein von
Dreistigkeit sofort zu tilgen. «Ich möchte, daß
du meine kleine Mutter bist… Sie fehlt mir so
sehr.»

Der Blick, der diese Bemerkung begleitete,
war nicht der eines Sohnes.

Rabia wechselte rasch das Thema. «Das sind
noch nicht alle Neuigkeiten. Ich habe einen Brief

von meinem Vater bekommen. Er ist in Damaskus eingetroffen.»

«Ach ja? Lies vor!»

«Das geht leider nicht. Der Brief wurde durch Boten übermittelt und enthält vielerlei Mitteilungen über Hilmi Bey. Tantchen Pembe hat ihn in den Konak gebracht, um ihn Sabiha Hanım zu zeigen. Mein Vater wohnt bei Hilmi Bey, versucht aber, sich mit dem Schattenspielen selbständig zu machen. Dazu muß er einen Laden im Basar mieten, was mit zusätzlichen Kosten verbunden ist. Sie können sich also vorstellen, was diese Aufträge für mich bedeuten.»

Peregrini war aufgestanden, um zu gehen, als die schrille Stimme des Zwergs vom Laden her rief: «Rabia, bist du in der Küche?»

Auch sie hatte sich erhoben. Ehe sie antworten konnte, kam Rakım schon angestürzt. Er genoß Peregrinis Anwesenheit. Seine Besuche wirkten immer anregend. Nach einem Gespräch mit diesem erstaunlichen Ungläubigen hatte man den Eindruck, als hätte man einen Sturm überstanden, der einem die Flausen aus dem Kopf geweht hatte.

Kein Wunder, daß Rabias Wangen glühten und ihre Augen wie Sterne leuchteten.

Pembe erwarteten sie heute nicht zum Abendessen, sie würde bei Sabiha Hanım speisen. Als
Botin war sie sich sehr wichtig vorgekommen.
Sabiha Hanım würde sich über Rabias höfliche Geste, ihr den Brief vorbeibringen zu lassen, sehr freuen. Vielleicht ließ sich Rabia doch
noch erweichen, zu der Hochzeit zu gehen. Sie
war inzwischen lange nicht mehr so trübsinnig
und reizbar wie in den ersten Wochen nach Tevfiks Verbannung. Das Schicksal lächelte wieder
freundlich auf den kleinen Laden herab.

Beim Essen wirkte Rabia geistesabwesend und
machte keine Anstalten, Rakım zu helfen, als er
abspülte und die Küche aufräumte. Sie saß wie
gewohnt auf ihrem Schemel, und ihre Augen
glänzten, als sähe sie ein geheimes Bild vor sich.
Nachdem sie eine Weile in kleinen Schlucken
ihren Kaffee getrunken hatten, fragte sie: «Wieviel genau zahlt man einer *mevlut*-Sängerin,
Onkel?»

«Bis zu vier, fünf Lira, natürlich nur den Besten.»

«Soviel würde man mir nicht zahlen.»

«Wahrscheinlich sogar mehr! Eine Stimme wie
du hat zur Zeit keine andere.»

«Das ist wahr», bestätigte sie ohne falsche

Bescheidenheit und dachte dabei an Peregrinis Worte. «Mit dem Geld können wir die besten ledernen Schattenspielfiguren für Tevfik kaufen, die es gibt.»

«Natürlich können wir das.»

«Jetzt will ich oben das Lied durcharbeiten.»

Rakım brachte, die Treppe hochkrabbelnd wie ein wunderliches Tier, das Kohlenbecken in ihr Zimmer, zündete die Lampe an und stellte das niedrige Pult mit den beiden Kerzen daneben.

Als sie den weißen Schleier übers Haar gelegt, das Buch aufgeschlagen hatte und sich in die vergilbten Seiten vertiefte, bat er: «Darf ich dableiben und zuhören? Ich bin auch ganz still.»

«Willst du nicht lieber in der Küche sitzen und rauchen? Hier kannst du das nicht.»

«Nein, ich möchte gern bleiben, Rabia.» Er kletterte auf den Diwan und heftete seinen Blick auf sie. Zwar war er an Religiösem nicht interessiert, wie er einmal zu Peregrini gesagt hatte, aber das Lob- und Preislied war etwas anderes. Dieser meisterliche, altehrwürdige türkische Gesang ergriff ihn, und deshalb verzichtete er auch aufs Rauchen, um ihm zu lauschen – und um Rabia anschauen zu können. Wie schön sie war, dort hinter den brennenden Kerzen! Es gab keinen

Menschen mit geraden Gliedern, der so empfäng-
lich für Schönheit gewesen wäre und vielleicht
niemanden, der tiefe Gefühle so erfolgreich hinter scherzhaftem Geplänkel verbergen konnte
wie er.

Rabia hatte seine Anwesenheit vergessen. Sie
versuchte, dem *mevlut*-Gesang einen neuen persönlichen Stil zu geben, und wollte den ersten
Teil in Dur singen. Der jubelnde Triumph, nach
dem die Geburt eines Propheten verlangte, ließ
sich ihrer Meinung nach nur in dieser Tonart ausdrücken. Den Abschnitt über den Tod würde sie
dann in tieftraurigem Moll singen. Stundenlang
summte sie eine Melodie nach der anderen, den
Blick dabei fest auf die Seiten gerichtet. Ihre
suchende Stimme erinnerte den Zwerg an das
Schlagen des Stockes, mit dem ein Blinder sich
durch unbekannte Gassen tastet. Als sie glaubte,
den richtigen Ausdruck gefunden zu haben, hielt
sie inne und wischte sich mit dem Rand ihres
Schleiers übers Gesicht.

«Warum siehst du mich so merkwürdig an,
Onkel?»

«Weil du das schönste Gesicht hast, das der
Allmächtige je schuf.»

«Etwas ähnliches hat mir Peregrini heute gesagt.»

Er spuckte halb im Scherz, halb im Zorn vor einem unsichtbaren Peregrini aus. «Was weiß dieser Ungläubige schon von Schönheit? Deren Frauen sind nicht erfreulich anzusehen.»

«Meinst du?» Rabia kniff belustigt die Augen zusammen.

«Du mußt unbedingt heiraten und deine Schönheit und ... und deine Stimme mehren.»

«Aber mich will ja niemand. Ums Heiraten ist es mir gar nicht zu tun, aber ein Kind hätte ich gern.» Ihre Stimme schwankte ein wenig.

Über der Arbeit an dem Monolog von Mohammeds Mutter, die in den Wehen liegt und beim Rezitieren der Worte, die die arabische Tradition ihr zuschreibt, hatte Rabia völlig vergessen, daß von der Geburt eines Propheten die Rede war. In seiner Menschlichkeit war der Text allgemeingültig und hatte eine Saite in ihrem Herzen berührt, die nun schwang wie die dünnste Saite einer Laute unter den Händen eines Meisters.

Sie beugte sich vor und las die ersten Zeilen. In ihrer Stimme lag so viel Sehnsucht, daß Rakım das Gefühl hatte, als züngelte eine rotglühende Flamme über seinen Rücken. Das ging ihm immer so, wenn ihn etwas stark bewegte.

«Amina sprach: ‹Als die Zeit vollendet ward,
daß zur Welt kam aller Menschen Bester zart,
dürstete von starker Hitze ich so sehr –
reichten sie ein Glas gefüllt mit Scherbet her.
Da ich trank, verging mein Körper ganz in
Licht,
konnt' mich selbst vom Lichte unterscheiden
nicht …›»[72]

Obgleich die Verse ihn gerührt hatten, konnte
er das Grummeln nicht lassen. «Ich weiß, wie
Frauen gebären. Schon auf der Straße hört man
sie schreien. So poetisch hat sich noch keine aus-
gedrückt.»

Seinen Spott ignorierend, fuhr sie mit geweiteten Pupillen und zitternden Lippen fort:

«Kam ein weißer Schwan geflogen schwingen-
weich,
meinen Rücken streichelt' er ganz stark
zugleich.»

Sie schloß das Buch und rezitierte die Begrüßung
des neugeborenen Mohammed in der Dur-Ton-
art, die sie nach langem Suchen glücklich gefunden hatte:

«Sei willkommen, du des Freundes Augenstern!
Sei willkommen, sehr Geliebter du des Herrn!
Sei willkommen, du Erbarmung für die Welt!
Sei willkommen, du der Sünder Fürsprach-
held!»

Tränen liefen Rakım über die runzligen Wangen.
«Hör auf, Rabia, ich kann es nicht aushalten, es
verbrennt mir das Herz. Oh, oh…»

«Schon gut, schon gut», beschwichtigte sie.
«Laß uns von etwas anderem sprechen. Was soll
es sein?»

Er wischte sich die Augen und putzte sich geräuschvoll die Nase. «Reden wir übers Heiraten
und Kinderkriegen. Warum hast du Galip Bey
abgewiesen?»

«Er ist zu langweilig, Onkel.»

«Alle Ehemänner sind langweilig, meine Rose.» Er schüttelte wissend den Kopf.

«Peregrini wäre es nicht», sagte sie wie zu sich
selbst.

«Er ist ein *gavur*[73], schlag dir den aus dem Kopf»,
schalt er, aber insgeheim war er beruhigt. Würde sie sich ernsthaft zu Peregrini hingezogen
fühlen, hätte sie nicht so offen darüber geredet.
Rakım war glücklich – zu glücklich, um sich Sorgen zu machen. Es gab keinen Menschen auf der

Welt, mit dem Rabia so sprach wie mit ihm. Er war so etwas wie ihr zweites Ich, ihr Gegenstück – und das empfand er als einen fast unverdienten Vorzug.

Pembe kam heim, als Rabia schon im Bett lag.

«Sabiha Hanım küßt dir die Augen und läßt dir sagen, du solltest dich ihres Alters erbarmen und sie besuchen. Sie hat viele Tränen über den Brief vergossen.»

«Hat der Pascha ihn auch gelesen?»

«Er war nicht da. Bilal war bei ihr. Er ist jetzt ständig dort. Die Hochzeit ist für April festgesetzt. Geh zu Sabiha Hanım, Rabia, sonst verdrängt Bilal dich in ihrem Herzen.»

«Soll er doch…»

«Und du bist gar nicht eifersüchtig?»

«Nicht im mindesten…»

Doch das stimmte nicht. Ihr Herz war unersättlich in seiner Sehnsucht nach Liebe, zumal an diesem Abend. Es glich einem Wesen mit tausend Armen, von denen jeder einen anderen Geliebten umschlungen hielt, ihn ganz allein besitzen wollte.

Ja, ein solches Verlangen erfüllte an diesem Abend ihr Herz.

## KAPITEL 41

Der Erste Kammerherr bewohnte eine große Villa gleich neben dem «Robert College»[74]. Vor zweihundert Jahren hatten seine Vorfahren am Bosporus sie errichtet, und trotz zahlreicher An- und Umbauten besaß sie noch immer die Würde der schlichten Linienführung, die so typisch für die Wohnarchitektur früherer Zeiten ist. Die weitläufigen Parkanlagen mit ihren alten Ulmen und Fichten liefen hinter dem Haus in einem sanften Hügel aus. Im Grün der Baumgruppen schmiegte sich ein weißes Sommerhäuschen an den Hang.

Rabia betrat die prächtige Villa an einem Donnerstagvormittag Anfang Dezember, um dort abends zum ersten Mal öffentlich einen *mevlut* zu rezitieren. Das Haus erinnerte sie ein wenig an Selim Paschas Konak, war ebenso geräumig und vorteilhaft geschnitten, aber noch vornehmer eingerichtet als Sabiha Hanıms Gemächer. Es gab hier weniger Teppiche und Lüster, dafür war jeder einzelne ein Kunstwerk. Es war eines der wenigen historischen Häuser, in denen die geschnitzten und vergoldeten Decken aus dem siebzehnten Jahrhundert noch erhalten waren. An den Wänden hingen alte Stiche und Landschaftsgemälde aus der «Tulpenperiode»[75]. Auch offene Kamine gab es hier noch, etwas, was Rabia ganz neu war. Staunend betrachtete sie die Simse aus gelbem Marmor und die lodernden Flammen, während eine junge Sklavin sie von Raum zu Raum führte.

Noch ehe sie den Salon erreicht hatten, hörte Rabia Klavierspiel. Hier war unverkennbar ein Könner am Werk.

«Das ist Arif Bey», sagte die Sklavin, «der Neffe des Bey Efendi. Seine Schwester ist gerade gekommen. Treten Sie doch bitte gleich ein, wenn es Ihnen nichts ausmacht. Die Damen verschleiern sich nicht vor ihm.»

«Nein, es macht mir nichts aus», sagte Rabia. Sie trug noch ihre Straßenkleidung und war es durch ihr Arbeit im Laden gewohnt, Männern unverschleiert zu begegnen.

Als Hausherrin fungierte in dieser beeindruckenden Villa Ikbal Hanım, die frühere Amme des Ersten Kammerherrn. Er war unverheiratet geblieben und lebte im Heim seiner Väter allein mit der Amme und seinem verwaisten Neffen. Die alte Dame saß in einem Sessel und nähte, erhob sich aber sofort, als Rabia eintrat, zu deren Ehren sie sich eigens in grünen Brokat gekleidet hatte. Ehrerbietig musterte sie die Koransängerin, die trotz ihrer Jugend Würde und unübersehbare Autorität ausstrahlte. Aus einem Sessel am Fenster hatte sich noch eine jüngere Frau erhoben.

Rabias Blick fiel durch die große Fensterscheibe hinter ihr auf die schaumgekrönten Wellen und das zornige Grün des winterlichen Bosporus. Arif hatte aufgehört zu spielen und sich zu den beiden Frauen gesellt.

«Ich hoffe, dir ist nicht zu kalt», sagte die alte Dame, während Arif für Rabia einen Sessel an den Kamin rückte. Sie empfand das Holzfeuer als sehr angenehm, und auch das gelbe Marmorwasserbecken, aus dem sich mitten im Raum ein kleiner Springbrunnen plätschernd erhob und Goldfische ruhig ihre Kreise zogen, faszinierte sie.

Rabia überlegte, warum der junge Mann sich wohl ständig im Harem aufhielt. Hatte er denn nichts zu tun? Tatsächlich war sein Lebensinhalt die Musik, er galt nach Prinz Nejat als der brillanteste türkische Pianist seiner Tage. Die Musik als Brotberuf zu wählen verbot ihm seine adlige Herkunft. Da er von Natur aus zu träge war, sich einen anderen angemessenen Wirkungskreis zu suchen, blieb er einfach im Haus seines Onkels wohnen. Hin und wieder besuchte er ein paar Monate das «Robert College», hatte dann aber bald wieder genug von solcher Fleißarbeit.

Jetzt war seine Neugier geweckt. Sowohl sein Musiklehrer als auch Vehbi Efendi hatten ihm bereits von Rabia erzählt, aber daß eine Koransängerin so attraktiv sein konnte, hatte er nicht erwartet. Etwas eingeschüchtert von ihrem Ernst und ihrer Gelassenheit blieb er dennoch an der Seite der anderen beiden Frauen und hoffte auf eine Gelegenheit, mit ihr ins Gespräch zu kommen.

Seine Schwester teilte sein Interesse an Rabia. Sie war bedeutend älter als er und besaß ein eigenes Haus auf der anderen Seite des Bosporus. Der Besuch bei ihrem Onkel galt dem jährlichen Totengedenken mit dem traditionellen *mevlut*-Gesang. Ihr Heim war modern eingerichtet, sie genoß die Freiheiten eines verwestlichten Lebens, hing aber noch sehr am Althergebrachten. Sie war entzückt von der Koransängerin, weil sie ihr so bodenständig schien – ein Symbol für alles, was in der Tradition des Landes altehrwürdig und fest verwurzelt war.

Nach den wechselseitigen Begrüßungen, höflichen Erkundigungen nach dem Befinden der Familie und des ganzen Hauswesens bat Arifs Schwester: «Spiel doch das Nocturne von Chopin weiter, Arif, in meinem Haus hört man leider nur noch leichte Unterhaltungsmusik.»

«Vielleicht findet unser Gast keinen Gefallen daran», warf Ikbal Hanım hoffnungsvoll ein.

«Ich würde es sehr gern hören, denn ich habe die Klänge eines Klaviers lange entbehren müssen», sagte Rabia eifrig.

Mehr als ein Jahr war vergangen, seit sie Peregrini in Hilmis Zimmer hatte spielen hören. Die sanft dahingleitenden Töne des schwermütigen Nocturne versetzten sie in jene Zeit zurück. Sie erinnerte sich daran, wie Peregrini über Chopin gespottet hatte, während Hilmi am liebsten immer nur die Stücke dieses einen Komponisten gehört hätte. Wie sehr hatte Peregrinis Spiel sie damals aufgewühlt! Arifs Stil konnte den Einfluß seines Lehrers nicht verleugnen.

Draußen brachen sich die Wellen am Fels, der Sturm toste, und das Nocturne klang sanft und zahm vor der ungestümen Symphonie der Elemente.

«Er sitzt den ganzen Tag an seinem Instrument», flüsterte die alte Amme. «Mich bringt das schier um den Verstand, aber der Ärmste hat sonst keine Zerstreuung, man muß Nachsicht mit der Jugend üben.»

Rabia nickte gedankenverloren. Ihr Blick verfolgte das Spiel der Muskeln auf dem Rücken des jungen Mannes.

Die Dienerin wartete an der Tür, bis Arif fertig war, und bat dann zu Tisch.

Am Nachmittag übernahm Ikbal Hanım das Kommando. Rabia müsse ruhen, niemand dürfe sie stören. Sie führte Rabia in das für sie bestimmte Zimmer im Obergeschoß und wandte sich, schon an der Tür, noch einmal um. «Auf dem Gang steht jederzeit eine Dienerin bereit. Rufe sie einfach, wenn du Wasser für deine Waschungen brauchst.»

Rabia setzte sich, ohne ihre Straßenkleidung abzulegen, ans Fenster und sah müßig hinaus. Der Wind rüttelte lautstark an den Traufen. Die dunklen Wolken, die über den Himmel jagten, die zornigen Wellen dort unten und die geschwungene Linie des hügeligen Küstenstreifens waren ein beeindruckender Anblick, aber Rabia nahm ihn kaum wahr. Sie war nervös und dachte an Peregrini – nicht an den hilfsbereiten väterlichen Freund, sondern an den großen Musiker. Sie konnte sich der Faszination des Mannes, der so herrliche und machtvolle Klänge schuf, nicht entziehen.

«Ich wünschte, Peregrini wäre ein Muslim, dann könnte ich ihn heiraten», überlegte sie. Eine andere Möglichkeit, sich aus seinem ungewöhnlichen, aber unbezwingbaren Bann zu lösen, sah sie nicht. Dann aber machte sie sich Vorwürfe, weil sie sich mit ihren eigenen Sorgen beschäftigt hatte, da sie doch alles daransetzen mußte, die Unterhaltskosten für Tevfik in Damaskus aufzubringen.

Sie stand auf, trat vor die Tür und bat um Wasser. Kaltes Wasser und lange Gebete halfen ihr, sich auf das zu besinnen, was an diesem Tag ihre eigentliche Aufgabe war. Den restlichen Nachmittag verbrachte sie auf einem Stuhl, schlug mit den Händen auf den Knien den Takt und summte den ersten Teil des *mevlut* in Dur.

## KAPITEL 42

Man hatte die Flügeltüren der drei Empfangssäle geöffnet, so daß ein Raum von der Größe einer kleinen Moschee entstanden war. Dicht an dicht knieten die Frauen am Boden. Ihre weiß verschleierten Gesichter richteten sich, den Blick voll leidenschaftlicher Erwartung, auf ein mit seidenen Teppichen bedecktes Podium. Dort stand ein Pult mit brennenden Kerzen in silbernen Haltern. Die drei Kronleuchter an der Decke glichen gleißenden Sträußen, die man spielerisch über den Köpfen der knienden Menge aufgehängt hatte.

Vierhundert Hälse reckten sich, um einen Blick auf die Sängerin zu erhaschen, die ihrer Gastgeberin durch den mittleren Saal folgte und auf einem Kissen hinter dem leeren Pult niederkniete. Die schlanke Gestalt mit schmalem Oberkörper und langen Beinen, die sich unter dem Baumwollgewand abzeichneten, ließ eine von innerem Feuer beseelte Persönlichkeit erahnen. Das von einem weißen Schleier umrahmte Gesicht sah aus, als habe es eine unbekannte Leidenschaft bis auf Haut und Knochen verzehrt. Ihre Züge beflügelten die Phantasie der Menge, noch ehe sich Rabias Lippen geöffnet hatten. Sie hatte inzwischen das Buch aufgeschlagen und auf das Pult gelegt, aber ihr Blick blieb weiter auf die Lichtbündel über den Köpfen der Zuhörerinnen gerichtet.

Bereits mit den ersten Tönen begann die kniende Menge zu wogen wie ein Feld weißer Narzissen, wenn der Wind sie auf endloser Weite anweht. Leise Seufzer, schweres Atmen, Schluchzer, erst vereinzelt, dann im Chor begleiteten den Gesang, während die Sängerin – sich der allgemeinen Erschütterung bewußt oder auch nicht – fortfuhr, die Gefühle und Phantasien einer Frau in den Wehen zu beschreiben.

Ein Rauschen ging durch den Raum – die

Frauen hatten sich erhoben, streichelten sich gegenseitig sanft den Rücken und begrüßten mit dem leise wiederholten «Sei willkommen!» das Kind, das geboren wurde, um auf der Erde zu wohnen. Daß es ein Prophet war, schien in diesem Augenblick nicht wichtig. Ist nicht jedes Kind, das auf die Welt kommt, ein Bote Gottes? In dieser kollektiven Leidenschaft lag etwas sehr Menschliches, alle wurden mitgerissen von dem ekstatischen Gefühl der Erfüllung, das jede Frau nach der Niederkunft erfaßt. Man hörte Seufzer, Schluchzer, sah Tränen des Frohlockens und der Glückseligkeit. Damit endete der erste Teil des Lobliedes, der die Geburt des Propheten beschreibt.

Zwischen «Geburt» und «Tod» sprenkelten junge Mädchen Rosenwasser auf ausgestreckte Hände und servierten Sorbets. Weihrauchschwaden verbreiteten süße, würzige Düfte. Rabia sah zu einer Reihe von Sesseln am hinteren Ende des Saales hin. Sie waren für Zuhörerinnen bestimmt, die sich für zu modern hielten, um zu knien. Beim Anblick der dort Sitzenden stieg eine Erinnerung in Rabia auf – sie sah eine lange Reihe von Frauen mit hochgezogenen Augenbrauen durch die Räume von Selim Paschas Konak schreiten. Wo sonst hatte man diese Angewohnheit? Die

Frauen mußten also aus dem Sultanspalast sein. Den Ehrenplatz hatte eine strahlende Schönheit inne. Ihr heller Kopf wirkte wie aus Marmor gemeißelt. Exakt geschnittene seidige Fransen sahen unter dem Schleier hervor. Wo war Rabia dieses Gesicht schon einmal begegnet?

Am anderen Ende des Saales, zu ihrer Rechten, war ein Vorhang gespannt, hinter dem eine erlesene Gruppe von Musikern des Sultans eine klassische Hymne anstimmte. Darüber vergaß Rabia die Frau, nach der sie ihr Gedächtnis durchsucht hatte, denn dies war ein Genuß, den nur der Erste Kammerherr seinen Gästen bieten konnte. Die Männerstimmen wirkten beruhigend. Rabia dachte an Vehbi Efendi. Wieviel besser verstanden es doch die Männer, ihre Kunst kontemplativ und allen verständlich zu gestalten. Was mochte ihr Geheimnis sein?

Danach war wieder Rabia mit dem «Tod des Propheten» an der Reihe. Sie gab ihr Bestes in traurigem Moll, so wie sie zu Beginn ihr Bestes in Dur gegeben hatte. Der Kontrast zwischen den beiden Teilen war überwältigend. Verschwunden war alles Menschliche und Freudige. Der Schatten des Todes schlich sich in die Herzen, quälende Furcht vor dem unvermeidlichen Ende des Lebens stellte sich ein, alle beschäftigten sich mit dem unberechenbaren Danach. Es kam zu hysterischen Szenen, etliche Frauen fielen in Ohnmacht und mußten aus dem Saal getragen werden.

Dann war die Zeremonie zu Ende. Zuckerzeug in bunten Tüten wurde an die Zuhörer verteilt. Rabia verließ, von zwei Frauen gestützt, den Saal. Die Menge machte der Sängerin ehrerbietig Platz. Erst als ihre Begleiterinnen sie in einen anderen Raum geführt und die Tür geschlossen hatten, erkannte sie auf der einen Seite die Nichte des Kammerherrn, auf der anderen die Schöne im Mittelpunkt der Gruppe aus dem Sultanspalast. Ja, aber war das nicht…

«Kanarya Hanım!» stieß Rabia hervor und umarmte sie.

Die Nichte des Kammerherrn hüstelte. «Du kennst Prinzessin Nejat?»

Das also war die Überraschung, die Peregrini ihr bislang vorenthalten hatte.

«Wir haben früher zusammen bei Tisch gesessen», sagte die Prinzessin und streichelte Rabias Arm. «Damals war ich eine Sklavin, und sie war noch nicht groß und noch nicht berühmt genug, um am Tisch der Herrin zu speisen. Wie seltsam, daß wir uns nach so vielen Jahren wieder an einer Tafel treffen.»

Rabia folgte dem Blick der Prinzessin und sah den runden Tisch, auf dem ein Festmahl mit erlesenen Speisen bereitstand und zwischen silbernen Kerzenleuchtern ein silberner Samowar dampfte. Ihre Müdigkeit war wie weggeblasen. Sie würde wieder mit Kanarya essen!

«Sie muß ganz verhungert sein, sie hat es abgelehnt, vor ihrer Rezitation etwas zu sich zu nehmen», sagte die Nichte des Kammerherrn.

«Niemand könnte diese Leistung auf vollen Magen vollbringen», bemerkte die Prinzessin.

Eine Frau mit bereits ergrauendem Haar, aber noch jungem Gesicht war eingetreten. Da sie als einzige keinen Schleier trug, mußte sie Christin sein, schien aber mit der Prinzessin auf vertrautem Fuß zu stehen.

«Ich bin sehr froh, daß Sie mich mitgenommen haben, Prinzessin», bemerkte sie und dann, an Rabia gewandt: «Bei deinem Gesang, meine Liebe, fühlte ich mich an Weihnachten erinnert.»

Die Prinzessin stellte sie vor. «Das ist Mrs. Hopkins, Rabia, die Frau eines Professors vom ‹Robert College›, der meinem Gemahl Englischunterricht erteilt, und eine sehr liebe Freundin von mir.»

Mrs. Hopkins' geschickte Hände waren schon am Werk. Sie bat alle, Platz zu nehmen, und bereitete den Tee. «Diese junge Sängerin hat euch alle verzaubert. Wie steht es mit Essen? Ich habe großen Hunger.»

Rabia betrachtete staunend eine Kanarya, die nicht mehr die war, die sie kannte. Seltsam, wie auf der Bühne des Lebens ein jeder die Rollen wechselt, andere Szenen spielt und man sich trotzdem immer wieder trifft. Nie hätte sie damit gerechnet, Kanarya jemals wiederzusehen. Vielleicht war das ein Zeichen, daß sie irgendwann auch auf Tevfiks Rückkehr hoffen durfte.

«Du hast dich nicht sehr verändert, Rabia. Aber warum schaust du so ernst, Kind?»

«Ernst? Gewiß nicht... und Ihr seid noch so schön wie früher, schöner vielleicht.»

«Nun ja – ich bin schön, aber vor allem bin ich Prinzessin», bemerkte Kanarya leicht ironisch. «Von einer Tscherkessin erwartet man außerdem, daß sie schön ist.»

«Warum?» erkundigte sich Mrs. Hopkins.

«Weil sie seit jeher mit Sultanen verheiratet werden.»

«Und warum seid Ihr nicht die Frau des Sultans geworden, Prinzessin?»

«Weil sich ältere Männer schwer fangen lassen, Mrs. Hopkins.»

Rabia sah eine blonde Sklavin vor sich, die auf

347

einem Bodenkissen saß und die *oud* spielte. Sie dachte daran, wie der hellhaarigen Frau die Tränen über die Wangen gelaufen waren, hörte ihren leisen Gesang und den Kummer in ihrer Stimme, dessen Bedeutung Rabia damals nicht begriffen hatte.

«Der Sultan konnte sie nicht heiraten, weil er der Dame ergeben war, die damals Herrin der jetzigen Prinzessin Nejat war», erläuterte die Nichte des Ersten Kammerherrn.

«Ich wußte gar nicht, daß ein Sultan solche Skrupel entwickeln kann», lachte Mrs. Hopkins.

«Die Zuneigung des Sultans zu seiner Gemahlin Rosenmund ist tatsächlich einmalig.»

«Sie muß eine ungewöhnliche Person sein.»

«Wenn sie mich wieder einmal besucht, müssen Sie dazukommen, Mrs. Hopkins. Sie ist eine wunderbare Frau. Besonders schöne und kluge kleine Tscherkessenmädchen nimmt sie an Kindes statt an und läßt ihnen eine gute Erziehung zuteil werden. Ihr ist es zu verdanken, daß törichte junge Prinzen hin und wieder vernünftige und intelligente Ehefrauen bekommen.»

«Erzählt Mrs. Hopkins, wie Ihr den Sultan kennengelernt habt, Prinzessin», bat die Nichte des Kammerherrn.

«Das war in meiner ersten Woche im Palast»,

begann die Prinzessin. «Die Gemahlin des Sultans bat mich, ihre Adoptivtöchter zur täglichen Morgenvisite bei dem hohen Herrn zu begleiten. Man hatte die Mädchen zu den Gemächern des Sultans zu bringen und an der Tür zu warten, bis Seine Majestät herauskam und eine Weile mit ihnen plauderte, denn er liebt Kinder und Tiere.»

«Sehr erstaunlich für einen so blutrünstigen Tyrannen», dachte Mrs. Hopkins.

«Also ging ich mit meinen blonden Schützlingen durch lange Gänge bis zu den königlichen Gemächern.» Die Prinzessin hielt inne. Sie erinnerte sich, wie brav das Grüppchen über die dikken Teppiche getrippelt war, wie ernst und erwachsen die Kinder sich benommen hatten. «Der Vorraum hatte die Form eines großen Rechtecks. Vergoldete Spiegel bedeckten die Wände, die Möbel waren mit rotem und goldfarbenem Damast bezogen. Tag und Nacht brannte dort ein hundertarmiger Kronleuchter, denn der Raum hatte keine Fenster, sondern nur zwei Türen. Eine führte in die Gemächer des Sultans, und über dieser Tür hing ein Käfig aus massivem Gold, in dem ein grüner Papagei saß.»

Der Papagei, den sie an jenem denkwürdigen Tag zum ersten Mal zu Gesicht bekommen hatte, war ihr unvergeßlich geblieben. Kanarya sah

349

ihn erneut vor sich, wie er, den Kopf unter einen glänzenden Flügel gesteckt, schlafend auf seiner Stange saß. Die Kinder hatten den Käfig angestarrt, als wäre er die magische Kristallkugel, durch die man ins Jenseits gelangt.

Noch ehe irgend jemand die Schritte des Sultans gehört hatte, war dieser unheimliche Vogel schon hellwach. Er schlug mit den Flügeln, legte den Kopf mit den funkelnden roten Augen schief und wandte den Schnabel nach rechts und links. Die Tür hatte sich noch nicht geöffnet, da erscholl es bereits markerschütternd aus dem Käfig: «Lang lebe der Sultan!» Dreimal und so geräuschvoll, als ginge es um sein Leben, ließ er den Sultan hochleben, ehe der den Vorraum erreicht hatte.

Zu Rabias Entzücken ahmte Kanarya den Ruf des Papageis nach. «Wie sieht der Sultan aus?» fragte sie.

Kanarya verdrehte die blauen Augen. «Glatter Bart, halbmondförmige Augenbrauen, Mandelaugen, rote Wangen – natürlich nicht echt.»

«Wollt Ihr damit etwa behaupten, daß er sich schminkt?»

«Aber sicher. Eigentlich hat er einen fahlen Teint, aber schließlich muß er seine Untertanen beeindrucken.»

«Das klingt weibisch.»

«Keineswegs. Und seine Stimme ...»

«Ach bitte, Prinzessin, erzählt uns, was er gesagt hat!»

«Er sah mich zornig, ja drohend an. Ich war nicht die gewohnte Begleiterin, und er hegte einen stetigen Argwohn gegen jedes neue Gesicht. ‹Wer bist du?› fragte er.» Prinzessin Nejat ahmte Abdülhamids erstaunlichen Baß nach. «‹Ich bin die Tänzerin der Dame Rosenmund›, antwortete ich. Nun war er beruhigt. ‹Danke›, erwiderte er. ‹Hüte die Kinder gut.› Er verbeugte sich auf seine huldvolle Art und ging wieder, nicht ohne vorher noch kurz mit dem Papagei zu sprechen.»

Prinzessin Nejat atmete erleichtert auf. Sie hatte den Sultan schon damals abstoßend gefunden. «Ich bin froh, daß ich vor seinen Augen keinen Gefallen gefunden habe», sagte sie wie zu sich selbst.

«Hier ist heißer Tee, Prinzessin.» Mrs. Hopkins hatte die Geschichte mit ebenso kindlicher Spannung verfolgt wie Rabia. «Und jetzt erzählen Sie vom Prinzen. Wie er sich auf den ersten Blick in sie verliebt hat und so weiter und so fort ...»

«Mit Romantik hatte meine Heirat nichts zu tun, auch nichts mit Gefühlen. Der Palast war voller attraktiver Frauen, die dem armen Jungen keine Ruhe ließen. Sie lauerten ihm auf den Gängen auf, machten ihm schöne Augen, waren so eifersüchtig, daß sie einander am liebsten die Augen ausgekratzt hätten. Ich war die einzige, die den Prinzen nicht beachtete, deshalb hat er dann rasch mich geheiratet. Ich bin nicht nur seine Ehefrau, sondern auch eine Art Leibwache für ihn. Ich schütze ihn vor den anderen. Er ist einfach zu schön für den Sultanspalast.»

«Könnten Sie meine Neugier in einem Punkt befriedigen, Prinzessin?» bat Mrs. Hopkins.

«Nur in einem?» Die Prinzessin trank verschmitzt zwinkernd ihren Tee. Sie war in überaus leutseliger Stimmung.

«Warum läßt Seine Majestät den Prinzen so leben, wie er will, während er seine anderen Neffen und Anverwandten praktisch wie Gefangene in ihren Villen hält?»

«Wegen Prinz Nejats Vater.»

«Wo ist da der Zusammenhang?»

«Der Vater des Prinzen hatte – wie soll ich sagen – ein kindliches Gemüt. Ehrgeiz war ihm fremd. Und er pflegte recht merkwürdige Steckenpferde. Regelmäßig ließ er in seinem Park ein Spielzeugboot über den Teich fahren. An den Ufern waren überall kleine Anlegestellen eingerichtet. Er selbst spielte den Fahrkartenverkäufer, und seine Diener mußten sich als Matrosen verkleiden. Er blieb bis zu seinem Lebensende ein siebenjähriger Knabe. Prinz Nejat hat zwar keine so infantilen Phantasien, aber als Sohn seines Vaters ist er für den Sultan nun einmal *persona grata*. Überdies entwickelt der Prinz wie sein Vater keinerlei Ehrgeiz. Er interessiert sich, wie Sie wissen, nur für die Musik. Auch das spricht für ihn. Der arme Liebling ist so schüchtern, daß er ins Stottern kommt, wenn man ihn anspricht – auch das wissen Sie, Emma Hopkins. Doch kann er dem Sultan die Sorgen vertreiben, indem er ihm stundenlang vorspielt. Der Sultan teilt die Liebe des Prinzen zu deutscher Musik. All das hat uns geholfen. Man stört unsere Kreise nicht. Er darf sich sogar von dem Dichter Kudret Bey, einem Mann, der wahrhaftig nicht in der Gunst des Sultans steht, in Literatur unterrichten lassen.»

Man schwieg kurze Zeit, und die Damen tranken ihre dritte Tasse Tee.

«Jetzt erzähle, wie es dir ergangen ist, Rabia!»

«Ich habe den Koran vorgetragen und außerdem in der Sinekli-Bakkal-Straße Käse, Zwiebeln und andere übelriechende Waren verkauft.»

«Von dem traurigen Vorfall hatte ich gehört…» Die Prinzessin hielt inne und wechselte taktvoll das Thema. «Und jetzt entwickelst du dich auch noch zu einer berühmte *mevlut*-Sängerin. Du wirst die Einwohner von Istanbul so zum Weinen bringen, wie dein Vater sie zum Lachen brachte. Und wie geht es meiner früheren Herrin? Seit ich in Bebek lebe, war ich nicht mehr bei ihr.»

Rabia wandte den Blick ab. «Ich gehe nicht mehr in den Konak. Nach der Rolle, die Selim Pascha bei der Verurteilung meines Vaters gespielt hat, mag ich ihn nicht mehr sehen.»

«Das ist nicht recht von dir, Rabia. Er hatte dich sehr gern. Schließlich hat er nur seine Pflicht getan. Der Pflichterfüllung würde er alles opfern. Trotzdem ist er ein großer Mann.» Die Wangen der Prinzessin hatten sich gerötet. Sie warf einen Blick auf die Kaminuhr. «Wie spät es schon ist! Ich muß gehen. Du kommst mich doch morgen besuchen, Rabia?»

«Ja, Prinzessin.»

«Ich freue mich, daß wir jetzt wieder zusammen essen werden. Wie in alten Zeiten. Und morgen wirst du den Prinzen kennenlernen.»

## KAPITEL 43

«Guten Morgen!» Ein zahnloser Mund sank tief in ein verrunzeltes Gesicht. Ikbal Hanım saß an einem kleinen Tisch im Salon. Sie hatte auf Rabia gewartet.

Die begrüßte die Alte freundlich und blieb vor dem Marmorbecken stehen, in dem die kleinen Goldfische hinter Krümeln herjagten.

«Hier ist dein Kaffee, Rabia Hanım. Die jungen Leute schlafen noch.» Sie stellte Rabia eine Tasse hin. Auf einem Teller daneben lag ein Briefumschlag mit ihrem Namen. Das war ihr Honorar. Was hatte man ihr gezahlt? Sie zügelte ihre Neugier. Erst in der Kutsche würde sie den Umschlag öffnen.

Die alte Kinderfrau war in redseliger Stimmung und sprach mit Rabia über deren Triumph am vergangenen Abend. Selbst der Erste Kammerherr sei tief beeindruckt gewesen. «Er stand mit Vehbi Efendi hinter dem Vorhang. Ein so schönes Loblied zur Geburt des Propheten habe er noch nie gehört, hat er gesagt. Glaub mir, Kind, er hat vor Rührung geweint, nicht anders als die Frauen.»

«Was hat Vehbi Efendi gesagt?» Gespannt wartete Rabia auf das Urteil des Meisters.

«Nichts. Ich glaube, er ist heute vormittag zu Prinz Nejat gegangen, dort wirst du ihn beim Mittagessen treffen.»

Auf der Fahrt zum Palast öffnete Rabia den Umschlag. Er enthielt fünfzehn Lira. Sie lachte leise auf vor Freude. Das bedeutete, daß sie ohne weiteres einen ganzen Satz lederne Schattenspielfiguren für Tevfik kaufen konnte. Mehr noch – es bedeutete, daß man in ihr eine herausragende *mevlut*-Sängerin sah. Da war sie wieder, diese seltsame Erregung, die sie auch bei ihren ersten Auftritten als Koransängerin gespürt hatte.

Prinz Nejat und der Erste Kammerherr waren Nachbarn. Der Palast des Prinzen stand auf einem der vielen Hügel, die sich in langen, unregelmäßig geformten Ketten an den Ufern des Bosporus entlangziehen. Die Kutsche rollte über die breite Kiesauffahrt und hielt vor der Tür. Dort wurde Rabia von Eunuchen und im Haus selbst von Sklavinnen in Empfang genommen. Insgeheim belustigt wegen des Aufhebens, das man um sie machte, schritt sie mit großem Gefolge die Treppe hoch. In ihrem bescheidenen wollenen Straßenmantel kam sie sich zwischen den prachtvoll in Samt und Seide gehüllten jungen Frauen wie ein Fremdkörper vor.

Die Palastetikette verbot es den Frauen, einen

Schleier, und den Männern, eine Kopfbedeckung zu tragen. Auch die strenggläubigste Muslimin hatte unverhüllt vor die Mitglieder der königlichen Familie zu treten. Da Rabia das wußte, ließ sie zu, daß zwei Kammerzofen ihr Mantel und Schleier abnahmen. Eine dritte hielt ihr einen silbernen Spiegel hin, aber Rabias schlichte Frisur – das braune Haar war sauber gescheitelt und im Nacken nach innen gedreht – saß tadellos.

«Ich treffe ja nur Vehbi Efendi. Er ist ein Heiliger, vor dem sich ohnehin keine Frau verschleiert», dachte Rabia, während die Zofen sie in den Salon der Prinzessin führten.

Die sah in ihrem prachtvollen blauen Gewand sehr ehrfurchtgebietend aus, aber ihre großen blauen Augen blickten so herzlich wie früher. Sie ließ Rabias künftige Schülerinnen holen und stellte sie vor. Die eine war eine junge Schwarze, die auf den Namen Gülbeyaz hörte, die anderen beiden – Nevgice und Mahpeyker – waren blonde Tscherkessinnen.[76] Die Schwarze hatte eine herrliche Stimme und sollte zur Sängerin ausgebildet werden, die anderen beiden ein Saiteninstrument erlernen.

Nachdem man festgelegt hatte, daß Rabia jeden Montag kommen und bis Mittwoch bleiben würde – tagsüber als Lehrerin, abends als Gast –, schickte die Prinzessin sie mit ihren Schülerinnen ins Musikzimmer. «Wenn ihr fertig seid, wird man dich wieder in meinen Salon zurückbringen», sagte sie.

In einem Raum im hinteren Teil des Palastes, den man für ein Musikinstrumente-Museum hätte halten können, arbeitete Rabia zwei Stunden intensiv mit den jungen Frauen. Als sie zur Prinzessin zurückkam, war bereits Mittagszeit, und sie folgte der Freundin in den Speisesaal. Durch die breiten Glastüren, die auf einen Balkon hinausgingen, bot sich Rabia ein atemberaubender Blick. Über den hellgrauen Himmel zwischen den Hügelketten rechts und links des Bosporus rasten Sturmwolken, weit unten erstreckte sich die weite, gekräuselte Wasserfläche, die sich hob und senkte. Doch plötzlich war die großartige Aussicht vergessen. Zwischen dem Prinzen und Vehbi Efendi stand – Peregrini.

Rabia erschrak. Sie war nicht verschleiert, und Peregrini war weder ein Prinz noch ein Heiliger und obendrein noch Christ. Ein unerklärliches Schuldgefühl erfaßte sie, und wäre sie nicht von klein auf zu strenger Selbstbeherrschung erzogen worden, hätte sie sich umgedreht und die Flucht ergriffen. So aber trat sie äußerlich gefaßt auf die Männer zu, verbeugte sich vor dem Prinzen und

Vehbi Efendi und nahm die Hand, die Peregrini ihr hinstreckte. Ihre Hand zitterte, die Fingerspitzen waren eiskalt, und sie mied seinen Blick.

Er spürte ihre Erregung, ohne sie sich erklären zu können. Auch wenn er mit dem Leben in diesem Land recht vertraut war, hätte er kaum begriffen, daß Rabia es als Schmach, ja als Sünde empfand, ihm unverschleiert gegenüberzutreten. Ihr Gesicht wirkte angespannt, die helle Haut gerötet, die grünen Fünkchen in der goldfarbenen Iris sprühten.

«Zum Teufel, wie hübsch sie ist», dachte Peregrini. «Aber sie hat nur Augen für den Prinzen, und den könnte ich heute umbringen. Kein Mann, und sei er aus noch so altem Geschlecht, hat das Recht, so gut auszusehen.»

Die Dynastie der Osmanen hatte – aus welchen Gründen auch immer – mehr als einmal solche geradezu verboten schönen Männer hervorgebracht. Die allzu perfekten Brauenbögen, die großen dunkelblauen, von tiefschwarzen, geschwungenen Wimpern eingerahmten Augen, die kleinen Lippen unter dem schmalen, seidigen Schnurrbart – das alles zierte ihn ungemein. Da stand er, den Fes schräg aufgesetzt, eine Augenbraue hochgezogen, und verbeugte sich vor Rabia mit vollendeter Grazie.

Prinz Nejat mochte unter den abgeschieden lebenden und mit krankhafter und erregbarer Phantasie geschlagenen Frauen des Palastes Verheerungen angerichtet haben – Rabia ließ seine Schönheit unberührt. Ein Prinz mußte einfach anders aussehen als andere Menschen. Für sie war er nicht mehr als ein Denkmal aus vergangenen Zeiten oder ein besonders gelungenes Gemälde. Was sie viel mehr für ihn einnahm, waren seine übermäßige Schüchternheit und seine gequälten Bemühungen, beim Sprechen nicht zu stottern.

Diesem Mädchen, das in einem lächerlichen Baumwollmantel und gesteppter Jacke da unter seinem aufgeputzten Weibervolk stand, gelang es jedoch, ihm sehr schnell die Befangenheit zu nehmen. Noch nie hatte er sich so für einen Menschen interessiert, der nicht zum Kreis des Sultans gehörte. Und der Bann, in den Rabia ihn zog, hatte weder etwas mit ihrer ungewöhnlichen Kleidung zu tun noch mit der Tatsache, daß sie eine Frau war.

Peregrini, der ihm gegenübersaß, beobachtete die beiden und versuchte vergeblich, Rabias Aufmerksamkeit auf sich zu lenken. Vehbi Efendi hatte sich zwischen Rabia und der Prinzessin niedergelassen, mit der er sich angeregt unterhielt.

«Sie ist die Enkelin eines Imams und die Tochter eines Komödianten», dachte der Prinz, «und lebt in einer dieser jämmerlichen Hütten, die ich mir schon immer gern einmal von innen angesehen hätte.» Laut sagte er: «Von der Prinzessin habe ich erfahren, daß du im Sinekli Bakkal wohnst, im Fliegenkrämerviertel. Köstlich, dieser Name!» Er lachte entzückt.

«Der Mann ist leider ein Narr», sagte sich Peregrini gereizt.

«Den Namen trägt unser Viertel völlig zu Recht. Im Sommer belästigen uns nämlich Tausende und Abertausende von Fliegen. Wart Ihr je in dieser Gegend, Hoheit?»

«Nein, aber ich werde alle Gäßchen, durch die ich fahre, von jetzt ab Sinekli Bakkal nennen. Ich habe mich immer gefragt, was für Menschen wohl in diesen Häusern wohnen. Was würde ich nicht dafür geben, mir eines ansehen zu können.»

«Das würde ich mir gut überlegen, Hoheit, Ihr würdet doch nur Schmutz und Lärm antreffen. Die Frauen stehen am Brunnen zusammen und schwatzen und streiten, und die Gassenjungen spielen im Dreck.»

«Fabelhaft, fabelhaft!» begeisterte sich der Prinz wie ein Forschungsreisender, dem man von einem noch unentdeckten Land berichtet. Rabia, belustigt von seinem Interesse, schilderte ihm anschaulich die Häuser im Sinekli Bakkal und ihre Bewohner, und er quittierte ihre Worte mit jenem nervösen, unnatürlichen Lachen, das für die Herrschaften im Dunstkreis des Sultans so typisch war.

«Für die Leute, die in meinem Viertel wohnen, ist das leider wenig amüsant, Hoheit. Es gibt dort viele Arme. Den Flickschuster Fehmi Efendi zum Beispiel. Er schuftet den ganzen Tag, und trotzdem bewohnen seine Frau und seine drei Kinder nur ein einziges Zimmer und leben manchmal, glaube ich, nur von Brot und Zwiebeln.»

«Ach, wie traurig!» Prompt bekam der Prinz feuchte Augen, aber es war eine prickelnde Rührung, die ihn überkam, als er von jenen originellen Menschen hörte, die zum Abendessen nur Brot und dieses übelriechende Knollengewächs zu sich nahmen. Im Sultanspalast wurden ihm solche traurigen Geschichten nicht geboten. Dort drehte sich alles nur um das Treiben der Geschlechter, um Eifersucht und Intrigen… und das war überaus ermüdend!

Rabia, die nicht ahnte, welche Wonne Traurigkeit und Mitleid für den Prinzen bedeuteten, erzählte ihm, um auf ein anderes Thema zu kommen, von Sabit Beyağabey, dessen Anhängern und ihrem legendär ausgelassenen Treiben. «Fabelhaft, fabelhaft!» wiederholte er, beugte sich zu Rabia hinüber und fuhr in vertraulichem Ton fort: «Prinz Rayik, mein Cousin, schwärmt für die Feuerwehr. Er besitzt eine kleine Feuerspritze, seine Diener verkleiden sich zu seiner Belustigung als Feuerwehrmänner, und er selbst gibt den Kommandanten. Hin und wieder schlagen die Damen im Palast Alarm, dann läuft er mit seinem Gefolge schreiend im Park herum, und alle spielen Löschen.»

Was für eine klägliche Geschichte! Rabia mußte an den Vater des Prinzen denken, der kleine Dampfer auf seinem Teich hatte herumfahren lassen und selbst den Fahrkartenverkäufer gegeben hatte. Das Leben hinter Palastmauern war eine gespenstisch verschwommene Spiegelung der Realität. Im Grunde waren sie alle bemitleidenswert, diese jungen Prinzen, wie sie so erbärmlich das wirkliche Leben nachahmten.

«Erzähl mir mehr über Sabit Beyağabey. Wie redet er?»

«Seinen Wortschatz kann ich Hoheit nicht zumuten, aber er ist ein guter Kerl und verläßlicher Freund. Und einer unserer treuesten Kunden.»

«Fabelhaft, fabelhaft», sagte der Prinz wieder. Er hatte seinen Stuhl näher an Rabia herangerückt. «Unweit unserer Sommerresidenz in Çamlica gab es auch einen Krämerladen. Unter der Tür stand immer ein Junge in blauer Schürze. Wenn unsere Kutsche um die Ecke bog, rannte er hinterher. Ich... ich hätte so gern mit diesem Jungen gespielt.» Er hatte die Stimme gesenkt, so daß Peregrini seinen Worten nicht mehr folgen konnte. Sie waren offenbar nur für Rabia bestimmt. «Als Kind habe ich nie spielen dürfen», klagte er, heiser vor innerer Bewegung. «Immer war eine Horde lästiger Kammerherrn in dummen hochgeschlossenen Röcken und steif wie Marionetten um mich herum, die versuchten, meinen Kopf mit nutzlosem Wissen vollzustopfen. Doch was nützt einem armen Prinzen das Wissen, wenn er dazu verurteilt ist, sein Leben hinter Palastmauern zu verbringen?»

«Ich habe auch viele Jahre nicht spielen dürfen», antwortete Rabia, um ihn zu trösten. «Bis mein Vater zum ersten Mal aus dem Exil zurückkam.»

«Dürfen wir das Huhn servieren, Hoheit?» fragte die Prinzessin. Der Fischgang war noch nicht abgetragen worden, doch die Sklavinnen warteten bereits mit silbernen Schüsseln hinter den Stühlen.

«Gewiß, gewiß», stammelte der Prinz bestürzt.

364

Es war ihm sichtlich peinlich, daß er seine Gäste hatte warten lassen.

«Bezaubernd, wie unbekümmert sie Messer, Gabel und Löffel verwechselt», dachte Peregrini. «Ich wünschte, die Prinzessin wäre eifersüchtig. Wie lange will dieser dumme, degenerierte Laffe uns noch bei Tisch sitzen lassen?»

«Etliche Frauen sind beim *mevlut* in Ohnmacht gefallen», sagte die Prinzessin zu Vehbi Efendi. «Finden Sie nicht auch, daß Rabia wunderbar war?»

Rabia verstummte. In gespannter Erwartung sah sie zu Vehbi Efendi hin.

Der Derwisch lächelte leicht belustigt. «Sie hat es recht gut gemacht, wenn auch nicht auf die herkömmliche Art und Weise.»

«Ihr Gesang hat mich ein wenig an Signor Peregrinis Improvisationen erinnert», bemerkte die Prinzessin.

Jetzt tat auch Peregrini den Mund auf. «Ich wünschte, ich wäre dabeigewesen», sagte er voller Genugtuung.

«Sie durften gar nicht dabeisein», erwiderte Rabia sehr scharf. «Sie sind kein Muslim.»

Nie hätte er gedacht, daß sein Glaube Rabia so wichtig war. Damit schlug sie ihm die Tür vor der Nase zu, schloß ihn aus, die Undankbare.

«Mrs. Hopkins war dabei, und sie ist auch keine Muslimin.»

«Sie ist religiös. Signor Peregrini glaubt an nichts, vielleicht hätte er sogar gelacht.»

«Du bist ungerecht», wies Vehbi Efendi sie zurecht. «Kennst du irgendeinen Menschen, der so viel Achtung vor der Tradition und religiösen Gebräuchen hat wie Signor Peregrini? Bedenke, daß er sogar in die Moscheen gekommen ist, um dich singen zu hören.»

Rabia schwieg. Sie war sich des unausgesprochenen Konflikts zwischen ihr und Peregrini sehr wohl bewußt. Schon seine Anwesenheit genügte, um sie nervös zu machen. Die Sklavinnen hatten Obst gebracht. Rabia hatte sich einen Pfirsich genommen und hielt ihn in der Hand, während die anderen schon anfingen zu essen.

«Ißt du nichts, Rabia Hanım?» Wieder versuchte Peregrini, ihren Blick auf sich zu lenken.

«Ich habe Obst noch nie mit Messer und Gabel gegessen, ich weiß nicht, wie man das macht.»

Sogleich legte der Prinz sein Messer hin und biß ohne Umstände in seinen Apfel, und auch von den weißen Fingern der Prinzessin tropfte gelber Orangensaft. Als die Dienerinnen mit einer silbernen Schale und einem Tuch für jeden Gast kamen, erhoben sich alle.

«Wann werden wir Rabia wiedersehen, Prinzessin?» fragte Prinz Nejat.

«Von jetzt ab kommt sie jeden Montag und ist abends unser Gast. Ich werde Vehbi Efendi und Signor Peregrini dazubitten. Aber jetzt müssen Hoheit eilen, Seine Majestät erwartet Euch heute nachmittag zum Vorspielen.»

Mit ihm verließen alle Männer den Harem. Als Rabia sich verabschieden wollte, legte die Prinzessin ihr die Hände auf die Schultern und sah ihr in die Augen.

«Willst du mir einen Gefallen tun, Rabia?»

«Jeden, Prinzessin…»

«Ich möchte, daß du in Selim Paschas Konak gehst. Du mußt Nachsicht üben und darfst nicht ewig vergangenem Unrecht nachhängen. Und solltest du… solltest du bei Selim Pascha meinen Namen erwähnen, sage ihm, daß ich an ihn denke und mit ihm fühle.»

«Das will ich tun», versprach Rabia.

Es war ein erstaunlicher Tag für sie gewesen. Ihr Groll auf Selim Pascha war gewichen. Alles, was normalerweise ihren Alltag ausmachte, mußte jetzt erst einmal zurückstehen. Ihre Jugend regte sich, der Wunsch, ein eigenes Leben zu führen, stand an erster Stelle.

## KAPITEL 44

Rabia saß mit gekreuzten Beinen auf einem Kissen vor dem Kohlenbecken, wärmte die schmalen Hände und erzählte von der Prinzessin und ihrem Palast. Ihre langen Zöpfe wippten, wenn sie den Kopf drehte.

«Nein, wirklich? Sag bloß!» staunte der Zwerg mit weit aufgerissenen Augen. Ein breites Lächeln legte sein Gesicht in unzählige Falten. Er bestand darauf, alles bis in die letzten Einzelheiten zu erfahren. Die Geheimnisse des Lebens hinter Palastmauern interessierten ihn ebenso brennend wie den Prinzen interessiert hatte, was sich in den kleinen Häusern des Sinekli Bakkal abspielte. Rakım fuhr sich mit der Zunge über die Lippen, während Rabia vor ihren Zuhörern ein prächtiges Bild nach dem anderen erstehen ließ. Verglichen damit, fand Rakım, war das Leben hier draußen nichts als Mühe und Plage.

Rabia ging geduldig auf seine Fragen ein, so wie sie auch auf den Prinzen eingegangen war. Im Grunde waren beide bedauernswert.

Heulend fegte der Nordwind über den Garten, wirbelte den Kies auf und warf ihn prasselnd wie Hagel gegen die Küchentür. Pembe, die schweigend und rauchend dabeisaß und Rabia aus zusammengekniffenen Augen musterte, sah die hektischen Flecken auf ihren Wangen und das Funkeln in ihren Augen. Bei ihrem ersten Besuch im Palast des Prinzen Nejat mußte ihr etwas Besonderes widerfahren sein.

Rabia erzählte munter weiter, hatte aber dabei immer das Bild eines nicht mehr ganz jungen Mannes mit gequälten Zügen vor Augen. Hinter diesem Gesicht lauerte das Böse, das es zu bekämpfen galt, wie die Helden in alter Zeit gegen die Drachen gekämpft hatten. Sie mußte jenes Bild tilgen, das ihre unsterbliche Seele bedrohte. Wie hatte sie ihn verletzt, als sie ihm gesagt hatte, er könne nicht an einer *mevlut*-Rezitation teilnehmen! Recht geschah ihm! Sie mußte bei der Religion Schutz suchen, bei der Tradition, bei allem, was ihr Heimatland aufzubieten hatte, durfte ihm nicht gestatten, die Grenzen zu überschreiten. Und doch horchte sie gespannt, ob nicht jemand an die Ladentür klopfte. Vielleicht würde Peregrini noch kommen …

«Willst du heute abend überhaupt nicht schlafen gehen, Rabia?»

Peregrini lief in seinem Zimmer auf und ab. Vor seinem inneren Auge zogen die Szenen des Abends in Prinz Nejats Palast vorbei. «Liebe auf den ersten Blick, ganz klar», murmelte er und sah den Prinzen vor sich, der seinen Stuhl immer näher an Rabia heranrückte, sich über sie beugte, ihr etwas ins Ohr flüsterte. Warum war die Prinzessin nicht eifersüchtig geworden? Orientalische Frauen verteidigten ihre Männer doch sonst wie die Tigerinnen. Vielleicht hatte die Prinzessin die Situation besser begriffen als er, vielleicht war ja alles ganz harmlos. Schließlich hatte es Rabia, die Ärmste, bisher immer nur mit nicht mehr ganz jungen Musiklehrern, verkrüppelten Zwergen, alten Paschas zu tun gehabt. «Schäm dich, Peregrini», schalt er sich. «Das Mädchen ist jung genug, um deine Tochter sein zu können.» Es hatte nur dieses viel zu schönen Prinzen bedurft, um Peregrinis stille Liebe zu Rabia in brennende Leidenschaft umschlagen zu lassen.

«Rabia war heute hier», berichtete Sabiha Hanım. «Habe ich dir nicht gesagt, daß ich sie dazu bringen würde, mich zu besuchen? Pembe soll ihre Korallenohrringe haben, die hat sie verdient.»

«Sie ist tagsüber gekommen, um mir aus dem Weg zu gehen», dachte Selim Pascha. Dann wandte er sich an Bilal, der gerade den Raum betreten hatte. «Guten Abend. Was gibt es Neues, mein Sohn?»

«Ich wollte nur fragen, ob Mutter irgend etwas benötigt.»

Sabiha Hanım küßte ihn auf beide Wangen und schob ihm, einer liebevollen Erinnerung folgend, die Hand in den Kragen. «Du bist erhitzt, Bilal, ich werde dafür sorgen, daß man dir einen Lindenblütentee macht.»

Der Pascha sah rasch beiseite. «Warum hast du Rabia nicht gesagt, sie soll zum Abendessen bleiben?»

«Das habe ich ja getan, aber sie gibt drei Sklavinnen von Prinzessin Nejat Musikunterricht und ißt daher am Montagabend dort. Kaum zu glauben, daß aus unserer kleinen Kanarya eine so große Dame geworden ist.»

«Warum nicht? Sie war wunderschön.»

«Gewiß, aber so kalt. Doch sie war immerhin so gnädig, uns über Rabia ihre Grüße überbringen zu lassen. Rabia schlägt vor, wir sollten sie zu Bilals Hochzeit einladen. Warum wirst du rot, du törichter Junge?»

Am Montag abend widmete sich Prinz Nejat nach dem Essen erneut ausschließlich Rabia. Zumindest Vehbi Efendi entging Peregrinis innerer Aufruhr nicht.

«Es wäre gut, wenn der Italiener eine Weile in

371

seine Heimat zurückkehren oder eine längere Auslandsreise unternehmen würde», dachte der Derwisch bei sich. «Hier schafft er nur Probleme, er ist wie eine Schlange in Rabias schönem, friedlichem Garten. Aber er leidet, der Ärmste.» Warum konnte er Rabia nicht so lieben, wie er, Vehbi Efendi, es tat? Warum blieben Menschen wie Peregrini auf dieser primitiven Entwicklungsstufe des Lebens stehen, auf der man nur zufrieden ist, wenn man das Gefühl hat, etwas oder jemanden ganz und gar zu besitzen? Die Welt und ihre Schätze gehörten ebenso wie Schönheit und Liebe allen Menschen, und alle hatten ein Recht darauf, sich daran zu freuen. Warum diese selbstsüchtige Ausschließlichkeit? Wenn die Menschen nicht lernten, alles Gute mit ihrem Nächsten zu teilen, würde es nie Frieden geben.

Die Prinzessin rückte mit ihrem Stuhl näher an Rabia heran, und nachdem Vehbi Efendi ihrem Beispiel gefolgt war, sagte sie zu Peregrini: «Wollen Sie sich nicht auch zu uns gesellen, *cher maître*?»

«Wenn Hoheit nichts dagegen haben, spiele ich nebenan ein wenig vor mich hin», erwiderte er und verließ den Raum.

Rabia war rot geworden, ließ sich aber nicht anmerken, wie ungehalten sie war. Er hatte sie gekränkt, ließ sie allein und zog seine barbarische Musik einem Gespräch mit ihr vor, während sich hochgestellte Persönlichkeiten um sie scharten, ihr aus der Hand aßen und an ihren Lippen hingen!

Nebenan griff Peregrini wie in wilder Wut in die Tasten und entlockte dem Instrument die wundersamsten Töne. Man meinte einen Wind zu hören, der schrill durch eine Gasse pfiff, dann wieder tosende Wogen, ein zügelloses Konzert der Elemente über Zeit und Raum hinweg. Rabias Stolz war gebrochen, und der Prinz hatte die kleine Koransängerin über Peregrinis Improvisation, die ein ganzes Orchester ersetzte, glatt vergessen. Alle lauschten gebannt. Im Orkan der Klänge war eine einzelne sanfte Melodie deutlich zu vernehmen. Bei Allah, Peregrinis Hände konnten tausend Dschinn beschwören und sie mit einer einzigen vertrauten Weise besiegen!

Der Italiener hatte eine kleine Pause eingelegt. Als er wieder anfing zu spielen, sahen sich seine vier Zuhörer erstaunt an. Es war die schwermütigste und tiefgründigste Melodie in Moll, die sie jemals auf einem Flügel gehört hatten, und klang doch irgendwie bekannt. Begann nicht genau so Rabias Korangesang?

«Im Namen Allahs, des Erbarmers, des Barmherzigen…» Ohne es zu merken, fing sie an sich zu wiegen, ihre Lippen bewegten sich lautlos. Peregrini erschien unter der Tür. Alle vier standen auf und klatschten.

«Fabelhaft, fabelhaft», rief der Prinz.

«Du solltest Signor Peregrini den Anfang deines *mevlut* vortragen, Rabia.»

«Nein, keine frommen Weisen. Bringt mir ein Tamburin, ich singe euch ein Volkslied.» Rabia setzte sich auf den Teppich. Ihre Finger tanzten über das straff gespannte Trommelfell, die Schellen klirrten, und sie sang das bekannte Lied vom «Taschentuch». Ihr Vortrag glich dem einer Zigeunerin, fast sang sie wie Pembe, lustvoll und voller Schwung, im Takt der Melodie den Kopf wiegend. Ihre Augen lachten, in den tieferen Lagen klang die Stimme ein wenig rauh. Noch nie hatte man darin diese weltliche Leidenschaft vernommen.

«Von Garten zu Garten winke mit deinem
  Taschentuch… dem scharlachfarbenen,
  dem purpurnen Taschentuch…»

Peregrini holte sein weißes Taschentuch heraus und schwenkte es.

«Rabia wird sich doch nicht in den Italiener verliebt haben?» überlegte die Prinzessin.

Der Prinz hatte die Augen geschlossen, und um seinen schönen Mund lag ein jungenhaftes Lächeln. So stellte er sich den Gesang der Mädchen aus dem Sinekli Bakkal vor.

«Wohin soll das noch führen?» dachte Peregrini. «Sie hat die Friedensflagge gehißt, wir können uns von Garten zu Garten zuwinken, aber ihr Tuch ist scharlach- und purpurfarben. Ach, dieses mutwillige Kind, diese Zauberin, diese Hexe!»

«Allah, verzeih mir», flehte Rabias sündhaftes Herz, dessen viele Fangarme sich nun alle einem Mann entgegenstreckten, um ihn zu umschließen, um ihn festzuhalten. Ihn allein.

Am Montag der folgenden Woche kam Peregrini nicht in den Palast. Rabia wagte nicht, nach dem Grund zu fragen. Der Abend schien ihr endlos, und der Prinz langweilte sie.

«Hast du etwa Kopfweh, Rabia?» fragte die Prinzessin.

«Nein, nein», beteuerte sie so munter wie möglich. «Ich habe diese Woche meine Stimme etwas überanstrengt.»

Der Prinz stand auf. «Ruh dich doch ein wenig aus, Rabia Hanım, ich werde für dich spielen.

Vehbi Efendi trat zu ihnen. «Peregrinis Mutter ist gestorben, Rabia.»

Deshalb also fehlte er. Rabia atmete auf.

«Er reist in die Heimat, um seine Angelegenheiten zu ordnen. Ich vermute, daß das einen Monat in Anspruch nehmen wird.»

«Wer weiß, ob er je wiederkommt.»

«Wie bitter das klingt», dachte der Derwisch betroffen. Er trat ans Fenster.

Rabia lehnte sich zurück und schloß die Augen. Das Klavierspiel des Prinzen hatte nichts von Peregrinis gequälter und quälender Leidenschaft, war eher kontemplativ, fast emotionslos und trotzdem große Kunst und sehr erholsam. Das Herz vermochte er jedoch nicht zu rühren. Die Prinzessin fand keinen Gefallen daran. Sie stand neben Vehbi Efendi am Fenster.

«Niemand in unserem Land trägt deutsche Musik so gut vor wie der Prinz», hörte Rabia sie sagen. «Mir fehlt dafür das Verständnis. Aber Seine Majestät liebt sie.»

«Ich verstehe sie auch nicht. Sie kommt mir immer vor wie ein von einem genialen Tonbaumeister errichtetes gewaltiges Monument aus Klängen. Nur ein mathematisches Genie kann sich so etwas einfallen lassen», erwiderte Vehbi Efendi.

«Wie würde so ein Monument wohl von innen aussehen?» fragte die Prinzessin.

«Ich denke, die Inneneinrichtung müßte sehr logisch aufgebaut sein und jedes Stück einem ganz bestimmten Zweck dienen – nicht wie in unseren Häusern, in denen es so viele nutzlose, aber behagliche und intime Ecken und Winkel gibt.»

«Habe ich dich gelangweilt?» Der Prinz stand plötzlich unter der Tür. Rabia erhob sich.

«Es war wunderschön, Hoheit», bekannte sie, ehrlich dankbar für die Atempause, die er ihr verschafft hatte.

«Ich sagte gerade zu der Prinzessin, wie fremd und unverständlich mir die deutsche Musik ist», meinte Vehbi Efendi. «Italienische Musik dagegen finde ich herrlich, und einige von Peregrinis Improvisationen genieße ich sehr.»

«Was mich immer wieder erstaunt», äußerte der Prinz, «ist der gewaltige Unterschied zwischen dem *inneren* Rhythmus westlicher und östlicher Musik.»

«Der Westen kennt praktisch keine ausgeprägten Melodien…»

«Findest du? Aber der Zusammenklang ist wunderbar. Unsere einstimmig vorgetragenen Melodien wirken sehr karg. Im Orient scheint es, als lebte jeder für sich, ganz in seinem eigenen Ich eingeschlossen.»

Genau so war Rabia derzeit zumute.

## KAPITEL 45

Die Räder des Schicksals drehten sich weiter – blindlings und mitleidlos wie eh und je. Sie hatten eine Muslimin erfaßt, die einen Christen liebte, und waren über sie hinweggerollt. Dann aber hatte – ein Wink des Schicksals? – die Mutter des Christen das Zeitliche gesegnet, und er war abgereist. Vielleicht kam er nie mehr zurück. Gewiß, das war ein schmerzlicher Gedanke, aber zumindest hatte Rabia nun die Möglichkeit, in seiner Abwesenheit ihre schuldhafte Leidenschaft zu überwinden. Sie stand unter Bewährung. Das Schicksal prüfte ihre Glaubensstärke.

Rabia schrieb die unberechenbaren Wendungen des Lebens ganz selbstverständlich dem Unsichtbaren zu. Ihre Welt war eine Welt der Seele. Alle sichtbaren Anzeichen menschlicher Leistung und Macht waren nur Schatten vor dem Wirken der unsichtbaren Kräfte, davon war ihr orientalisches Gemüt zutiefst überzeugt. Die frühesten Ansätze ihres vernunftbegabten Denkens waren beeinflußt von der verbissenen, unmenschlichen Metaphysik des Imams, nach der ein rächender Gott, ein mitleidloses Fatum das menschliche Geschick regierte. Da dieses Fatum dem Menschen alles Glück neidete, riß es ihm den Kelch des Glücks von den Lippen, ehe er es hatte kosten können.

Im Lauf ihrer Kindheit hatte sich dann nach und nach eine rationalere Sicht durchgesetzt, die das Planen und Wirken des Unsichtbaren in weniger düsterem Licht erscheinen ließ. Diese neue Sichtweise hatte sie hauptsächlich Vehbi Efendi zu verdanken, der das menschliche Schicksal sanfter und gütiger interpretierte. Aber aus welchem Blickwinkel sie ihre Situation auch betrachtete – es lief immer nur auf eines hinaus: Der Tod von Peregrinis Mutter, der ihn gerade jetzt, da sie sich ihrer Liebe zu ihm bewußt geworden war, von ihr wegführte, war eine Mahnung, sich dieses sündhafte Gefühl aus dem Herzen zu reißen.

Eine Woche lang tobte eine heftige Schlacht in ihrer Seele. Zum Glück war tagsüber jede Stunde ausgefüllt. Eine Verpflichtung jagte die nächste, ständig war sie von einem Ende der Stadt zum anderen unterwegs und kam völlig erschöpft und mit schmerzender Kehle heim. Daß sie abends nicht zum Reden aufgelegt war, schien nur zu verständlich, aber Pembe und Rakım sahen, daß die Kerbe zwischen ihren Augenbrauen wieder tiefer geworden war. Ihre Züge wirkten angespannt, man merkte förmlich, daß sie damit beschäftigt war, ein schwieriges Problem zu lösen.

Die Nächte waren unerträglich. Sie las nun stundenlang, ehe sie zu Bett ging. Pembe grummelte, denn Rabia taten vor Erschöpfung bereits alle Glieder weh. Doch auch der Schlaf brachte nur quälende Träume. Gab es irgend jemanden auf der Welt, der so endlos träumen konnte wie Rabia? Es waren keine freundlichen Traumgesichte, die ihr erschienen, sondern Gestalten aus ihrer Kindheit und Jugend, die jetzt als furchterregende Fratzen wiederkehrten. Die von Emine war am schlimmsten. Den schmalen Mund hatte sie zu einem höhnischen Grinsen verzogen, und eine unglaublich lange Zunge – die Zunge eines Reptils – schnellte daraus hervor und verspottete Rabia. Auch der Imam kehrte in ihren Träumen stets wieder. Er rezitierte wie damals grauenvolle Verse aus dem Koran und drohte Rabia sämtliche Qualen der Hölle an, wenn sie diese ruchlose Leidenschaft nicht aus ihrem Herzen tilgte. Manchmal träumte sie von Vehbi Efendi. Sie flehte ihn an, Peregrini zum Muslim zu machen, damit sich ihr Herzenswunsch erfüllen konnte. Doch er schien bekümmert. Sie konnte nicht erkennen, ob er auf Emines oder auf ihrer Seite stand. Das schlimmste war, daß ihr Herz nach zwei langen Wochen ebenso rebellisch, ebenso qualvoll zerrissen war wie zuvor. Durch nichts ließ es sich bewegen, von Peregrini zu lassen. «Kein Wunder, daß die Dichter singen, verliebte Herzen seien wie die gehackte und gebratene Leber, die im Basar feilgeboten wird», dachte sie bei sich und mußte selbst ein wenig darüber lachen.

Als ihr Elend den Tiefpunkt erreicht hatte, war sie zu einer Entscheidung gelangt, und diese Entscheidung fiel ganz anders aus als die, zu der ihre bösen Träume sie mit aller Kraft gedrängt hatten. Sie hätte nicht einmal genau sagen können, ob sie wirklich eine Lösung für ihr Dilemma gefunden hatte, aber in ihrem Herzen wußte sie nun, daß das Leben unendlich viel wertvoller und wichtiger war als alle metaphysischen Erwägungen. Sie würde ihr Glück den Fängen des Schicksals entreißen. Peregrini würde ihr Mann werden.

Am letzten Donnerstag jenes denkwürdigen Monats kam plötzlich am frühen Vormittag Peregrini in den Laden.

Rakıms Gesicht hellte sich auf. «Der Italiener

wird Rabias düstere Stimmung vertreiben», sagte er sich.

«Seit wann sind Sie zurück, Signore?»

«Seit gestern abend.»

«Ich habe von Ihrem Verlust gehört. Möge Allah Ihnen langes Leben schenken», sagte der Zwerg mit der im Islam üblichen Beileidsformel.

Peregrinis Reaktion – oder vielmehr deren Ausbleiben – verblüffte ihn. Der Mann hatte kaum zugehört und erwähnte weder seine Reise noch den Tod seiner Mutter. Man hätte in so einer Situation von ihm Überschwenglichkeit oder philosophische Betrachtungen erwarten können, aber beides blieb aus. Er war sehr schmal geworden, zugleich zeigte sich so etwas wie Erlösung auf seinem Gesicht. So sah ein Mensch aus, der eine schicksalhafte Entscheidung getroffen hatte.

«Könnte ich gleich mit Rabia Hanım sprechen?»

«Gewiß. Gehen Sie nur nach oben und klopfen Sie. Tante Pembe wäscht gerade, aber Sie anzumelden ist ja nicht nötig. Ihr Besuch wird Rabia guttun, sie hatte furchtbar schlechte Laune…» Rakım hörte, wie der Italiener eilig die Treppe hochstieg, er selbst wandte sich dem nächsten Kunden zu.

«Re, sol, la, si, la, sol», sang Rabia in ihrem Zim-

mer. Sie saß am Kohlenbecken, ein Blatt Noten-
papier auf den Knien, und war dabei, eine einfache Weise für ihre Schülerinnen aus dem Palast
zu komponieren. Sie feuchtete den Bleistift an
und zog den Schal fester um die Schultern.

«Re, sol, la, si, la, sol... komm herein, Onkel,
wenn's denn sein muß...» Sie wandte sich um
und wollte Rakım schon wegen der Störung zu-
rechtzuweisen, sprang aber statt dessen rasch auf
und warf sich den Schal über den Kopf.

Peregrini, der mit ernstem Gesicht an der Tür
stehengeblieben war, lächelte über die scheue
Geste. «Aber ich habe dein Haar doch oft genug
gesehen, du törichtes Kind!»

«Ja, weil ich mich vor dem Prinzen nicht verschleiern durfte.»

«Der Teufel hole den Prinzen», dachte Peregrini, laut sagte er: «Ich muß in einer sehr ernsten
Angelegenheit mit dir sprechen, Rabia.»

«Ach ja? Bitte nehmen Sie doch auf den Diwan
Platz, dort am Fenster.»

Erst als sie sich ebenfalls dort niedergelassen
hatte, wenn auch in beträchtlichem Abstand von
ihm, fiel ihr der Trauerfall ein, der ihn getroffen
hatte.

«Allah schenke Ihnen langes Leben», bemerkte sie in bemüht traurigem Ton, während ihr zu-

gleich das Blut lustvoll durch die Adern jagte. Dies war der Augenblick, in dem sich alle ihre Probleme endgültig lösen würden.

«Ich bin nun ganz allein auf der Welt.» Er machte eine lange Pause.

Vielleicht brachte der Sohn dem Gedächtnis der Mutter in diesem Moment seine letzte Huldigung dar? «Allah schenke Ihnen Geduld.» Wieder antwortete sie der Konvention gemäß und mit dem angemessenen Ernst, aber die goldfarbenen Augen hinter den langen seidigen Wimpern glitzerten erwartungsvoll.

«Ich bin gekommen, weil ich dich bitten will, meine Frau zu werden. Ich kann ohne dich nicht leben.»

Sie sah ihn ohne jede Scham an, mit einem Freimut, der ihn erstaunte. «Auch ich kann nicht ohne Sie leben, Signore. Aber ich sehe keine Möglichkeit zur Heirat. Wir gehören unterschiedlichen Glaubensrichtungen an.»

«Wir könnten an einen anderen Ort ziehen, wo derlei Dinge keine Rolle spielen. Du könntest deinen Glauben behalten. Ich selbst glaube an nichts.»

Rabia wandte erblassend den Blick ab. Sie hatte alles so gründlich durchdacht, hatte bestimmte Schlüsse gezogen – und nun versetzte das Schicksal ihr einen letzten Schlag. Eigentlich war sie auf ein anderes Angebot gefaßt gewesen. Sie wußte, daß es ihr ebensowenig möglich war, die Ketten der Konvention zu sprengen, wie zu fliegen. Und auch von der gewohnten Umgebung würde sie sich nie trennen können, denn deren Einfluß war – das erkannte sie in diesem Moment – noch stärker als der ihres Glaubens. Sie war niedergeschmettert.

Für Peregrini kam ihre Reaktion nicht ganz unerwartet. Was ihn an Rabia so bezauberte, war ja unter anderem ihre Bodenständigkeit, die Tatsache, daß man sie nicht in fremde Erde verpflanzen konnte. Er selbst war ein unruhiger Geist. Wollte er Rabia zu seiner Frau machen, würde er über seinen Schatten springen und das Leben akzeptieren müssen, das sie führte. Um einen geringeren Preis war sie nicht zu haben. Das war der Unterschied zu seinen früheren Beziehungen, in denen die einzige Triebfeder das Begehren gewesen war.

Rabia verdiente, wie er fand, die gleiche Rücksichtnahme, die er seiner Mutter entgegengebracht hatte. Er begriff, wie ernst es ihr mit ihrer Entscheidung war, eine dauerhafte Bindung einzugehen. Ihm schien, daß in dem einfachen Leben, das sie führte, wahre Werte eher zu finden waren als in seiner eigenen wankelmütigen Welt. Trotz aller Unterschiedlichkeit hatte er den Eindruck, daß es eine – wenn auch schwer greifbare – Ähnlichkeit zwischen seiner Mutter und diesem Mädchen gab. Er sah sie an, aber sie hatte die Augen niedergeschlagen. Ganz langsam sammelten sich zwei Tränen an ihren Wimpern und tropften herab auf ihre Wangen. Dann hob sie den Blick, und die Verzweiflung in ihren Augen brannte sich ihm unauslöschlich in die Seele. «Welche Feuertaufe», dachte er bei sich, dann sagte er entschlossen: «Ja, dann hilft eben alles nichts. Ich werde Muslim werden müssen, um dich zu heiraten. Willst du dann meine Frau sein, Rabia?»

Es war, als hätte eine unsichtbare Hand ihr Gesicht gestrafft – bei ihr ein Zeichen äußerster Konzentration. «Für immer», sagte sie schlicht.

Er hatte sich vor sie hingekniet und umklammerte ihre Hände. «Jeder Mann wird zweimal geboren», sagte er. «Einmal von der Mutter und zum zweiten Mal von der Frau, die er liebt.» Er stand schnell wieder auf, küßte ihre Hand und legte sie sich zum Zeichen seiner Verehrung an die Stirn.

«Nicht umsonst nennen die Menschen in meinem Land den Zukünftigen einer jungen Frau ‹ihre Bestimmung›», dachte Rabia bei sich. Auch dieser Mann hier war im wahrsten Sinne des Wortes ihre Bestimmung geworden.

«Ich will gleich zu Vehbi Efendi gehen, um mit ihm die Formalitäten des Übertritts zu besprechen. Wann willst du mich heiraten, Rabia?»

«Je früher, desto besser.»

Nach dem abendlichen Ritual des Niederkniens und Aufstehens hob Rabia die Hände und sprach mit ihrem Gott. «Herr, er hat zu mir gesagt: ‹Ich nehme dich zur Frau›, und ich habe zu ihm gesagt: ‹Ich nehme dich zum Mann›, und damit sind wir nach unserer Religion ein Paar. Er wird den wahren Glauben annehmen und einer von uns sein. Segne uns, o Herr.»

KAPITEL 46

Am Freitagmorgen herrschte im Laden immer mehr Betrieb als sonst, denn er schloß bereits am Mittag. Daß Rakım nicht zum Freitagsgebet ging, war bekannt und wurde hingenommen, aber seine Achtung konnte er dem für die ganze Gemeinschaft so wichtigen Ritual doch nicht ganz versagen, deshalb blieben die Rolläden während des Gottesdienstes unten. Dafür bediente er seine

Kunden am Vormittag noch munterer und riß noch mehr Witze als gewöhnlich.

An diesem Freitag war er besonders guter Laune. Rabia war am Vorabend ungewohnt gesprächig gewesen, sie hatte ihm sogar geholfen, die bunten Papiergirlanden auszuschneiden, die unter der Decke kreuz und quer durch den Laden gespannt wurden. Rakım wechselte sie jeden Monat. Sie stellten Gänse, Enten und andere Tiere dar, merkwürdige Boote und Reihen grüner Zypressen. Hin und wieder baumelten auch Schattenspielfiguren aus bemalter Pappe an den Schnüren.

Was für einen lustigen Dreh Rabias geschickte Finger den Nasen der Pappschurken gegeben hatten! Rakım lachte vor sich hin. Er hatte den Laden großartig vorangebracht. Und Rabia wurde immer beliebter. Sie verdienten eine Menge Geld. Das Sinekli Bakkal war Rakıms Welt, und der Nabel dieser Welt war der Laden des Fliegenkrämers.

«Einen Okka Seife, Onkel Rakım!»

Das war Muharrem, der Schrecken der Straße, den alle nur «den Bastard» nannten.

Rakım mochte den Jungen nicht, denn er äffte ihn in aller Öffentlichkeit nach, und Muharrems Mutter, eine Wäscherin mit berüchtigt scharfer Zunge, jagte ihm ebenfalls Angst ein. «Was willst du denn mit der vielen Seife, Muharrem?»

«Mutter braucht sie zum Waschen. Bald wird sie sich aber nicht mehr mit dem Schmutz der Reichen plagen müssen», verkündete der Junge geheimnisvoll.

«Hast du von deinem unbekannten Vater etwa ein Vermögen geerbt?»

«Wenn ich diesen Hund nur erwischen könnte! Noch seine Leiche würde ich schänden.»

«Laß diese ungehörigen Reden, du Lümmel! Verrate mir lieber, wovon du leben willst, wenn deine Mutter nicht mehr für die Reichen wäscht?»

«Fehmi Efendi, der Schuster, hat mich als Lehrling eingestellt.»

«Also deshalb hast du so ein sauberes Gesicht! Das muß mit einem Zuckerhahn gefeiert werden. Welche Farbe möchtest du?»

Der Junge leckte sich die Lippen. «Einen grünen, Onkel.»

Rakım beschenkte seine jugendlichen Kunden, wenn sie brav waren, stets mit Zuckerhähnen am Stiel, aber Muharrem hatte noch nie einen bekommen. Da er an diesem Tag offenbar Gnade vor Rakıms Augen gefunden hatte, blieb er noch einen Augenblick im Laden stehen und sagte zutraulich: «Erzähle Rabia Abla doch bitte von meiner Stellung. Ich werde ihr die Schuhe kostenlos flicken, wenn ich einen eigenen Laden besitze. Vor Jahren habe ich mal ein Stück Zukkerzeug stibitzt, es gab einen Streit vor dem Geschäft, und ich fürchte, sie sieht mich als…»

Muharrem kam nicht dazu, den Satz zu beenden, denn unerwartet tauchte Vehbi Efendis hochgewachsene Gestalt vor der Ladentür auf. Er trat ein. «Ich möchte Rabia Hanım sprechen.»

«Bitte gehen Sie schon einmal hinauf, Herr, ich werde sie holen. Sie ist gerade gegenüber bei der alten Zehra.»

Rabia überquerte die Straße so eilig, daß der Zwerg kaum nachkam. Zweimal beugte sie sich zu ihm hinunter, zweimal fragte sie: «Macht er ein böses Gesicht?»

«Woher soll ich das wissen? Er läßt sich doch nie was anmerken!» gab Rakım zurück, aber sie hörte gar nicht auf seine Antwort. Wenn Vehbi Efendi sie an einem Freitag besuchte, an dem er nur wenige Stunden später einer feierlichen Zeremonie vorzustehen hatte, bahnte sich etwas Ungewöhnliches an. Rakım verging fast vor Unruhe und Neugier. Er beschloß, an der Tür zu lauschen, aber gerade heute wollte der Strom der Kunden nicht abreißen.

Vehbi Efendi saß gelassen wie stets auf dem Diwan. Rabia fand, daß er recht blaß aussah, aber er blickte sie heiter und freundlich an wie immer.

«Guten Morgen, Efendim.»

«Guten Morgen, mein Kind.»

Sie hockte sich vor das Kohlenbecken und schürte mit der Zange das Feuer. Unter dem bunten Tuch, das sie um den Kopf gebunden hatte, wirkte ihr Gesicht gefaßt, aber das fast unmerkliche Zittern ihrer Hände und der starre Blick ins Feuer – als habe sie Angst, den Derwisch anzusehen – verriet ihre innere Erregung.

«Soll ich Ihnen eine Tasse Kaffee machen, Efendim?»

«Ich trinke heute keinen Kaffee.»

Also fastete er. Das Schweigen, das diesen Worten folgte, schien endlos. «Ich werde Peregrini heiraten, ob es Vehbi Efendi paßt oder nicht», sagte sie sich, aber insgeheim wußte sie, daß sie ohne seine ausdrückliche Billigung nicht glücklich werden würde. Auch wenn sie seinen starken Einfluß auf all ihr Denken und Tun nicht immer bewußt wahrnahm, war ihr doch klar, daß sie untröstlich sein würde, wenn er ihr diesen unauffälligen, aber allumfassenden Schutz entzog.

«Peregrini hat mich gestern abend aufgesucht. Er will Muslim werden und dich heiraten.»

Sie wandte sich rasch zu ihm um und sah ihn bittend an.

Er lächelte. «Bist du sicher, daß deine Neigung keine flüchtige Schwärmerei ist, Rabia?»

Sie schüttelte heftig den Kopf. «Schon als kleines Mädchen habe ich diesen Ungläubigen heiraten wollen. Hätte er mich nicht gebeten, seine Frau zu werden, wäre ich ledig geblieben.»

Vehbi Efendi lächelte wieder. «Wie seltsam sind doch die Pläne des allerhöchsten Schöpfers», dachte er, «wie eigenartig und eigentlich unvereinbar die unterschiedlichen Farben, mit denen er das rätselhafte Bild malte, das sich Mensch nennt. Eine kleine Koransängerin aus einer armen muslimischen Familie und ein früherer Mönch, ein Musiker und christlicher Adliger! Niemand wage es, deine Weisheit anzuzweifeln, o Herr...» Er hatte von der Unvereinbarkeit zweier Menschen aus unterschiedlichen Welten und Kulturen sprechen wollen. Peregrini ließ sich von diesen Dingen womöglich stärker beeinflussen, als Rabia sich denken mochte, so daß sie es vielleicht erst erkannte, wenn es zu spät war. Die Vergangenheit konnte sich zwischen sie schieben und zwei Leben zerstören...

«Ihr seid in völlig verschiedenen Sphären aufgewachsen, Kind. Er stammt aus einer anderen

Gesellschaftsschicht, gehört anderen Kreisen an, irgendwann findet er das Sinekli Bakkal vielleicht nicht mehr gar so romantisch.»

Sie hatte wieder das leise Lächeln auf den Lippen, zuckte fatalistisch die Schultern und fuhr sich mit dem Zeigefinger über die Stirn. «Ich werde lesen müssen, was dahinter geschrieben steht.»

«Möge es ein beglückender Text sein, Rabia», antwortete der Derwisch. «In Abwesenheit deines Vaters werde ich alle Vorbereitungen treffen. Du weißt ja, daß du deinen künftigen Ehemann nicht mehr sehen darfst, bis ihr verheiratet seid. Die notwendigen Formalitäten des Übertritts werden eine Woche in Anspruch nehmen. Er wünscht den Namen Osman anzunehmen. Bist du damit einverstanden?»

Rabia war die Erleichterung anzusehen. Vehbi Efendi würde ihr Freund und geistiger Führer bleiben, der er immer gewesen war.

«Wann möchtest du heiraten, Rabia?»

«So schnell wie möglich!» Sie schalt sich ein schamloses Frauenzimmer und noch vieles andere mehr, aber nichts von dieser Schelte berührte sie wirklich. Wie im Traum hörte sie Vehbi Efendi sagen: «Ich werde noch heute abend an Tevfik schreiben. Ein Derwischbruder reist nach

Damaskus, auch du kannst ihm einen Brief an deinen Vater mitgeben, wenn du willst.»

«Onkel, Onkel», rief Rabia, während sie das Kopftuch abnahm.

«Was ist?»

«Hast du etwa an der Tür gelauscht? Du hast mich erschreckt. Komm herein und setz dich zu mir, ich weiß eine Geschichte für dich.»

«Eine kurze, lustige, wie ich hoffe.»

«Ja, gewiß. Ich habe deinen Rat befolgt. Ich werde heiraten.»

«Was du nicht sagst! Ja, wen denn?»

Sie lachte. «Einen gewissen Osman.»

«Ist es einer der Kammerherren des Prinzen? Du bist so seltsam, seit du regelmäßig in den Palast gehst.»

«Der Mann, den ich meine, wird erst zum Islam übertreten, er wird seine eigene Religion aufgeben, um mich zu heiraten.» Sie strahlte. Daß Peregrini selbst nicht religiös war, spielte für sie keine Rolle.

«Also doch diesen Italiener! Der Bursche kauft sich einfach einen Glauben, wie sich ein Kind eine Eintrittskarte für eine Theatervorstellung kauft», grummelte Rakım.

«Du bist gemein und boshaft.»

Er grinste, denn er hatte es nicht böse gemeint. Er mochte Peregrini gern, der Mann hatte erstaunlich viel Verständnis für ihn gezeigt.

«Ich freue mich, Rabia. Unter uns – du bist langsam zu alt, um auf Heiratsanträge hoffen zu können. Im übrigen hatte ich schon Angst, du würdest Vehbi Efendi heiraten, du warst so aufgeregt, als er kam. Mit ihm ist es nicht so lustig wie mit dem anderen.»

«Schäm dich! Vehbi Efendi ist ein Heiliger, ich bin es nicht wert, ihm den Schmutz von den Schuhsohlen zu wischen, du alberner Onkel! Könnte ich alle heiraten, die ich liebe, würde ich auch dich heiraten.»

«Es wäre dir zuzutrauen, du Schändliche.» Er spuckte auf seinen Kragen[77] und bat die unsichtbaren Mächte, ihn vor solch einem Schicksal zu bewahren. «Dieser arme Ungläubige weiß nicht, was ihn erwartet. Ich glaube, du würdest uns alle heiraten, wenn die Sitte dir mehrere Ehemänner erlauben würde. Du bist wie ein Sog, wie ein verzauberter Brunnen – wer hineingerät, der ist verloren.»

«Und du bist der reinste Märchenerzähler!» Freudentränen traten ihr in die Augen, die sie rasch am Ärmel abwischte. Dann schluchzte sie auf. «Ach, warum kann Tevfik nicht bei uns sein!»

«Komm, trockne die Augen an meinem Taschentuch, du nachlässiges Mädchen. Er wird die Hochzeit eben in Damaskus feiern.»

Als Pembe zum Essen kam, war der Zwerg vor Ausgelassenheit kaum mehr zu halten. In seiner Freude über Rabias Verlobung schlug er Purzelbäume wie ein Affe, und Rabia saß lachend auf dem Diwan und klopfte dazu den Takt auf den Knien.

## KAPITEL 47

Selim Pascha erfuhr die Neuigkeit von Sabiha Hanım. Er schüttelte den Kopf. «Sie ist es wert, daß man den Glauben für sie wechselt. Hoffen wir nur, daß er seiner neuen Religion auch treu bleibt.»

«Rabia wird er auf jeden Fall treu bleiben, soviel steht fest», lachte Sabiha Hanım.

«Könnte es sein, daß sie dich um Rat gefragt hat?»

Sie lachte erneut. Diese Hochzeit war eindeutig das Ereignis des Jahres. «Sie hat mich lediglich gefragt, was passieren würde, wenn eine Muslimin einen Christen heiratet. Das ist bereits Jahre her, aber so weit war sie damals schon, das schlaue kleine Ding. Offenbar hatte sie begriffen, daß man einen Christen nur heiraten kann, wenn man ihn dazu bringt, sich zum Islam zu bekehren.»

«Sonderbar. Für einen so stattlichen Jungen wie Bilal konnte sie sich nicht begeistern, statt dessen nimmt sie diesen unscheinbaren kleinen Wicht zum Mann. Verstehe einer die Frauen!»

In diesem Moment kam Rabia herein, gefolgt von Bilal, mit dem sie offenbar draußen zusammengetroffen war, und den sie sehr huldvoll behandelte. Im Sturm der Gefühle wäre sie bereit gewesen, den Teufel persönlich zu umarmen. Der Pascha sah sie seit jener peinlichen Begegnung während Tevfiks Haft zum ersten Mal. Lächelnd kam sie auf ihn zu, als hätte es den Vorfall in seinem Büro nie gegeben. Rabia kannte keine Halbheiten.

«Ein großartiges Mädchen», schoß es dem Pascha durch den Kopf. «Meinen Glückwunsch, Rabia. Wie ich höre, verdankt dir die Muslimgemeinde des Viertels eine neue Seele.» Er spöttelte wie in alten Zeiten.

Wer würde vermuten, daß dieser freundliche ältere Herr und der grimmige Gewaltherrscher, der sie und Rakım aus seinem Büro gejagt hatte, als seien sie Hunde, ein und derselbe Mann war? Wenn er zum Dienst ging, schien er seine Gefühle zu Hause zu lassen. Dennoch fand sich in Rabias Herzen keine Spur von Haß.

Sabiha Hanım wandte sich an Bilal. «Peregrini wird Rabia heiraten und ihr zuliebe Muslim werden», verkündete sie. «Vielleicht heiraten sie sogar noch vor dir, mein Sohn!»

Bilal war sichtlich überrascht. «Ach, den nimmt sie also ...», antwortete er ein wenig verächtlich.

«‹Ach, den›?» fuhr Rabia ihn an. «Er ist der Welt größter lebender Musiker!»

«Gewiß, gewiß», beschwichtigte Bilal sie sogleich. «Meinen Glückwunsch! Dann gehe ich wohl am besten wieder, ihr habt sicher einiges zu besprechen.»

«Nein, bleib nur, wenn du willst, ich bin lediglich gekommen, um der Herrin den Brief meines Vaters vorzulesen, danach muß ich so schnell wie möglich wieder zurück.»

Bilal brachte ihr einen Stuhl, sie zog den Brief hervor und fing an daraus zu zitieren. Offenbar suchte sie die Abschnitte aus, von denen sie glaubte, daß sie Sabiha Hanım interessieren würden, denn sie hielt hin und wieder inne, überflog die Blätter, die sie in der Hand hielt, und steckte einige rasch wieder ein.

Tevfik hatte ausführlich und anschaulich geschildert, wie Hilmi in Damaskus lebte. Dessen

Wertvorstellungen hatten sich offenbar völlig gewandelt. Man mochte kaum glauben, daß er hart arbeitete, um sich und die Seinen durchzubringen, und sogar Gemüse anbaute, um etwas Abwechslung in den Speisezettel zu bringen. Und wer hätte gedacht, daß seine hübsche, elegante Gemahlin sich zu einer fleißigen Hausfrau entwickeln würde, die auch grobe Tätigkeiten nicht scheute? «Er hat sich einen Bart wachsen lassen und kleidet sich wie die Einheimischen. Der Gouverneur gestattet ihm, sich frei zu bewegen und Freunde zu empfangen. Die Exilanten hier haben große Hochachtung vor ihm. Er ist uns ein wirklicher Trost und allen ein Beispiel an Mut und Zuversicht. Es gibt nichts, was ich nicht für ihn tun würde.»

Rabia faltete die Blätter zusammen. Selim Paschas kühle, graue Augen hatten sich ein wenig getrübt und wirkten ungewohnt nachdenklich.

Sabiha Hanım warf einen sehnsüchtigen Blick auf den Brief in Rabias Hand. «Lies uns noch etwas vor, etwas über Tevfik», bat sie.

Rabia fuhr fort. Tevfik verdiente sein Geld als Geschichtenerzähler auf den Basaren und wartete auf das Eintreffen der ledernen Schattenspielfiguren aus Istanbul. Dann wollte er einen Laden mieten und richtige Vorstellungen geben. Schon jetzt war er in Damaskus sehr beliebt. Zwar sprach er noch nicht fließend Arabisch, aber er beherrschte die richtige Intonation und den Rhythmus der Sprache, so daß er seine Zuhörer immer für eine Weile täuschen konnte. Seine Tierimitationen und die Dialoge, in denen er sie wie Menschen sprechen ließ, waren ein großer Erfolg. Zunächst hatte er diese Gespräche hauptsächlich den Straßenkötern von Istanbul in den Mund gelegt, neuerdings waren es die Kamele. Er hatte sich ein kleines Stück ausgedacht, in dem eine Gruppe von Kamelen aus einer Karawane sich über die vielen wunderlichen Pilger austauschte, die sie nach Mekka brachten.

«Ich fühle mich bei Hilmi Bey sehr wohl. Abends kann ich mich dort der Täuschung hingeben, ich lebte noch in meiner Heimatstadt. Tagsüber aber weine ich manchmal wie ein Kind. Viele Exilanten, zumal arme und heruntergekommene, suchen mich auf. Tagsüber liegen sie auf den Bänken herum oder betteln auf der Straße. Sie haben jedes Zeitgefühl verloren, die meisten wissen nicht, warum sie verbannt wurden. Ihr Heimweh, ihre schreckliche Armut zerreißt einem das Herz. Ich versuche sie aufzuheitern und bringe ihnen freitags, wenn ich ein paar Kupfermünzen übrig habe, Kuttelflecksuppe[78].»

Rabia hielt inne und faltete den Brief jetzt endgültig zusammen. Den Rest sollte Selim Pascha nicht hören. Sie schielte verstohlen zu ihm hin. Sein Gesicht hatte sich gerötet. Wie viele Männer hatte er im Lauf der letzten zwanzig Jahre in alle vier Himmelsrichtungen des Reiches verbannt? Tausende wahrscheinlich, und die meisten an sehr viel unwirtlichere Plätze als Damaskus. Er hatte nie den einzelnen Menschen in ihnen gesehen. Daß Rabia ihm taktvoll weitere Leidensgeschichten dieser armen Teufel ersparte, setzte seine Phantasie erst recht in Gang. Gewiß, er war nur die Kurbel einer riesigen seelenlosen Maschine gewesen, hatte sich unermüdlich drehen müssen...

Die Frage, ob das, was er im Auftrag des Sultans getan hatte, Recht oder Unrecht war, hatte sein Gewissen nie beschwert. Jetzt aber, da ihm die Einzelschicksale vor Augen standen, empfand er das alles als recht schmerzlich.

«Höre, Rabia, im August jährt sich die Thronbesteigung des Sultans zum zweiunddreißigsten Mal. Aus diesem Anlaß wird eine Art Amnestie erlassen werden. Ich werde versuchen, möglichst viele Exilanten aus Damaskus auf die Liste zu bekommen.» Er folgte Rabia auf den Gang. «Es tut mir leid, daß ich deinen Vater wohl nicht vor deiner Hochzeit zurückholen kann, Kind. Wann soll sie stattfinden?»

«Im April. Trotzdem danke ich Euch sehr.»

Rabias Vermählung war tatsächlich das Ereignis des Jahres im Sinekli Bakkal. Der Klatsch blühte. Selbst die Frau des Flickschusters, die sich normalerweise über müßiges Geschwätz erhaben fühlte, redete über die Hochzeit, wenn ihr Mann vor dem Schlafengehen seinen Malventee trank. Die Frauen am Brunnen und die Männer im Kaffeehaus stürzten sich auf jede noch so kleine Neuigkeit und schmückten sie aus.

Für die jungen Leute um Sabit Beyağabey bedeutete die Nachricht allerdings einen Schlag. Sie hatten das Gefühl, etwas verloren zu haben. Es fiel schwer, Rabia als ein ganz gewöhnliches Mädchen zu sehen, das sich verliebte und heiratete, zumal einen nicht mehr jungen Mann und unter so romantischen Umständen! Dann aber spuckte Sabit herzhaft nach hinten aus, wischte sich den Schnurrbart am Ärmel ab und verkündete: «Wir werden ihren Gatten Onkel Osman nennen.» Sein Wort war Gesetz. Sie würden Osman helfen, wo sie konnten, so wie sie es bei Rabia Abla getan hatten.

Des langen und breiten wurde das Hochzeitsgeschenk erörtert. Schließlich einigte man sich auf eine Miniaturausgabe ihrer Feuerspritze mit einem Schild, in das ihr Schlachtruf eingraviert werden sollte: «Auf, Männer, Feuer löschen! Auf, Männer, Herzen brechen! Auf, auf!»

Die Hochzeitsvorbereitungen hatte Prinzessin Nejat übernommen. Da aber Sabiha Hanım fand, sie habe ältere Rechte auf Mitsprache in Rabias Leben, besuchte die Jüngere oft den Konak, um alles gemeinsam mit ihrer einstigen Herrin zu regeln. Haus und Laden wurden frisch getüncht und instand gesetzt. Mit Rücksicht auf Osmans Lebensweise wollte die Prinzessin europäische Möbel beschaffen, während Sabiha Hanım dafür war, den einheimischen Stil zu bewahren. Darin wurde sie von Rabia bestärkt, und schließlich kam es zu einem Kompromiß. In Rabias Zimmer über der Küche sollte Osmans Klavier stehen, denn er spielte zu jeder Tages- und Nachtzeit, und das war in einem Zimmer, das zur Straße hin lag, nicht möglich. Rabia ließ sich zur Anschaffung von Tisch und Sesseln überreden, konnte sich aber mit einem Bett zunächst nicht anfreunden. Auf einem so hohen Lager würde ihr schwindlig werden, wandte sie ein.

«Er gibt für dich vierzig Jahre alte Gewohnheiten auf, Rabia. Schämst du dich nicht, so selbstsüchtig zu sein?» schalt die Prinzessin. Nur in der Bilderfrage blieb Rabia hart. Der Raum, in dem sie betete, sollte ohne Bilder bleiben. In dem Zimmer über dem Laden konnte Osman dafür so viele aufhängen, wie er wollte. Unter dem Dach wurde ein Eckchen für den Zwerg eingerichtet, sein bisheriges Zimmer bekam Pembe. Die Küche sollte auch weiterhin als Eßzimmer dienen, sie war einladend und geräumig. Der Vorschlag, die Schemel und das Tablett auf dem niedrigen Gestell gegen einen Tisch und Stühle auszutauschen, wurde mehrheitlich beschlossen.

Das nächste Problem war Rabias Brautkleid. Die Prinzessin war für Weiß. Sie wollte aus Rabia eine moderne Braut machen. Sabiha Hanım bestand auf purpurfarbenem Samt mit einem gestickten Muster aus silbernen Lotusblumen. «Wir könnten es leihen», schlug Rabia schüchtern vor, aber sie wurde in dieser Sache gar nicht erst gefragt. Sabiha Hanım, Selim Pascha und die Prinzessin kamen für alle Kosten auf. Rabia begriff schließlich, daß sie gegen diese Großzügigkeit machtlos war, und ließ die drei gewähren. Hochzeitsfeierlichkeiten in ihrem Haus lehnte sie jedoch ab – mit Ausnahme der religiösen Zeremonie, durch die sie in den Augen der Welt zur Ehefrau werden würde.

Die Vorbereitungen nahmen zwei Monate in Anspruch, und in dieser Zeit kam Rabia ihren Verpflichtungen so ruhig und gewissenhaft nach, daß Pembe sich nicht genug wundern konnte. Nur nachts lag sie wach und malte sich das Leben aus, das sie mit Osman führen würde. Auch er gab tagsüber wie gewohnt Unterricht und lief nachts unruhig in seiner Wohnung auf und ab, träumte von Rabia und machte große Pläne für sein Leben im Sinekli Bakkal.

«Da gehöre ich nun also diesem neuen Glauben an – aber gehöre ich ihm wirklich an? Der Islam ist für mich keine Religion, sondern nur eine Lebensform, eine Regelung menschlicher Beziehungen, ein Etikett gewissermaßen, eine Eintrittskarte, die mich berechtigt, in Rabias Viertel zu wohnen. Mir bleibt das Gärtchen hinter dem Haus, in dem ich mein ganz privates Leben führen, mir meine ganz privaten Gedanken machen kann. Ich werde jeden Tag an der purpurfarbenen Glyzine vorbeigehen und mit den Frauen am Brunnen scherzen. Das Geschäft werden wir Rakım überlassen. Zum Teufel, warum kann ich über diese Dinge nicht schon vor der Hochzeit mit meiner künftigen Frau sprechen? Kein Zweifel, wir werden ein glückliches Leben führen, mit ausgefüllten Tagen und ausgefüllten Nächten, in denen wir miteinander schlafen und aus denen wir miteinander aufwachen werden. Und dann wird alles wieder von vorn beginnen. Sie wird mir vielleicht Söhne schenken, mit denen ich spielen, die ich unterrichten, die ich schelten kann. Im Ramadan geben wir dann, wenn unsere *bambini* alt genug sind, Schattenspiele für die Straßenkinder. Einer unserer Jungen muß seinem Großvater nacheifern und ein großer Komödiant werden. Es wird spannend werden – spannend wie eine Zirkusvorstellung!»

## KAPITEL 48

Bilal heiratete schließlich doch vierzehn Tage früher als Rabia und reiste danach mit seiner Frau und den in seinem Haushalt tätigen Sklaven nach Mazedonien. Sabiha Hanım und ihr Gemahl konnten sich nun ganz der Organisation von Rabias Hochzeit widmen, die an *hıdrellez* gefeiert wurde.

Wie vor einem Jahr hörte man schon von fern den Schlag der Trommeln und den näselnden Klang von Flöten und Klarinetten, Lieder, Fußgetrappel und das Rasseln und Pfeifen der Spielzeugverkäufer. Die laue Aprilluft schien vor

Freude und Erregung zu vibrieren. Rabias Garten, übersät mit weißen und rosa Blüten, trug sein Frühlingskleid. Für sie selbst wäre es ein geradezu paradiesischer Tag gewesen, hätte auch Tevfik dabeisein können, um Lammbraten und Pilaw zu bereiten.

Am frühen Nachmittag kamen die Männer, die die Trauungszeremonie vollziehen sollten. Vehbi Efendi vertrat Osman und der Flickschuster Tevfiks Tochter. Vehbi Efendis vier Derwischbrüder waren als Trauzeugen geladen.

Der Imam fragte den Schuster: «Im Namen von Rabia Hanım, der Tochter von Tevfik, die du vertrittst: Willst du Osman, den Sohn des Abdullah, zum Ehemann nehmen?» Abdullah, so hätte jeder Mann heißen können, denn der Name bedeutete «Diener Gottes». Der wirkliche Name von Osmans adligem und christlichem Vater sollte in dieser Zeremonie nicht auftauchen.

«Ja, ich will.»

Dann fragte der Imam Vehbi Efendi: «Im Namen von Osman, dem Sohn Abdullahs, den du vertrittst: Willst du Rabia Hanım, die Tochter des Tevfik, zur Ehefrau nehmen?»

«Ja, ich will.»

Der Imam wandte sich an die vier Derwische: «Bezeugt ihr das?»

«Wir bezeugen es.»

Damit waren Osman und Rabia Mann und Frau. Der Imam hob die Hände, die anderen taten es ihm nach, und er segnete den Bund. Beginnend mit dem Koranzitat «Heiratet und mehret euch» betete er im Anschluß für das lebenslange Glück des Paares. «Mögen sie so glücklich werden, wie unser Heiliger Prophet es mit seiner Ehefrau Ayşe war», schloß er.

Alle strichen sich mit den Händen übers Gesicht, und ein tiefes vielstimmiges «Amen, amen» hallte durchs Haus. Rakım trat ein und servierte Sorbets.

Im Konak herrschte an jenem Nachmittag lebhaftes Treiben. Man hatte im Harem lange Tische aufgestellt, um auch wirklich alle Frauen aus dem Viertel satt zu bekommen. Sabiha Hanım machte, auf einen Stock gestützt, am Arm der schönen jungen Prinzessin die Runde und sorgte dafür, daß ihre Gäste bewirtet wurden, wie es sich gehörte. Nach dem Essen betete ein junger Imam mit ihnen. Er besaß eine wohltönende Stimme, hatte eine lupenreine arabische Aussprache und dehnte den Vortrag der Gebete so lang wie möglich. Es war dies der passende Abschluß für die Hochzeitsfeier einer Koransängerin.

Im Empfangssaal des *selamlık* waren ebenfalls

lange Tische aufgestellt, um alle Männer des Viertels satt zu bekommen. Zur Rechten des Paschas saß der Schuster – das Oberhaupt der Ältesten – und zu seiner Linken Osman. Auch Sabit Beyağabey und Rakım hatte man Plätze an diesem Tisch angewiesen, und sie waren entsprechend beeindruckt.

«Älteste des Sinekli Bakkal!» Selim Paschas kräftige Stimme hallte durch den ganzen Saal. «Hiermit stelle ich euch unseren neuen Nachbarn und Schwiegersohn Osman Efendi vor. Mögen ihm sein neues Heim und der Ehestand Glück bringen. Möget ihr alle in ihm einen gütigen und liebevollen Nachbarn finden.»

Die Versammelten antworteten mit einem tiefen Laut der Zustimmung. Während des langen Festmahls hielt der Pascha eine scherzhafte kleine Rede, in die er diskret, aber humorvoll Ratschläge an den Bräutigam einflocht. Die Unverheirateten preßten sich die Servietten vor den Mund, um ihre Heiterkeit zu unterdrücken, während die Ehemänner wissend lächelten und auf ihre Teller blickten.

Nach dem Essen betete Vehbi Efendi mit den Männern. Nie hatte er passendere Worte aus dem Koran gewählt, nie hatte er sie so lyrisch und mystisch erhaben rezitiert. Er faßte das Gebet so kurz wie möglich. Es war dies der passende Abschluß für die Hochzeitsfeier eines Neubekehrten, eines Künstlers und Musikers.

Nach dem Gebet hielt der Verwalter des Paschas persönlich die Laterne, um dem Bräutigam heimzuleuchten. Die Nachbarn folgten schweigend. Sabit Beyağabey und seine Feuerwehrmänner hatten ihre prunkvollen Feiertagsuniformen angelegt und schwenkten ihre farbigen Laternen. Freizügige Scherze und sehr persönliche Bemerkungen, wie sie üblich waren, wenn sie einen Bräutigam zu seinem Haus begleiteten, äußerten sie an diesem Tag nur im Flüsterton. Vor Rabias Haus blieb die ganze Gesellschaft stehen. Rabia sah von oben zu, wie Osman Efendi den Laden betrat.

Dort wartete bereits Pembe mit einer Lampe und ging ihm voran die Treppe hoch. Sie öffnete die Tür zu Rabias Zimmer und ließ ihn eintreten.

In purpurfarbenem, über und über mit silbernen Lotusblüten besticktem Samt lehnte die Braut am Klavier. Ihr langer schlanker Hals ragte aus dem sittsam hochgeschlossenen Kragen wie ein Lilienstengel aus einer hohen, reich bemalten Vase. Die schmalen Hände hatte sie auf der Brust gefaltet und den Kopf schüchtern gesenkt. In diesem Zusammenklang aus Schlichtheit, edler

Linienführung und Farbenpracht glich sie mehr denn je einem alten persischen Druck.

Osman war von diesem Bild so unerklärlich und unmittelbar bewegt wie in seiner Kindheit vom Anblick einer Madonna.

Pembe berührte seine Schulter und deutete auf einen Gebetsteppich, der gleich hinter der Tür ausgebreitet war. An der Schwelle des Glücks geziemte es den Menschen, dem Spender aller Freuden zu danken.

Die Zigeunerin schloß die Tür und entfernte sich. Osman betete kurz, dann stand er auf und ging zu seiner Frau.

## KAPITEL 49

Osman saß behaglich in seinem Sessel am Klavier. Eine hübsche Farbe hatte die Prinzessin für den Lampenschirm gewählt, fand er und sah sich zufrieden in dem schon so vertrauten Zimmer um, das in rosiges Licht getaucht war. Rabia zog die Vorhänge vor, denn ein Aprilschauer prasselte gegen die Scheiben. Ihre Katze war auf Osmans Schoß gesprungen und hatte sich dort schnurrend zusammengerollt.

Sie hatten sich nach dem Essen noch eine

Weile in der Küche aufgehalten und mit Rakım gesprochen. «Mindestens einmal in der Woche solltest du unser Kaffeehaus besuchen», hatte er Osman geraten. «Im Konak bist du oft genug. Auch wenn du dich auf der Straße recht umgänglich gibst, werden sie dich für einen arroganten Aristokraten halten, wenn du nicht die nähere Bekanntschaft mit deinen Nachbarn suchst. Immerhin wohnst du in einem der ärmeren Teile des Viertels.»

«Aber sie sind doch erst zwei Wochen verheiratet», hatte Pembe eingewandt.

«Morgen abend sehe ich mir das mal an», hatte Osman versprochen. «Oder was meinst du, Rabia?»

«Was fragst du sie?» schalt Rakım. «Frauen haben den Männern in ihre Angelegenheiten nicht dreinzureden.»

«Aber ich habe doch gar nichts dagegen, daß er ins Kaffeehaus geht, Onkel», hatte Rabia protestiert. Trotzdem war sie froh, daß er den Besuch aufgeschoben hatte. Sie war abends immer noch am liebsten mit ihm allein.

Ruhig sah er zu, wie sie zum Schrank ging, um sich für die Nacht fertigzumachen. Sie hatte die kindische Angewohnheit – es war nur eine von vielen –, sich in diesem dunklen Schrank aus- und anzuziehen. Als sie wieder zum Vorschein kam, trug sie ihr weißes Nachthemd, und die langen Zöpfe wippten auf ihrem Rücken. Sie setzte sich auf ein Bodenkissen und lehnte sich mit dem Rücken an den Diwan. Im Schoß lag ihr Nähzeug, aber sie arbeitete nicht. Noch nicht. Er wußte, worauf sie wartete. Gewöhnlich spielte er um diese Zeit ein wenig Klavier, frei improvisierend und sehr leise, und sie blieb in dieser Stellung auf dem Boden sitzen, hörte zu und nähte dabei.

Heute hätte er allerdings ein Gespräch vorgezogen, Gespräche waren seine Lieblingsbeschäftigung, ja fast schon ein Laster, und sie fehlten ihm hier im Sinekli Bakkal. Gewiß, es gab genug Menschen, mit denen er sich unterhalten konnte: Da war Rakım, da war Pembe, da war diese reizende Sabiha Hanım, die ihn sofort wie einen Sohn aufgenommen hatte, es gab Nachbarn jeden Alters, Männer wie Frauen, die mit ihm schwatzten, wann und wo sich die Gelegenheit dazu bot. Auf ihre Art bezauberten sie ihn mit ihrer schlichten Freundlichkeit und ihrem ganz eigenen Sinn für Humor. Doch nach einer Woche merkte er, daß ihm der geistige Austausch fehlte. Er vermißte die Diskussionen über Metaphysik oder Politik, die er mit Freunden geführt hatte. Vor allem die Gespräche mit Vehbi Efendi

413

über diese Themen hatte er genossen. Aber der hatte sich nach Rabias Hochzeit für einen Monat in eine entlegene Klosterzelle zurückgezogen, und in anderen Häusern, in denen eine intellektuelle Konversation zu erwarten war, verkehrte Osman nicht mehr. Rabia war nicht sehr redselig, auch wenn das, was sie sagte, immer klug und treffend war. Sie verstand es, einem in wenigen knappen Sätzen alles anschaulich vor Augen zu führen, und er beobachtete sie gern, wenn er etwas besonders Widersinniges oder Provozierendes geäußert hatte und sie mit nachdenklichem Gesicht versuchte, dem Sinn seiner Worte auf den Grund zu kommen.

Osman ließ die Pantoffeln von den Zehen baumeln und rückte sich in seinem Sessel zurecht, aber an Rabias erwartungsvoller Miene sah er, daß ihr der Sinn heute nicht nach philosophischen Erörterungen stand. Er gab sich einen Ruck und trat ans Klavier. Noch ehe er in die Tasten griff, hörte er ihren erleichterten Seufzer.

Abends improvisierte er immer, und diese Improvisationen waren für sie Meilensteine auf seinem Weg der Anpassung an das Leben im Viertel. Die umherschweifenden Klänge halfen ihr, seine Stimmung zu erforschen. Wie nah er sich ihr jeweils fühlte, ermaß sie an dem Anteil der

Molltöne, die sich in sein Spiel schlichen, an dem Auftauchen orientalischer Rhythmen in den perlenden westlichen Läufen. Wenn in seinen Improvisationen nichts Vertrautes zu entdecken war, nichts, was an ihr Heimatland erinnerte, war sie enttäuscht oder sogar ein wenig besorgt, denn diese Klänge waren die goldenen Netze, die sie um das Herz ihres Mannes schlang. Als sie an diesem Abend das Spiel der Sehnen an seinem gebeugten Nacken beobachtete, während seine Finger über die Tasten glitten, hatte sie das Gefühl, daß er die Fensterläden zu seinem Herzen fest geschlossen hielt. Heute war er ein Fremder. Vielleicht fühlte er sich einsam? Womöglich verließ er sie eines Tages aus einer dieser spontanen Launen heraus, die so typisch für sein ganzes Verhalten waren? Aber nein, es würde ihr bestimmt noch gelingen, seine Seele an die neue Umgebung zu gewöhnen, seinen Körper zu zähmen, ihn an sich binden…

Ohne etwas von ihren Gedankengängen zu ahnen, ließ Osman die Finger über die Tasten wandern und die ersten beiden Wochen des Zusammenseins mit Rabia Revue passieren. Verheiratet zu sein war eine großartige Erfahrung, soviel stand fest, aber es war ganz anders, als er erwartet hatte. Davon, daß es dabei spannend wie bei einer Zirkusvorstellung zuging, konnte keine

Rede sein! Etwas Friedlicheres, Ereignisloseres ließ sich kaum vorstellen, es waren Flitterwochen, in denen das Alltägliche überwog und die dazu angetan waren, überreizte Nerven zu beruhigen.

Er war verliebter in Rabia denn je, aber sie ließ sich mit anderen Frauen, die er geliebt hatte, nicht vergleichen. Noch nie hatte eine Frau ihm so hingebungsvoll gedient. Die Liebe, mit der sie ihn umgab, war sanft und zärtlich, ohne jene Kapricen und heftigen Gefühlsausbrüche, die man verliebten Orientalinnen nachsagt. Nur wenn er Klavier spielte, spürte er die Leidenschaft, die sich in ihr regte und die seiner Kunst galt. Nur wenn er Klavier spielte, sah er in ihr eine gezähmte kleine Wilde, die ihm völlig ergeben war. Beim Liebesakt selbst blieb sie seltsam unbewegt. Wenn er sich in höchste Erregung hineingesteigert hatte, umspielte häufig ein belustigtes Lächeln ihre Lippen, und aus Angst vor diesem Lächeln zwang er sich immer wieder, seine Leidenschaft zu mäßigen. Lag es vielleicht an dem großen Altersunterschied? Zum Teufel mit dieser Frau – das waren ja schon fast krankhafte Gedanken ... Er drehte sich auf dem Klavierschemel zu ihr um.

Sie hatte ihre Haltung nicht verändert. Das Nähzeug lag unberührt auf ihren Knien. Der Gesichtsausdruck war nicht entspannt, ja ekstatisch wie sonst, wenn sie seinem Spiel lauschte, sondern ernst und konzentriert. Er setzte sich zu ihr auf den Fußboden. Sie beugte sich ein wenig vor, damit sein Arm sie bequem umfassen konnte. War das die Reaktion der gehorsamen Ehefrau, oder war sie wirklich glücklich an seiner Seite? Seine Finger spielten auf ihrer gerunzelten Stirn eine stumme Weise. «Dahinter sitzt etwas Neues und Fremdes, Rabia.»

«Dieses Gefühl hatte ich heute abend auch, Osman. Ich glaube, es lag an deinem Spiel, und ich mußte an das denken, was Vehbi Efendi zu mir gesagt hat. Daß die Vergangenheit unser ganzes Leben lang zwischen uns stehen wird ...» Ihre Unterlippe zuckte wie bei einem Kind, das zu weinen beginnt.

«Laß uns diese Vergangenheit gemeinsam bewältigen, Rabia. Erzähl mir von deiner Kindheit, von deiner Mutter und deinem Großvater, von alldem, wovon ich nichts weiß. Besonders interessiert mich dein Großvater. Am Freitag will ich in die Moschee gehen, um ihn zu sehen und zu hören. Ich bin sehr gespannt auf den Alten. Wollen wir uns nicht mit ihm versöhnen?»

«Komm mir nicht damit, Osman. Wenn du wüßtest, was für ein schrecklicher Mensch er ist…» Sie erzählte ihm von ihrer harten Ausbildung zur Koransängerin und von dem Tag, als der Imam ihre Puppe ins Feuer geworfen hatte. Es war eine beklagenswerte kleine Episode, der Rabia aber auch eine komische Seite abgewann, indem sie ihren Großvater in all seiner Aufgeblasenheit karikierte, wie er ein Spielzeug unter großspurigen arabischen Drohreden den Flammen überantwortete. Der dunkle Schatten der Vergangenheit begann zu verblassen.

Osman lachte glücklich. «Jetzt wollen wir schlafen, Rabia. Morgen fahre ich mit dir nach Pera[79], und wir gehen zu ‹Bon Marché›[80]. Dort gibt es wunderschöne Puppen, und du kannst alles kaufen, was dir in deiner Kindheit vorenthalten wurde.»

Und als sie im Bett lagen, sagte er: «Vielleicht wirst du ja eines Tages eine lebendige Puppe haben, eine, mit der auch dein alter Ehemann spielen könnte.»

«Meine lebendige Puppe wird das Feuer nicht verschlingen», antwortete sie leidenschaftlich.


«Das also ist dein neues Kleid, Rabia?»

«Ja. Es ist aus Seide. Ich habe es mir eigens zum Ausgehen mit dir angeschafft, Osman, damit ich dir keine Schande mache, wo ich doch

418

sonst nur im groben Arbeiterinnen-Wollkleid herumlaufe.»

Sie würde ihm nie Schande machen, das stand für ihn fest. Etwas von ihrer Persönlichkeit teilte sich allem mit, was sie trug. Das neue Gewand bestand aus einem locker sitzenden Rock, einem langen Umhang, der auch den Kopf bedeckte, und einem schwarzen Schleier, der sich zurückschlagen ließ. In diesem altmodischen Aufzug sah Rabia aus wie ein Sack auf zwei Beinen, aber das nonnengleich schöne Gesicht, eingerahmt vom schwarzen Faltenwurf, und die natürliche Würde ihres Gangs machten das wieder wett. Ihm fiel auf, daß die Männer sich nicht scheuten, unverschämte Bemerkungen über Frauen zu äußern, die dicht verschleiert, aber modisch gekleidet waren. Rabia wagten dieselben Männer nicht anzusprechen, ja nicht einmal anzustarren. Ihr mutiger Blick wich dem der Männer nicht aus und forderte den Respekt, den man einem hübschen Gesicht allein vielleicht versagt hätte. Rabia verstand sich meisterhaft darauf, das Geschlechtliche dahin zu verbannen, wo es seinen Platz hatte, nämlich in den privaten Bereich, in das Leben innerhalb der eigenen vier Wände.

Osman kam sich vor wie ein Schuljunge zur Ferienzeit und wäre am liebsten mit Rabia Hand in Hand gelaufen, aber daran war natürlich nicht zu denken. Sie sorgte dafür, daß Sitte und Anstand gewahrt blieben. Doch seine kindliche Ausgelassenheit hatte auch sie erfaßt, und sie bestand darauf, über die Galatabrücke zu gehen. Über ihnen wölbte sich der Himmel von Istanbul wolkenlos blau wie ein byzantinisches Mosaik oder ein Pfauenschweif. Eine Woge aus geschmolzenem Gold flutete aus der riesigen Feuerschale der Sonne auf die Erde herab und tauchte alles in strahlendes Licht. Zu ihrer Linken legte es sich schimmernd auf die Masten und Segel des Goldenen Horns[81], zu ihrer Rechten auf die Fähren und Barkassen, die sich auf den grünen Wogen des Bosporus wiegten. Mit klingendem Spiel zog eine Militärkapelle vorüber, und die Menge marschierte im Takt hinterdrein.

Auf der Hauptstraße von Pera zeigte er ihr all die schönen Dinge, die in den Schaufenstern der europäischen Läden ausgestellt waren. Wenn sie doch nur etwas davon hätte haben wollen – Seidenstoffe, Schmuck, hunderterlei hübschen Tand –, aber sie äußerte keine Wünsche, und er selbst mochte ihr nichts vorschlagen. Sie trug ja nicht einmal die schönen Smaragdohrringe, die er ihr geschenkt hatte. Als Pembe ihr angeboten hatte, ihr Ohrlöcher zu stechen, damit sie den

Schmuck anlegen konnte, hatte sie nur gesagt: «Wäre den Frauen bestimmt gewesen, Ohrringe zu tragen, wären sie mit Löchern in den Ohren zur Welt gekommen.» Zu gern wäre er mit ihr in eins der großen Modegeschäfte gegangen, um hübsche Kleider für sie zu ordern – aber wie konnte er das, wenn das gefürchtete leise Lächeln um ihre Lippen lag? Wenn sie so lächelte, sah sie aus wie ein frühreifes Kind, das die törichten Einfälle der Erwachsenen aus Höflichkeit duldet.

Die Passanten hielten sie für ein Ehepaar aus der Provinz.

Rabia deutete lachend auf drei junge Frauen, die in hochhackigen Schuhen auf sie zugestakst kamen. Sie waren kunstvoll geschminkt, trugen sehr kurze Umhänge und sehr enge Röcke. Alle drei nickten Osman im Vorbeigehen zu.

«Wer sind diese Frauen?» fragte sie.

«Schülerinnen von mir. Hübsche Mädchen, nicht wahr?» Vergeblich suchte er nach einer Spur von Eifersucht in ihren Zügen.

«Onkel Rakım spielt den Affen besser, als diese Europäerinnen es können», bemerkte sie verächtlich.

Im «Bon Marché» hielt sie sich an die Spielzeugabteilung, lachte vergnügt, als eine Verkäuferin ihr einen grauen Esel mit einem Glöckchen um den Hals zeigte, das klingelte, wenn das Tier den Kopf schüttelte. Als die Verkäuferin auf seinen Bauch drückte, schrie er «Iaaah!». Den traurig blickenden Gorilla in braunem Rock und Zylinder kaufte sie für Rakım, den Teddybären für Pembe. Zusammen mit französischen und griechischen Kindern blieb sie vor einer Spielzeugeisenbahn stehen, die unermüdlich im Kreis herumfuhr. Mit Paketen beladen verließen sie das Kaufhaus.

Abends baten sie Rakım und Pembe zu sich. In ihrer Aufregung über all die Spielsachen vergaßen sie, daß Osman eigentlich hatte ins Kaffeehaus gehen wollen. Rakım und Rabia unterhielten ihn mit der Affentanznummer, Pembe sang dazu und klatschte in die Hände. Osman klatschte mit, lachte Tränen und überlegte, warum diese sonst so zurückhaltenden Menschen sich manchmal wie die Kinder benahmen.

Im Kaffeehaus des Viertels war Osman sofort in seinem Element. Rabia freute sich darüber, denn einmal kam er dadurch ihren Nachbarn näher, und zum anderen fühlte sie sich Osmans Ansprüchen an ein intellektuelles Gespräch nicht stundenlang gewachsen. In ihren Augen war das reine Kraftverschwendung. Er war ständig auf der

Suche nach Neuem, kannte dabei aber kein Maß, so daß er alles, was er anfing, schnell wieder satt hatte. Vehbi Efendi hatte sie vor Osmans Rastlosigkeit gewarnt. Für sie mußten sich Bindungen langsam festigen, in eine neue Umgebung konnte sie nur nach und nach hineinwachsen. Sie liebte an allem das Vertraute und fürchtete insgeheim, Osman könne Gewohnheiten als Fesseln empfinden, sich lieber Neuem zuwenden.

«So schlimme Dinge gehen mir durch den Kopf», dachte Rabia, «weil ich immer Angst habe, er könnte mich eines Tages verlassen. Ich will nur hoffen, daß er sich anderen Interessen zuwendet, wenn er das Kaffeehaus satt hat. Ich könnte ohne ihn nicht mehr leben, lieber Gott, ich bin für alle Zeiten seine Frau. Mach, daß er für alle Zeiten mein Mann bleibt!»

«Rabia, bist du wach?»

Sie kämpfte sich aus dem Schlaf und aus ihrem warmen Bett. Osman war gerade vom Kaffeehaus zurückgekommen und hatte die Lampe angezündet. Seine schnellen vertrauten Bewegungen vertrieben die unruhigen Gedanken, die sie vor dem Einschlafen geplagt hatten. Er war da, er würde auf Dauer Teil ihres Lebens sein. Rasch half sie ihm beim Auskleiden.

«Du sollst nicht eigens aufstehen, um mich auszuziehen wie ein Kleinkind!»

Sie antwortete nicht. Mit halb geschlossenen Augen und vom Schlaf geröteten Wangen half sie ihm, sich seiner Kleidung zu entledigen, legte die Sachen so flink und sorgsam auf dem Diwan zusammen, als wäre sie hellwach. Sie bestand sogar darauf, ihm eigenhändig die Schuhe aus- und die Pantoffeln anzuziehen. Widerstand war zwecklos. Er brummte ein bißchen, aber es war ein schönes Gefühl, wenn ihre schlanken Finger über seinen Körper streiften. Hinter ihrem unermüdlichen Dienen stand das Wissen, daß er ganz ihr gehörte.

Er saß im Sessel und ließ sich die Pantoffeln anziehen. Sie kniete vor ihm. Was für ein Duft! Nach Seife aus Adrianopel, nach Klee, nach junger, gesunder Haut. Der Geruch erinnerte an frisches Gras, weite Felder und dichte Wälder, an alles, was ursprünglich und rein war. Sie lehnte jetzt an seinen Knien, er spürte die Wärme ihrer Wangen, ihre harten kleine Brüste.

«Du schläfst ja, Kind.»

Die einzige Antwort war ein leiser müder Laut.

Bis er die Lampe gelöscht hatte und ins Bett gestiegen war, lag sie schon unter der Decke. Seine Arme umfingen eine warme, willenlose Gestalt, die nicht Rabia war. Dieser Leib war sanft und geschmeidig wie der einer jungen Katze, war wie Wasser, das die Form des Gefäßes angenommen hat, in das man es gegossen hatte. Er fühlte sich wunderbar weich an, auf das brennende sinnliche Verlangen Osmans aber reagierte er nicht. Osman zog ihr die Decke über die Schultern und rückte ein Stück von ihr weg. Lange lag er noch wach und horchte auf ihre regelmäßigen Atemzüge. Er versuchte an etwas zu denken, was nichts mit Rabia zu tun hatte, konnte die schlafende Frau an seiner Seite jedoch nicht vergessen. Die Paarung der Seelen war zwischen Menschen jeden Alters und Temperaments möglich, aber wenn es um die Vereinigung zweier Körper ging, erforderte das auf beiden Seiten eine ganz besondere Reife. Er war vierzig, sie war erst achtzehn. Auch wenn ihm Rabia, wie er gern bereit war zuzugeben, was die Reife des Herzens, seelisches Gleichgewicht und gesunden Menschenverstand betraf, eigentlich weit voraus war. Ihre Zärtlichkeiten wirkten wie heilende Ströme, ihre Zuneigung schenkte ihm Geborgenheit. Was wollte er mehr? Er mußte sich damit zufriedengeben, daß sie sein stürmisches Leben hin und wieder zur Ruhe brachte.

Am Freitag gegen Mittag holte Fehmi Efendi, der Schuster, Osman zum Besuch der Moschee ab. Rakım ging nicht mit, er plauderte freitags, wenn der Laden geschlossen war, lieber in der Küche mit Rabia und Pembe. Der Schuster freute sich, daß Osman an dieser wichtigen gesellschaftlichen und religiösen Zeremonie teilnehmen wollte, aber dessen Interesse galt eigentlich nur dem Imam. Seit Osman zum ersten Mal im Kaffeehaus erschienen war, hatte der Schuster ihn – ob in seiner Rolle als Rabias Ehemann oder weil er an ihm persönlich Gefallen gefunden hatte – unter seine Fittiche genommen. Er war zwar ein schlichtes Gemüt und besaß keine weltlichen Güter, war aber der angesehenste Mann in dieser armen Gemeinde. Ohne ihn hätte Osman kaum so rasch Zugang zu dem verschworenen Kreis ihrer Mitglieder gefunden.

Auf dem Weg zur Moschee riet der Schuster ihm diskret und in wohlgesetzten Worten zur Zurückhaltung im Umgang mit dem Feuerwehrkommandanten und seinen Leuten. Es seien brave Burschen, zweifellos, aber unangemessenes Interesse an ihrem sagenhaft wilden Treiben konnte sie ermutigen, noch mehr über die Stränge zu schlagen. Osman begriff, daß es galt, diplomatisch weder die ehrbaren Älteren zu verprellen, für die der Schuster stand, noch die von Sabit Beyağabey vertretene Jugend, der er selbst eigentlich mehr zuneigte.

Über die Straße ergoß sich ein golden leuchtendes Band aus Sonnenlicht, rechts und links eingerahmt von den dunklen Schatten der vorspringenden Giebel. Spielende Kinder waren gerade keine zu sehen. Am Brunnen stand nur eine Frau, Muharrems Mutter. Der Sohn half ihr mit den schweren Eimern. Er grüßte den Schuster mit der Achtung, die ein Lehrling seinem Lehrherrn schuldet. Seine Mutter warf Osman einen finsteren Blick zu. Sie war die einzige im Viertel, die Rabia feindlich gesinnt war.

Der Schuster und Osman waren die letzten, die den Hof betraten. An der kreisrunden Brunnenanlage waren Gläubige mit ihren Waschungen beschäftigt. Einige saßen auf den Marmorstufen und trockneten sich die Füße mit großen Tüchern, andere streiften gerade die Hemdsärmel herunter und gingen bereits in Richtung Moschee. Eine alte Ulme breitete ihre Zweige wie einen grünen Schirm über den Brunnen. Ganz hinten in einer Ecke des Hofes sah man einige alte Gräber. Die halb umgestürzten Grabsteine waren bemoost, die Inschriften verwittert. Aus Stein gehauene Turbane standen schief auf den Grabmalen oder lagen zerbrochen am Boden. In diesem Land waren die Toten wirklich tot. Nach der Bestattung und dem Aufstellen der Grabsteine ließ man sie in der Erde allein. Zu ihren Geistern erhoben sich Jahr für Jahr, ja Tag für Tag Gebete und Gesänge, aber ihre sterblichen Überreste waren – nicht anders als die Grabsteine und die Erde – nur noch Materie. In keinem anderen Land hatte Osman derart verwahrloste Friedhöfe gesehen. Gepflegt wurden nur die Gräber von Heiligen und berühmten Königen, deren Geistern man noch Einfluß auf die Angelegenheiten der Lebenden zuschrieb.

Auf dem modrigen, verwahrlosten kleinen Friedhof fiel Osman eine einzige gepflegte Grabstätte auf. Dort ruhte ein bescheidener lokaler Heiliger. Sie war von einem hölzernen Geländer umgeben, an dem rote Rosen rankten. Das lebendige Rot zwischen dem düster wuchernden Efeu glich jäh aufzuckenden Flammen. In die Hofmauer hinter dem Friedhof war eine rechteckige Öffnung eingelassen, die ein schlichtes, aber schönes schmiedeeisernes Gitter verschloß. Dahinter sah man Frauengesichter auf das Heiligengrab blicken. Osman vermutete, daß die Kerzen in der käfiggleichen Laterne über dem Grab von diesen Frauen stammten. Da standen sie und versuchten

428

wohl, dem Heiligen klarzumachen, was sie sich von ihm wünschten zum Dank für das Licht, das in dieser Nacht seine letzte Ruhestätte erhellen würde.

Was für eine satte Vielfalt an Grün die Zypressen hervorbrachten – die alten Bäume mit ihren dunkelgrünen Blättern und knorrigen Stämmen, die jungen Bäumchen, die ihre anmutigen, spitz zulaufenden Wipfel in zarten, frischen Farben zum wolkenlosen Frühlingshimmel reckten! Und welch idealer Hintergrund für die kleine weiße Moschee mit ihrer bescheidenen Kuppel und dem schlanken weißen Minarett! In dem besonnten Innenhof spielten Kinder, Tauben gurrten. Die Männer schwiegen. Im Hause Allahs waren verliebte Tauben und spielende Kinder offenbar gern gesehene Gäste.

«Gehen wir», sagte der Schuster halblaut, als Osman von seiner Besichtigung des Friedhofs zurückkam.

Vor dem abgewetzten Ledervorhang an der Tür blieb der Schuster stehen und zog die Schuhe aus, Osman tat es ihm nach. Sie hoben den Vorhang und betraten, die Schuhe in der Hand, den kühlen Innenraum. Osman sah lange Reihen kniender Männer mit im Gebet gebeugten Rükke, Reihen nackter Fußsohlen.

Er folgte dem Schuster ganz nach vorn und kniete neben ihm nieder, gleich hinter dem *mihrab*, der steinernen Gebetsnische. Im Halbdunkel war nur der Rücken des Imams zu erkennen, ein konturloses schwarzes Bündel, über dem ein weißer Turban thronte. Unter dem Stoff des Turbans schauten seine Ohren hervor, die eine Art Eigenleben zu führen schienen. Zwar waren es nur die Ohren eines kränklichen alten Mannes, aber man meinte Augen zu sehen, die sich nach hinten richteten und wachsam alles registrierten, was sich in ihrer Sichtweite abspielte. Indem Osman dies beobachtete, schärfte sich auch sein eigenes Gehör. Er hörte zwar keine Töne, aber er spürte sie – es war ein Gefühl, das ihn gleichzeitig faszinierte und peinigte. Die Lippen der Gläubigen bewegten sich wortlos, es entstand ein tiefer Grundton, der an die Geräusche in einem einsamen Wald erinnerte.

Kein Wunder, denn die Gläubigen sahen tatsächlich aus wie ein Wald von Bäumen, die im gleichen Rhythmus schwankten, als hätte ein mächtiger Sturm sie erfaßt. Noch deutlicher kam ihm das zu Bewußtsein, als eine Stimme mit tiefem Glockenklang «*Allah Ekber!* Gott ist groß!» rief und die Gemeinde sich mit raschelnden Gewändern erhob. Der Imam leitete das Gebet.

Kaum zu glauben, daß dieser dröhnende Ton, diese mächtige Stimme von diesem kläglichen schwarzen Bündel ausging. Osman erkannte in ihm sofort einen Priester, der mit diesem Ton ganze Gemeinden manipulieren konnte. Er hörte sich an wie ein grimmiger Hammer, der im Takt an eine Marmorsäule schlug. Die Worte verstand Osman nicht, wohl aber erfaßte er den tiefen Haß, der aus ihnen sprach. Wie eine erbarmungslose Naturgewalt hallte die Stimme durch die Moschee und erzeugte ein unheimliches Echo. Die Reihen der Männer hoben und senkten sich. Er selbst war Teil dieses menschlichen Waldes geworden, den die Stimme aus der Gebetsnische bewegte.

Dann lagen sie wieder auf den Knien. Der Imam erhob sich und schritt zur Kanzel. Als er die beleuchteten Stufen hochstieg, sah Osman, daß sein schwarzer Mantel verschossen und voller Flicken war. Als der Alte aber von oben auf die Gemeinde herabblickte, vergaß Osman die kläglichen Zeichen der Armut. Die Augenhöhlen in dem abgezehrten Gesicht des Mannes glichen Kratern, in denen es wie glühende Lava loderte. Osman konnte den Blick nicht abwenden. Es schien, als gehörten auch sie – wie die Ohren – gar zu diesem fahlen, ungesunden Greisengesicht. Osman hätte es nicht gewundert, wenn der Imam in seiner Wut gefaucht und die Zähne gefletscht hätte. Die waren ihm aber schon längst alle ausgefallen, und aus der schwarzen Mundhöhle drang kein Fauchen, sondern frommer Gesang in arabischer Sprache.

Jetzt hatte er Rabias Großvater also gesehen. Was nun? Er wollte ihn in dem Haus erleben, in dem Rabia zur Welt gekommen und aufgewachsen war. Und er wollte dem Alten helfen. Dessen ärmliche Erscheinung ging ihm zu Herzen. Wie jämmerlich er wirkte, als er von der Kanzel heruntersteig! Daß seine Gemeinde ihn nicht liebte, war offenkundig. Sie akzeptierte ihn als Vorbeter, weil er ein Meister des Rituals war und eine außergewöhnliche Stimme besaß. Sonderbarerweise schien der hinfällige Alte aber unter seiner Vereinsamung nicht zu leiden.

Er ging vielmehr ganz in seiner Religion auf, die für ihn immerwährenden Haß bedeutete. Liebe und Haß waren für ihn wie Licht und Dunkelheit, wie Tag und Nacht, wie laut und leise. Sie waren der rechte und der linke Ausschlag des Weltenpendels. Die Phasen dazwischen mochten unterschiedlich sein, aber sie waren flüchtig. Nur die beiden Enden des Ausschlags, Liebe und Haß, standen im Leben auf alle Zeit fest.

Sie hatten mit dem Essen auf Osman gewartet. Die Küchentür stand offen, sein Blick fiel in den Garten, der prächtig gedieh. Allmählich paßte Osman sich dem Rhythmus in Rabias Gemeinschaft an. Sollte er von seinen Erfahrungen und Eindrücken in der Moschee erzählen? Niemand fragte ihn danach. Rabia hatte einen Termin mit einer Familie am anderen Ufer des Bosporus, bei der sie Musikunterricht geben sollte. Rakım ging in den Laden, es wurde Zeit, ihn wieder zu öffnen. Osman blieb allein.

## KAPITEL 50

Eine hohe Hofmauer schützte die unteren beiden Geschosse des Hauses, das der Imam bewohnte, vor neugierigen Blicken. Osman sah zum dritten Stockwerk empor. Dort war kein Lebenszeichen zu entdecken, aber unter einem Fenstergitter wehte ein weißer Vorhangzipfel im Wind. Demnach stand das Fenster offen, und der Imam hielt sich dort auf. Aber auf Osmans lautes Klopfen rührte sich nichts.

«Ziehen Sie die Klingelschnur an der Seite, Herr», hörte er jemanden sagen. Als er sich umdrehte, stand – die Hände unter der Lederschürze – Muharrem hinter ihm. Er kam näher und zog kräftig.

«Wer ist da?» dröhnte die Stimme des Imams.

«Jemand, der Sie geschäftlich sprechen will, Imam Efendi», rief der Junge. Er zwinkerte Osman zu. «Sie müssen wegen eines Geschäfts kommen, wegen eines Geschäfts, bei dem es um Geld geht, wenn Sie wollen, daß er aufmacht», erläuterte er.

Der Junge wartete noch einen Augenblick. Als er Schritte auf dem Hof hörte, machte er sich rasch davon, das «Wer ist da?» des Alten nachäffend. Der Imam konnte den Mund tatsächlich nicht auftun, ohne in frommen Singsang zu verfallen.

«In was für Geschäften kommen Sie?» knurrte der Alte und öffnete die Tür einen Spalt weit.

«Zwischen Tür und Angel kann ich Ihnen das nicht auseinandersetzen.»

«Dann kommen Sie meinetwegen herein.»

Sie gingen über einen sauberen, gepflasterten Hof. Kreuz und quer waren Leinen gespannt, früher war hier offensichtlich fleißig gewaschen worden. In den Ecken standen tönerne Schalen mit Wasser. Sperlinge und Tauben hüpften um die Gefäße herum und liefen dem Imam vor die Füße. Diese Freundschaft mit den gefiederten

Gesellen war Osman angesichts der Inkarnation des Hasses, die dieser Mann für ihn darstellte, unbegreiflich.

«Ziehen Sie die Schuhe aus», befal der Imam, ehe sie das Haus betraten.

Osman gehorchte. Schweigend stiegen sie die Treppe hoch, wobei der Imam sich schwer aufs Geländer stützte. Oben angekommen, betrat er ein kleines Zimmer und winkte den Besucher ebenfalls herein. Ein Eckdiwan, ein Schrank, ein kleineres und ein größeres Pult – das war die ganze Einrichtung. Sie setzten sich auf den Diwan und musterten einander.

«In was für Geschäften kommen Sie?» wiederholte der Imam ungehalten, ohne sich zuvor – wie es Brauch war – nach dem Befinden seines Gastes zu erkundigen.

Osman kam sich ein wenig töricht vor. «Ich bin Rabias Ehemann.»

«Dieses Weib, das in der Hölle landen wird, gehört nicht mehr zu meiner Familie.»

«Ich bin hier, um Ihnen meine Hilfe anzubieten.»

«Hilfe?» Des Imams Adamsapfel hüpfte. «Sie meinen eine Entschädigung. Hat das Weib bereut? Wird sie mir ihre Honorare fürs Koransingen aushändigen?»

«Sie weiß nicht, daß ich hier bin. Ich komme aus eigenem Antrieb.» Er ging geduldig auf den Alten ein, auch wenn er wußte, daß von Entschädigung keine Rede sein konnte.

«Warum meinen Sie Ansprüche auf Rabias Honorare zu haben?» fragte er gespannt.

«Warum? Weil ich Geld und Zeit auf sie verwandt, mich mit ihr abgemüht habe. Ich habe sie die Kunst des Korangesangs gelehrt, sie beherbergt und ernährt, als ihr Vater fort war. Jetzt da ich alt und arm bin, hat sie mich im Stich gelassen. Bei Allah, von Rechts wegen steht jeder Kuruş[82], den sie mit ihrem Gesang verdient, mir zu.»

«Ich will sie jeden Monat mit fünfhundert Kuruş unterstützen. Sie sind schließlich der Großvater meiner Frau.»

«Ich verlange eine Entschädigung, ist das klar? Sie ist nicht mehr meine Enkelin. Ich habe sie aus meinem Leben getilgt und verflucht und werde sie noch mit meinem letzten Atemzug verfluchen. Vielleicht nehmen Sie meine kostbare Zeit wegen nichts und wieder nichts in Anspruch. Scheren Sie sich raus...» Er stand auf und deutete in Richtung Tür.

Osman zog, statt zu gehen, fünf Goldstücke aus seiner Börse und reichte sie dem Imam. Zitternde Hände streckten sich dem Gold entgegen

436

und umschlossen die Münzen. Der Imam holte einen zerschlissenen Geldbeutel aus seinem Gewand und verstaute das Geld sorgsam darin. Seit Jahren hatte er kein Gold mehr zu sehen bekommen. Inzwischen gelang es ihm immer erst nach endlosem Feilschen und Gerede, den Besuchern, die sich Bescheinigungen von ihm ausstellen ließen, ein paar Silberstücke abzuluchsen. Er musterte Osman neugierig.

«Das alles verdienen Sie, indem Sie muslimische Kinder auf diesem Instrument unterrichten, das der Teufel höchstpersönlich erfunden hat?»

«So ist es.»

«Haben Sie im Leben noch nie etwas anderes gemacht?»

«Doch. Ich war selbst einst so etwas wie ein Imam.»

«Ein Priester, meinen Sie, einer, der die Ungläubigen in die Hölle führt», fauchte der Alte.

«Wenn Sie es so ausdrücken wollen… Aber ich habe den wahren Glauben angenommen, um Ihre Enkelin zu heiraten, und werde deshalb in den Himmel kommen.» Osman gelang es nur mit Mühe, ernst zu bleiben.

«Wenn Sie meinen, daß Sie das retten wird, irren Sie sich. Sie wird im Höllenfeuer braten, das steht ihr auf der Stirn geschrieben. In dieser verfluchten Gemeinde sind alle verdammt. Wahrlich, sie werden zu Fall kommen und in den Schlund der Hölle stürzen.» Die letzten Worte klangen fast wie gesungen.

«Ich dagegen halte die Leute hier für gottesfürchtige Menschen, schließlich besuchen sie ja getreulich die Moschee.»

«Auch das wird sie nicht retten», erklärte der Imam und weidete sich an dem grausamen Geschick, das seinen Nachbarn sicher war.

«Warum nicht?»

«Weil sie lachen, weil sie sich an weltlichen Dingen erfreuen. Das Herz des Menschen, der nach dem Himmel strebt, muß von Angst und Reue erfüllt sein und die Freude mißachten, ja hassen. Hören Sie nicht ihr sündhaftes Gekicher? Und selbst Rabia, so jung sie war, als sie an diesem Pult lernte, das Heilige Buch zu rezitieren» – er wies auf das kleinere Pult neben der Schranktür – «hat es verstanden, der göttlichen Kunst Vergnügliches abzugewinnen.»

«Ich würde zu gern einmal eine theologische Debatte mit Ihnen führen, Großvater.»

«Vielleicht, wenn Sie mir die nächste Zahlung bringen», verhieß der Imam listig.

Auf dem Heimweg stellte Osman erleichtert fest, daß Rabia mehr von Tevfik als von diesem fürchterlichen Alten geerbt hatte. Von ihrem Vater hatte sie Heiterkeit und Zufriedenheit. Doch Osmans Interesse an dem Imam blieb bestehen.

Der Juni bescherte der Hauptstadt eine Hitzewelle. Man kam sich vor wie in einem türkischen Bad, feuchtheißer Dunst drang einem bis auf die Knochen. Mensch und Tier waren ständig auf der Suche nach einem kühlen Fleckchen. Die Hunde lagen regungslos unter den vorspringenden Erkern. Hin und wieder wagte sich ein unerfahrener Welpe aus dem Schatten, doch schon bald hing ihm die Zunge aus dem Maul und er hechelte kläglich. Die Kinder hatten ihre Spiele unter die Friedhofszypressen verlegt. Im goldenen Lichtband, das sich über die Straße zog, summten und brummten Wolken von Fliegen mit leuchtend roten und grünen Pünktchen auf den Flügeln. Und im ganzen Viertel stank es – und wie es stank!

Osman schlug vor, ein *yalı*, eine der traditionellen Sommervillen am Bosporus zu mieten, aber Rabia lachte ihn aus. Wer wäre in ihren Kreisen je auf den Gedanken gekommen, ein *yalı* zu mieten? Das war bei ihnen nicht üblich. Waren die Abende etwa nicht angenehm? Tatsächlich war es zu später Stunde im Garten recht erträglich, und freitags hielten sie sich nachmittags in den Gärten des Konaks auf, mit Vorliebe im Gemüsegarten, der besonders viel Schatten bot. Unter der Woche aber litt Osmans Stimmung unter dem Wetter. Der Fußweg zu seinen entfernter wohnenden Schülern, der durch schmutzige, heiße, übelriechende Straßen führte, war beschwerlich. Für den Rückweg nahm er stets eine Mietdroschke, ließ sich aber nicht bis vors Haus fahren. Es war seinem Ansehen in der Gemeinde nicht zuträglich, wenn man ihn zu oft in einer Droschke sah. Rabia nahm nie einen Wagen. Wenn sie nach Hause kam, war sie schweißgebadet und die Wimpern waren weiß von Staub. In der Sommerhitze den armen Mann aus der schäbigen Gasse zu spielen, wenn man in Wirklichkeit Wohlstand und alle Bequemlichkeiten gewöhnt war, fand Osman mehr als heroisch – es war das reinste Martyrium.

Er machte Rabia Vorhaltungen und bat sie, zumindest die Musikstunden aufzugeben. In ihre Koranauftritte mochte er sich nicht einmischen, denn das war eine Kunst. Aber warum sollte sie sich so plagen? Er besaß Geld genug für sie und die Ihren und wäre auch bereit gewesen, Tevfik aufs großzügigste zu unterstützen, wenn sie es zugelassen hätte. Doch sie reagierte nicht auf sein

Angebot. Beharrlich schweigend lief sie durchs Haus. Daß sie sich weigerte, über Dinge zu sprechen, bei denen sie nicht einer Meinung waren, bereitete Osman noch größeres Kopfzerbrechen.

## KAPITEL 51

An einem Nachmittag Ende Juni stattete der Derwisch Rabia den ersten Besuch nach ihrer Hochzeit ab. Es war der erste Besuch überhaupt, den er seit seiner Rückkehr aus dem Kloster machte. Rabias Freude war unübersehbar, und Osman freute sich mit ihr, ja womöglich mehr noch als sie. Endlich würde er wieder anspruchsvolle Gespräche führen können, wie er sie so lange vermißt hatte. Vehbi Efendi müsse mit ihnen essen, sagte er, und den Abend mit ihnen verbringen.

Pembe fegte und wässerte den Garten mit besonderer Sorgfalt. Sie breitete einen Teppich über die Sitzmatte und holte weiche Kissen für alle. In ihrer unkomplizierten Art brachte sie mehr Verständnis als Rabia dafür auf, daß Osman eine Schwäche für Komfort und kleine Annehmlichkeiten hatte. Warum sollte man das, was einem das Leben bot, nicht in vollen Zügen genießen? Rakım half ihr, die orangefarbenen Lampions aufzuhängen, denn es war Neumond und am purpurfarbenen Firmament leuchteten nur viele goldene Fünkchen.

Rabia briet Auberginen und verrührte Joghurt und Knoblauch zu einer Soße. Vehbi Efendi und Osman hatten sich in der Wohnung in ein angeregtes Gespräch vertieft, Rakım brachte ihnen hin und wieder Kaffee nach oben.

Nach dem Essen rauchte Vehbi Efendi, an den vertrauten Walnußbaum gelehnt, mit halb geschlossenen Augen seine gurgelnde *nargileh*, während sein hellwacher Geist die Eindrücke von Rabias offenbar gelungenem Eheleben aufnahm. Jede ihrer Bewegungen verriet Zufriedenheit. Sie wirkte, wie er einigermaßen belustigt feststellte, schon fast matronenhaft bedächtig, ja sie schien ihm innerlich zur Ruhe gekommen. Als Hausfrau war sie perfekt. Wie sie für das leibliche Wohl ihres Mannes sorgte, war hoch erfreulich. Und die Auberginen waren köstlich gewesen.

Osmans neues Leben zu beurteilen war schwieriger. Er hatte zwar oben mit dem alten Schwung gesprochen, zwischendurch aber lange Pausen gemacht, in denen er regungslos dasaß, was man sich früher, als er noch Peregrini hieß, nie hätte vorstellen können. Alles in allem schien auch er gelassener. War das Rabias Einfluß?

Der Mann, um den Vehbi Efendis Überlegungen kreisten, lag auf dem Rücken, hatte die Arme unter dem Kopf verschränkt und sah zu den Sternen empor. Die Hitze war mit Sonnenuntergang noch drückender geworden. Kein Lüftchen regte sich.

«Ich war bei Rabias berühmtem Großvater», sagte Osman, um das Schweigen zu brechen.

«Osman geht hin und wieder zum Freitagsgebet», ergänzte seine Frau.

«Ein Meister des religiösen Zeremoniells und stimmlich eine wahre Posaune. Der tiefe Haß, der aus seinem Korangesang spricht, stört mich nicht.»

«Menschen, die andere verfolgen und quälen, haben dich schon immer fasziniert», sagte Rabia.

Osman überlegte. «Findest du? In diesem Falle stimmt es tatsächlich. Diese unerbittliche Ablehnung der menschlichen Rasse hat etwas Großartiges.»

«Er ist schließlich auch nicht dein Großvater», bemerkte Rabia sarkastisch, «du standest als Kind nicht unter seiner Knute. Wahrscheinlich wärst du im Irrenhaus gelandet, wenn du dir seine gruseligen Geschichten über die Hölle hättest anhören müssen.» Ihre Stimme klang ungewohnt erregt.

Rakım sah beunruhigt auf, und Pembe stimmte rasch ein fröhliches Lied an, «Katibim –Es fällt der Regen auf dem Weg nach Scutari»,[83] das gerade in aller Munde war.

«Sprechen wir von etwas Erfreulichem», bat Rakım.

Aber Osman konnte Rabia einfach nicht in Ruhe lassen. Ihm war, als gerate hin und wieder hinter ihrem heiter-ruhigen Auftreten ein schützender Vorhang in Bewegung. Ihn zu lüften schien ihm eine faszinierende Herausforderung. Osman war Teil der westlichen Kultur, in der man mit der Vivisektion stummer Geschöpfe die Mysterien des Lebens zu erforschen suchte. Er hätte bedenkenlos selbst ein lebendes Herz zerlegt, um seine Geheimnisse zu ergründen.

«Angenommen, er läge im Sterben – würdest du dir seinen Segen selbst dann nicht wünschen? Nennst du das töchterliche Zuneigung, Licht meiner Augen?» Die Versuchung, noch weiter in ihre Seele einzudringen, war unwiderstehlich.

«Er hat mir keinen Segen zu geben. Soll er sterben und in der finsteren Erde begraben werden! Sollen Tausendfüßler und Schlangen ihn fressen!»

«Psst», sagte Vehbi Efendi erschrocken, aber jetzt gab es für Rabia kein Halten mehr.

«Er hat Kinder mit diesen schrecklichen Dingen in Angst und Schrecken versetzt, Efendim, und niemals Ruhe gegeben. Ständig prophezeite er ein fürchterliches Leben nach dem Tod und zeichnete das Bild eines grausamen Gottes. Ich hasse ihn, denn nie werde ich die Angst verlieren, die er mir ins Herz gesenkt hat.»

Vehbi Efendi ließ das Mundstück seiner *nargileh* fallen und richtete sich auf. Das eheliche Geplänkel hatte er sich noch belustigt angehört, aber dieser Aufschrei einer Seele, der das irre Gerede eines verbitterten alten Mannes eine tiefe, nie verheilende Wunde zugefügt hatte, fiel eindeutig in seine Zuständigkeit. Er betrachtete sich als den Hüter von Rabias Seele.

«Hör mich an, Rabia. Du darfst nie zulassen, daß die Angst dein Herz beherrscht. Sie ist das einzige, was Gott, wie ich glaube, nicht geschaffen hat. Ich denke mir, daß Mensch und Tier sie sich in ihrer frühen Hilflosigkeit erdacht haben. Sie ist nur ein Ungeheuer, eine Schimäre.»

«Und wie sieht sie aus?» Das waren Gespräche, wie Osman sie liebte.

«Wie eine Krake, die ihre Fangarme um jedes Menschen Seele schlingt», antwortete Vehbi Efendi erst leichthin, dann in zunehmend eindringlichem Ton, der in der Stille des Gartens nachhallte. «Tausende und Abertausende feuchtkalter, abscheulicher, glitschiger Fangarme winden sich um das Herz des Menschen. Für jeden, den wir abschneiden, strecken sich zehn neue nach uns aus. Geistliche wie Rabias Großvater bedrohen die Menschheit mit dieser Krake in Form von bösen Geistern und falschen Göttern. Tyrannen benutzen sie als ihr wichtigstes Machtinstrument. Verbrecher, Vampire in menschlicher Gestalt oder in Form einer menschlichen Idee, machen mit Hilfe dieses vielarmigen Ungeheuers Jagd auf uns. Bis es vernichtet ist, wird es keinen Frieden, keine Freiheit auf der Welt geben.»

Osman stieß einen leisen Pfiff aus. «Das wäre ein Thema für einen russischen Musiker!»

Vehbi Efendi schwieg einen Augenblick. Die Stille schien von geheimem Leben beseelt. Dann sah er zum Himmel empor. «Allahs Reich ist ein Reich ohne Angst», sagte er leise. «Auch wir als seine Kinder müssen lernen, die Angst zu überwinden, die Köpfe des widerlichen Ungeheuers zu zermalmen, das wir geschaffen haben.»

«Wie aber könnte Allah Ordnung in der Welt halten, wenn der Mensch keine Angst hätte?» fragte Osman.

«Ist Gott ein böser Sultan oder Tyrann, der Kerker, Feuer, Henker und Folterknechte braucht, um seinen Willen durchzusetzen? Er wird es auf seine Art richten.»

«Bring uns kühles Sorbet», sagte Rakım zu Pembe und fuhr sich mit dem Taschentuch übers Gesicht. Dann wandte er sich an den Derwisch. «Diese Sonne sorgt dafür, daß wir die Hölle und die Ungeheuer nicht vergessen. Ich habe noch nie so eine Hitze erlebt.»

«Da fällt mir etwas ein, worauf mich der Erste Kammerherr bei meinem letzten Besuch angesprochen hat, Rabia. Er wollte euch sein kleines Sommerhaus im Wald anbieten, dort ist es herrlich kühl.»

«Ja, das hat er mir auch gesagt, aber ich habe abgelehnt.»

«Und das hast du mir nicht erzählt?» erwiderte Osman vorwurfsvoll. «Ich versuche schon die ganze Zeit, Rabia für den Sommer aus der Stadt zu locken, aber sie ist so halsstarrig wie der alte Imam.»

Vehbi Efendi wandte sich an Rabia. «Ich an deiner Stelle würde auf das Angebot eingehen. Du könntest Pembe mitnehmen, Rakım würde sich solange um den Laden kümmern.»

«Ach ja, laß uns hinfahren», bettelte Pembe.

«Also meinetwegen», gab Rabia nach. Doch bei sich dachte sie: «Nun hatte er sich gerade ein-

447

gewöhnt. Womöglich überkommt ihn, wenn er vom vornehmen Leben kostet, wieder die alte Rastlosigkeit.»

## KAPITEL 52

Eine ganze Woche sprach man bei Rabia von nichts anderem als dem kleinen weißen Haus am Hang hinter der Villa des Ersten Kammerherrn. Sommerferien am Bosporus – das versprach ein großes Abenteuer für Rabia zu werden, und als der Tag der Abreise näher rückte, wurde auch sie nervös. Ende Juni – die Bucht von Bebek war ein Traum in Purpur und Rubinrot – hielt die Kutsche mit Rabia und Pembe und zahllosen Bündeln und Paketen vor dem weißen Haus. Ikbal Hanım hatte ihnen eine alte Negerin geschickt, die ihnen helfen sollte, sich einzurichten. Zusammen mit Pembe kümmerte sie sich auf dem Vorplatz ums Gepäck, während Rabia die Eingangshalle betrat. Die Sonne ging gerade unter. Mit einem Schlag verblaßten die Farben auf der schlummernden Wasserfläche. Dunkelblaue Schatten zogen über die Bucht, und am Himmel glitzerten zahllose goldene Sterne.

Die Negerin zeigte ihnen den gemauerten

Raum, der als Küche diente, und das Zimmer gegenüber, das für Pembe bestimmt war. Im Obergeschoß gab es zwei weitere, geräumige Zimmer, die sich zu einer Diele hin öffneten. Die Fensterfronten waren so breit, daß man fast meinen konnte, vor einer Glaswand zu stehen, und die Räume enthielten alles, was Osman glücklich machen würde – Bücher und außer einem Flügel noch vielerlei Saiteninstrumente.

Rabia sah aus einem Fenster. Die Nacht senkte sich hier am Bosporus ganz unvermittelt auf das Land wie ein schwarzseidener Vorhang. Bäume, Hügel und Meer waren nur noch verschwommene Umrisse in allen Schattierungen von Schwarz – von hellem Rauchgrau bis zum tiefsten Ebenholzton. Die Lichter am anderen Ufer flimmerten sacht wie Glühwürmchen. Das alles würde Osman sehr gefallen, aber Rabia fühlte sich ein wenig verloren. Ihr fehlte ihre kleine Gasse, sie war an sichtbare Grenzen gewöhnt, dieser schwer greifbare dunstige Horizont ängstigte sie. Kein Mensch weit und breit. In ihrem Viertel ging man um diese Zeit zur Moschee und begrüßte sich gegenseitig mit lauten Zurufen. Sie hatte in dieser fremden Umgebung das Gefühl, als habe ihr Leben eine neue Richtung genommen. Sie mochte Richtungswechsel nicht. Sie veränderten einen, ohne daß man dabei das frühere Ich ganz ablegte. Und so kam Ich zu Ich, das jüngste obenauf.

Im Dunst ertönte ein Pfiff, und sie fuhr zusammen. Etwas Langes, Dunkles teilte schnaufend die seidig glatte Wasserfläche. Die letzte Fähre des Tages legte an. Osman würde an Bord sein. Sie eilte die Treppe zum Landesteg hinunter und wartete. Schritte näherten sich auf dem Kiesweg.

«Bist du das, Osman?»

«Hast du auf mich gewartet, Rabia?»

In die Dunkelheit kam Bewegung, und plötzlich spürte er ihre Arme um seinen Hals. Vielleicht gab es sie doch – die Frau in dem Mädchen Rabia, die Frau, die er bisher noch nicht entdeckt hatte. Vielleicht war ein Ortswechsel nötig gewesen, um die Leidenschaft hervorzulocken, mußte all das verschwinden, was sie hielt und hemmte.

Sie aßen in der offenen Diele. Das Mahl fiel schweigsam aus. Auch draußen war es still, bis sich vom Garten her eine Baritonstimme hören ließ: «*Partir, c'est mourir un peu …*»[84]

«Das hat Hilmi einmal für Sabiha Hanım gesungen», sagte Rabia. In ihrem Gesicht zuckte es. Das war vor seiner Reise mit Dürnev nach Beirut gewesen. Mit seiner Lispelstimme hatte sich das Lied damals recht jämmerlich angehört.

«Diesen Schmachtfetzen?» schnaubte Osman.

«Gefällt es dir nicht?»

«Alberner Singsang! Abschied, Tod und Tränen, Worte ohne Sinn und Verstand.»

«Aber es ist doch wirklich traurig, wenn jemand seine Lieben verlassen muß.» Rabia dachte an den Abschied von ihrem Vater auf dem Schiff. Auch sie hatte diese Traurigkeit damals empfunden, die sich wie eine tiefe Dunkelheit über das Herz legte. Abschiede gab es immer wieder. Sollte Osman sie je verlassen, würde das wie ein Sturm sein, der sie entwurzelte. Schnell stand sie auf. «Gehen wir in den Garten, Osman.»

Unterdessen war der Sänger verstummt. Sie schlenderten nach hinten in den kleinen Pinienhain. Andere Töne, tief und anhaltend, durchzogen die Nacht. Etwas höher am Hang stand ein großes steinernes Haus mit hell erleuchteten Fenstern. Von dort schienen die Töne zu kommen.

«Was ist das?»

«Die Orgel der amerikanischen Knabenschule.»

Sie hatte den Klang dieses Instruments noch nie gehört und war sofort fasziniert. Westliche Musik, und selbst die Melodien, die sie begeisterten, enthielten für ihren Geschmack zuviel Stakkato.

Beim Spiel der Orgel war der Übergang von Note zu Note kaum wahrnehmbar, sie hatte etwas Getragenes und vermittelte ein Gefühl von Kontinuität. Rabia fühlte sich an ihren Korangesang erinnert.

«Wenn wir einen Sohn bekommen, soll er dort zur Schule gehen.»

«Niemals!»

«Warum nicht, Osman?»

«Du mußt deinen Sohn von allem fernhalten, was nicht ins Sinekli Bakkal gehört. Auch so tobt ein ständiger Krieg in den Herzen all derer, in deren Adern gemischtes Blut fließt.»

«Hierzulande haben alle gemischtes Blut, Osman, und sind trotzdem sehr friedfertig.»

«Aber es geht nicht nur um das Blut, Licht meiner Augen. Die kulturellen Verschiedenheiten sorgen zusätzlich für Verwirrung. Wer in unterschiedlichen Kulturen lebt, muß sich auf eine schwere innere wie äußere Zerreißprobe gefaßt machen.» Er hielt inne, und als Rabia ihren Arm unter seinen schob, fuhr er mit belegter Stimme fort: «Ich wünsche mir, daß mein Sohn ein ausgeglichener Mensch wird, keine Differenzen, keine Anfeindungen sollen seine Seele verwirren. Du ahnst nicht, wie sehr solche Menschen leiden.»

«Ich fände so eine Mischung reizvoll», sagte Rabia, «man wäre viele verschiedene Personen auf einmal.» Sie lachte leise, als sei der Junge, von dem sie sprachen, schon geboren. Insgeheim war sie aber doch ein wenig beunruhigt. Erst jetzt hatte sie eine vage Ahnung von Osmans Konflikten. Es mochte da Erinnerungen geben, die ihr Osman entfremden konnten.

«Gehen wir hinein», sagte sie mit stockender Stimme.

Sie seien noch nie so glücklich gewesen, versicherten sie sich täglich, wenn die Stimmen von den Hügeln und auf dem Wasser sie weckten. Fischer sangen griechische Lieder, während sie mit dem Fang der vergangenen Nacht zurückkehrten. Tagsüber vervielfachten sich die Klänge – die schwungvollen Weisen der Flöten, der Schlag von Trommeln, die Gesänge tanzender Männer auf den Booten, die den Bosporus hinauf- und hinunterzogen. Stürmisch wogte und brodelte das Leben, brachte die Landschaft bis tief in die Erde hinein zum Vibrieren. Der Rhythmus steigerte sich lustvoll, und Rabia spürte ihn bis in die Fingerspitzen, hörte den Puls der Erde lauter und lauter schlagen.

Abends saßen sie gewöhnlich vor dem Haus.

Rabia trug für Osman einen Sessel nach draußen, sie selbst legte sich auf den Rücken und sah zu den Sternen empor, deren Strahlen in das dunkle Blau der Bucht tauchten. Im bewegten Spiel der Wellen glichen sie einem immerwährenden goldenen Regen. Tief atmeten beide die erfrischende Luft ein, die nach Laub, Erde und dem Salzhauch des Meeres roch.

Oft improvisierte Rabia, an Osmans Knie gelehnt, gefühlvoll auf der Laute und sang gleich danach ein Scherzlied, zum Beispiel das von dem gesprenkelten Hahn, das die Süßwarenverkäufer im Sinekli Bakkal gewöhnlich auf der *zurna*, der türkischen Oboe, spielten. So sorgte sie dafür, daß auch in romantischen Stunden der Humor nicht zu kurz kam.

Osman hingegen beschäftigten ernstere Gedanken. «Sie liebt mich mehr als je eine Frau zuvor», sagte er sich, «aber bei den anderen war es auch keine Liebe, sondern nur eine zwar ungestüme und starke, aber doch vorübergehende Leidenschaft. Rabias Liebe ist viel, viel aufregender.»

Die Nichte und der Neffe des Ersten Kammerherrn machten ihnen ihre Aufwartung und bestanden darauf, daß die beiden sie in ihrer Villa besuchten. Dort bettelten sie so lange, bis Rabia einwilligte, am geöffneten Fenster zu singen. Damit wurde sie zur gefeierten Künstlerin jenes denkwürdigen Sommers am Bosporus.

In kleinen Gruppen sammelten sich nun täglich die Zuhörer vor dem Haus, die Vergnügungsboote drängten sich auf dem Wasser, in manchen brannten Fackeln, und die Menschen lauschten schweigend. Rabia sang klassische Weisen und Volkslieder, und nach jedem Vortrag brandete Beifall auf.

«Niemand wird jemals wieder die Leidenschaft wecken können, die ich in ihr geweckt habe», tröstete sich Osman. Zum ersten Mal in seinem Leben spielte er nur die zweite Geige.

Auch die Prinzessin lud sie nun häufig zum Abendessen ein, und dort trafen sie Vehbi Efendi. Rabias Schülerinnen zeigten, was sie bei ihr gelernt hatten, aber Rabia selbst sang im Palast nur selten.

Der einzige, der in jenem Sommer am Bosporus mehr die Seele als die Stimme in ihr sah, war der Prinz. Er führte sie auf den Balkon des Palastes, und dort gingen sie auf und ab und unterhielten sich angeregt. Osman hatte sich inzwischen von seiner quälenden Eifersucht befreit, er war stolz wie der Besitzer eines Meisterwerks:

Die anderen durften nur anschauen, was ihm ganz gehörte.

Einmal bat Vehbi Efendi Rabia, ihm sein Lieblingslied vorzusingen.

«Im Augenblick kann ich mich in etwas so Trauriges nicht hineinversetzen», sagte sie. «Darf ich Ihnen eine Frühlingsode singen?»

Rabias Antwort bereitete Osman diebisches Vergnügen. Sie begann sich allmählich von den geistigen Einflüssen zu lösen, die sie gefangen gehalten hatten.

Aber nicht nur Vehbi Efendi und alles, wofür er stand, hatte in diesem Sommer an Bedeutung verloren. Auch Rakım geriet sträflich ins Hintertreffen. Wenn er freitags den Hang hochstieg, um sie zu besuchen, traf er Rabia selten an.

«Sie hat nur noch Augen für ihren Mann», erklärte Pembe, wenn sie Rakım mit Klatschgeschichten über Rabias Eheleben unterhielt, und fügte dann tröstend hinzu: «Niemand liebt dich wie Tante Pembe, du bist ihr Herzblatt, ihr Lamm...»

«Schweig, du Schamlose!» schalt Rakım dann. «Mußt du derart unverhüllt über intime Dinge reden?»

So vergingen der Juli und die erste Augustwoche.

Am neunzehnten August sollten sie erfahren, ob Tevfik unter den begnadigten Exilanten war, und Rabia wollte daher unbedingt rechtzeitig wieder zu Hause sein. Osman hatte sie sehr gebeten, noch bis zum Monatsende an diesem Ort zu bleiben, an dem sie so glücklich waren. Gute Nachrichten, sagte er, würden sie überall erreichen. Sie hatte sich seinem Wunsch gebeugt, war aber mit sich selbst unzufrieden. Um sie abzulenken, unternahm er vormittags einen Spaziergang mit ihr. Sie liefen bis zum Friedhof von Bebek, der an die Rumeli-Hisarı-Festung[85] grenzte. Der Friedhof war ein beliebter Treffpunkt für die Frauen aus dem Dorf. Sie kamen am Freitagnachmittag mit ihren Kindern, saßen auf den zerbrochenen Grabsteinen, aßen Pistazien und Süßigkeiten und ließen es sich wohl sein. Rabia und Osman suchten sich einen Stein, der aussah, als hätte das Meer ihn eigens für müde Wanderer zugeschliffen. Die Wellen tanzten zu ihren Füßen, und die Brandung schlug träge, als wäre sie noch nicht ganz wach, an den kiesigen Strand.

«Du solltest die Wellen im März sehen, Rabia. Ich mag es, wenn sie zornig sind, dann singen sie noch ausdrucksvoller.»

«An friedlichen Dingen hast du keine Freude, Osman, nicht wahr?»

«Es gibt doch auch nirgends Frieden, und am allerwenigsten auf dem Meer, das Tausende von Menschen verschlungen hat, in dem zahllose Geister um Erlösung flehen.»

Seine Bemerkung befeuerte ihre Phantasie und stimmte sie traurig. «Seit ich hier bin, habe ich nicht ein einziges Mal für die Toten gesungen», sagte sie ernst.

«Du singst für die Lebenden.»

«Ich sollte morgens mein Fenster aufmachen und meine Gebete dem Meer vorsingen.»

«Laß dich nicht von dieser düsteren Stimmung besiegen, Rabia.»

Sie hörte kaum zu. Die schon halb vergessenen Marksteine ihrer Vergangenheit tauchten aus ihrer Erinnerung auf und beschwerten ihre Seele. Frieden würde sie nur finden, wenn sie sich ganz ihren Mitmenschen widmete und ihnen diente. Wie selbstsüchtig hatte sie sich in den vergangenen Wochen in ihrem eigenen Glück verloren!

«Das Leben auf Erden ist nur Kurzweil und müßiges Spiel»,[86] zitierte sie leise und versuchte damit, die Toten zu trösten, die sich nicht so intensiv des Lebens hatten freuen können wie sie selbst in diesem Sommer.

In gedrückter Stimmung traten sie den Rückweg an.

«Gehen wir in unseren Pinienhain», schlug Osman vor, als sie vor dem Haus standen, und nahm ihren Arm.

«Geh du vor und streck dich schon auf seinem Teppich aus, ich komme gleich zu dir.»

Das weiche Bett aus Piniennadeln war sehr warm, obwohl das schattige Grün Kühle vortäuschte. Wie ein fortgesetzter heißer Atem wehte ihm die Luft entgegen. Osman schloß die Augen. Ihm war, als hörte er Räderrollen. «Da fährt jemand zur amerikanischen Schule», überlegte er.

Er hatte wohl eine Weile geschlafen und schlug die Augen auf, weil er zu spüren meinte, daß jemand auf ihn herunterblickte. Vor ihm stand Rabia in ihrem schwarzen Seidenkleid. Das Gesicht, das aus den dunklen Falten hervorsah, wirkte ernst. Sie trug Handschuhe und hatte eine Tasche in der Hand wie für einen förmlichen Besuch in der Stadt.

«Wo willst du hin?»

«Sabiha Hanım hat die *kahya kadın* mit der Kutsche geschickt. Die Herrin hatte in der Nacht einen schweren Herzanfall.»

«Ach was, sie spielt bestimmt nur Komödie, weil ihr die Zeit ohne dich lang wird.»

Rabia hockte sich neben ihn und erstattete

hastig Bericht. Hilmi war geflohen. Man hatte ihm gestattet, den Sommer über in den Libanon zu reisen, er hatte Tevfik mitgenommen, und der hatte ihm eine Passage auf einem französischen Schiff beschafft und ihm geholfen, verkleidet an Bord zu gehen. Jetzt hielt sich Hilmi bei den Jungtürken in Paris auf. Die Nachricht hatte Sabiha Hanım fast das Herz gebrochen. Sie hatte fest damit gerechnet, daß man ihn am neunzehnten August begnadigen und sie ihren Sohn dann wiedersehen würde.

«Konnte dein Vater auch entkommen?»

Wieder umspielte das leise Lächeln ihre Lippen. Nein, Tevfik war nicht geflohen und sollte nun als Strafe für seine Beihilfe zu Hilmis Flucht in die Festung Taif[87] gebracht werden.

«Muß er denn ständig den Sündenbock für Hilmi spielen?» stieß Osman hervor und legte die Arme um die schwarzgekleidete Gestalt.

Sanft, aber bestimmt machte Rabia sich los und stand auf. «Tevfik liebt Hilmi Bey. Genau so muß Liebe sein. Ich freue mich, daß er getan hat, was er tun mußte, ohne an mich zu denken.» Es war eine Freude, die ihr Tränen in die Augen trieb.

«Ich werde dich begleiten.»

«Nein. Ich übernachte heute im Sinekli Bakkal und bin morgen früh wieder hier.»

Schon war sie fort. Osman war zwischen tiefem Mitgefühl und bitterer Enttäuschung hin- und hergerissen. Der Zwischenfall würde ihnen den Rest ihrer paradiesischen Ferien verderben.

## KAPITEL 53

Sabiha Hanım lehnte an Rabias Schulter und schluchzte.

«Ruhig, ganz ruhig...» Rabia strich ihr liebevoll über den Rücken.

«Vielleicht sehe ich Hilmi nie wieder.»

«Wer weiß... Und selbst wenn es so wäre – denkt nur, wie glücklich er sein wird, wenn er den ganzen Tag über die Sache der Jungtürken reden kann!»

«Das stimmt natürlich.» Die alte Dame lehnte sich seufzend zurück. Rabia wischte die Tränen von ihren schlaffen Wangen. Aber gleich darauf reckte Sabiha Hanım ihren Kopf wieder empor. «Bestimmt haßt du Hilmi...»

«Nein, bei Gott nicht. Sorgt Euch nicht um Tevfik, Efendim. So wie ich ihn kenne, macht er noch die Festung zum Freilichttheater.»

«Das ist wahr, das ist wahr...»

«Jetzt legt Euch schön wieder hin und bewegt

461

Euch nicht, Hanım Efendi. Ihr müßt tun, was die Ärzte sagen. Soll ich Euch Eure Medizin bringen?»

«Wirst du bei mir bleiben, wenn ich versuche zu schlafen?»

«Ja, natürlich.» Rabia rückte sich einen Stuhl ans Bett.

Es dauerte nicht lange, und Sabiha Hanım war eingenickt. Sie hatte eine schlimme Nacht hinter sich. Nach dem ersten Ausbruch tiefen Jammers, der ihrem alten Herz sehr zugesetzt hatte, galt ihre nächste Sorge Rabia. Würde Rabia sie erneut verlassen, dem Konak womöglich endgültig den Rücken kehren? Rabias zärtliche Fürsorge war deshalb ein großer Trost für sie und heilsamer als die vielen abscheulichen Arzneien, die sie auf Anweisung der Ärzte hatte schlucken müssen.

Die *kahya kadın* kam auf Zehenspitzen herein und flüsterte Rabia ins Ohr: «Der Pascha erwartet dich in seinem Zimmer. Ich bleibe hier, sie schläft ja jetzt.»

Selim Pascha stand schon an der Tür. Er musterte Rabia besorgt. Der Schicksalsschlag hatte seinen Mut gebrochen. Nichts hätte ihn schlimmer treffen können als das, was Hilmi getan hatte. Rabia wiederum war er noch nie so alt, so ver-

462

zagt erschienen. Der Pascha, fand sie, hatte ihr Mitgefühl noch nötiger als Sabiha Hanım.

«Wie geht es ihr, Rabia?»

«Sie schläft friedlich.»

«Gott sei Lob und Dank.» Er atmete auf. Dann sagte er mit einer Demut in Blick und Stimme, die Rabia rührte und zugleich verwunderte: «Wieder hat mein Sohn deinen Vater ins Verderben gestürzt. Kannst du uns jemals vergeben, mein Kind?»

«Kein Wort mehr davon, Pascha, es tut mir weh, Euch in diesem Zustand zu sehen. Tevfik liebt Hilmi Bey und ist bestimmt froh über seine Flucht. Die Vorsehung hat es so gewollt.»

«Setz dich, Rabia.»

Der Pascha war ein sichtlich gebrochener Mann, aber in seinen Augen leuchtete ein Rabia unbekannter Glanz. Angriffslust und selbstgerechter Stolz waren Resignation und Demut gewichen. Rabia musterte ihn aufmerksam und voller Zuneigung.

«Mit Hilmi Bey habe ich kein Mitleid, aber ich würde alles geben, um Tevfik vor der Festungshaft zu bewahren. Leider schwächt die Tatsache, daß ich Hilmis Vater bin, meinen Einfluß. Ich kann Seiner Majestät nicht mehr ins Gesicht sehen, kann mir keine Gunst von ihm erbitten.»

«Seid nicht zu streng mit Hilmi Bey, Pascha.»

«Nein, das läßt schon meine Ratlosigkeit nicht zu. Einst glaubte ich, es gebe nur eine einzige Macht, die zählt, eine einzige Macht, die über das menschliche Schicksal bestimmt – die der herrschenden Ordnung. Jetzt aber scheint mir, als gebe es eine unübersehbare Zahl an Kräften, die in der menschlichen Gesellschaft wirken. Selbst den scheinbar Hilflosen, die Regierungen und Sultanen auf Gnade und Barmherzigkeit ausgeliefert sind, wohnt eine unzerstörbare Macht inne.» Und nach einer kleinen Pause fuhr er fort: «Zweifel haben meine Seele erfaßt, Rabia. Ich weiß nicht mehr, ob ich all die Jahre das Rechte getan habe. Und… ich bin schon siebzig, bald werde ich vor einem ungleich mächtigeren Sultan Rechenschaft für meine Taten ablegen müssen.»

Wenn der Pascha sprach, war die Veränderung, die mit ihm vor sich gegangen war, noch auffallender. Er war sehr plötzlich gealtert, als hätte er tausend Jahre übersprungen, aber das hatte ihm nichts Hinfälliges oder Greisenhaftes beschert, sondern jene geistige Reife, die das Leid Jungen wie Alten schenken kann. Selim Pascha hatte es erstarken lassen. Das rohe Eisen war durchs Feuer gegangen und geläutert daraus her-

464

vorgetreten. In der Brust, die Rabia für empfin-
dungslos gehalten hatte, schlug wieder ein Herz.
Aus Selim Pascha war ein fühlender Mensch geworden.

«Die Vorsehung hat es so gewollt», wiederholte Rabia mit einem leisen Seufzer, und für
den Pascha lag in diesen Worten ein großer Trost.
Er wußte, wie sehr der Glaube an die Vorsehung
Geduld und Überlebenswillen des Menschen im
Orient stärkt. Die biegsame Weide, die sich vor
dem Sturm beugt, mag überleben, während die
starke Eiche womöglich von ihm gefällt wird.

«Ich habe mich entschlossen, mein Amt aufzugeben, Rabia. Sobald Seine Majestät mein
Rücktrittsgesuch angenommen hat, werde ich
nach Damaskus reisen und Dürnev nach Hause
holen. Ich brauche Zeit zum Nachdenken. Und
ich möchte auch mit einigen der Verbannten sprechen, die Hilmi und Tevfik kannten. Meiner
Frau habe ich es noch nicht gesagt...»

Eine Sklavin kam mit einem Tablett.

«Hier ist unser Mahl, Rabia. Laß uns essen.»

Trotz des Kummers, der auf Selim Paschas
Haus lag, trotz Rabias geheimer Sorge um Tevfik
aßen sie friedlich und tauschten sich sogar über
die einzelnen Gerichte aus.

Anschließend gingen sie zusammen zu Sabiha

Hanım. Auf der Treppe sagte der Pascha: «Seine Majestät ist über siebzig, Tevfik gerade mal vierzig. Ihm gehört die Zukunft, seine Rückkehr ist jederzeit denkbar.»

Sabiha Hanım hatte sich im Bett aufgesetzt. Ihr flinker Verstand suchte schon nach Möglichkeiten, mit Hilmi in Verbindung zu treten. Vielleicht konnte Osman, der Beziehungen nach Europa hatte, einen Briefwechsel vermitteln? Obwohl sie Rabia diese Frage stellte, sah sie dabei ihren Mann an.

«Ich bin nicht mehr Minister für öffentliche Sicherheit», sagte er lächelnd. «Du darfst deine aufrührerischen Pläne gern in meinem Beisein schmieden.»

«Was soll das heißen?»

«Daß ich zurückgetreten bin.»

Seine Gemahlin runzelte die Stirn. «Auf eine solche Stellung, auf die Ehre dieses Amtes hättest du nie verzichten dürfen ...»

«Ich bringe es nicht mehr über mich, Jungtürken zu verfolgen», erklärte er, «und einem Mann, der das nicht mehr vermag, kann man unmöglich die Sicherheit des Reiches anvertrauen.»

Da beugte sie sich vor, griff nach seiner Hand und küßte sie.

Rabia stand auf.

«Fährst du zurück nach Bebek?» fragte Sabiha Hanım.

«Nein, ich bleibe hier. Rakım soll die anderen verständigen.»

Sie ließ die beiden allein, damit der Pascha seiner Gemahlin von der geplanten Reise nach Damaskus erzählen konnte.

Als Rabia und Rakım abends in der Küche ihren Kaffee tranken, schwiegen sie sich an.

«Ich hätte Osman schon heute nachmittag holen können, Rabia», sagte Rakım schließlich.

Rabia schüttelte den Kopf. Sie wollte allein sein. Osman störte sie mit seiner Unrast beim Denken. Ein wenig kam sie sich vor wie eine Reisende, die gerade von einem großen Abenteuer zurückgekehrt ist. Die Erinnerungen klangen noch in ihr nach, aber zugleich warteten bereits neue Aufgaben auf sie. Sie durfte sich nicht so ausschließlich ihrem persönlichen Glück hingeben, dazu war sie nicht in dieses Viertel hineingeboren worden. Da gab es Sabiha Hanım, Selim Pascha, da gab es … ja, wen noch? Rakıms traurige Augen blickten sie an. War er der einzige, der noch an Tevfik dachte?

«Tevfik ist noch jung, Seine Majestät bereits über siebzig. Tevfiks Rückkehr ist jederzeit denkbar», wiederholte sie Selim Paschas Worte und fand Trost nicht nur im Inhalt dieser Sätze, sondern auch in dem, was damit verbunden war. Daß selbst ein so treuer Vasall von Abdülhamid Zweifel an dem Bestand des Reiches hegen konnte, gab ihr Hoffnung.

«Über diese Dinge darfst du mit niemandem sprechen, Rabia. Die Wände haben Ohren. Üben wir uns in Geduld. Haben wir so lange gewartet, können wir auch noch ein wenig länger warten. Nur Geduld, irgendwann...»

«Nur Geduld, irgendwann werden Maulbeerblätter zu Seide», ergänzte sie. «Vielleicht kommen die guten Tage schneller, als wir denken.»

«Der Fisch fault vom Kopf her... unsere Obrigkeit stinkt schon, der Tag der Säuberung ist nah...»

Sie blieben noch lange in der Küche sitzen und brachen das Schweigen nur hin und wieder mit dem einen oder anderen tröstlichen Spruch aus dem Schatz der Weisheiten ihres Landes.

Als Rakım den steilen Weg zu dem kleinen weißen Haus bewältigt und Rabias Botschaft ausgerichtet hatte, geriet Osman in heftigen Zorn. Damit hatte man ihm zwei Wochen seines großen Liebestraums am Bosporus gestohlen.

«Es ist nicht recht, daß sie unser Glück weniger wichtig nimmt als Sabiha Hanıms Vergnügen», murrte er.

«Da Tevfik in Festungshaft sitzt, wäre sie gewiß keine besonders heitere Gefährtin», gab Rakım zu bedenken.

«Du hast ja recht, und ich bin ein selbstsüchtiges Ungeheuer», sagte Osman zerknirscht und dachte sich die verschiedensten Möglichkeiten aus, seine Frau zu trösten. Innerlich aber wurmte ihn die Verkürzung seiner Flitterwochen doch sehr. Mit Rakım wartete er rauchend im Pinienhain, bis Pembe fertig gepackt hatte.

Von der Brücke aus nahmen sie eine Droschke. Die Bündel und Osmans Reisekoffer waren ein hinreichender Grund, bis vor die Ladentür zu fahren. Daß ihm die Anstrengung erspart blieb, sich in Staub und Hitze über die schlechten Straßen zu schleppen, versöhnte ihn ein wenig mit dem Sinekli Bakkal. Einen Moment lang war er sogar bereit, die sirrenden, schwirrenden Fliegenschwärme in dem Sonnenstrahl, der sich quer über die Straße ergoß, in poetischem Licht zu sehen. Während er noch mit diesen Überlegungen beschäftigt war, hörte er jemanden rufen: «Onkel, bitte Onkel...» Sabit Beyağabey rannte hinter der Droschke her.

469

Osman ließ anhalten und sprang heraus. «Richte Rabia aus, daß ich gleich nachkomme», sagte er zu Rakım.

Sabit führte ihn ins Kaffeehaus und lud ihn unter dem rebenbehangenen Spalier zu einem Kaffee ein.

«Sie kommen genau richtig zur jährlichen Wahl unserer Ältesten, Onkel. Wir, die Jungen, wollen in diesem Jahr den Flickschuster loswerden, der die braven jungen Kerle nicht gelten läßt. Aber ohne Ihren Rat wollten wir nichts unternehmen.»

Die Wahl war für alle von größter Bedeutung. Dieses kleine Stück gemeinschaftlicher Freiheit verhalf den bescheidenen Handwerkern und armen Kaufleuten zu etwas wie demokratischem Bewußtsein, war ein Ausgleich für die lastende Hand der Tyrannei, die sie ständig bedrohte.

Osman freute sich sehr. Es war die richtige Entscheidung gewesen, sich mit den ungestümen Jungen gut zu stellen, obwohl der Schuster ihm davon abgeraten hatte. Jetzt konnte er seinerseits dem Schuster etwas Gutes tun. Er schlüpfte wieder in seine Lieblingsrolle – die des armen Muslims aus der Seitengasse. Wenn das Leben theaterhafte Züge annahm, war er in seinem Element. Er brauchte denn auch nicht mehr als fünf Minuten, um Sabit Beyağabey von der Notwendigkeit zu überzeugen, wieder den Schuster zu wählen. Die blutunterlaufenen Augen seines Zuhörers strahlten vor Bewunderung, als Osman dessen Vorzüge aufzählte. «Wir machen es so, wie Sie es sagen, Chef», entschied Sabit und begleitete Osman bis zur Ladentür. Rabia hörte, wie er Osman ein letztes Abschiedswort zurief, und eilte nach unten.

«Ich habe heute vormittag die Dielen gescheuert, Osman, sie sind noch feucht. Hier sind deine Pantoffeln, am besten ziehst du sie gleich an.»

Er konnte sich einfach nicht daran gewöhnen, die Straßenschuhe schon unten an der Treppe auszuziehen, meist tat er das erst in seinem Zimmer, wenn ihm die Pantoffeln bequemer schienen. Doch an den Tagen, an denen die Dielen frisch gescheuert waren, gönnte ihm Rabia dieses kleine Vergnügen nicht. Schon kniete sie sich hin, um ihm als pflichtbewußte Ehefrau die Schuhbänder aufzuschnüren.

Er streichelte ihr über den hübschen Kopf. «Dann laufe ich vielleicht am besten noch ein wenig draußen herum, bis die Dielen getrocknet sind. Ich muß ohnehin noch etwas mit dem Schuster besprechen.»

«Willst du nicht erst zu Sabiha Hanım? Sie wartet auf dich.»

«Wir gehen heute abend zusammen hin. Habe ich dir gestern abend gefehlt, meine Kleine?» Er hob ihr Kinn.

«Bitte, keine Zärtlichkeiten vor anderen. Ich höre Tante Pembe herunterkommen.» Sie errötete und rückte von ihm ab.

Da war sie wieder, die Koransängerin, die Puritanerin! Er verließ das Haus, schlug aber nicht den Weg zur Schusterwerkstatt, sondern zum Haus des Imams ein. Dessen monatliche Unterstützung war drei Tage überfällig.

Zu seiner Überraschung öffnete ihm eine Frau mit Kopftuch. Sie erkannte ihn.

«Der Imam kann sein Lager seit drei Tagen nicht verlassen. Ich putze bei ihm und bringe ihm hin und wieder eine Suppe. Ich würde gern kurz nach Hause gehen. Könnten Sie wohl bei ihm bleiben, bis ich wieder da bin?» Kopfschüttelnd setzte sie hinzu: «Es sieht so aus, als würde er in Kürze auf die Große Reise gehen. Möge Ihnen ein Schloß im Himmel sicher sein dafür, daß Sie den Betagten Gutes tun.»

«Ich warte, bis du zurückkommst, Mutter», versicherte Osman der barmherzigen Alten, die sich mit der Pflege des Kranken vielleicht eine Hütte im Paradies zu verdienen hoffte.

Der Imam war auf den Fußboden gebettet, so

wie es bei den Muslimen von alters her üblich war. Er hatte eine geblümte Steppdecke über den Knien und trug eine blaue, eng gegürtete Steppjacke. Um den Kopf hatte er eine weiße Binde gewickelt, unter der sich, besonders an den Schläfen, runde Gegenstände abzeichneten. Seine tiefliegenden schwarzen Augen glänzten fiebrig, das Gesicht war hagerer denn je, die Nase wirkte übergroß wie die Pappnase eines Schauspielers. Die Nasenflügel zuckten, die Brust hob und senkte sich mühsam, der Atem rasselte. Er war offensichtlich schwer krank, aber der funkelnde Blick verriet einen nach wie vor unbeugsam störrischen Geist. Die Finger zählten hastig die Perlen der Gebetskette ab. Auf dem niedrigen Pult, das nah an sein Lager gerückt worden war, lagen ordentlich ausgerichtet drei dicke Bücher. Dahinter ringelten sich in einem Glas Wasser drei schwarze Blutegel. Es roch nach Lavendel und Zwiebeln.

«Was wollen Sie?» grummelte er, ohne Osman anzusehen.

«Sie sind krank, Großvater ...»

Die schwarzen Augen blitzten, und die rauhe Stimme schalt: «Sie sind drei Tage zu spät dran mit der Bezahlung.»

Um den alten Geizhals zu beruhigen, holte Osman schweigend das Geld hervor. Die hageren

Finger ließen von der Gebetskette ab, der Imam griff nach den Goldstücken und hielt sie sich prüfend dicht vor die Augen. Dann holte er seine Börse hervor, verstaute die Münzen liebevoll und barg sie an seiner Brust.

«Sie sollten die Frau, der ich eben unten begegnet bin, zu Ihrer Pflege einstellen, Großvater. Sie brauchen jemanden, der ständig um Sie ist.»

«Gott behüte, das könnte ich mir nie leisten! Sie bringt mir aus freien Stücken Essen und bezahlt es auch. Haben Sie ihr etwa gesagt, daß ich von Ihnen eine Unterstützung bekomme?»

«Aber nein …»

«Verraten Sie nur keinem Menschen, daß ich Gold in meiner Börse habe, die Schufte, die Fratzen, die verfluchten, würden mir glatt die Kehle durchschneiden», keuchte er.

«Ich werde Ihnen einen Arzt schicken und ihn auch gleich bezahlen, Großvater!»

«Ha! Nächstens verlangen Sie noch, daß ich Schweinefleisch esse … Sind doch alles Ungläubige, diese Doktoren, die verbotenen Wein in ihre Arzneien schütten!» Eine Weile brachte er kein weiteres Wort heraus. Brust und Nase arbeiteten wie Blasebälge. Er legte die hageren Hände an die Schläfen. «Ich habe mir Zwiebeln um den Kopf gebunden, es klopft dort, als würde man dagegenschlagen … Heute abend lasse ich mir Blut-egel setzen.»

«Legen Sie sich hin und sprechen Sie nicht. Ich bleibe hier, bis die Frau wiederkommt.»

«Der graue Kobold soll … Brosamen … ha-ben … ich … konnte nicht aufstehen … da auf dem Teller», flüsterte der Imam, dann schloß er die Augen.

Osman glaubte zunächst, daß der Mann phan-tasiere, dann aber sah er das Tellerchen neben dem Bett, auf dem nur noch ein paar Brösel la-gen. Vom Fenster her tschilpte es. Ein Sperling hatte sich durch eine Gitteröffnung gezwängt und verlieh der Bitte des Imams pantomimisch Nachdruck. Osman warf dem Vogel, der sich auf dem Diwan niedergelassen hatte, ein paar Kru-men hin.

«Nicht mehr lange, dann folge ich Emine nach», murmelte der Greis.

«Würden Sie nicht gern Rabia sehen, Groß-vater?»

«Ha!» Er schlug die Augen auf. «Warum hat Emine mir nicht freie Hand mit der Rute gelas-sen! Rabia hätten alle Seligkeiten offengestan-den … jetzt wird sie auf immer und ewig im Höl-lenfeuer brennen …» Er schloß die Augen und begann zu schnarchen.

Die Zeit schlich dahin.

Osman war zwischen Mitleid und Ratlosigkeit hin- und hergerissen. Jetzt redete der Imam in seinen Fieberträumen. Er schalt die Eltern der Kinder, die er früher in der Koranschule unterrichtet hatte: «Ihre Knochen gehören euch, ihr Fleisch aber mir ...» Wieder ein paar lautstarke Schnarcher, dann: «Die Rute, das gesegnete Instrument, vom Himmel gesandt, um den Söhnen und Töchtern der Menschen den rechten Weg zu weisen ...»

Danach öffneten sich seine Augen nicht mehr, und sein Atem pfiff und rasselte wie eine aus dem Takt geratene Maschine. Die schwarze Mundhöhle öffnete und schloß sich wortlos.

Man hörte die Holzschuhe der alten Frau über den Hof klappern, und Osman verließ auf Zehenspitzen das Krankenzimmer. Unten bat er die Frau, den Imam nicht allein zu lassen und ihn, Osman, zu verständigen, wenn der Zustand des Kranken sich verschlechtern sollte. Er drückte ihr zwanzig Kuruş in die Hand. Die Alte klopfte ihm auf den Rücken und dankte ihm mit einem Segenswunsch. «Mögt Ihr bis ans Ende Eurer Tage mit Eurer Ehefrau auf einem Kissen schlafen.»

Zum Mittagessen war Rabia nicht zu Hause, und am Nachmittag erwartete man Osman zur Musikstunde bei einem der jungen Prinzen im Yıldız-Palast. Am Abend brachten sie das Essen so schnell wie möglich hinter sich, um zu Sabiha Hanım zu kommen, denn die hatte, ungeduldig wie sie war, schon mehrmals nach Rabia geschickt. Von der Krankheit des Imams wollte Osman seiner Frau erst nach dem Besuch im Konak erzählen.

Unterwegs sagte er: «Du siehst schon ganz erschöpft aus, Rabia. Laß dich doch von der alten Dame nicht so ausnutzen.»

«Sie macht mit allen, was sie will», erwiderte Rabia bekümmert. «Es sind trotzdem immer genug Menschen um sie.»

Tatsächlich konnte ihr niemand etwas abschlagen, besonders in ihrem derzeitigen hilflosen Zustand. Osman zu Ehren hatte sie einen kleidsamen Schleier umgelegt und die Schminke auf den faltigen Wangen erneuert. Erwartungsvoll und mit zuckenden Lippen streckte sie ihm die juwelengeschmückte weiße Hand zum Kuß hin.

Er ergriff sie mit formvollender Verbeugung. Die unpassende Aufmachung fiel ihm kaum auf. Obgleich oder gerade weil sich in ihrer Haltung Launenhaftigkeit, Schwäche und Kummer misch-

ten, strahlte die alte Dame einen seltsam bezwin-
genden Charme aus. Sie erinnerte ihn ein wenig
an die adligen Damen, die er in seiner Kindheit
kennengelernt hatte, und machte ihm unter-
schwellig den Klassenunterschied bewußt.

Selim Pascha hielt sich im Hintergrund. Der
Abend verging mit Überlegungen darüber, wie
man einen Briefwechsel zwischen Hilmi und seiner Mutter organisieren könnte. Fast hätte Osman den Imam vergessen. Auf dem Rückweg entwarf er in Gedanken bereits die Briefe, die er an
französische Freunde in Paris schreiben wollte.

Als sie nach Hause kamen, war er hellwach und
hätte gern über die Unterschiede zwischen der
Liebe in Orient und Okzident gesprochen.

«Laß uns morgen weiterreden, ich bin tod-
müde», sagte Rabia und breitete ihren Gebetsteppich aus.

Auch er würde also wohl oder übel ins Bett gehen müssen. Als ihm schien, daß sie ihre Gebete
beendet hatte, rief er zu ihr hinüber: «Dein Großvater ist sehr krank, Rabia.»

«Möge Allah ihn gesund machen», murmelte
sie schlaftrunken, nicht feindselig, aber auch ohne
Anteilnahme.

«Aber vielleicht leidet er Not, braucht Hilfe ...»

«Ich mag vor dem Einschlafen nicht an Unerfreuliches denken, Osman. Bestimmt hat er irgendwo einen Schatz vergraben.»

Damit mußte er sich begnügen. Er würde abwarten, welche Entwicklung die Krankheit des Imams am nächsten Morgen genommen hatte.

«Was ist?» rief Rabia vom Bett aus, sprang auf und öffnete die Tür. Vor ihr stand Rakım mit sehr ernster Miene.

«Möge Allah dir ein langes Leben schenken, Rabia.» Das bedeutete einen Todesfall.

«Wer ist gestorben? Sag schnell…», bat sie atemlos und voller Angst.

«Dein Großvater, der Imam, ist in der Nacht verschieden. Sag Osman Efendi, er soll nach unten kommen, wir müssen uns um die Beerdigung kümmern.»

Rabias erster Gedanke hatte Tevfik gegolten. Vor Erleichterung empfand sie fast Dankbarkeit über den Tod des Imams. Aus ihrem engeren Familienkreis gab es niemanden, dessen Hinscheiden sie weniger betrauert hätte. Dennoch schämte sie sich, weil sie am Vorabend, als Osman ihr von der Erkrankung des Großvaters erzählt hatte, so schroff gewesen war.

«Möge ihm die Erde leicht werden», erwiderte sie. Osman sah, wie sie fromm den Kopf neigte. Die Koransängerin machte sich bereit, für den Frieden der gepeinigten Seele zu beten. Schon wiegte sie sacht den Oberkörper.

KAPITEL 54

Selim Paschas Rücktrittsgesuch war angenommen worden. Seine Majestät hatten ihm in Anerkennung seiner Dienste einige freundliche Zeilen geschickt.

«Die Worte Seiner Herrlichkeit lesen sich wie eine Leichenrede», sagte Selim Pascha zu dem Ersten Kammerherrn, dem er seinen Abschiedsbesuch abstattete, und staunte über seine eigene Kühnheit. Ihm war, als kämen die kleinen Scherze an diesem Tag von einem Fremden, der sich in seiner Brust versteckt hielt. Im ersten Moment fehlte ihm etwas: Die Last der Ehre war von seinen kräftigen Schultern genommen, eine Last, die seinen Rücken so steif und übertrieben aufrecht hatte erscheinen lassen. Jetzt ging er ein wenig gebeugt, aber der Druck war von ihm abgefallen. Nach einem langen Prozeß des Fragens und Zweifelns und quälender innerer Konflikte war Selim Pascha nun frei von der Sklaverei der Macht. Mit Erleichterung erkannte er, daß

480

die Regierung des Sultans nur ein kleiner Teil der großen Welt war und nicht den ganzen Erdball umspannte. Der alte Selim Pascha, Minister für öffentliche Sicherheit, war ein engstirniger Esel gewesen.

«Ihr pflegt freundschaftlichen Umgang mit Vehbi Efendi, wie ich höre?» fragte der Erste Kammerherr.

«Ich vertraue ihm meine Familie an, solange ich in Damaskus bin. Zur Zeit sind wir dabei, uns von unserer alten Pracht und Herrlichkeit zu trennen. Ich schließe den *selamlık*, verkaufe die Einrichtung und werde ihn vermieten, sobald ich einen passenden Interessenten gefunden habe. Die Diener habe ich bis auf meinen Verwalter und den alten Şevket entlassen, sogar die Kutschen und Pferde sind schon verkauft.» Er seufzte, denn seine Pferde hatte er sehr geliebt.

«Ihr habt zahlreiche Sklavinnen. Was werdet Ihr mit denen anfangen?»

«Ich habe allen die Freiheit geschenkt und sie mit einer bescheidenen Geldsumme ausgestattet. Es sind sämtlich gebildete, gut erzogene Frauen. Manche musizieren recht gut. Die meisten haben bereits Stellungen als Haushälterin oder Lehrerin gefunden. Meine Frau behält drei der älteren für ihre persönlichen Belange.»

481

«Jetzt werdet Ihr ja reichlich Zeit haben, Besucher zu empfangen.»

«Wie wahr!» Er lächelte ironisch. «Es wird nur keiner kommen. Das heißt, keiner aus meiner alten Welt, außer Prinzessin Nejat vielleicht. Ich versuche jetzt, die Freundschaft meiner Nachbarn aus der Sinekli-Bakkal-Straße zu gewinnen.»

«Das ist die Straße, in der auch die bezaubernde junge Frau mit der noch bezaubernderen Stimme lebt?»

«Ja, sie und ihr Mann sind unsere engsten Freunde, ich verlasse mich darauf, daß sie sich in meiner Abwesenheit gemeinsam mit Vehbi Efendi um meine Frau kümmern.»

«Warum wollt Ihr Eure Schwiegertochter persönlich abholen? Schickt Ihr doch Euren Verwalter. Ihr braucht Ruhe, Reisen ist anstrengend.»

«Ich möchte unbeeinflußt von meiner gewohnten Umgebung meine Gedanken ordnen. Dort hat sich viel nutzloser Kram und Krempel angesammelt.» Er tippte sich an die Stirn und erhob sich. Beamte mit Schriftstücken in der Hand hatten das Büro des Kammerherrn betreten.

Gegen Abend verließ Selim Pascha den Konak, um das Kaffeehaus zu besuchen. Sein Verwalter ging, den Schirm des Paschas in der Hand, in respektvollem Abstand hinter ihm her, wie es sich gehörte, wenn ein Minister Seiner Majestät zu Fuß unterwegs war.

Der Pascha wandte sich um. «Zurück, Mann!» rief er ärgerlich. «Ich bin kein Kind, das ständiger Aufsicht bedarf.» Und milder und leicht belustigt setzte er hinzu: «Ich bin jetzt kein Minister mehr, ich bin jetzt nur noch ein *Mensch*!»

Die Kaffeehausgäste verhielten sich zunächst abwartend, aber das störte ihn nicht. Sie würden sich schon noch an ihn gewöhnen. Von dort ging er zu Rabia. Rakım sah halb erschrocken, halb staunend, wie er durch den Laden die Küche betrat. Rabia und Osman waren im Garten.

«Wollt ihr beiden jungen Leute nicht zu uns zum Essen kommen?» rief er ihnen zu.

«Wollt Ihr nicht hierbleiben und mit uns in der Küche essen?» rief Osman zurück.

«Auf eine solche Einladung habe ich nur gewartet, ich nehme sie dankbar an», erwiderte er und setzte sich zu Rabia auf die Matte unter den Walnußbaum.


Jeden Tag vor dem Einschlafen sagte Osman zu Rabia: «Den Tag, an dem der Pascha abreist, werde ich feiern. Du lebst ja nur noch für den Konak.»

«Man sagt nicht ‹Ich werde dies oder jenes tun›, ohne *inschallah* anzufügen», murmelte sie schlaftrunken.

«Ich werde ihn feiern, ob es Gottes Wille ist oder nicht, mein Liebling.»

«Schweig, du Ungläubiger!»

So vergingen die Tage bis zum neunzehnten August. Am einundzwanzigsten August wollte Selim Pascha seine Reise antreten. Als letzte Geste der Höflichkeit würde er noch das Thronjubiläum des Sultans mitfeiern und sein Haus illuminieren, auf die üblichen Musikdarbietungen und sonstigen Belustigungen, auf das Gastmahl, die Beschneidung von Waisenjungen, die Schattenspiele und die jüdischen Gaukler aber verzichten. Er berechnete sorgsam die Summe, die er sonst für derlei Dinge aufgewendet hatte, und übergab sie dem Flickschuster, der – nach einer Sitzung der Ältesten und vorbehaltlich ihrer Zustimmung – im kommenden Winter dafür Holzkohle an die Armen des Sinekli Bakkal verteilen würde.

Um den Brunnen vor dem Haus standen reihenweise Laternen. Der Verwalter, Şevket und die drei befreiten Sklavinnen, die im Haushalt des Paschas verblieben waren, hockten auf dem Boden und waren damit beschäftigt, sie zu säubern und mit Kerzen zu versehen. Rabia blieb bei ihnen stehen und sah zu. Niemand sprach. Nur das Plätschern des Brunnens war zu hören. Alles war anders als bei solchen Anlässen üblich. Der Verwalter horchte unbewußt auf das Räderrollen der Kutschen, die nun nie mehr in langer Reihe vor dem Haus vorfahren würden. Die Frauen blickten zu der Laube hinüber, in der einst die Musiker gespielt hatten. Kein Laut war zu hören. Die Geister vergangener Tage bewegten sich verstohlen zwischen den Bäumen. Diese Stimmung berührte Rabia ganz seltsam. Am Himmel standen Wolken, und ein kräftiger Ostwind wehte durch die Wipfel der hohen Akazien und Ulmen. Alles war in ein gespenstisches rötliches Licht getaucht. Rabia haßte den Ostwind mit seinem klagenden Geheul, der einen wie ein Fieberhauch anwehte.

Sabiha Hanım streckte den Kopf aus dem Fenster des Haremszimmers, in dem Hilmi immer seine Freunde empfangen hatte. «Der Pascha ist hier, Rabia. Osman dürfte jeden Augenblick eintreffen, und dann werden wir ihn bitten zu spielen.» Und lachend setzte sie hinzu: «Wir sind zu arm, um uns in diesem Jahr ein Orchester leisten zu können.»

«Bis Osman kommt, bin ich wieder zurück»,

rief Rabia ihr zu, und während sie durch die Akazienallee davonging, hörte sie noch, wie die alte
Dame die schweigende Gruppe am Brunnen an-
wies, die Kerzen mindestens zwei Stunden früher als sonst zu entzünden. «Sonst schafft ihr es
nicht rechtzeitig, ihr seid zu wenige.»

Rabia war in den Garten gelaufen. Kühle und
Erfrischung suchte sie dort allerdings vergeblich.
In dem rötlichen Licht wirkten die grünen Schatten noch düsterer. Durch die Blätter sah man die
majestätisch dahinziehenden Wolkenmassen, auf
die das Licht der untergehenden Sonne fiel. Es
war drückend schwül. Die hohen Mauern und
seine tiefere Lage schützte den Garten vor Stürmen, aber der Ostwind war als fernes Dröhnen
ständig zu hören. Ein schlimmes Fieber schien
den Garten befallen zu haben. Die Hitze glich einem unsichtbaren, aber deutlich spürbaren bösen
Geist. Sogar die Bäume und der Boden schienen
zu schwitzen.

Rabia wischte sich Gesicht und Hände, ihre
Augen suchten nach dem Brunnen. Das große
hölzerne Schöpfrad regte sich nicht, die Eimer
hingen schlaff daran herunter. Der kleine Esel,
der das Rad drehen sollte, war stehengeblieben.
Rabia sehnte sich nach dem Plätschern und Fun-

keln von Wasser. Sie versuchte den Esel mit einem lauten «Ho!» anzutreiben, aber der rührte sich nicht. Hätte er nicht hin und wieder mit den Ohren gezuckt und mit dem Schwanz nach Fliegen geschlagen, man hätte ihn für eine große Ausgabe jenes Spielzeugeselchens halten können, das Osman in einem der europäischen Geschäfte gekauft hatte. Beim Anblick des stehenden Wassers im Graben drehte sich Rabia der Magen um. Sie kam sich vor wie auf einem Schiff bei stürmischer See, der Boden unter ihren Füßen hob und senkte sich.

Heute abend durfte sie nicht krank werden. Und warum war ihr so wehmütig zumute? Selim Pascha und seine Gemahlin waren doch bester Laune. Vielleicht, überlegte Rabia, hatte die Traurigkeit der schweigenden Menschen vor dem Haus sie angesteckt. Sie sahen sich immer wieder verstohlen an, ohne etwas zu sagen, als sei ihnen bewußt, daß das einzig Sichere im Leben der Wandel war. Auch Rabia erfaßte die Sorge um ihr Glück. Konnte es nicht jederzeit in Kummer umschlagen? Wußte sie denn, was die Vorsehung für sie bereithielt? Von einer Sekunde auf die nächste konnte sie Leben zerstören. Sie legte die Finger an die Stirn.

«Ich weiß nicht, was du in mein Lebensbuch

487

geschrieben hast, o Herr, aber solltest du verfügt haben, daß Osman mich verläßt, bitte ich dich inständig, diese deine Worte auszuradieren!» Nach diesem Stoßgebet verließ sie fast im Laufschritt den Garten, wie auf der Flucht vor dem beängstigenden Gedanken, Osman könne womöglich Hals über Kopf abreisen. Als sie die bedrückende Düsternis hinter sich gelassen hatte, wurde ihr leichter ums Herz. Schließlich war Osman verliebter denn je und engagierte sich jetzt zunehmend auch für die Belange ihres Viertels. Erst jüngst hatte sie erfahren, wie gut er zu dem sterbenden Imam gewesen war und wie großzügig er sich verhalten hatte, als es darum ging, die Bestattung auszurichten. Das Beste war ihm dabei gerade gut genug gewesen.

Sie beeilte sich, ins Haus und in Hilmis Zimmer zu kommen, wo die anderen sich bereits versammelt hatten.

Osman hatte schon zu spielen begonnen. Der Pascha und Sabiha Hanım saßen auf dem Diwan und hörten zu. Früher hatten sie westliche Musik abgelehnt, jetzt freuten sie sich daran, weil Hilmi sie geliebt hatte.

Als Rabia eintrat, wechselte er mit einem Mal zum Abdülhamid-Marsch.[88] Sofort erhoben sich der Pascha und seine Gemahlin und blieben –

Sabiha Hanım auf ihren Stock gestützt – mit gesenktem Kopf stehen. Rabia sang den Text. Einen Augenblick lang war Selim Pascha wieder der Minister für öffentliche Sicherheit. Der Marsch erinnerte ihn an den Moscheebesuch des Sultans anläßlich des Freitagsgebets, ein strahlendes Fest aus Farbe, Klängen und Bewegung, eine Pracht, für die Selim Pascha höchstpersönlich verantwortlich gewesen war. Den Refrain sang er halb ausgelassen, halb mit einem Hauch der früheren Hingabe. Auch die kleine Gruppe im Freien stimmte ein. «Lang mögest du leben, o mein Sultan, in Ruhm und Glanz», scholl es durch Haus und Garten.

Tränen liefen Sabiha Hanım über das gefurchte Gesicht.

«Nicht weinen, mein Dummerchen! Es ist doch kein Trauermarsch!»

«Der Sultan ist siebzig, vielleicht erweist Ihr ihm damit die letzte Ehre», flüsterte Rabia.

«Keine düsteren Prophezeiungen, Rabia. Morgen gebe ich den Flügel zur Versteigerung auf den Basar, Osman, und den aus dem *selamlık* ebenfalls. Das Klavier, das derzeit in Dürnevs Zimmer steht, reicht für unser künftiges bescheidenes Heim.»

Osmans Miene umwölkte sich. Den Flügel verkaufen? Ein unerträglicher Gedanke! An diesem Instrument hatte er Rabias Körpergröße gemessen, hatte sie von Jahr zu Jahr wachsen sehen.

«Verkauf ihn nicht an Fremde, Pascha», bat er.

«An wen dann?»

«Ich habe Schüler, die Interesse an einem gebrauchten Instrument haben könnten, auch den im *selamlık* werde ich mir ansehen.»

«Schön, besprich es mit meinem Verwalter und zahle, was du für angemessen hältst. Ich helfe jetzt erst einmal unseren Leuten beim Anzünden der Laternen.»

Rabia und Osman gingen in den *selamlık* hinüber, um den Flügel zu besichtigen, und Sabiha Hanım rief ihnen nach: «Kommt nicht zu spät, Kinder, in einer Stunde wird gegessen!»

Der *selamlık* war halb leer. Erst ohne die Teppiche und Portieren kamen die schönen schlichten Linien der Räume so recht zur Geltung. Durch die Scheiben leuchtete rötlich der Himmel, im Hintergrund zeichneten sich schwarz die Bäume der Akazienallee ab. Es sah aus, als bestünden die Fenster aus Buntglas. Die Nachtigallen schwiegen, nur hin und wieder hörte man einen einzelnen Ton, der wie ein langgezogener Seufzer klang.

Rabia glaubte sich in einem Gespensterhaus.

Unter den Geistern, die an ihr vorbeizogen, war auch der von Tevfik. Sie sah seine weiblich sanften braunen Augen, in denen die Angst stand, seine kleine Tochter zu verlieren. Hier hatten sie – Vater und Tochter – vor dem Pascha gestanden und gebeten, daß Rabia bei ihm leben dürfe. Wie schnell war Tevfiks Bild von dem des Mannes verdrängt worden, der jetzt ihre Hand hielt. In dem hohen Spiegel gegenüber der Tür erschien das Bild eines Paares, Hand in Hand. Der Anblick des Männergesichts verscheuchte die Schatten der Vergangenheit.

«Was hast du, Rabia? Deine Hand zittert, und du bist ganz blaß.»

«Wir wollen rasch den Flügel anschauen und dann gleich wieder gehen, ich mag diesen leeren Raum nicht.»

Der Mann im Spiegel küßte die Frau, die neben ihm stand.

Dann klappte Osman den Deckel des Flügels auf und sagte, während er mit einem Finger eine Melodie spielte: «Ich habe eine wunderbare Idee, die möchte ich gern hier mit dir besprechen.»

«Ja, ja», gab sie ungeduldig zurück. «Nur eile dich.» Seine Pläne konnten warten, er plante ohnehin zu viel und zu oft.

«Ich werde den Flügel aus Hilmis Zimmer kaufen.»

«Aber wo willst du ihn unterbringen?»

«Platz ist genug. Ich werde den *selamlık* mieten und wunderschön einrichten. Es ist Zeit, daß du deine Stunden aufgibst und zur Ruhe kommst. Du wirst Dienstboten haben... Laß uns endlich leben, Rabia. So leben wie am Bosporus.» Er hatte ihr die Hände auf die Schultern gelegt und sah ihr tief in die Augen, aber Rabia zeigte sich wenig beeindruckt. Sie stieß ihn weg.

«Nein, Osman, bitte bitte nicht!»

Tief verletzt trat er einen Schritt zurück. Er hatte begeisterte Zustimmung erwartet. Was, zum Teufel, war los mit dieser Frau? Würden sie einander nie verstehen lernen? Sie glich einer schwer faßbaren, sich immer gleichbleibenden orientalischen Melodie und er, aufgerieben von einer Vielzahl von Wünschen, einer komplizierten westlichen Symphonie.

Rabia war ans Fenster getreten und grübelte. Sein Vorschlag hatte sie zutiefst verstört. Zum einen fand sie es taktlos, in dieser Situation den *selamlık* mieten zu wollen. Selim Pascha würde sich weigern, von Rabias Gatten Geld zu nehmen, er würde ihm den *selamlık* kostenlos zur Verfügung stellen. Zum zweiten würden die Leute denken, sie hätten nichts Eiligeres zu tun, als sich an den Hinterlassenschaften von Selim Paschas glanzvollem Hauswesen zu bereichern. Sie konnte sich den Klatsch im Sinekli Bakkal vorstellen, hörte schon jetzt das Geflüster: «Seht diese neureiche Rabia! Kaum heiratet sie einen begüterten Mann, will sie in einem Konak wohnen. Wozu braucht sie Dienstboten? Ist sie ein Krüppel? Kann sie ihr Haus nicht selber putzen?» Und wie verloren würde sie sich in dieser Umgebung vorkommen! Sie war ganz verzweifelt, und wieder überkam sie dieses sonderbare Schwindelgefühl. Decke, Spiegel, Fußboden, die rötlichen Fenster – alles schob sich im schwankenden Spiegel übereinander.

«Was hast du eigentlich gegen meinen Vorschlag?» fragte Osman aufgebracht. Vergeblich versuchte er, mit seiner Enttäuschung fertig zu werden. Sie war eben doch nur eine Krämerstochter, die aus ihrer schmutzigen Gasse nicht hinauswollte. Was hatte er nicht alles aufgegeben, um sie zu heiraten! Und jetzt dieses Theater, nur weil er sich ein Haus wünschte, in dem er mehr Bewegungsfreiheit hatte.

«Du hättest dir eine Frau nehmen sollen, die gern in einem Konak lebt, eine von denen, die auf der Hauptstraße von Pera an uns vorbeigestök-

493

kelt sind. Ich werde mein Viertel nie verlassen. Das ist mein letztes Wort.» Noch nie war sie ihm gegenüber so energisch aufgetreten.

«Ja, glaubst du denn, ein Konak könnte mir imponieren? Ich habe früher in einem Haus gewohnt, das dreimal so groß war, einem echten Pal...» Er hielt inne. Fast hätte er zu prahlen begonnen.

«Ein Grund mehr, zu bleiben, wo du warst. Menschen, die ihr Brot im Schweiße ihres Angesichts verdienen, wirst du nie verstehen. Du paßt einfach nicht zu uns, du bist ein Aristokrat», schleuderte sie ihm entgegen. Kulturelle Unterschiede, solche, die auf Herkunft und Rasse beruhten, waren ihr einerlei, aber Standesdünkel war ihr unerträglich.

Er haßte sie in diesem Moment beinah – sie und ihr ganzes Viertel. Die schönen Zeiten, die er dort erlebt hatte, waren vergessen, er dachte nur noch daran, daß er nun für immer in Schmutz und Armut dieser Umgebung gefangen war. «Gehen wir zurück», sagte er kalt.

Schweigend liefen sie nebeneinander her. In der Vorhalle zum Harem trafen sie eine Dienerin, die gerade nach oben eilte, um sich die Hände zu waschen. «Man erwartet Sie im Rosengarten, Rabia Hanım, dort ist bereits gedeckt.»

Die anderen saßen schon rund um den Tisch. Im Licht der Laternen, die über ihren Köpfen hingen, schienen die Rosen vor der dunklen Buchsbaumhecke zu glühen. Auch Vehbi Efendi war gekommen.

Rabia küßte ihm die Hand, und Osman begrüßte ihn so herzlich wie gewohnt. Nur die Tatsache, daß die Eheleute einander nicht ansahen, ließ noch etwas von ihrem Streit ahnen. Rabia plauderte unbefangen mit Vehbi Efendi wie immer. Dabei war sie, als sie den Garten betreten hatten, noch nah daran gewesen, die Fassung zu verlieren. Zum Glück verboten sich in Vehbi Efendis Beisein derlei Gefühlsaufwallungen. Wo er war, hatte nichts Übertriebenes Platz, er verbreitete Harmonie.

«Die Frauen würden nach dem Essen gern nach Beyazit gehen. Kann Şevket sie begleiten?» fragte Selim Pascha seine Frau.

«Ja, gewiß.»

«Ich komme auch mit», meldete sich Rabia zu Wort.

«Du bleibst vielleicht besser hier, ich habe einen Brief von Tevfik erhalten.» Vehbi Efendi zog einen Umschlag hervor.

«Bringen Sie Rabia nicht um ihren Spaziergang», bat Osman. «Lesen Sie ihn doch gleich vor.»

«Ist er schon in Taif?» fragte Rabia.

«Nein, dies ist sein letzter Brief vor der Abreise aus Damaskus.»

Vehbi Efendi fing an zu lesen, und alle hörten aufmerksam zu. Nur Rabia wurde durch das angespannte Gesicht abgelenkt, das von der anderen Tischseite her sarkastisch zu ihr herüberlächelte. Der Brief enthielt eine ausführliche Schilderung von Hilmis Flucht. Da Tevfik ihn einem mit Vehbi Efendi befreundeten Derwisch anvertraut hatte, brauchte er keine Zensur zu befürchten. Hilmi Bey sei glücklich, schrieb Tevfik, und er sei es auch, aber es sei schwer gewesen, Dürnev zu beruhigen. Vehbi Efendi möge Sabiha Hanım bitten, die nun einsame Frau nach Hause zu holen. Er selbst müsse nach Taif, sei aber guten Mutes. Vehbi Efendi möge Rabia trösten.

Osman beobachtete seine Frau verstohlen. Sie stocherte lustlos in ihrem Essen herum. «Ich darf aus unserem ersten Streit kein Drama machen», dachte er.

Nach dem Mahl kamen Pembe und Rakım, und man setzte sich langsam in Bewegung. Die Frauen trugen weiße Schleier und lange dunkle Mäntel. Ihre frühere Herrin scherzte und plauderte mit ihnen.

Das Feuerwerk war in vollem Gange, in der

Luft hing ein seltsames Leuchten. Es schien, als regneten Tausende vielfarbiger kleiner Sterne auf den Rosengarten herab. Lachend und klatschend beobachtete die kleine Gruppe das Zusammenspiel orangefarbener, blauer und scharlachfarbener Blitze. Rabia hielt Rakım bei der Hand. Der Zwerg bereicherte das bunte Spektakel mit einem roten Rock und einem gelben Turban. Pembe schnippte mit den Fingern und tanzte im Kreis. «Wie groß und schön Rabia ist», dachte Osman. Der Zwerg an ihrer Hand quiekte, zog Grimassen und hopste herum wie ein Affe am Strick. Das Bild glich einer Szene aus einem Traumzirkus.

Als die Spaziergänger den Garten verlassen hatten und das Kichern der jungen Frauen verhallt war, hatte Osman das Gefühl, er könne es nicht länger ertragen. Hatte er sich vor seiner Ehe das Leben im Sinekli Bakkal nicht so oder so ähnlich ausgemalt? Jetzt hatte er Angst aufzuwachen und keine Rabia mehr neben sich zu finden.

«Ich werde für euch spielen», sagte er. «Denkt euch einfach, ich wäre das Orchester aus früheren Jubiläumsnächten.» Er stand auf und ging ins Haus.

Osman hatte es immer gestört, daß ihn, wenn er abends aus gewesen war, anschließend Pembe in der Küche erwartete, um ihm auf der Treppe zu leuchten. Jetzt störte ihn, daß sie es nicht tat. Waren die beiden Frauen vielleicht noch nicht zurück?

Er riß ein Streichholz an und ging in sein Zimmer. Alles war für ihn bereit. Die Lampe leuchtete, die Pantoffeln standen vor seinem Sessel, das Nachthemd war auf dem aufgeschlagenen Bett ausgebreitet. All das hatte Rabia wohl noch vor dem Besuch im Konak erledigt. Er vermißte die Hände, die ihn auszogen und bedienten, auch wenn ihr der Kopf schon schläfrig auf die rechte Seite sank wie eine welkende Blume am Stengel. Warum blieb sie so lang weg? Die Menschenmenge auf der Straße hatte sich gelichtet. In der Ferne hörte man Betrunkene lallen. Er wurde unruhig und hatte sich schon vorgenommen, aus dem zur Straße gelegenen Zimmer nach ihr Ausschau zu halten, als Pembes Tür knarrte und ihr dunkler Kopf erschien.

«Rabia fühlte sich nicht wohl, deshalb sind wir früher zurückgekommen. Ich habe ihr in dem freien Zimmer ein Lager zurechtgemacht und denke, daß sie jetzt schläft. Brauchen Sie noch etwas? Ich war vom Wachen bei Rabia sehr müde, deshalb habe ich unten nicht auf Sie gewartet.»

«Ich brauche nichts», knurrte er. Warum wollte Rabia in einem anderen Zimmer schlafen, nur weil ihr nicht gut war? Er lag noch geraume Zeit wach und hoffte die ganze Zeit, die Tür würde aufgehen und sie würde zu ihm kommen.

Pembe und Rakım spürten die gespannte Atmosphäre in diesen Tagen, taten jedoch, als merkten sie nichts. Rabia kehrte in das gemeinsame Zimmer zurück, schlief aber weiter auf dem Fußboden, und Osman fragte nicht nach dem Grund. In der Öffentlichkeit taten sie, als sei zwischen ihnen nichts vorgefallen, aber die Nachwehen ihres Streits sorgten dauerhaft für schlechte Stimmung.

«Die Kleine hat etwas angestellt, was Osman verärgert hat», sagte sich Rakım. Er wußte natürlich, daß es nicht so einfach war, mit Tevfiks Tochter auszukommen, aber daß die Verdrossenheit nicht von den Eheleuten weichen wollte, machte ihn doch nachdenklich. «Er hat ihr in den ersten Ehemonaten zu sehr ihren Willen gelassen», überlegte er weiter, «jetzt rächt sich seine Nachgiebigkeit.»

An dem Tag, an dem sie Selim Pascha zum Schiff gebracht hatten, hatte Osman endgültig die Geduld mit Rabias Katze verloren. Daß er sich über Rabia ärgerte, zeigte er ihr gewöhnlich dadurch, daß er ihre Katze ignorierte, doch an jenem Abend gab er dem unschuldigen Tier, das sich auf seinen Schoß legen wollte, sogar einen Tritt. Rabia wurde rot vor Zorn, sagte aber nichts.

«Kannst du deinen Esel nicht schlagen, dann schlage seinen Sattel», zitierte Pembe.

«Eine zänkische Frau zähmst du nur, indem du ihrer Katze in der Hochzeitsnacht die Hinterbeine auseinanderziehst», sagte Rakım und begann, die bekannte Geschichte zu erzählen.[89]

«Hör auf, Onkel Rakım.»

Osman hob die Katze hoch und zwinkerte verschmitzt. «Soll ich es mal versuchen?»

Rabia schürzte die Lippen, und Pembe lachte. «Ein Jahr zu spät, mein Herzblatt.»

Osman und Rabia sahen sich an, dann mußten auch sie lachen.

«Ich gehe nach oben und setze mich ans Klavier.» Osman stand auf.

«Ich würde gern mitkommen und zuhören», sagte die Zigeunerin. «Du hast eine halbe Ewigkeit nicht mehr gespielt.»

Rakım zog sie am Rock und spielte den Verliebten. «Bleib bei mir in der Küche, du bist Rakıms schwarzer Pfeffer, sein Zuckerstück…»

Rabia hatte die Katze auf den Arm genommen

und rannte die Treppe hoch, um vor Osman oben zu sein.

«Ein Streit ist nichts Schlimmes, Rabia, er reinigt die Luft. Dein Schmollen ist dagegen unerträglich, besonders, wenn du unter dem Vorwand, dir sei nicht gut, zum Schlafen in ein anderes Zimmer gehst.»

«Aber es war kein Vorwand. Wenn diese merkwürdigen Schwindelanfälle kommen, kann ich nicht auf einem hohen Bett schlafen. Kranksein ist etwas ganz Ungewohntes für mich.»

«Wir müssen einen Arzt holen.»

«Nein, ich habe noch nie einen Arzt gebraucht. Das hängt bestimmt mit diesem abscheulichen Schirokko zusammen.»

«Könnte es sein…» Er zupfte sie am Ohr und flüsterte ihr etwas zu.

«Nein, nein.» Sie errötete, war aber ihrer Sache nicht ganz sicher.

«Wie sollen wir diesen Tag feiern, mein Liebling? Mit einem Einkaufsbummel? Vormittags habe ich nichts vor.»

«Könnten wir uns Großvaters Haus ansehen? Die neuen Mieter wollen es nächste Woche übernehmen, und ich war seit acht Jahren nicht mehr da.»

«Eine gute Idee.»

Sie sprang aus dem Bett und zog ihm die Decke weg. «Aufstehen, du Faulpelz! Du bist ja schlimmer als Tevfik!»

Eine Stunde später sah Rakım sie um die Ecke biegen.

Da gehen sie hin, sagte er bei sich, und lernen, daß das Eheleben nicht nur aus Höhen besteht – auch Täler müssen sein.

Es war ein sonniger Tag mit einem kühlen blauen Himmel, vor dem sich die Umrisse der roten Ziegeldächer und der weißen Moschee scharf abzeichneten. Innige Freude über die Versöhnung mit Osman erfüllte Rabias Herz, aber auch lebhafte Neugier. Wie mochte es jetzt in dem Haus aussehen, in dem sie zur Welt gekommen war?

Osman öffnete die Tür mit dem alten rostigen Schlüssel des Imams. Auf dem verlassenen Hof streifte Rabias Blick die Wäscheleinen. Osman betrachtete belustigt die Sperlinge, die um die in den Ecken stehenden Tonschalen hüpften. Rabias erster Weg führte sie in die Küche. Am Regal über der Spüle hing kein einziges der blinkenden Kupfergefäße mehr, aber zumindest das Brett, auf dem Emine immer Fleisch zerteilt hatte, war an seinem alten Platz, noch immer waren deutlich die tiefen unregelmäßigen Kerben zu erkennen. Rabia beugte sich vor, ihr Körper war plötzlich angespannt, sie tat, als schwinge sie ein Beil und warf wütende Blicke nach rechts und links. Osman hörte ein bedrohliches Geräusch, fast ein Knurren. So gibt man einem ungezogenen Kind, dessen Verhalten man mißbilligt, zu verstehen, daß man es immer im Blick hat. Nun hatte Osman eine genaue Vorstellung von Rabias Mutter.

«Gib nur acht, daß du im Alter nicht auch so wirst, Rabia!»

Beginnend bei dem großen Rauchabzug, der voller Spinnweben hing, suchte sie mit Osman die Plätze ihrer Kindheit auf, spielte anmutig die Gastgeberin und erweckte geschickt die Vergangenheit für ihn zum Leben.

«Dieser Brunnen ist verzaubert.» Sie deutete auf den dunkel verfärbten Brunnenrand. Dort stand ein alter Eimer, daneben lag ein zusammengerolltes Seil. «Wenn du nach Mitternacht vierzig Eimer schöpfst, holst du im einundvierzigsten einen Schatz herauf.» Sie tat, als ließe sie den Eimer hinab und legte in das Bücken und Aufrichten den Ausdruck verbissener Beharrlichkeit, der für Emine so typisch gewesen war.

«Uuuuhuuuu», ahmte sie das dumpfe, bedrohliche Echo nach, das emporstieg, wenn der Eimer in der Tiefe auf die Steine traf. Das war so recht nach dem Herzen des Künstlers.

«Dieses unheimliche Stöhnen muß ich in mein Stück einbauen.»

«Was für ein Stück?»

«In mein Theaterstück mit Musik, für das ich bislang noch keinen Namen hatte. Ich werde es ‹Der verzauberte Brunnen› nennen, zum Andenken an diesen Tag.»

«Du weißt ja, daß Tevfik meine Mutter in einem Schattenspiel parodiert hat. Das hat sie ihm nie verziehen.»

«Ich würde dich gern auf einer europäischen Bühne sehen!»

«Ach, laß mich doch in Ruhe mit deiner europäischen Bühne.» Rabia verzog das Gesicht.

Sie führte ihn ins erste Obergeschoß. Die Schuhe hallten auf den nackten Dielenbrettern, die Sonne schien durch vorhanglose Fenster. Das Haus war leer, die Möbel waren in der Vorwoche versteigert worden. In dem Zimmer, in dem Rabia mit ihrer Mutter geschlafen hatte, fanden sie noch eine zerbrochene Wiege. Sie war so altersschwach, daß sich offenbar kein Käufer dafür gefunden hatte. Rabia betrachtete sie gedankenverloren. Vergeblich versuchte sie, sich Emine

Schlaflieder singend neben ihrer Wiege vorzustellen. Ihre Finger schlossen sich um die Stäbe.

Leise und träumerisch summte sie ein Wiegenlied im Vierteltakt. Etwas bewegte sich in ihrem Leib mit der gleitenden Unbestimmtheit einer Qualle. Es war eine leichte, fast unmerkliche Bewegung, als habe dieses Etwas Angst und versuchte sich zu verstecken. Ein unbeschreibliches Gefühl überwältigte sie. Plötzlich wußte sie, daß sie schwanger war.

Osman war vorausgegangen. «Versuch nur Gutes von deiner Mutter zu denken, Rabia.»

«Von jetzt ab werde ich das tun.»

«Wann hast du sie zum letzten Mal gesehen?»

«In einem Sarg, bedeckt mit einem persischen Schal und darüber ein bunt besticktes Tuch. Alte Männer mit riesigen Turbanen trugen ihn.» Ihre Knie knickten ein und zitterten wie die eines Greises, wenn eine Last auf seinen schwachen Schultern liegt.

Als sie das Zimmer des Imams betraten, hielt Osman sie an der Hand. Auch hier fand sich ein Relikt aus ihrer Kindheit – das Pult, an dem sie gekniet hatte, um die langen Koranpassagen auswendig zu lernen. Sie hob die Hände und zauste ihre Augenbrauen, bis sie sich sträubten wie die Borsten eines Stachelschweins. Ihr tiefer, getragener Alt verwandelte sich in den kehligen Baß des Großvaters, als sie mit einer fanatischen Leidenschaft, die jede Silbe durchtränkte, die Lieblingsverse des Imams rezitierte. Genau so hatte seine Stimme durchs Haus gehallt, Tag für Tag und Nacht für Nacht.

«An dem Tage wird der Himmel sein wie geschmolzenes Erz, und die Berge werden sein wie gefärbte Wolle. Siehe, die Glut ruft jeden ... und an jenem Tag werden sie eilends aus den Gräbern steigen ... mit niedergeschlagenen Blicken.»[90]

«Was ist damit gemeint, Licht meiner Augen?»

«Der Tag des Jüngsten Gerichts», sprach sie mit gespielter Feierlichkeit, während sie in dem kleinen Zimmer auf und ab ging und den Imam nachahmend die Schrecknisse der kommenden Welt in schaurigen Bildern schilderte. Mit der Bedeutung der Worte konnte Osman nicht viel anfangen, aber die ganz außergewöhnliche Synkopierung faszinierte ihn. Synkopen, nichts als Synkopen, ein einziger durchgängiger Rhythmus, pulsierende Töne und Emotionen, der Rhythmus zahlloser Schatten des Seins ... das war das Leben.

«Emine und der Imam sind jetzt nur noch Staub – als hätten sie nie gelebt», sagte sie triumphierend, denn heute hatte sie beider Geister für immer gebannt. Nie mehr würden sie ihre Träume heimsuchen. Ihr Puls raste. Andere mochten Schatten sein, die über eine Leinwand huschten und vergingen, aber sie, Rabia, lebte. Sie sah sich in ein unendliches Leben projiziert, die Zeiten wandelten sich und nahmen doch kein Ende. Es war ein ewiger Kreislauf, aber sie, Rabia, würde es immer geben. Wieder spürte sie in ihrem Leib das träge Wesen, das im Rhythmus des Lebens pulsierte. Hier war – einerlei ob Mädchen oder Junge – die nächste Rabia, und nach ihr würde wieder eine kommen und noch eine, eine Kette von Menschenwesen, die alle etwas von Rabia hatten und in eine endlose Zukunft hineinreichten. Das Leben in ihrem Leib vermittelte ihr ein Gefühl von Unsterblichkeit. Und dieses Gefühl verband sie mit Osman. In der Fortsetzung ihrer selbst waren sie für immer vereint. Das war der bleibende Traum ihres Lebens, alles andere war vergänglich.

Osman, der nicht ahnte, welchen Gedanken sie nachhing, hatte das Fenster geöffnet und beobachtete den Sperling, der sich wieder durchs Gitter gezwängt hatte. Er dachte an die rührende Sorge des sterbenden Imams um den kleinen grauen Kobold.

«Wir müssen den Mietern sagen, daß sie die Vögel deines Großvaters füttern sollen, Rabia.»

«Wir werden sie selbst füttern.»

«Wie das, mein Schatz?»

«Ich möchte, daß wir in diesem Haus leben.»

«Aber warum, Rabia? Du hängst doch so sehr an dem anderen.»

«Ja, gewiß. Aber ich möchte, daß mein Kind in dem Haus geboren wird, in dem auch ich zur Welt kam.»

## KAPITEL 55

Das Haus des Imams wurde renoviert und gestrichen, auch das Dach wurde neu gedeckt, das war dringend nötig. Die Tür zum Hof stand nun ständig offen, Arbeiter gingen ein und aus, und ihr Hämmern und Sägen hallte durch die schmale Gasse. Das war neu. Niemand konnte sich erinnern, daß in den letzten zwanzig Jahren ein einziges Haus von auswärtigen Arbeitern instand gesetzt worden wäre. Im Sinekli Bakkal reparierten die Männer ihre Häuser notdürftig selbst, soweit sie eben konnten, und die Frauen tünchten hin und wieder. Alle Giebel waren krumm und schief, und wenn es stark geschneit hatte, waren die Dächer undicht.

Rabia, Osman, Rakım und Pembe sahen abwechselnd nach dem Rechten. Zu bauen bedeutete, an die Zukunft zu glauben, und die Arbeit wirkte belebend auf sie alle. Auf dem Hof trieben sich stets Kinder herum, die den Handwerkern neugierig zusahen. Draußen spielten sie dann Haus reparieren. Auch Frauen ließen sich sehen und liefen den Arbeitern zwischen den Füßen herum. Sie kamen mit Jutesäcken unter dem Arm oder Körben in der Hand und ließen Kleinigkeiten mitgehen, die sie gebrauchen konnten. Manche brachten leere Ölkanister mit und füllten sie mit Farbe, um in ihren baufälligen Hütten die Küche oder einen Wohnraum zu tünchen. Das erstaunlichste aber war, wie sich die Seele des Hauses allmählich wandelte. Als der Imam dort gelebt hatte, der Verkünder des Jüngsten Gerichts und des Höllenfeuers, war es ein düsteres, furchterregendes Gemäuer gewesen. Jetzt aber hatte es ein freundliches, einladendes Gesicht, denn Rabia und ihre Familie würden dort wohnen.

Im Sinekli Bakkal wunderte sich niemand, daß sie sich entschieden hatte, ins Haus des Imams zu ziehen. Es gehörte ihr, in diesen vier Wänden hatte sie das Licht der Welt erblickt. Außerdem war man ihr dankbar, daß sie es instand setzen ließ. Es war das einzige dreigeschossige Gebäude weit und breit, der architektonische Stolz der Straße. Rabias Popularität war sprunghaft gestiegen – vor allem natürlich, weil sie schwanger war. In ihren Kreisen hatte in der Schwangerschaft die Frau das Sagen. Sie schenkte der Welt einen neuen Erdenbürger, und während dieses Schöpfungsprozesses gewährte man ihr göttliche Rechte. Bei Rabia kam noch etwas hinzu: Sie würde die Linie der Imame fortführen. Ihr Großvater war, wenn auch nicht geliebt, ja vielmehr gefürchtet, der anerkannte Repräsentant der Religion in ihrem Viertel. Osman staunte immer wieder, wie selbstverständlich und ungeniert alle, auch Männer und Kinder, über Rabias Schwangerschaft sprachen.

«Von Rechts wegen müßten wir Rabia Abla zum Imam unseres Viertels ernennen», meinte Sabit Beyağabey im Kaffeehaus.

«Nichts dagegen einzuwenden! Schade nur, daß es nicht üblich ist. Hoffen wir, daß ihr Sohn einmal unser Imam wird.»

Auch Osman als der Vater von Rabias Kind bekam die allgemeine Zuneigung zu spüren. Alle waren froh, daß es Rabia gelungen war, einen so geistreichen und gelehrten Mann für sich zu gewinnen, der noch dazu die ungestüme Jugend des Viertels derart günstig beeinflußt hatte. Bei den Anhängern Sabits war sein Wort Gesetz, außerdem genoß er nach wie vor das Vertrauen der Ältesten. Sein Schemel im Kaffeehaus stand zwischen den beiden Gruppen. Bei Meinungsverschiedenheiten übernahm er die Vermittlerrolle.

Daß die häusliche Atmosphäre überraschenden Stimmungswechseln ausgesetzt war, fand Osman etwas beunruhigend. Pembe behandelte Rabia, als wäre sie die Mutter eines neuen Heilands. «Jetzt weiß ich, wie sich Josef, der Zimmermann, als Marias Gatte gefühlt haben muß», vertraute er Rakım an.

Der Zwerg zwinkerte ihm verständnisvoll zu. «Würde ich Rabia nicht in Zaum halten, bekämst du jetzt das Fegefeuer zu spüren, durch das jeder Ehemann einer schwangeren Frau gehen muß», sagte er.

Daß Rakım einen wohltuenden Einfluß auf Rabia hatte, war nicht zu leugnen. Ihre Stimmung schwankte zwischen heiterer Ausgeglichenheit und Schwermut. Manchmal zog sie sich stundenlang in die Dachstube zurück und machte Osman und Pembe, die nie wußten, ob sie sich unwohl fühlte oder nur ihre Launen hatte, die Tür vor der Nase zu. Dann durfte nur Rakım zu ihr gehen, bei ihr bleiben, sie sogar schelten.

«Es gibt kein Land unter der Sonne, in dem Schwangere ihr Mannsvolk derart schikanieren», seufzte er. «Sie schicken ihre Männer zu nachtschlafender Zeit auf die Straße, nur weil sie Verlangen nach einer seltenen Frucht haben. Wie oft habe ich erlebt, daß Männer nach Mitternacht im Schlafgewand durch die Straßen gegeistert sind und den Nachtwächter angefleht haben, einen Obsthändler für sie zu wecken. Selbst unsere Obrigkeit lassen sie während der Schwangerschaft nach ihrer Pfeife tanzen! O diese unbeschreiblichen Weiber!»

«Erzähl Osman, was dir selbst widerfahren ist, Onkel», sagte Rabia eines Tages und lachte verschmitzt.

«Damals war ich ein junger, berühmter Schauspieler. Wie ich in Kadiköy eine Straße entlanggehe, klopft eine Hand von innen an eine Fensterscheibe, und hinter dem Gitter ruft eine Stimme: ‹Ach bitte, bleib doch stehen und schlag Purzelbäume für mich, Bruder!› –‹Irgendein albernes Weib, das an meinen akrobatischen Künsten Gefallen gefunden hat›, denke ich und will schon weitergehen, da zetert die abscheuliche Stimme: ‹Du häßlicher Zwerg, du Affengesicht, eine Schwangere bittet dich darum. Willst du, daß sie ihr Kind verliert?› Dieses Ammenmärchen, eine

Frau würde ihr Kind verlieren, wenn man ihr ihre Wünsche nicht erfüllt – das ist die Wurzel allen Übels. Ob du es glaubst oder nicht, Osman: Passanten – ehrenwerte Männer – blieben stehen und bedrohten mich. Jeden Augenblick hätten sie mich am Kragen packen und zwingen können, der Bitte dieses Frauenzimmers nachzukommen. Also schlug ich eben auf der Hauptstraße von einem Ende zum anderen meine Purzelbäume, während die verhaßte Frauenstimme immerzu keifte: ‹Noch mal, Bruder, noch mal!›»

## KAPITEL 56

Das neue Haus nahm Osman so sehr in Anspruch, daß er für nichts anderes mehr Augen hatte, Rabia hingegen beschäftigte vor allem ihr Zustand, der sie körperlich und seelisch mitnahm. Denn nicht nur gelegentliche Übelkeit machte ihr zu schaffen, sondern auch die Nächte, in denen sie kaum ein Auge zutat. Kaum war es dunkel, erfaßte sie eine rätselhafte Unruhe. Dann zwang sie sich, ganz still in den Schein einer Kerze zu blicken.

Das Unterbewußtsein spielt bei Schwangeren eine große und oft recht unerfreuliche Rolle. Das neue Leben, das sich in ihrem Leib regt, bringt den Körper aus dem Gleichgewicht.

Bei Rabia waren diese Störungen stark ausgeprägt. Die einmalige Fähigkeit, sich auf eine Sache zu konzentrieren, die Klarheit des Denkens kamen ihr abhanden. Ihr Unterbewußtsein war wie ein erleuchtetes Aquarium, in dem seltsame Gebilde herumschwammen. Sie hatte Angst vor dem Schlafen, und dieser Zustand verschlimmerte sich, je weniger es ihr trotz vieler Anstrengungen gelang, die Schatten zurückzudrängen, die ihre Seele bedrohten.

Tagsüber ging es ihr besser. Sie lief immer noch zu Fuß von einem Ende der Stadt zum anderen, von einer Schülerin zur anderen, aber es kostete sie viel Kraft. Abends brachte sie dann kaum noch ein Wort heraus. Sie wurde dünn wie ein Strich, ihre Lider waren geschwollen, die Augen lichtempfindlich. Immer wieder erklärte Osman, sie müsse zum Arzt, immer wieder lehnte sie ab und lenkte das Gespräch listig auf den Hausbau. Die eigentlichen Renovierungsarbeiten waren beendet, die Handwerker rissen jetzt das Pflaster im Hof heraus, denn Osman wollte dort einen Garten anlegen. Sobald die Farbe trocken war, würde man ans Einrichten denken können. Rabia hatte beschlossen, die Angelegenheit ganz in Osmans Hände zu legen, und versprochen, einen großen Bogen um das Haus zu machen, bis es bereit war, sie zu empfangen. Sie bat Osman nur, in ihrem künftigen Heim nicht allzu viel Fremdes zuzulassen.

«Was für ein fanatischer Haß auf alles Europäische», spöttelte er.

«Ganz und gar nicht», widersprach sie. Den Grund ihrer Abneigung gegen den europäischen Stil konnte sie ihm nicht begreiflich machen. Ihre Vorbehalte resultierten aus einem grundsätzlich anderen ästhetischen Empfinden. Kompromißlose Schlichtheit galt ihr als das Höchste. Schönheit war für sie eine Sache der Form, hatte nichts mit Schnörkeln und Zierat zu tun. Dieser ihr unverständliche Westen setzte dagegen auf komplexe Strukturen, und Rabia hatte oft den Eindruck, daß Osman etwas um so schöner fand, je komplizierter es war. Um ihm eine Freude zu machen und ihn zu beschwichtigen, ließ sie sich immer wieder auf Kompromisse ein. Sie hatte sogar eingewilligt, die griechische Haushälterin einzustellen, die Osman schon in seinen Junggesellentagen betreut hatte. Mit Pembes sporadischen Bemühungen allein konnte ein Haus mit sieben Zimmern nicht so in Ordnung gehalten werden, wie Osman es sich vorstellte, und Rabia selbst durfte in ihrem Zustand keinen Finger rühren. Einiges in ihrem Leben würde sich ändern. So war etwa an ein Essen in der Küche nicht mehr zu denken. Einer der sieben Räume war als Speisezimmer vorgesehen. Man stelle sich einen Raum vor, in den man sich ausschließlich zu den Mahlzeiten setzt! So etwas konnten sich nur die törichten Reichen einfallen lassen.

Als Rabia eines Morgens das Bett nicht verlassen konnte, machte sich Osman mit der ersten Fähre auf den Weg zu Prinzessin Nejat. Vergeblich hatte er seine Frau immer wieder gedrängt, einen Arzt aufzusuchen. Die Prinzessin war seine letzte Hoffnung. Sie hörte sich seine Sorgen an und versprach, noch am gleichen Nachmittag zwei der besten Ärzte zu ihnen zu schicken. Sie selbst würde dazukommen und dafür sorgen, daß die Schwangere sich nicht verweigerte.

Rabia konnte wegen ihrer geschwollenen Lider kaum etwas sehen, erschrak aber, als sie erfuhr, daß zwei Männer sie untersuchen würden. Der einzige Mediziner, den sie kannte, war Selim Paschas väterlicher alter Hausarzt. Die beiden, die jetzt das Zimmer betraten, unterschieden sich grundlegend von ihm. Es waren anerkannte Größen der sogenannten «deutschen» medizinischen Schule, deren Begeisterung für Laboratorien ihr zu neumodisch schien und in ihren Augen etwas von Schwarzer Magie hatte.

Der jüngere der beiden war groß, dünn und glatt rasiert, der erste bartlose Mann, den sie sah, und er machte ihr angst. Die blanken runden Augen standen in einem Gesicht, das von einem Netz feiner Falten und Runzeln durchzogen war, was bei einem Mann von Anfang Dreißig erstaunlich wirkte. Er hatte schneeweiße, sorgfältig manikürte Hände, die mit raschen, entschiedenen Bewegungen jeden seiner Sätze unterstrichen. Seine Stimme klang scharf und befehlsgewohnt wie die eines preußischen Offiziers. Solche Töne und Gesten kannte Rabia nicht.

Die beiden Ärzte standen am Fenster und sprachen Französisch mit der Prinzessin, die währenddessen zu Rabia hinüberlächelte. Dann trat sie an ihr Bett. «Jetzt werden wir uns brav untersuchen lassen», sagte sie, und ehe Rabia wußte, wie ihr geschah, war die Prinzessin schon dabei, sie zu entkleiden.

«Was... was...?» stammelte Rabia entsetzt, doch da hatten Kanaryas starke Hände sie schon bis auf ein dünnes Hemdchen ausgezogen. Der Glattrasierte untersuchte sie, während der andere Arzt am Bett stand und sich auf deutsch mit dem Kollegen unterhielt. Rabia war dunkelrot vor Verlegenheit, das Herz schlug ihr bis zum Hals.

«Keine Aufregung! Ganz ruhig bleiben!» kommandierte die metallische Stimme. Endlich deckte der Arzt sie wieder zu und verließ das Zimmer.

Sein Kollege hatte ein müdes Gesicht, freundliche braune Augen und einen üppigen braunen Bart.

An diesen Bart, einen tröstlich vertrauten Orientierungspunkt, klammerte sich Rabias Blick. Als sie dann aber erfuhr, daß der Arzt Gynäkologe war, verlor sie die Fassung. «Nein ... bitte nein ...», flehte sie schweißüberströmt und mit zitternden Lippen.

Als auch der zweite Arzt endlich gegangen war, fiel Rabia der Prinzessin schluchzend um den Hals. Die streichelte sie, sprach ihr gut zu, kleidete sie rasch wieder an und bettete sie bequem. Dann ging sie zu den Medizinern ins Nebenzimmer, um deren Diagnose zu erfahren. Rabia kam es wie eine kleine Ewigkeit vor, bis sie zurückkehrte. Den lächelnden blauen Augen war nicht anzusehen, ob das Urteil günstig ausgefallen war oder nicht.

«Dein Mann ist jetzt bei ihnen», begann die Prinzessin.

«Er hat sich mit Euch verschworen, um mich dieser schändlichen Untersuchung auszusetzen», murrte Rabia.

«Du darfst seine Geduld nicht überstrapazieren, Rabia. Alles geschieht zu deinem Besten.»

«Was fehlt mir denn?»

«Die Ärzte vermuten, daß du zuviel Albumin[91] im Urin hast. Die geschwollenen Lider deuten darauf hin. Der Urin muß regelmäßig untersucht werden.»

«Es gibt keinen Anstand mehr in der Welt... Was noch?»

«Alles andere wird dir dein Mann erzählen», sagte die Prinzessin ausweichend und küßte Rabia zärtlicher als gewöhnlich auf beide Wangen. «Sei vernünftig, Rabia, tu, was die Ärzte sagen!» Mit diesen Worten verließ sie den Raum.

Draußen sprach Osman auf französisch mit den Ärzten. Erst nach geraumer Zeit kam er zu Rabia und berichtete, unruhig auf und ab gehend, was sie schon von der Prinzessin erfahren hatte.

«Das ist noch nicht alles, nicht wahr», sagte sie, ohne die Augen zu öffnen.

«Nein, da ist noch etwas... Bei der Entbindung wäre eine komplizierte Operation erforderlich, ein sogenannter ‹Kaiserschnitt›[92].» Er erläuterte, was das bedeuten würde. «So kann es nicht weitergehen», setzte er hinzu. «Die Ärzte schlagen vor…»

«Abtreibung», sagte sie tonlos.

«Es wäre ganz unkompliziert.»

«Ist dieser Kaiserschnitt denn so gefährlich?»

«Ich bin nicht bereit, dein Leben zu riskieren…» Er redete eindringlich auf sie ein, flehte sie an, ihm zuliebe auf das Kind zu verzichten, aber Rabia hörte gar nicht hin. Sie war sich durchaus über den Ernst der Situation im klaren. Das Leben war schön, und sie war jung, aber ihr Wunsch, Mutter zu werden, war stärker als die Vernunft. Die Auslage einer Apotheke fiel ihr ein, in der Gläser mit in Alkohol eingelegten Föten gestanden hatten. «Drei Monate alt», war auf den roten Etiketten zu lesen. Die kleinen Geschöpfe hatten keine Haare gehabt, kaum Gliedmaßen, waren nur formloses Fleisch. Vor Rabias innerem Auge verwandelte sich der Inhalt der Gläser in ein Meer aus Alkohol, in dem träge, blinde Föten schwammen. So unscharf, so abstoßend dieses Bild auch war, weckte es eine überwältigende Zärtlichkeit in ihr.

«Keine Abtreibung», stieß sie hervor. «Ich will den Kaiserschnitt.» In ihrer Stimme lag wilde Entschlossenheit. «Und ich werde ihn überleben.»

«Natürlich, natürlich», antwortete Osman begütigend. Jeder Widerspruch wäre sinnlos gewesen. Jetzt sah sie ihn an. Ihre Augen funkelten wie die einer wilden Tigerin, deren Junges in Gefahr ist. Um ihren Lebenswillen tatkräftig zu unterstreichen, schickte sie Pembe mit dem Rezept der Ärzte zum Apotheker und setzte sich, auf Kissen gestützt, im Bett auf.

Abends brachte Osman *ayran*[93], den sie brav trank. Als sie das geleerte Schälchen nach unten geschickt hatten, sagte er: «Ich möchte heute ausgehen.»

«Schon gut», erwiderte sie heiser. Vergeblich wartete er auf die gewohnte sanfte Mahnung: «Komm nicht zu spät.»

Pembe wollte unbedingt zu Sabiha Hanım. Sie brannte darauf, der Gemahlin des Paschas von den aufregenden Ereignissen des Tages zu berichten, und Rabia war das sehr recht, weil sie sich dann ungestört mit Rakım besprechen konnte. Bei allen Problemen war er ihr getreuer Verbündeter. Seine große Tapferkeit machte den kleinen Wuchs und die verkrüppelten Glieder mehr als wett.

«Zünde eine Kerze an und stelle sie auf den Schemel am Fußende, das Lampenlicht blendet mich.»

Er gehorchte und rückte sich einen Stuhl ans Bett. Als er sich zu ihr hinunterbeugte, um sie genauer zu betrachten, fiel ihm ihr entschlossener Gesichtsausdruck auf. So schmal und blaß sie war, ging von ihr eine deutlich spürbare, fast elektrisierende Vitalität aus. Rakım faßte Mut. Der tragische Ton, in dem Osman ihm die Situation geschildert hatte, schien ihm nicht angemessen. Er ließ sie erzählen, ohne sie zu unterbrechen. Ein paarmal stockte ihre Stimme, aber sie brachte den Bericht tapfer zu Ende.

«Andere Frauen in deiner Lage haben schließlich auch überlebt», meinte er, machte eine Pause und setzte dann zögernd hinzu: «Aber du solltest lieber tun, was Osman sagt, er wird es am besten wissen.»

«Kennst du Frauen, die sich dieser ... dieser Operation unterzogen haben?»

«Am Theater hatten wir einen Schauspieler, einen gewissen Rejeb, der durch die falsche Tür in die Welt gekommen war. Seine Mutter war eine große, kräftige Frau und quicklebendig.»

Das Funkeln ihrer goldfarbenen Augen mit den grünen Pünktchen versetzte Rakım in Angst und Schrecken. «Könnte ich meinem Gott gegenübertreten, wenn ich den Mord an einem ungeborenen Kind zuließe? Wenn diese Frau überlebt hat, werde auch ich überleben.»

«Aber Abtreibungen sind durchaus üblich, Rabia, frag nur die alte Zehra. Man nimmt sie normalerweise vor, wenn das Kind nicht ehelich ist, glaube ich.»

«Meinst du, ich würde das mit mir machen lassen, selbst wenn mein Kind ein Bastard wäre?» fragte sie mit erstickter Stimme.

«Natürlich nicht, mein Herzblatt.»

«Sie ist verrückt», dachte er, «es ist sinnlos, mit ihr zu streiten.» Allerdings war er sich darüber im klaren, daß sich alle weiblichen Wesen durch diese besondere Art von Verrücktheit auszeichnen. Wie Osman hatte er einen kurzen Blick auf jene elementare Lebenskraft erhaschen können, die die menschliche Gesellschaft ebenso beherrscht wie den Dschungel.

«Du mußt mit Osman sprechen, Rakım. Er soll mich nicht weiter mit diesem wahnsinnigen und verbrecherischen Wunsch plagen, mein Kind zu töten. Willst du das für mich tun?»

«Ich verspreche es. So wahr Allah mir helfe …»

Ihre Züge entspannten sich, und sie schloß die Augen.

«Soll ich das Licht löschen? Du mußt jetzt schlafen.»

«Nein, laß die Kerze hier, sie soll brennen, bis es draußen hell wird. Jede Nacht, bis mein Kind da ist. Im Dunkeln habe ich böse Träume. Bleib bei mir, Rakım, bis Osman wiederkommt. Laß mich nicht allein!»

Er wechselte vom Stuhl auf den Fußboden.

Nach einer Weile fragte sie: «Was ist eigentlich mit deiner Mutter?»

«Ich weiß es nicht. Wahrscheinlich ist sie vor Scham gestorben, weil sie einen Wechselbalg auf die Welt gebracht hat. Ich habe sie nie kennengelernt.»

«Erzähl mir von deiner Kindheit.»

Mit sanfter Stimme fing er an zu reden. Rabia schloß die Augen und ließ die Szenen seiner frühen Jahre, eine kuriose Mischung aus Rührstück und Komödie, an sich vorüberziehen.

Sie sah ein zwergenhaft kleines Kind, das mit einer Bande lärmender, robuster Vettern aufwuchs. Es sah aus traurigen Äffchenaugen in die Welt, mußte aber, um an ein Stück Brot und ein Dach über dem Kopf zu kommen, für die anderen den Spaßmacher geben. Nachts schlief er in einem Raum mit den großen brutalen Jungen, die ihn dort aus schierem Schabernack weiter terrorisierten. Sie traten und knufften ihn, bis er quiekte wie eine Ratte in der Falle. Oder sie kitzelten ihn unter den Armen, am Bauch und an den Fußsohlen, setzten sich auf ihn, und der mit den geschicktesten Fingern übernahm die Rolle des Folterknechts. Sieben war er damals, aber kaum größer als ein Zweijähriger. Er hatte eben seinen ersten rosafarbenen Rock bekommen, da mußte er seine jüngste Cousine hüten, die gerade zahnte. Die Kleine schrie wie am Spieß, besabberte das schöne neue Kleidungsstück und knabberte mit ihrem zahnlosen Mund, ein spuckender, kreischender Balg, an seiner Nase oder seinem Kinn. Endlich gelang die Flucht aus dem Haus seines Onkels, und es folgten freundlichere Szenen aus einer glücklicheren Welt, der Welt des Theaters. Tevfiks Welt...

Rabia lachte schläfrig. Nie zuvor hatte er so anschaulich erzählt. Er setzte alles daran, Rabia ihre schmerzlichen Gedanken vergessen zu lassen.

Sie seufzte leise. Er hielt inne und wartete eine Weile. Ihre Atemzüge gingen ruhig und gleichmäßig. Sie war eingeschlafen.


«Mach dir nicht so viele Sorgen», sagte Vehbi Efendi, ohne den Blick vom «Mesnevi»[94] zu lassen. Auf der anderen Seite des Pultes, auf dem zweiten Schaffell, saß Osman. Vehbi Efendis jesusgleiches[95] Gesicht zwischen den beiden Kerzen hatte während seiner langen, leidenschaftlichen Tirade nichts von seiner heiteren Gelassenheit verloren. Osman hatte das, was er zu sagen hatte, in einem Atemzug hinausgeschleudert, so rasch und erregt, wie es Peregrini früher getan hätte, und nur die schiere Erschöpfung brachte ihn schließlich zum Schweigen.

Osman war mit einer bestimmten Absicht zu Vehbi Efendi gekommen, der aber hatte anders als erhofft reagiert. Mit unbewegtem Gesicht hatte er zugehört und erzählte jetzt von Fällen, in denen Frauen einen Kaiserschnitt überlebt hatten. Rabia sei kerngesund, sagte er, die Entschlossenheit, ihr Kind zu behalten, auch wenn es sie das junge Leben kosten sollte, sei ein Zeichen für göttliche Erleuchtung. Damit war Vehbi Efendi bei seinem Lieblingsthema, bei Allah, dem Künstler, der aus neuen Elemente eine neue Seele erschuf…

«Ich kann sie dem nicht aussetzen, und stünden die Chancen noch so gut…»

«Wenn es der Wille Gottes ist…»

«Einem solchen Willen mag ich mich nicht beugen. Ihr Wort, Efendi, ist für Rabia Gesetz. Reden Sie ihr gut zu, bringen Sie sie zur Vernunft…»

Osman sah, wie der magere Schatten an der

Wand den Kopf schüttelte. «Nein, sie weiß es am besten, da kann ich nicht eingreifen. Es ist Allah, der ihre Seele leitet und über sie gebietet.»

«Aber Sie haben Rabia auch in anderen Fragen geleitet und über sie geboten. Warum nicht jetzt, in der schwersten Krise ihres Lebens?

Osman konnte seinen Ärger nicht mehr unterdrücken. Vehbi Efendi war der einzige, den er in geistiger Hinsicht als Rivalen betrachtete. Es hatte ihn Überwindung gekostet, etwas von seinem ausschließlichen Besitzanspruch auf Rabia aufzugeben, um Vehbi Efendis Hilfe zu erbitten.

«Menschliche Zuneigung muß bei Ihnen hinter metaphysischen Erwägungen zurückstehen. Das nenne ich grausam. Ich dachte, Sie liebten Rabia.»

«Aber ich liebe Rabia doch, liebe sie von ganzem Herzen», erwiderte Vehbi Efendi überrascht. Dann schwieg er geraume Zeit. Osman, der den Derwisch nicht bei seiner Meditation stören mochte, wartete geduldig. Die tausendjährige Tradition östlicher Mystik und die Bedeutung, die sie der Seele zuschrieb, war ihm fremd. Diese Vorstellungen hatten für ihn etwas Übertriebenes, ja Pathologisches. Vehbi Efendi schloß das «Mesnevi» und sah auf.

«Ich werde sie übermorgen besuchen. Rabias

Einwände gegen eine Abtreibung sind möglicherweise religiös bedingt. Die Einflüsse, denen sie in ihrer Kindheit ausgesetzt war, haben dazu geführt, daß die Angst vor Sünde bei ihr stark ausgeprägt ist. Diese Bedenken kann ich zerstreuen.»

Damit mußte Osman sich zufriedengeben. Zugleich wußten sie beide, daß Rabias Einwände keineswegs religiöser Art waren.

Osman hatte Rabia auf Vehbi Efendis Besuch vorbereitet. Als er eintraf, saß sie in einem Sessel und hatte eine Decke über den Knien. Ihr Haar war glatt und straff aus der Stirn gekämmt, ihr Blick nicht müde und ratlos wie in den vergangenen Tagen, sondern klar und kämpferisch. All ihre Kräfte waren auf ein einziges Ziel gerichtet. Vehbi Efendi kam sie vor wie ein Befehlshaber am Vorabend einer Entscheidungsschlacht. Er, der sich immer für die völlige Freiheit von Rabias Seele eingesetzt hatte, war jetzt ein wenig verletzt, weil sie so völlig unabhängig zu sein, ihn so wenig zu brauchen schien. Was sie antrieb, war stärker als die Liebe, war das Leben in seiner elementarsten Form.

Er wußte schon jetzt, daß nichts, was er sagen konnte, sie von ihrem Entschluß würde abbringen können, aber er mußte das Versprechen halten, das er Osman gegeben hatte. Seine Ausführungen waren diskret, aber deutlich. Die Religion würde in ihrem Fall eine Abtreibung gestatten.

Da war wieder jenes zornige Funkeln in ihren Augen, das schon Osman so erschreckt hatte. Unvermittelt ging sie zum Angriff über. «Glauben Sie, daß Osmans abscheulicher Vorschlag richtig ist?»

Von seiner Antwort hing das Schicksal ihrer Freundschaft ab. Er war besiegt. «Was auch immer Allah in deinem Herzen flüstert, es ist das Rechte.»

Er wurde reich belohnt. Rabia schloß ihn nicht mehr aus, ihr Blick sagte ihm, daß sie ihm die Türen ihrer Seele weit geöffnet hatte.

Der Derwisch erhob sich. Er war sehr blaß geworden. «Achte gut auf deine Gesundheit – die Gesundheit des Körpers und des Geistes», sagte er, das Wort «Geist» besonders betonend.

«Das will ich tun», erwiderte sie froh und selbstsicher.

«Vergiß nie, daß Liebe etwas Immaterielles ist», ermahnte sich Vehbi Efendi, als er wieder auf der Straße stand. «Das Gesicht und der Name, den wir ihr geben, ist nur der Schleier, hinter dem Allah sein ewiges Antlitz verbirgt.»

## KAPITEL 57

Dr. Kassim wie auch Dr. Salim, der Gynäkologe, konstatierten zufrieden, daß sich Rabias Gesundheitszustand dank ihrer Behandlung gebessert hatte. Rabias Chancen standen gut. Sie besaß einen ungewöhnlich starken Willen und hielt sich peinlich genau an die Anordnungen der Ärzte. Dr. Kassim fand Rabias Fall überaus fesselnd. Sie war die einzige Patientin, die ihm keinen Einblick in ihr Seelenleben gewährte, obgleich sie ihn als Mediziner respektierte. Kassim war der erste, der auch Heilung für die Seele suchte – eine frühe Form jener Psychoanalyse, die in späteren Jahren im Westen große Mode werden sollte.

Die müßigen Reichen, zumal die Frauen, ließen sich bereitwillig auf ihn ein. Man stand am Beginn sozialer Veränderungen, man experimentierte in diesen Kreisen mit einer offeneren Gesellschaft. Es war ein heikles, nicht ungefährliches Unterfangen. Obgleich die neuen Mittel sorgfältig dosiert wurden – die Männer blieben ohnehin mißtrauisch und zurückhaltend –, entstanden vielerlei Probleme, denn für die modernen Frauen war es eine aufregende Neuerung, mit einem seriösen jungen Arzt, der eine fachliche Ausbildung und ein entschiedenes Auftreten hatte, inti-

me Dinge zu besprechen. Rabia kannte solche
Probleme nicht. Da sie im Laden mit den verschiedensten Menschen zu tun hatte, zugleich
aber aus bescheidenen Verhältnissen kam, war sie
mit dem Verhalten unterschiedlicher Gesell-
schaftsschichten vertraut. Keiner Frau aus ihren
Kreisen wäre es in den Sinn gekommen, mit einem Arzt über derlei Dinge zu sprechen. Für Seele und Körper hielt man sich dort lieber an die
Magie. Rabia schloß einen Kompromiß. Sie vertraute dem Arzt ihre Gesundheit an, hatte aber ihr
eigenes System geistiger Hygiene. Es war einfach,
aber wirksam und genau das, was ihr Zustand erforderte. Sie erklärte alle unerfreulichen Themen
für tabu: Der Imam, Emine, ihre traurigen Erfahrungen in der Vergangenheit durften nicht mehr
erwähnt werden, so daß die Ungeheuer, die sich
in ihrem Unterbewußtsein eingenistet hatten,
nicht ans Licht steigen konnten. Außerdem umgab sie sich mit Schönem und Angenehmem,
denn das war ein bewährtes Rezept für schwangere Frauen. Osman entdeckte, daß sie Bilder von
reizenden Säuglingen sammelte, und auf der Straße gab es kein hübsches Kind, vor dem sie nicht
stehengeblieben wäre, um es mit der Konzentration eines Künstlers zu studieren, der nach Im-
pressionen für ein Gemälde sucht.

531

Dr. Kassim kam regelmäßig einmal in der Woche, obgleich Rabia sich mittlerweile sichtbar erholt hatte. Dr. Salim würde sie operieren, sehr zum Kummer von Zarah, der alten Hebamme, die gehofft hatte, mit Rabias Entbindung ihre berufliche Laufbahn beschließen zu können. Aber nicht einmal sie hatte Einwände. Das ganze Viertel wußte von der sonderbaren und gefährlichen Operation, der sich Rabia würde unterziehen müssen, um ihr Kind zur Welt zu bringen.

Das neue Haus war jetzt so weit fertiggestellt, daß es seine Bewohner empfangen konnte. Rabia war begeistert. Die Umwandlung des Hofes in einen Garten war gelungen. Entlang der Mauern blühten lila Iris, safrangelbe Krokusse und scharlachrote Geranien. An der Außenwand der Küche ließen die neu gesetzten Geißblatt- und Jasminbüsche auf eine duftende, farbenfrohe Zukunft hoffen. Unter Rabias Fenster gab es ein Rebenspalier, so daß sie ihr Schlafzimmer über dem Laden nicht vermissen würde. Sogar an einen Teich hatte Osman gedacht. Er war in der Gartenmitte angelegt, hatte eine steinerne Einfassung und wurde von zwei sitzenden Löwen bewacht, die Wasser spien. Der Blick ihres Kindes würde auf einen bezaubernden Garten fallen.

Eleni, Osmans griechische Haushälterin, begrüßte sie an der Haustür. Rabia fand gleich Gefallen an ihr. Mit ihrer fülligen Figur hatte sie etwas Mütterliches, sie würde bestimmt eine gute Kinderfrau abgeben. Ihre schwarzen Augen blickten freundlich. Allerdings wuchsen ihr ein Damenbart und häßliche graue Haare am Kinn, aber Pembe würde ihr schon zeigen, wie Türkinnen, die etwas auf sich hielten, überflüssige Haare entfernten.

Auch vom Schlafzimmer war Rabia entzückt. Es hatte nichts Fremdländisches. Sie setzte sich und strahlte Osman an. Bisher hatte sie keine tiefgreifenden Veränderungen gegenüber ihrer früheren Umgebung feststellen können. Das Haus wurde nur anders beheizt. Statt der Kohlenbekken gab es weiße Kachelöfen, in denen ein Holzfeuer prasselte.

«Komm mit nach oben und sieh dir mein Zimmer an, Rabia.»

Osman hatte den großen Raum gegenüber dem früheren Schlafzimmer des Imams gewählt. Emine hatte darin den angesammelten Trödel vieler Jahre verstaut, von dem sie sich, geizig wie sie war, nicht trennen mochte, und die Tür war bislang stets verschlossen gewesen. Es war der einzige Raum, in dem Osman sich ein echtes Stück Europa bewahrt hatte. Rabia setzte sich auf die

Armlehne seines Sessels und sah sich um. Ja, die vielen Bücher, die schönen Bilder, der prachtvolle Flügel aus dem Konak und die Anordnung der Möbel – all das war westlich, aber nicht überladen. Die billigen Imitationen, die sie so verabscheute, fehlten ganz.

«Hier werde ich meinen ‹Verzauberten Brunnen› schreiben, das Stück drängt ans Licht.»

Es gab ihr einen Stich, als sie begriff, daß sie ihm in ihrem alten Heim jede Rückzugsmöglichkeit, jede Muße versagt hatte. Auch er brauchte ja sein eigenes Reich zum Nachdenken und Arbeiten. Sie, die mehr als alle anderen den Segen und die Notwendigkeit der Privatsphäre zu schätzen wußte, hatte sie ihm nicht ermöglicht. In der kleinen Wohnung über dem Laden hatten alle sich irgendwann einmal zurückziehen können, sogar Rakım, der die Tür seiner Dachkammer hinter sich zumachen konnte. Osman dagegen hatte unter ihrer aller Augen leben und arbeiten müssen. Sie errötete.

«Hier soll dich niemand stören, Liebling», erklärte sie eifrig.

«Ich bin froh, daß du dagegen warst, den *selamlık* des Konaks zu mieten. Es wäre romantisch gewesen, aber irgendwie auch etwas Vorübergehendes. Dies hier ist ein wirkliches Zuhause.»

Gott sei Lob und Dank! Ihr Herz schlug freudig. In Osmans rastloser und entwurzelter Seele regte sich endlich so etwas wie ein Heimatgefühl.

«Wir sind über den Berg», sagte sie ernst.

«Und jetzt liegt eine gerade, sichere Wegstrecke vor uns.»

«*Inschallah*», setzte sie hinzu, um das Schicksal nicht herauszufordern.

Der Abend senkte sich über das Sinekli Bakkal. Durch Osmans Fenster sah man die Straße mit dem Brunnen an der Ecke. Das weiße Minarett wirkte so nah, daß sie meinte, es mit der Hand berühren zu können. «*Allah Ekber, Allah Ekber!*» schallte es von dort durch die Nacht.

«Wir wollen essen, Rabia, und auch hier unseren gewohnten Tagesablauf einhalten.»

Hand in Hand gingen sie die Treppe hinunter. Beiden war feierlich zumute. Rakım trug farbenfrohere Gewänder als sonst. Rabia und Pembe hatten sich lila Iris hinter die Ohren gesteckt, und Pembe trug ihre Korallenohrringe.

Nach dem Essen nahm Rabia den Zwerg bei der Hand, zog ihn durchs ganze Haus und unterhielt ihn offenbar mit Erinnerungen aus alter Zeit, wie sie sie auch Osman schon vorgetragen hatte. Eleni hörte sie lachen wie die Kinder, als sie das Geschirr in die Küche brachte.

Im neuen Haus flogen die Tage nur so dahin. Osman zog sich zurück, sobald er heimkam, Rabia blieb in ihrem Zimmer und nähte. «Auch er erwartet ein Kind», sagte sie sich. «Seins wird ‹Der verzauberte Brunnen› heißen. Und wie soll ich meins nennen?»

Am Nachmittag ging es lebhaft zu. Alle Freunde und Bekannten besuchten Rabia und brachten Geschenke zum Einzug mit. Ikbal Hanım, die Hausdame des Ersten Kammerherrn, kam als letzte, aber allein die Tatsache daß sie sich zu ihnen auf den Weg gemacht hatte, statt ihr Geschenk durch die Nichte des Kammerherrn überbringen zu lassen, bedeutete eine große Ehre. Die Alte verließ nur selten das Haus am Meer. Sie hatte ein zierliches Päckchen in der Hand und weigerte sich, es Pembe auszuhändigen.

Sobald es sich Ikbal Hanım auf dem Diwan bequem gemacht hatte, öffnete Rabia das Päckchen. Es enthielt hauchzarte Säuglingshemdchen, die Ikbal Hanım selbst genäht hatte. Es gab nur noch wenige Frauen, die so fein zu nähen wußten. Rabias Lob machte die Alte stolz.

«Hoffentlich wird es ein Junge.» Eine Pause, dann setzte sie nachdenklich hinzu: «Meins war auch ein Junge. Aber das ist über fünfzig Jahre

536

her. Er hatte ganz gerade Augenbrauen, wie ein schwarzer Strich mitten auf der Stirn.»

«Wo ist Ihr Sohn jetzt?»

Ikbal Hanım kicherte verlegen. «Er war drei Monate alt, als ich ihn zuletzt sah. Auch das Dorf, in dem er geboren wurde, gibt es nicht mehr.»

Fünfzig Jahre – eine unermeßlich lange Zeit. Rabia sah sie bestürzt an.

«Ich wurde als Amme an die Eltern des Kammerherrn verkauft und so von meinem Sohn getrennt», erzählte die Alte. Die Geschichte war unspektakulär. Die Mutter des Kleinen war eine Woche nach der Ankunft der Amme gestorben, und seit jener Zeit war Ikbal Hanım dort im Haus tätig.

«Wie grausam, eine Mutter von ihrem Kind zu trennen. Sklaverei ist etwas Schreckliches!» Rabias Stimme zitterte, aber die Alte wirkte wieder ganz gelassen.

«Bei den Tscherkessen ist es Brauch, die Mädchen zu verkaufen», erläuterte sie sachlich. Sie hatte sich mit ihrem Schicksal abgefunden, ja, sie schien auf ihre Stellung im Haushalt des Kammerherrn stolz zu sein. Für Rabia war Sklaverei bisher Teil der Gesellschaftsordnung gewesen. Besonders unglückliche Sklavinnen kannte sie nicht, häufig war sie sogar höher gestellt als freie

Frauen. Dennoch schmerzte Rabia die Vorstellung von einer Mutter, die von ihrem drei Monate alten Kind weggerissen wird, einem Kind mit diesen unvergeßlichen geraden schwarzen Augenbrauen.

Die Fortsetzung der Geschichte interessierte sie nicht so sehr. Ikbal Hanıms Vater war Haussklave bei einem tscherkessischen Stammesführer gewesen, und die Stammesführer hatten das Recht, die Nachkommen ihrer Sklaven zu verkaufen.

«Der Vater des Kammerherrn hatte seinen Verwalter auf der Suche nach einer Amme in unser Dorf geschickt», erzählte Ikbal Hanım weiter. «Keine sah so gut aus wie ich, und keine hatte so viel Milch. Aber als ich hörte, daß ich verkauft werden sollte, tobte und schrie ich und raufte mir die Haare. Ärger macht die Milch dünn und verdirbt den Preis der Frau als Amme, deshalb kam der Stammesführer zu uns und beruhigte mich, ich solle mich nicht aufregen, alles werde gut werden.»

Ikbal Hanım verstummte. Sie sah den Stammesführer mit seinen kantigen Gesichtszügen vor sich, mit dem gutsitzenden Rock und den silbernen Dolchen am Gürtel. Das Kind mit den geraden schwarzen Augenbrauen kam in ihrer

Geschichte nun nicht mehr vor. Rabia war fast erleichtert, als sie die Alte hinausbegleiten konnte. Im Garten lief ein livrierter Reitknecht auf und ab und wartete darauf, seiner Herrin den Wagenschlag zu öffnen.

Rabia ging die Treppe hoch, eine Stufe nach der anderen nehmend wie ein Kind, das seinen Körper noch nicht richtig beherrscht. Erschöpft lehnte sie sich ans Treppengeländer. Warum hatte sie sich die Geschichte von dem Kleinen mit den schwarzen Augenbrauen nur angehört? Jetzt war sie wieder da, ihre Furcht vor der Unberechenbarkeit des Schicksals. Seit Monaten versuchte sie mit fast übermenschlicher Anstrengung, diese Angst aus ihrem Alltag zu verbannen, und bisher war ihr das auch gelungen. Sollte das alles umsonst gewesen sein?

Vielleicht lag es daran, daß sie nicht streng genug Diät gehalten hatte. Oder daran, daß Dr. Kassim letzte Woche nicht gekommen war, um ihr gute Ratschläge zu geben?

Pembe hatte sie überredet, ein wenig Fleisch und Eier zu sich zu nehmen. Beides liebte sie, doch beides war ihr eigentlich verboten. Die Zigeunerin hatte es gut gemeint und gedacht, Rabia, die zusehends an Gewicht verlor, werde dadurch wieder zu Kräften kommen. Es war jetzt Anfang Februar. Mitte des Monats sollte das Kind geboren werden. Rabia griff nach dem Amulett, das Pembe ihr um den Hals gehängt hatte. Sie sah die Zigeunerin vor sich, wie sie mit feierlichem Gesicht Weihrauch verbrannte. Sie rief damit die Dschinn herbei, um sie zu bitten, Rabia in den Wehen nicht zu plagen. Es kam aber auch vor, daß Pembe die Geister beschimpfte. Rabia hatte die Zigeunerin immer ausgelacht, jetzt aber, da sie sich nicht wohl fühlte, dachte sie an all das mit einigem Unbehagen. Vielleicht lebte es sich tatsächlich friedlicher und angenehmer, wenn man die sichtbaren und unsichtbaren Mächte nicht herausforderte.

«Uuuuhuuuuu, uuuhuuuu…» Eine unheimliche Weise, einem unterirdischen Echo recht ähnlich, drang aus Osmans Zimmer. Er arbeitete wieder an seinem «Verzauberten Brunnen». Eine Pause – dann begann die Melodie aufs neue. Rabia hatte sich auf die Treppe gesetzt, den Kopf ans Geländer gelehnt, und lauschte. Die Musik lenkte sie ab. Osman war als einziger im Haus unempfänglich für diese abergläubische Furcht vor den Unsichtbaren. Der Gedanke an ihn war ein großer Trost.

«Das ist das Geräusch eines Eimers, wenn er

auf die Steine am Grunde des Brunnens trifft», dachte sie, jetzt ganz auf Osmans Stück konzentriert. Sie war nicht unwesentlich an seiner Entstehung beteiligt, sang Osman alte Lieder vor und imitierte Geräusche. Er war ein großer Meister, aber die Sprache lebloser Gegenstände beherrschte er nicht.

Was spielte er jetzt? Ah ja – das sollte wohl der Gesang des Geistes sein, der im einundvierzigsten Eimer mit dem Schatz in der Hand aus dem Brunnen auftaucht. Die schöne Sklavin, die Wasser schöpft, erstarrt inzwischen vor Angst.

Noch hatte Osman nicht den richtigen Ton getroffen. Geister, die in einem Eimer aus der Tiefe eines alten Brunnens steigen, singen nicht so formvollendet. Vergeblich suchte Rabia in der Erinnerung nach Melodien, die etwas Übersinnliches an sich hatten. Wie sah er aus, dieser Geist? Wie ein junger Tscherkesse in engem Rock, mit silbernen Dolchen am Gürtel und Brauen, die über den tiefliegenden grauen Augen einen geraden schwarzen Strich bildeten? Und die überraschte Sklavin hatte in ihrer Vorstellung erstaunliche Ähnlichkeit mit der jungen Ikbal Hanım.

Rabia hatte sich unbewußt von ihren Sorgen befreit, hatte die Mutter und den vor fünfzig Jahren verlorenen Sohn wieder vereint. Jetzt konzentrierte sie sich ganz auf das Lied des Geistes. Ganz schlichte, ja sperrige Töne mußten es sein, noch unbeleckt von jeder Kunst... der erste rhythmische Ausdruck aus einer Zeit, in der es noch keine Menschen gab. Zwei schroffe, stark synkopierte Töne, und im Hintergrund entfesselte Harmonien... das Orchester schien vom Sturm inspiriert, dessen Geräusche von außen in die Küche drangen. Jetzt hatte Rabia sie gefunden – zwei ganze Töne und einen Halbton. Ihr Gedächtnis hatte sie vor vielen Jahren gespeichert, als sie einen Straßenarbeiter am Wegesrand hatte singen hören. So schnell, wie ihre Kräfte es erlaubten, lief sie die Treppe hoch und zu Osman.

Er trug seine schwarze Samtjacke, der weiße Hemdkragen war geöffnet, das graue Haar zerwühlt, die Augen glühten, die Hände bewegten sich fahrig. Wie ein Spinnennetz überzogen Falten und Runzeln sein ganzes Gesicht. Er lief zwischen Flügel und Schreibtisch hin und her, schlug Akkorde an und notierte sichtlich unzufrieden das Gespielte. Verzweifelt reckte er die Hände gen Himmel.

«Osman, ich habe eine Idee für das Lied des Geistes», stieß Rabia hervor.

«Psst, ich arbeite, bitte stör mich nicht», schalt er ungeduldig.

Sie lehnte sich an die Tür, sang die beiden synkopierten Töne, einen sehr tief, den anderen sehr hoch, und dann den Halbton, der wie ein gebrochener Seufzer klang. «Diese Töne, stetig wiederholt, vor dem Hintergrund eines tobenden Sturms – das ist es.»

Er war stehengeblieben. Seine Miene hellte sich auf. Rabias Stimme war wie eine Eingebung. Er sang die Töne mehrmals mit der gleichen Modulation, dann ging er zum Flügel und begann zu spielen. Das Ergebnis war überwältigend. Rabia setzte sich in den Sessel neben dem Instrument und wagte keinen Mucks. Als er fertig war, ging er zum Schreibtisch. Sie hörte seine Feder nervös über das Papier kratzen. Dann ließ er sich Rabia gegenüber nieder. Seine Augen strahlten. Noch nie hatte er die Kraft, die von ihr ausging, so intensiv gespürt.

«Du bist für mich das personifizierte Lied Allahs, bist nicht nur meine Frau, sondern meine Inspiration, meine rechte Hand.»

Als sie nicht antwortete, musterte er sie besorgt. Rabias Gesicht wirkte jetzt eingefallen, die Lippen waren fest zusammengepreßt, der Blick gequält.

«Was ist mit dir, Rabia? Bist du krank?»

«Es ist nichts…» Sie wischte sich den kalten Schweiß von der Stirn. Sie mußte große Schmerzen haben.

«Aber was fehlt dir? Die Wehen können es noch nicht sein, es sind noch mindestens vierzehn Tage bis…»

«Nur keine Aufregung! Ganz ruhig bleiben!» ahmte sie Dr. Kassims Kommandoton nach und bemühte sich heldenhaft, Osman zu beruhigen, denn sie spürte den Schatten, der sich bei dem Gedanken an ihre kritische, vielleicht lebensbedrohende Operation über sein Herz legte.

## KAPITEL 58

Am zwanzigsten Februar traf Osman Sabit Beyağabey auf der Straße. «Wir haben Sie im Kaffeehaus vermißt, Onkel. Seit Ihrem Umzug waren Sie nicht mehr da. Sie werden uns doch nicht etwa ein Eigenbrötler werden wie der alte Imam?»

Osman lächelte. Er hatte über der Arbeit am «Verzauberten Brunnen» alles andere vergessen, nicht einmal Rabias Schmerzanfall hatte ihn wirklich abgelenkt. «Ich kann Rabia Abla zur Zeit nicht allein lassen», sagte er.

«Natürlich nicht!» Sabit spuckte herzhaft nach hinten aus. «Wenn Sie nachts jemanden brauchen, der den Doktor holt oder für Sie zur Apotheke geht, stellen Sie sich nur unter mein Fenster und rufen Sie nach mir. Für Rabia Abla geht Sabit in den tiefsten Höllenschlund.»

«Ja, ich weiß!» Osman klopfte ihm auf die Schulter. «Eins macht mir Sorge: Wie bekomme ich mitten in der Nacht eine Kutsche, falls...»

«Nichts leichter als das, Onkel. Die Stallungen sind nur eine Straße weiter. Und wenn ich dem Besitzer Fenster und Türen einreißen müßte – binnen fünf Minuten wird ein Wagen bereitstehen. Wenn die Pferde Ihnen nicht schnell genug sind, spanne ich zwei meiner schnellsten Feuerwehrleute vor die Kutsche...»

«Ich denke, Pferde werden reichen», erwiderte Osman lachend. «Heute abend komme ich ins Kaffeehaus.»

«Ich hole Sie nach dem Essen ab», rief Sabit Beyağabey ihm nach.

Auf dem Heimweg fröstelte Osman. Die Straße war wie leergefegt. Es war nicht nur kalt, sondern auch merkwürdig windstill. Ein bleigrauer Himmel hing tief über den roten Ziegeldächern. Wo fing der Himmel an, wo hörte er auf? Unheil schien in der Luft zu liegen.

Rabia wirkte beim Essen benommen. Ihre eingesunkenen Wangen glühten. Seit sie Osman in seinem Zimmer jene Töne vorgesungen und ihn mit ihren plötzlichen Schmerzen erschreckt hatte, waren ihre Lider wieder geschwollen. Wieder hatte sie zu viel Albumin im Blut. Wieder mußte sie strenge Diät halten, und Dr. Kassim kam mehrmals in der Woche. Osman fiel ein, daß man ihm gesagt hatte, es könne während der Wehen zu Krämpfen kommen.

«Am besten gehst du früh zu Bett, Rabia.»

«Das mache ich doch immer. Aber ich habe inzwischen wieder diese abscheulichen Alpträume, in der letzten Woche sogar jede Nacht.» Ihre Lippen zuckten.

«Wovon träumst du denn?» wollte Pembe wissen. Die Träume einer Schwangeren mußte man, besonders wenn die Stunde der Niederkunft nah ist, ernst nehmen.

«Ich träume von Gott.»

«Herr, vergib uns!» riefen Pembe und Rakım, und Eleni, die an der Tür stand, bekreuzigte sich.

«Er sieht aus wie Großvater. Und er ist von einem furchterregenden Licht, einem blendenden Glanz umgeben. All die Schrecknisse, die Großvater geschildert hat, erheben sich rund um ihn. Ich kann sie nicht erkennen, aber ich spüre sie. Mit einem weißen Turban auf dem Kopf steht er inmitten dieses Höllenlichts, hat Großvaters buschige Augenbrauen und harte, grausame Gesichtszüge.» Sie legte die Hände mit schützender Gebärde auf ihren Leib. «‹Zerstört das Kind dieser Frau!› ruft er mit Donnerstimme.»

«*Hristos ke Panayia!*»[96] Die Griechin bekreuzigte sich erneut.

«Du denkst an den Tag, als der Großvater deine Puppe ins Feuer geworfen hat», sagte Rakım beschwichtigend.

«Hast du dir am Ende die Illustrationen zum ‹Inferno›[97] in meinem Zimmer angesehen?» fügte Osman hinzu.

«Nein, du weißt doch, daß ich mir nichts Unerfreuliches anschaue.»

«Paß einmal auf, Rabia: Wenn du heute zu Bett gehst, denke an einen gütigeren Gott, einen, der Vehbi Efendi ähnelt. In seiner Religion gibt es keine Hölle.»

«Ich gehe nach oben.» Rabia stand auf. Osmans Vorschlag gefiel ihr. Jetzt, so kurz vor der Niederkunft, sprach sie zusätzliche Gebete. Irgendwie mußte sie den Imam, diesen ewigen Seelenquäler, loswerden. Sie wollte an Vehbi Efendi denken. Warum mußte er sich auch wieder zur Meditation und zum Gebet in seine Klosterzelle zurückziehen! Aber vielleicht betete er für sie und ihr Kind – ein tröstlicher Gedanke.

«Geh ihr nach, Eleni, und bleibe bei ihr», flüsterte Pembe der Griechin zu. «Ich werde für dich abräumen und abwaschen.»

Sie lauschten Rabias Schritten. Als sie verhallt waren, warf die Zigeunerin Osman einen bedeutungsschweren Blick zu. Sie hatte ein schlechtes Gewissen.

«Ich glaube, sie ist vom Dschinn besessen», raunte sie.

«Schweig, du schwarze Hexe», fuhr Rakım sie an.

«Fällt mir gar nicht ein. Du hast ja keine Ahnung! Alle Schwangeren werden von den Dschinn geplagt. Der von Rabia ist entweder Christ oder Jude, er läßt sich durch die üblichen Opfergaben nicht beschwichtigen. Ich habe mich so über ihn geärgert, daß ich ihn beschimpft habe, ja ich wollte ihn sogar bestrafen.»

Osman lächelte. «Wie hast du denn das angestellt?»

«Du kennst doch diese abscheuliche Arznei, die Rabia schlucken muß und bei der sie immer das Gesicht verzieht.»

«Ja, und weiter?»

«Ich habe eine Portion auf den Meßlöffel gegeben und sie vergangene Nacht aus dem Fenster gegossen.»

«Und was geschah?»

«Ihr Dschinn lauert in diesen dunklen Nächten unter ihrem Fenster – mit aufgesperrtem Maul, denke ich mir. Der hat die Medizin geschluckt. Jetzt tut es mir leid. Vielleicht hat der schlechte Geschmack ihn erst recht in Rage versetzt, und Rabia wird ihn nun Zeit ihres Lebens nicht mehr los.» Tränen der Reue traten ihr in die Augen.

«Ich erwürge dich, du elendes Zigeunerweib. Warte nur, bis das Kind da ist. Keinen einzigen Tag mehr hast du zu leben, wenn Rabia etwas geschieht», wütete Rakım und knirschte mit den Zähnen.

«Reg dich nicht auf, Rakım», tröstete Osman ihn. «Die Medizin, von der Tante Pembe spricht, heißt Bromid. Sie wirkt beruhigend und dürfte deshalb auch gut für die Nerven eines rachsüchtigen Geistes sein.»

Licht streifte die weißen Vorhänge. Jemand ging im Garten auf und ab und schwenkte eine Laterne.

«Das wird Sabit Beyağabey sein, er wollte mich abholen», sagte Osman.

Auf der Straße wurden ihnen von der Kälte Zehen und Fingerspitzen steif. Der bleierne Himmel hatte sich noch tiefer gesenkt, Osman meinte ihn fast berühren zu können.

«Das riecht nach Schneesturm», bemerkte Sabit. Im Kaffeehaus wurden sie von allen Seiten begrüßt. Durch den dichten Tabakrauch erkannte man kein einziges Gesicht. Die Scheiben waren beschlagen. Man hörte nur ein ununterbrochenes Stimmengewirr, das Gurgeln der *nargileh* und das Klappern von Geschirr. Der Kellner trat zu ihnen, wischte sich die Hände an der rot-gelb gestreiften Schürze ab und rief, ohne nach den Wünschen der neuen Gäste zu fragen, zur Theke hin: «Einmal mit Zucker, einmal ohne.» Alle Ritzen und Spalten der Gaststube waren verrammelt, kein Hauch frische Luft kam herein. Es roch aromatisch nach Kaffee und schal nach menschlichem Atem.

Osman wechselte zerstreut mit dem einen oder anderen ein Wort, während er insgeheim wartete und lauschte. Seine Gedanken waren bei Rabia und der ominösen Windstille.

«Buuhuu!» Ein jäher Windstoß rüttelte an Fenstern und Türen.

«Schneesturm!» Die Warnung verbreitete sich in Windeseile.

«Ich muß los.» Osman sprang auf. Stürmisches Wetter machte Rabia nervös. Die Gäste spürten seine Besorgnis. Er hatte seine Frau nicht erwähnt, aber es gab nicht einen in dem zum Bersten vollen Raum, der nicht an ihre Operation gedacht hätte. Alle erhoben sich in stummem Mitgefühl. Sabit Beyağabey folgte Osman nach draußen und schlug geräuschvoll die Tür hinter sich zu.

«Möge Allah es ihr leicht machen», murmelten die Zurückbleibenden.

Draußen konnte Osman kaum seinen Umhang festhalten. Den Fes klemmte er sich unter den Arm. Die morschen Holzhäuser schwankten, die Schornsteine torkelten wie betrunken. Ihre Laterne erlosch. Sabit Beyağabey packte Osman bei der Hand und lotste ihn durch die stürmische Finsternis.

Das Licht in der Küche brannte hell und freundlich. Rakım saß an einem Kohlenbecken und rauchte. Was für ein Glück war doch ein friedliches Heim!

«Was gibt's Neues, Rakım?»

«Alles ruhig. Willst du dich nicht zu mir setzen?»

«Nein, vielleicht wacht Rabia auf. Was für ein höllischer Wind.»

«Ich bin hier, falls du mich brauchst, und ich bin auch nicht müde», rief der Zwerg ihm nach.

Die ganze Woche über war er kaum zum Schlafen gekommen. Er bewohnte das frühere Zimmer des Imams und war besessen von dem Gedanken, daß der Alte noch immer einen verderblichen Einfluß auf Rabia ausübe. Obwohl er im Vergleich zu der überängstlichen, abergläubischen Pembe wie die Ruhe selbst wirkte, war ihm an diesem Abend angst und bange geworden. Ihm war, als lauere der Geist des Alten in einer Ecke, bereit, sich Rabias Seele zu schnappen, wenn er, Rakım, einmal nicht achtgab. Solange er wachsam blieb und sein Herz immer für sie da war, konnte niemand sie ihm wegnehmen. Jetzt, da Osman zu ihr gegangen war, wurde er ruhiger.

Er war wohl ein wenig weggedämmert. Er träumte. Immer von Rabia, immer von der Zeit, als sie ein kleines Mädchen war und die Zöpfe auf ihrem Rücken wippten. Manchmal sah er Tevfik mit seinem lang herunterhängenden Schnurrbart und den sanften braunen Augen hinter ihr stehen. Rabia tröstete und beruhigte den Vater. Liebte Rakıms Zwergenherz Tevfiks Tochter nicht mehr, als alle Herzen der bösen weiten Welt zusammen es konnten?

Der Sturm wurde heftiger und riß Ziegel von den Dächern. Seine Stöße dröhnten wie die so lange vergessenen Trommeln in den Ramadan-Nächten. Er meinte Kinderstimmen zu hören, die auf der Straße das Abschiedslied sangen:

«Siehe, er ist gegangen,
siehe, so geht er dahin...»

Würde auch Rabia dahingehen wie ein allzu kurzer Festtag? Der Wind spielte auf dem Blech der Regenrinne... nein, Rabia spielte auf einem Tablett aus Blech wie auf einem Tamburin, drehte sich singend um sich selbst, die rot bestrumpften Füßchen traten dabei nach dem Zwerg. Und Rakım gab den Affen, schälte Nüsse, schlug Purzelbäume, kreischte... Immer wilder, immer hingebungsvoller spielten die schlanken Finger auf dem Tablett...

Osman hatte sich an Rabias Bett gesetzt. Ihr Gesicht war in dem matten Glanz des Nachtlichts nur undeutlich zu erkennen, aber er sah, daß sie litt. Sie bewegte sich unruhig und stöhnte. Der Wirbelsturm wütete wie eine Furie, das Haus erzitterte vom Boden bis zum Dach. Auf Zehenspitzen ging Osman zum Ofen und schürte die Glut. Wie gut, daß sie die Öfen hatten!

Dann setzte er sich wieder und sah grübelnd in die Flammen. War dies der Epilog zu seinem Leben im Sinekli Bakkal? Würde Rabia sterben? Eineinhalb Jahre erfülltes Eheleben ... Alles Unerfreuliche, aller Ärger war zerstoben.

Ob wohl alle Männer mit ihren Frauen so innig verbunden waren? Seine Ehe war mehr als die Vereinigung zweier Körper, sie vereinte zwei gleichgestimmte Seelen. Dabei spielte es keine Rolle, daß er in einer anderen Umgebung, einer anderen Kultur aufgewachsen war. Für beide war das Leben ein ständiges Spiel von Klängen, ein unendlicher Rhythmus.

Rabia stöhnte ununterbrochen, der Klagelaut schien ihr die Kehle zu zerreißen. Osman zündete die Lampe an. Jetzt mußte er sie wecken.

Was er sah, erschreckte ihn zutiefst. Nie würde er die gräßliche Maske vergessen, in die sich das schöne Gesicht verwandelt hatte. Rabia lag zusammengekrümmt wie ein Tier, das den Todesstoß erwartet. Ihre Züge waren verzerrt, aufgedunsen, lilarot verfärbt. Beide Augen standen offen, nahmen ihn aber gar nicht wahr.

«Rabia, Rabia!» Er schüttelte sie, drang aber nicht zu ihr durch. Sie wand sich in Krämpfen, die Wehen hatten eingesetzt. Er stürzte nach unten und weckte Rakım aus seinem schönen

Traum, in dem er für Tevfiks hübsche Tochter den Affen gespielt hatte.

Im Haus brannten nun alle Lichter. Pembe und Eleni eilten hin und her. Osman rieb Rabias Schläfen und Handgelenke mit Eau de Cologne ein. Wo blieben die Ärzte? Die Zeit stand still, der Sturm wütete, und Osman litt beim Anblick der Schreckensmaske vor dem lieblichen Gesicht seiner Frau wahre Höllenqualen.

Das erste, was sie spürte, als sie wieder zu sich kam, war eine wohltuende Wärme, die ihren Körper umspülte. Sie lag in einer Badewanne, eine ältere Frau in Weiß, Dr. Salims Krankenschwester, hielt ihr den Kopf. Ein Hahn krähte, und diffuses Licht drang durch die Vorhänge. Noch brannte auch die Lampe. Rabia schloß die Augen und lauschte den eiligen Schritten vor ihrem Zimmer. Der kleine Raum gegenüber wurde für die Operation vorbereitet. Man hob sie aus der Wanne. Was war das für ein schneidender Schmerz in ihrem Leib? Ihr Geist irrte im Zwielicht umher, während der Körper sich verkrampfte. Sie spürte einen Nadelstich im Arm, ein süßlicher Geruch stieg ihr in die Nase. Dann war nur noch Leere um sie, ihr Körper entspannte sich, und sie versank im befreienden Nichts.

Die brüchigen Ziegeldächer waren nicht mehr rot, sondern weiß. Große Flocken wehten lautlos an die Scheiben und blieben dort haften. Es war ganz windstill, die kahlen Äste im Nachbargarten regten sich nicht. In Osmans Ofen prasselten die Flammen. Auf einem kleinen runden Tisch standen dampfender Kaffee und frisches Gebäck. Die Ärzte ließen es sich schmecken. Osman sah zu.

«Daß Ihr Sohn einmal Musiker wird, steht jetzt schon fest, *cher maître*!» lachte der Arzt mit dem Bart. «Sie hat noch in der Narkose gesungen! Eine musikalische Operation – das gibt's selten!»

Osman wußte nur zu gut, wovon der Arzt sprach. Wie angespannt hatte er auf jedes Geräusch aus dem Operationsraum gehorcht, und was für seltsame Töne hatte Rabia ausgestoßen! Manche klangen tatsächlich wie Musik – Töne aus dem *mevlut* in Dur, Stellen aus ihren Moscheegesängen – und immer wieder das Motiv des Brunnengeistes. Was für ein Potpourri!

«Wird sie auch bestimmt durchkommen?» fragte er beklommen.

«Wir Ärzte wiederholen uns nicht gern», antwortete Dr. Kassim mit seiner metallischen Stimme.

«Sie haben eben noch keine einschlägigen Erfahrungen», sagte Dr. Salim. «Ja, *cher maître,* sie kommt durch.»

«Sobald sie aufstehen darf, lade ich Sie beide ein. Dann spiele ich Ihnen den ‹Verzauberten Brunnen› vor, und Rabia singt das Lied des Geistes.»

«Sind das die seltsamen Töne, die sich anhören wie ein Brunnen, aus dem man Wasser schöpft?»

«Ja. Rabia hat diese unheimlichen Klänge erdacht und mir geraten, sie mit stürmischen Akkorden zu hinterlegen. Das war das Lied, das sie letzte Nacht zur Begleitung des Wirbelsturms gesungen hat.»

KAPITEL 59

Im Juli 1908 kam es zum Umsturz.[98] Die Revolution tobte mit blinder Wut, entwurzelte jahrhundertealte Institutionen, stürzte verknöcherte Tyrannen, hob die politische und gesellschaftliche Ordnung aus den Angeln, kehrte das Unterste zuoberst.

Nach und nach kamen die vom früheren Regime Verbannten zurück.

Auf einem der Schiffe auch Tevfik.

Er saß an Deck und sonnte sich. In einer Stunde würden sie den Hafen erreichen.

Tevfik war als einziger mit seinen Gedanken bei der Familie. Die anderen Heimkehrer freuten sich vor allem darüber, daß sie in Kürze im Rampenlicht stehen würden. Als sie die Hauptstadt verlassen hatten, galten sie als Verräter, als Hunde, die nur Tritte verdienten. Jetzt waren sie Helden. Daß manche tatsächlich aus sehr unehrenhaften Gründen verbannt worden waren, spielte dabei keine Rolle. Sie alle würden diese Stunde genießen.

Ein Schlauberger, den man wegen Erpressung ins Exil geschickt hatte, warb für seine geschäftstüchtige Idee. Er wollte eine «Partei der politischen Opfer» gründen. Sie hatte kein Parteiprogramm, ja nicht einmal bestimmte Grundsätze aufzuweisen. Man würde ihre Vertreter ungeprüft wählen. Sie brauchten nur über ihre Leiden im Exil zu berichten – mit einigen Ausschmückungen, versteht sich –, mehr war nicht nötig. Und was würden sie als Deputierte an Gehältern, an Privilegien einheimsen können!

Tevfik streckte die Zehen in die Sonne und hörte sich das Gerede ruhig an. Er war der einzige auf diesem Schiff voller Verbannter, dem man die Mitgliedschaft in der neuen Partei nicht angetragen hatte. Er hatte sich auch nicht an den Diskussionen beteiligt. Er war schließlich nur ein Komödiant.

Endlich legte das Schiff an. Ganz Istanbul war im Freudentaumel, und jedermann wollte die Helden an seine Brust drücken. Tevfik weinte wie ein Kind, als er seine Stadt wiedersah.

Dann stand er, eingezwängt in eine riesige Menschenmenge, auf dem Kai. Im Gewühl entdeckte er Sabit Beyağabey und weitere bekannte Gesichter. Das ganze Viertel war gekommen, um seinen Helden zu begrüßen und ihm die Ehre zu erweisen. Er drängte sich zu ihnen durch.

Sabit, der Tevfik gesichtet hatte, gab seine Anweisungen. Man fing an zu schreien und zu klatschen. Eingeschüchtert von den lauten Ovationen, blieb Tevfik stehen. Die Menge hob einen dicken Mann hoch, der eine rote Fahne schwenkte. Sabit hatte einen Volksredner engagiert, einen beliebten Mann, der dem neuen Regime lauter zujubelte als alle anderen.

«Ich bin hier, um einen Held des Volkes zu begrüßen, einen Sohn des freiheitsliebenden Sinekli Bakkal», begann er. Seine Stimme war kräftig und trug weit. «Dieser große Exilant hat uns von der Tyrannei befreit», fuhr er fort. «Ich begrüße ihn im Namen der Nation, denn er ist ein

Märtyrer des alten Regimes. Dir, o Bruder ...»,
brüllte er aus aller Kraft, in Tevfiks Richtung ge-
stikulierend, «dir, der du Freiheit und Gerechtig-
keit liebst, schwöre ich, daß ich jedem, der den
Versuch unternimmt, unserer freiheitlichen Verfassung auch nur ein Haar zu krümmen, mit diesen mächtigen Fäusten den Schädel einschlagen,
ihn erwürgen und dafür sorgen werde, daß seine
Mutter blutige Tränen weint!»

Der Redner streckte die Hände aus, mit denen
er die Freiheit zu hüten gedachte. Es waren kräftige Pratzen mit langen, ungepflegten Nägeln.
Das Volk applaudierte begeistert, und Tevfik erkannte in ihm Muzaffer, den «Totschläger».

Tevfik taumelte, und ihm war, als sei er wieder
in jenem verwünschten Kerker, als prügelten die
erbarmungslosen Fäuste noch immer auf ihn ein,
bis er Sterne sah und das Bewußtsein verlor. Um
ein Haar wären ihm die Nerven durchgegangen.

Zwei Männer aus dem Sinekli Bakkal packten
ihn am Arm. Er wandte sich um. Es waren Vehbi
Efendi und Osman.

«Was macht denn der hier?» stieß Tevfik staunend hervor.

«Er singt Loblieder auf das neue Regime», antwortete Vehbi Efendi.

«Das ... das gibt es doch gar nicht!»

«Komm jetzt, der Wagen wartet.» Osman zog seinen benommenen Schwiegervater mit sich.

«Wo ist Rabia?»

«Sie zieht deinen Enkel zur Feier des Tages fein an. Die beiden warten zu Hause auf den Helden», gab Vehbi Efendi Auskunft.

«Mein Enkel…» Tevfiks Gesicht war wie verwandelt.

«Du wirst dir für deine Schattenspiele eine Säuglingsfigur anschaffen müssen», sagte Vehbi Efendi lächelnd.

Die folgenden Buchstaben fehlen im Deutschen bzw. weichen in der Aussprache vom Deutschen ab:

$c$ = dt. *dsch*

$ç$ = dt. *tsch*

$ğ$ = dehnt vorangehende dunkle Vokale, zwischen hellen Vokalen wird er wie dt. *j* ausgesprochen

$i$ = wie dt. *i*, erscheint als Großbuchstabe İ

$ı$ = kurzes, sehr dumpfes dt. *i*, entfernt ähnlich dem *e* in «*machen*»

$j$ = wie in frz. «*journal*»

$s$ = stimmloses dt. *s*, wie Doppel-s

$ş$ = dt. *sch*

$v$ = dt. *w*

$y$ = dt. *j*

$z$ = stimmhaftes dt. *s*, wie in «*Hase*»

## ANMERKUNGEN

1 Molla Abdur Rahman Jami (1414–1492), pers. Mystiker und Dichter.
2 Als Vorbild für den Schauplatz des Romans diente vermutlich die Sinekli Bahçe Sokak, die «Fliegengartengasse», im alten Istanbuler Viertel Aksaray.
3 Vorbeter in der Moschee.
4 Das fünfmal täglich zu verrichtende Gebet ist oberste islamische Pflicht. Vor jedem Gebet muß eine rituelle Waschung durchgeführt werden.
5 Titel der osman. Herrscher, ihrer Frauen, Töchter und Schwestern.
6 Nach der Neuregelung des osman. Familienrechts im Jahr 1881 waren für Eheschließungen und Scheidungen die sogenannten «Scheriatgerichte» (Religionsgerichte) zuständig.
7 Titel für Personen, die den Koran auswendig rezitieren können. Der Vortrag erfolgt in einer Art Sprechgesang und ist traditionell eher Männern vorbehalten.
8 Islamischer Fastenmonat, neunter Monat des islamischen Mondjahres.
9 Diese Moschee im Istanbuler Viertel Aksaray wurde in den Jahren 1869–1871 im Auftrag von Pertevniyal Valide Sultan (1812–1883), Mutter von Sultan Abdülaziz (1830–1876), erbaut. *Valide Sultan* ist die Bezeichnung für die Sultansmutter, eine Stellung, die mit sehr viel Macht verbunden war.

10 *Hanım* war ursprünglich ein Titel für höhergestellte Damen. Heute ist es die übliche Anrede für Frauen. Sie wird dem Vornamen nachgestellt.

11 Türk. «Feiertag». Die wichtigsten religiösen Feiertage sind *kurban bayram*, das Opferfest, und *şeker bayram*, das Zuckerfest. Der jährliche Besuch, von dem hier die Rede ist, findet jedoch in den Tagen um den *kandil bayramı* statt, einem Festtag zum Gedenken des Propheten.

12 Der Orden der *Mevleviyye*, der Tanzenden Derwische, wurde vom Mystiker und Dichter Dschalaluddin Rumi (1207–1273) begründet. Er gehört der breiten Bewegung des Sufismus an. Bei den Gottesdiensten stehen Tänze und Gesänge im Mittelpunkt, durch die eine *unio mystica* mit der Gottheit herbeigeführt wird. Wichtig ist auch die karitative und seelsorgerische Arbeit. Die islamische Orthodoxie lehnt solche Orden zumeist ab.

13 Großes Haus einer wohlhabenden osman. Familie, das meist von einem Garten umgeben ist.

14 Haushälterin in einem vornehmen Haus bzw. eine Haushofmeisterin im Harem des Sultans. Von *kahya*: «Haushofmeister», und *kadın*: «Frau». Die türk. Sprache kennt kein grammatikalisches Geschlecht, daher werden weibliche Formen durch das Anhängen von *kadın* gebildet.

15 Der Ort Göksu (wörtlich: «Himmelswasser») auf der asiat. Seite des Bosporus war bei den Europäern unter dem Namen «Die Süßen Wasser von Asien» bekannt. Zwischen zwei Bachläufen gelegen, war er im alten Istanbul ein beliebtes Ausflugsziel für Arm und Reich.

16 Eisgekühltes Getränk, Halbgefrorenes. Der arab. Be-

griff gelangte über das Türkische *(şerbet)* in den europ. Sprachraum.

17 Politische Bewegung, die zunächst als Geheimorganisation für liberale Reformen und eine konstitutionelle Staatsform eintrat und die Autokratie Abdülhamids II. (1876–1909) bekämpfte. Ihre Mitglieder entstammten zumeist der gebildeten osman. Elite. 1909 führte die Jungtürkische Revolution zur Absetzung Abdülhamids II.

18 Ursprünglich ein Fürstentitel, später die Anrede für vornehme Herren. Heute ist es die übliche Bezeichnung für «Herr». Sie wird dem Vornamen nachgestellt.

19 Abdülhamid II. führte eine äußerst repressive Regentschaft. Erstmals im Osman. Reich ließ er nach moderner Manier Personalakten führen und ein dichtes Spionagenetz einrichten.

20 Die Haremsdamen der reichen Häuser oder des Sultans waren zumeist ausländischer Herkunft und Tscherkessinnen aufgrund ihrer Schönheit besonders begehrt.

21 Osman. Herrscher hatten zumeist mehrere Frauen, deren Rangfolge streng geregelt war; Abdülhamid II. beispielsweise hatte acht Ehefrauen, fünf Konkubinen und drei Favoritinnen.

22 Mit gemahlenen Kernen von Schwarzkirschen aromatisiertes Feingebäck. Es wird ausschließlich zum *kandil*-Fest gereicht.

23 Türk. Gelibolu, Hafenstadt am Ausgang der Dardanellen, auf der gleichnamigen Halbinsel gelegen.

24 Veraltet für: «galantes Benehmen».

25 Verträge zwischen europ. und oriental. Staaten zur Sicherung der Vorrechte der Exterritorialität. Nach

den sich aus den Hauptpunkten ergebenden Abschnitten benannt, den Kapiteln.

26 Osman. Dichter und Schriftsteller (1825–1880), gehört zu den Begründern der modernen türk. Literatur.

27 In der Mitte des 15. Jh. begründete Erziehungsanstalt für Palastchargen. 1867 wurde sie zu einer höheren Schule nach frz. Vorbild ausgebaut, den Unterricht erteilten frz. und türk. Lehrer. Heute ist das *Galatasaray Lisesi* ein renommiertes Elite-Gymnasium.

28 Als historischer Begriff bezeichnet es die feierliche Fahrt des Sultans zum Freitagsgebet. Üblicherweise ist damit der «öffentliche» Teil des Hauses gemeint, zu dem auch nicht zur Familie gehörende Besucher Zutritt haben.

29 Früher übliche Prügelstrafe, bevorzugt auf die Fußsohlen verabreicht.

30 In der türk. Fassung des Romans lautet der Titel *Ey zevki zerrin*. Auf welches Lied sich Adıvar hier bezieht, konnte nicht in Erfahrung gebracht werden.

31 Oriental. Kurzhalslaute.

32 Rhythmische Verschiebung eines unbetonten Taktwerts an einen folgenden betonten.

33 Oriental. Wasserpfeife.

34 Beatrice hieß die Frauengestalt, die den ital. Dichter Dante Alighieri (1265–1321) zu seiner *Göttlichen Komödie* (1307–1320) inspirierte. Ausführlich schreibt er über seine Liebe zu ihr in seinem autobiographischen Werk *Vita nuova* (1292–1295).

35 Abschnitt des Korans. Der Koran besteht aus einhundertvierzehn Suren. Zitiert wird an dieser wie an allen weiteren Koranstellen nach der Übersetzung von Max Henning. (Mit Einleitung und Anmerkungen von Annemarie Schimmel. Stuttgart 1981.)

36 Figur aus William Shakespeares (ca. 1564–1616) Drama *Hamlet:* der Hofnarr des Königs.

37 Den Beinamen «Roter Sultan» erhielt Abdülhamid infolge der blutigen Massaker an den Armeniern im Jahre 1895, für die er von Teilen der Öffentlichkeit verantwortlich gemacht wurde.

38 Türk. «hallo».

39 Gen 29,11.

40 Osman. Währungseinheit, der vierzigste Teil eines Kuruş (Groschen).

41 Aus Reisstärke hergestellter dünner, runder Blätterteig. *Güllaç* ist die Grundlage für die gleichnamige Süßspeise, die im Fastenmonat Ramadan gereicht wird.

42 Diese Moschee im Istanbuler Viertel Fatih wurde von Fatih Sultan Mehmed II. (1432–1481), dem Eroberer *(fatih)* Istanbuls erbaut.

43 Das Essen vor Tagesanbruch im Fastenmonat Ramadan.

44 Arab. «Geist», «Dämon».

45 Koran, Sure 55 («Der Erbarmer»), Verse 14, 15, 17, 24, 26, 27.

46 Ornamentierung in der Musik.

47 «Unser Herr/Meister», Beiname von Dschalaluddin Rumi, vgl. Anm. 12.

48 Über die Geschichte dieses damals offenbar bekannten Cafés war leider nichts in Erfahrung zu bringen.

49 In den Jahren 1501–1506 unter Sultan Beyazit II. (1447–1512) erbaute Moschee.

50 Osman. Großprovinz, die die Balkanhalbinsel umfaßte. Ihr Zentrum war Manastir, das heutige Bitola (Mazedonien).

51 Um den Beyazit-Platz im alten Istanbul gelegener

Stadtteil. Der fünfundachtzig Meter hohe Feuer-
wachturm wurde 1828 erbaut.

52 Bezeichnet den Sommerbeginn, der nach dem alten
türk. Bauernkalender am 23. April gefeiert wird.
*Hıdrellez* setzt sich zusammen aus *Hızır*, dem Namen
eines unsterblichen Heiligen bzw. Frühlingsboten,
und aus *Ilyas*, dem Namen des Propheten Elias.

53 Gedünsteter, mit Fett übergossener Reis.

54 Nef'i (1572–1635), bedeutender osman. Dichter und
Satiriker.

55 Istanbuler Viertel auf der asiat. Seite der Stadt. Es
befindet sich an der Stelle des um 675 v. Chr. gegründeten Chalcedon.

56 «Öffentlicher» Teil des Hauses, vgl. Anm. 28. Der
Familientrakt wird als *haremlik* bezeichnet, hier hatten familienfremde Männer keinen Zutritt.

57 Türk. sprichwörtliche Bezeichnung für einen verlassenen Ort.

58 Türk. Gewichtseinheit: 1 Okka entspricht 1283 g.

59 Noch heute in der Türkei gebräuchliche Währungseinheit.

60 Giuseppe Mazzini (1805–1872), ital. Jurist, Demokrat
und Vordenker der nationalen ital. Einigungsbewe-
gung (Risorgimento).

61 Einer der wichtigsten Wallfahrtsorte für sunnitisch-
türk. Moslems. Hier befindet sich angeblich das Grab
von Abu Eyüp al Ansari (576–669), einem Bannerträ-
ger Mohammeds.

62 Viele türk. Oppositionelle waren wegen der repres-
siven Politik Abdülhamids II. nach Paris emigriert,
wo sie eine rege publizistische Tätigkeit entfalteten.
Diese Zeitungen gelangten oft auf illegalem Weg ins
Osman. Reich.

63 Türk. «Ruhm der Meere».

64 Die aus mehreren Lusthäusern, Moscheen, Wasserbecken und Gärten bestehende riesige Parkanlage im Istanbuler Viertel Beşiktaş wurde seit dem 18. Jh. von den osman. Herrschern als Ort der Vergnügung bzw. als Sommerpalast genutzt. Abdülhamid II. zog sich 1877 aus Angst vor Anschlägen ganz in den Yıldız-Palast zurück.

65 Das heutige Karaköy am nördlichen Ufer des Goldenen Horns war zur Zeit der Eroberung Istanbuls eine genuesische Kolonie, in der auch Griechen und Juden lebten. Das traditionell stark europ. geprägte Viertel spielte eine wichtige Rolle als Handels- und Vergnügungszentrum der Stadt.

66 Amt, mit dem Einkünfte, aber keine Pflichten verbunden sind.

67 Istanbul vorgelagerte Inselgruppe im Marmarameer.

68 Abu Bakr (576–634), Umar (592–644), Uthman (574–656) und Ali (598–661), die religiösen und politischen Führer der Muslime nach Mohammeds Tod.

69 Türk. Sprichwort. Der Paradiesvogel entspricht dem griech. Phönix. Wenn er sich auf den Kopf eines Menschen setzt, bringt er Glück und Reichtum.

70 Pikanter Strudel aus dem blätterteigartigen Yufka-Teig.

71 Noch heute ein vielbesuchtes Grabmal im Viertel Çemberlitaş. Der Heilige Tezveren Dede steht im Ruf, bei dringenden Problemen, etwa bei Arbeitslosigkeit, zu helfen.

72 Ausschnitt aus dem *Merhaba Bahri* (*merhaba:* Willkommensgruß, *bahir:* Bestandteil eines *mevlut*), das wiederum Teil des berühmten *mevlut Mevlid-Şerif* von Süleyman Çelebi (ca. 1351–1422) ist, einem der bedeu-

tendsten *mevlut*-Dichter. Übersetzung nach: Anne-
marie Schimmel, *«Und Muhammad ist Sein Prophet.»*
*Die Verehrung des Propheten in der islamischen Frömmigkeit.*
Düsseldorf, Köln 1981. – Scherbet: anderes Wort für
Sorbet.

73 Türk. «Ungläubiger».

74 1863 von dem Industriellen Christopher Robert und
dem Missionar Cyrus Hamlin gegründetes amerik.
College.

75 Geschichtliche Epoche zwischen 1718 und 1730, in der
am osman. Hof ein kultiviert-ausschweifender Le-
bensstil gepflegt wurde. Große Bedeutung hatte die
Gartenbaukunst, und hier das Züchten von neuen
Tulpensorten, für die man zu dieser Zeit im osman.
Reich wie in Europa ein Vermögen ausgab.

76 Die Damen heißen zu deutsch «Rosenweiß», «Junge
Nacht» und «Antlitz des Mondes».

77 Symbolische Geste, um Unglück zu verhüten.

78 Das türk. Nationalgericht wird aus Teilen des Schafs-
magens gekocht und in eigens eingerichteten Kuttel-
flecklokalen angeboten.

79 In osman. Zeit Name des am stärksten westlich geprägten Stadtteils von Istanbul. Die meisten ausländischen Botschaften waren hier angesiedelt. Heute
bildet es einen Teil des Istanbuler Viertels Beyoğlu.

80 Ab der Mitte des 19. Jh. eröffneten viele luxuriöse
europ. Warenhäuser Filialen in Pera, so auch das
Pariser *Bon Marché*.

81 Langgezogener Meeresarm des Bosporus. Bildete in
osman. Zeit gewissermaßen die Trennlinie zwischen
den südlich vom ihm gelegenen muslimisch geprägten Stadtteilen und den nördlich gelegenen westlich
geprägten Vierteln Galata und Pera.

82 Osman. Währungseinheit, auch Piaster genannt: hunderster Teil einer Lira. Vgl. Anm. 40.

83 Traditionelles, noch heute sehr populäres Lied. Scutari ist der alte Name des auf der asiat. Seite gelegenen Istanbuler Stadtteils Üsküdar.

84 «Fortgehen, das heißt ein wenig sterben…» Anfang eines Gedichts des frz. Schriftstellers, Journalisten und Komponisten Edmond Haraucourt (1857–1941).

85 Osman. Festungsanlage am europ. Ufer des Bosporus, die 1452 durch Sultan Mehmet II. im Zuge der Eroberung Konstantinopels erbaut wurde.

86 Koran, Sure 47 («Mohammed»), Vers 36.

87 Im heutigen Saudi-Arabien südöstlich von Mekka gelegene Stadt. Unter Abdülhamid II. wurden einige Oppositionelle, darunter der berühmte Reformpolitiker Mithat Pascha (1822–1884), nach Taif ins Exil geschickt.

88 Auch *Hamidiye-Marsch* genannt. Er wurde 1892 vom armen. Komponisten Dikran Çuhacıyan (1837–1898) für Abdülhamid II. komponiert und war die erste Nationalhymne mit Text.

89 Redewendung, die sich auf einen alten Brauch bezieht, am ersten Abend nach der Eheschließung zur männlichen Machtdemonstration eine Katze auf diese Weise zu verkrüppeln.

90 Koran, Sure 70 («Die Stufen»), Verse 8, 9, 15, 43, 44.

91 Unter anderem bei Lebererkrankung und Unterernährung kann es zu einer Unterversorgung mit diesem Protein kommen.

92 Am 25. September 1881 wurde von Ferdinand Adolf Kehrer (1837–1914) in Meckesheim der erste erfolgreiche, Mutter wie Kind schützende Kaiserschnitt durchgeführt. Diese Methode, bei der die Bauchdek-

ke und die Gebärmutter nicht wie bisher üblich von oben nach unten, sondern quer aufgeschnitten werden, war bahnbrechend und wird, modifiziert durch Hermann Johannes Pfannenstiel (1862–1909), auch heute noch überall angewendet. In den 80er Jahren des 19. Jh. lag die Sterblichkeitsrate der Mütter bei diesem Eingriff bei achtzig Prozent.

93 Türk. Sauermilch.

94 Lehrgedicht von Dschallaludin Rumi, vgl. Anm. 12.

95 Jesus (türk./arab. Isa) ist im Islam einer der fünf bedeutenden Propheten neben Adam, Ibrahim, Musa und Mohammed.

96 Griech. «Jesus und Maria».

97 Die Höllenfahrt, der erste Teil von Dantes *Göttlicher Komödie*, vgl. Anm. 34.

98 Zu den zeitgeschichtlichen Hintergründen vgl. unser Nachwort.

Die Frage nach der nationalen und kulturellen
Identität ist, so der Literaturnobelpreisträger Orhan Pamuk, eine der größten gesellschaftspolitischen und intellektuellen Herausforderungen
der heutigen Türkei. Ihre hohe Brisanz erlangte
sie jedoch nicht erst im Zuge der Entwicklungen
der letzten Jahre – man denke an die Diskussion
um den EU-Beitritt, das Erstarken des Islamis-
mus und die Migration –, sondern begleitete die
Geschichte des Landes bereits seit langem, führte
immer wieder zu Konflikten und Polarisierung
und stellte sich am dringlichsten ohne Zweifel zu
Beginn des 20. Jahrhunderts, als das sechshundert
Jahre alte Osmanische Reich zerfiel und die Türkische Republik gegründet wurde. Es war dies
eine Zeit der Werteumbrüche und der radikalen
Neuorientierung im Zeichen der Verwestlichung:
Ein moderner Staatsapparat nach europäischem
Vorbild löste das Sultanat ab, in weitreichenden
Reformen wurde unter anderem das arabische
Alphabet durch das lateinische ersetzt, die Gleich-

stellung der Frau rechtlich verankert und eine neue Kleiderordnung, zu der das Verbot des Schleiers gehörte, durchgesetzt. Für den Einzelnen bedeutete dies – je nach Weltanschauung – einen schmerzlichen Abschied vom Althergebrachten oder den hoffnungsvollen Aufbruch zu neuen Ufern. Identitätsfindung wurde unter diesen Vorzeichen vor allem für junge Frauen zur großen Herausforderung – der sich auch die Heldinnen in Halide Edip Adıvars Romanen zu stellen haben, ebenso wie die Autorin selbst.

Halide Edip Adıvar wurde 1884 in Istanbul geboren. Sie wuchs im Spannungsfeld zwischen verschiedenen Kulturen und Wertesystemen auf. Da ihre Mutter früh starb, verbrachte sie ihre Kindheit zunächst bei deren Eltern, die einen traditionellen osmanischen Haushalt führten. Sowohl ihr Großvater, den Adıvar sehr verehrte, als auch ihr Vater standen im Dienst des Sultanspalasts. Ihre Großmutter, eine Anhängerin der *Mevleviyye*, des «Ordens der Tanzenden Derwische», entstammte einer reichen Gelehrtenfamilie. Diese fromme, großzügige und immer etwas über ihre Verhältnisse lebende Frau war Halides wichtigste Bezugsperson in den ersten Lebensjahren. Sie eröffnete dem Mädchen die Welt eines

vom Sufismus, aber auch von Aberglauben geprägten, toleranten Islam, ließ es schon früh den
Koran lernen und besuchte mit ihm regelmäßig
die Moschee. Aus diesem vertrauten, traditionellen Umfeld wurde Halide gerissen, als ihr Vater
ein zweites Mal heiratete und sie zu sich nahm.
Der westlichen Reformideen gegenüber aufge-
schlossene Mehmed Edip war ein großer Anhänger der Erziehung nach englischem Vorbild. Diese veränderte, wie Adıvar in ihren Memoiren
schreibt, ihren gesamten Lebensstil, von den
Benimmregeln über die Kleidung bis hin zur
Ernährung. Sie mußte kurze – im Winter dunkelblaue, im Sommer weiße – Kleider tragen, die
Arme und Beine frei ließen; eine Kopfbedek-
kung fehlte völlig. Adıvar litt darunter, daß sie
sich nun so sehr von ihren Altersgenossinnen mit
ihren bunten, ausstaffierten Gewändern unterschied. Und nicht nur darin: Während Kinder ihres Standes zur damaligen Zeit alles essen durften, was sie wollten, bestanden ihre Mahlzeiten
aus Fleisch, Gemüse, wenig Obst und abends einem Glas Milch. Von diesem strengen Ernäh-
rungsplan und der ungewohnten Lebensweise
erlöste sie schließlich eine ernste Erkrankung, die
Halides Großmutter veranlaßte, sie wieder zu
sich zu nehmen. Sehr zur Erleichterung des

Mädchens, denn das Haus ihrer *haminne*, das mit seinen ethnisch bunt zusammengewürfelten Familienmitgliedern und Bediensteten wie ein verkleinertes Abbild des damaligen Osmanischen Reiches wirkte, verkörperte für sie zeitlebens Geborgenheit und Zugehörigkeit. Der reiche Schatz an Märchen, Geschichten und Liedern, die hier erzählt und gemeinsam gesungen wurden, prägte auch ihre frühe Liebe zur Volksliteratur und -kunst.

Als Adıvar elf Jahre alt wurde, meldete sie ihr Vater beim Amerikanischen Mädchen-College im Istanbuler Viertel Üsküdar an, dessen Schülerschaft hauptsächlich aus Angehörigen von Minderheiten und ausländischen Familien bestand – Halide war hier das einzige muslimische Kind. Zusätzlich erhielt sie Privatunterricht von führenden Gelehrten der Zeit. Neben Englisch lernte sie Arabisch und Französisch. Der Philosoph Rıza Tevfik, der ihr Lektionen in Philosophie und Literatur erteilte, vertiefte ihr Interesse an östlicher Mystik, ein Italiener gab ihr Klavierunterricht. In ihrem letzten Schuljahr wurde sie vom Mathematiker Salih Zeki unterrichtet, der als wissenschaftliches Genie galt und den Adıvar nach Abschluß des Colleges im Jahr 1901 heiratete.

Die Ehe bedeutete für Adıvar, die sich in den Jahren des Studiums persönlich stark entfaltet und Vertrauen in ihre geistigen Fähigkeiten entwickelt hatte, eine Rückkehr in die klassische Frauenrolle. Sie verbrachte die meiste Zeit zu Hause und unterstützte ihren Mann bei seiner Arbeit. Dieses wenig erfüllende Leben und die schwierige Beziehung zu dem weitaus älteren Sahli Zeki stürzten Adıvar mehrmals in schwere Krisen. Sie flüchtete sich in die Literatur, las viel, vor allem Zola, und übersetzte Erzählungen und Biographien aus dem Englischen ins Türkische. 1908, im Jahr des Sturzes von Sultan Abdülhamid II. durch die Jungtürken – ebenjenes Sultans, dessen Regierungszeit den historischen Hintergrund für *Die Tochter des Schattenspielers* liefern sollte –, begann Adıvar schließlich in verschiedenen Zeitungen und Zeitschriften zu veröffentlichen und an gleich mehreren Romanen zu arbeiten. Bereits in diesen frühen Werken thematisierte sie die mangelhaften Rechte der türkischen Frauen, was ihr scharfe Kritik seitens des konservativen Lagers einbrachte. Als diese sultanfreundlichen Kreise durch eine Gegenrevolution im März 1909 kurzzeitig wieder an die Macht kamen, war Adıvar gezwungen, mit ihrem Mann und ihren zwei Söhnen, Ayetullah und Zeki, zu fliehen. Man ging zunächst nach Ägypten, später auf Einladung einer Freundin nach England. Bald nach der Rückkehr in die Türkei beschloß ihr Mann, eine zweite Frau zu ehelichen, woraufhin Adıvar die Scheidung einreichte.

Obwohl die Trennung sehr schmerzhaft war, kam sie letztlich einem Befreiungsschlag gleich, nach dem Adıvar sogleich rege Aktivitäten entfaltete: Sie engagierte sich in einem von ihr gegründeten Verein zur Förderung der Ausbildung von Frauen und ihrer Teilhabe am gesellschaftspolitischen Leben. Später begann sie im *Türk Ocağı* zu arbeiten, einer nationalistischen Vereinigung, wo sie die Protagonisten der jungtürkischen Revolution von 1908 kennenlernte. Ihren Lebensunterhalt verdiente Adıvar als Lehrerin und Schulinspektorin, mit einem Beruf also, der sie auch in die Armenviertel Istanbuls führte. Aufgrund ihrer Verdienste um das Bildungswesen wurde sie 1916 nach Beirut und Damaskus berufen, um beim Aufbau und der Verwaltung von Schulen und Internaten mitzuarbeiten. Ein Jahr später heiratete sie Adnan Adıvar, den Arzt ihrer Familie und wichtigen Kopf der jungtürkischen Revolution. Die Eheschließung in Bursa erfolgte kurioserweise in Abwesenheit der Braut – Halide Edip Adıvar, die sich aus beruflichen

Gründen noch in Syrien aufhielt, ließ sich von ihrem Vater vertreten.

Am 15. Mai 1919 besetzten griechische Truppen Izmir, woraufhin es im ganzen Land zu Protestkundgebungen kam, bei denen auch die mittlerweile prominente Autorin und Frauenrechtlerin öffentlich als Rednerin auftrat. Ihre Ansprache vom 23. Mai, bei der sie die zweihunderttausend im Sutanahmet-Viertel im Herzen Istanbuls versammelten Menschen zum Schwur aufforderte, sich unter keinen Umstände den fremden Mächten zu beugen, gilt als historisch und etablierte sie endgültig als Leitfigur des türkischen Patriotismus. Im März 1920, als britische Truppen in Istanbul einmarschierten, setzte sich das Ehepaar Adıvar unter abenteuerlichen Bedingungen nach Anatolien ab und schloß sich der Befreiungsarmee des Generals Kemal Pascha an, des späteren Atatürk. Auf diese Weise geriet ihr Leben in Gefahr: Die osmanische Regierung verhängte die Todesstrafe über sie. Halide Edip bekam verschiedene Aufgaben als Krankenpflegerin, Übersetzerin und Berichterstatterin übertragen und wurde zur engen Mitarbeiterin des *Gazi,* des «Befreiungskriegers», wie der General genannt wurde. Sie stieg bis zur Unteroffizierin auf, eine Auszeichnung, die sie ihr Leben lang mit Stolz trug.

Nach Ausrufung der Türkischen Republik 1923 kehrte Adıvar ins zivile Leben zurück, blieb aber politisch aktiv. Zwischen ihr und Atatürk kam es bald zu Meinungsverschiedenheiten und, als die von ihrem Mann mitbegründete Oppositionspartei verboten wurde, zum endgültigen Bruch. 1924 emigrierte das Ehepaar nach England und Frankreich. Im Exil übernahm Adıvar die Rolle der Repräsentantin der modernen Türkei. Sie hielt regelmäßig Vorträge an der Sorbonne, in Cambridge und Oxford, unternahm eine mehrmonatige Vortragsreise durch die USA und ging 1935 auf persönliche Einladung Mahatma Gandhis nach Indien, wo sie beim Aufbau der Islamischen Universität in New Delhi mitwirkte und als Dozentin arbeitete. 1939, im Jahr nach Atatürks Tod, kehrte Adıvar in die Türkei zurück. Sie lehrte zunächst Englische Literatur an der Universität Istanbul. 1950 wurde sie dann als unabhängige Abgeordnete ins Parlament gewählt. Vier Jahre später zog sich Halide Edip Adıvar ins Privatleben zurück. Sie starb am 9. Januar 1964 in Istanbul.

Trotz ihrer bewegten, von vielen Reisen geprägten Biographie fand Halide Edip Adıvar Zeit zum Schreiben: In den Jahren zwischen 1897 und 1963 entstanden einundzwanzig Romane, vier

Erzählbände, zwei Theaterstücke und mehrere literarische Übersetzungen aus dem Englischen. Ihr Werk läßt sich in drei Schaffensperioden einteilen, die eng mit dem Lebensweg der Autorin verknüpft sind. Die erste Phase stand ganz im Zeichen des psychologisierenden Liebesromans. Die Heldinnen dieser Werke sind zumeist starke Frauen der Oberschicht mit westlicher Erziehung, die um ihre Rechte kämpfen, gleichzeitig aber mit oft unlösbaren inneren Widersprüchen und Moralfragen hadern. Bereits in diesen Romanen, zu denen *Seviyye Talip* (1910), *Handan* (1912), und *Son Eseri* (1913; wörtl. «Ihr Vermächtnis») zählen, zeichnete sich das Thema ab, das Adıvars gesamtes literarisches Schaffen durchziehen sollte: die türkische Frau in der Epoche des rapiden historischen Wandels und der Ablösung der traditionell-islamischen durch westliche Werte. Während zunächst noch individuelle Probleme der Protagonistinnen im Vordergrund stehen, entwarf Adıvar in der zweiten Schaffensphase mehr und mehr Frauenfiguren, die als glühende Patriotinnen für ihr Land kämpfen. In diesen geradezu als nationalistisch zu bezeichnenden Romanen wie *Yeni Turan* (1912; *Das neue Turan*, 1916 von Friedrich Schrader übersetzt) und *Vurun Kahpeye* (1923; wörtl. «Schlagt die Dirne») verarbeitete Adıvar in einer Art Dokumentarstil ihre Eindrücke aus dem Befreiungskampf. Nach der Gründung der Republik entdeckte sie schließlich das Genre des Sittenromans für sich, schrieb Werke wie *Tatarcık* (1939), *Sonsuz Panayır* (1946; wörtl. «Das endlose Fest») und *Sevda Sokağı Komedyası* (1971; wörtl. «Die Komödie in der Liebesgasse»). So entstanden leicht idealisierte Frauenfiguren, die ihren Platz innerhalb der widerstreitenden Ideologien gefunden haben: Sie übernehmen die westlichen Werte, ohne die nationalen aufzugeben oder ihre Wurzeln zu verlieren, bestehen sowohl auf ihrer Freiheit wie auf Gleichberechtigung und messen doch dem traditionellen Ehr- und Moralbegriff eine hohe Bedeutung zu.

Der erste dieser späten Romane wurde zugleich Adıvars wichtigster: *The Clown and His Daughter*. Er erschien gegen Ende des Jahres 1935 bei George Allen & Unwin in London. Im Jahr darauf wurde er in einer Übersetzung aus der Feder der Autorin selbst unter dem Titel *Sinekli Bakkal* – wörtlich «Der Fliegenkrämer» – zunächst als Fortsetzungsgeschichte in der türkischen Tageszeitung *Haber*, dann vom Istanbuler Verlag Ahmet Halit herausgebracht. Er gilt heute vor allen anderen Werken Adıvars als Klassiker

der modernen türkischen Literatur, wurde zweimal verfilmt, einmal fürs Kino, ein zweites Mal
als Fernsehserie, und in mehrere Sprachen übersetzt. *The Clown and His Daughter/Sinekli Bakkal*
ist der einzige Roman Adıvars, der in der Vergangenheit spielt und einen nostalgischen Blick
zurück wirft. Mit Rabia steht wieder eine Frau
im Mittelpunkt, die bei ihrer Identitätsfindung
verschiedenen Einflüssen ausgesetzt ist: einem
streng gelebten Islam, der Toleranz des Sufismus,
dem Aberglauben der Zigeuner, den osmanischen
Machtstrukturen und verschiedenen Versuchen,
diese zu brechen, westlicher und östlicher Kunst
und Musik, westlichen und östlichen Vorstellungen von Religionsausübung. Sie ist eine positive
Identifikationsfigur, denn ihr gelingt die erfolgreiche Synthese zweier Welten, Kulturen und
Zeiten.

Auch auf sprachlichem Gebiet war Halide Edip
Adıvar um einen Brückenschlag bemüht. Bereits
im College begann sie, Werke aus dem Englischen zu übersetzen. Daß sie dieser Sprache, die
ihre zweite Literatur- und Bildungssprache wurde, im Zusammenhang mit dem eigenen Schreiben schon früh große Bedeutung beimaß, zeigt
ihr im Jahr 1922 erschienener Roman *Ateşten*

*Gömlek,* den sie 1924 selbst ins Englische übertrug *(The Shirt of Flame).* Als sie die Türkei nach ihrem Zerwürfnis mit Atatürk verlassen hatte, verfaßte sie schließlich, neben *The Clown and His Daughter,* weitere Werke auf englisch: ihre beiden Autobiographien *Memoirs* (1926) und *The Turkish Ordeal* (1928), ihre Großessays *Turkey Faces West* (1930) und *Conflict of East and West in Turkey* (1935), die auf der Basis ihrer Vorlesungen an der Columbia University entstanden, sowie *Inside India* (1937), in dem sie ihre in Indien gesammelten Eindrücke festhielt.

Das Leben im Ausland war sicher ein gewichtiger, nicht jedoch ein zwingender Grund dafür, daß Adıvar auf englisch schrieb. Sie publizierte weiterhin in türkischen Zeitungen, und auch *The Clown and His Daughter* kam noch in dieser Zeit in seiner türkischen Übersetzung heraus. Ihre Fähigkeit, mühelos von der einen Sprache in die andere wechseln zu können, ohne auf Mittler angewiesen zu sein, gaben ihr dabei eine Autonomie, die sie auch für ihre Selbstübersetzungen nutzte.

Die Selbstübersetzung gilt in der Komparatistik und Translationswissenschaft als interessantes Phänomen. Sie stellt gängige Definitionen von Muttersprache als Literatursprache und von Original und Übersetzung in Frage und damit ein kulturelles Selbstverständnis, das uns seit der Romantik prägt. Ausgehend vom Konzept der *einen* identitätsstiftenden Sprache nehmen wir gewöhnlich an, daß ein Autor über genügend Kompetenz, um ein literarisches Werk zu schaffen, nur in seiner Erstsprache verfügt. Was die Übersetzung betrifft, so hat diese nach heutigem Verständnis eine möglichst getreue Wiedergabe des Originals zu sein. Wenn nun aber die Übersetzerin gleichzeitig die Schöpferin des Originaltexts ist, wird man ihr das Recht nicht absprechen wollen, in ihr Werk einzugreifen, es zu verändern, wie und wo sie es für sinnvoll hält. Der Prozeß der Selbstübersetzung wird so zu einem doppelten Schreibprozeß.

Im Falle des vorliegenden Romans erfolgte die Selbstübersetzung darüber hinaus noch aus der Fremd- in die Muttersprache, welche den Status als *die* Literatursprache der Autorin besitzt. So ist es nicht weiter erstaunlich, daß in der Türkei Halide Edip Adıvars englische Erstfassung *The Clown and His Daughter* der breiten Öffentlichkeit weitgehend unbekannt ist und fast ausschließlich in der Fachliteratur behandelt wird.

Welche Veränderungen hat Adıvar in der türkischen Fassung ihres Romans vorgenommen? Wie bei den meisten Selbstübersetzungen sind

Abweichungen auf verschiedenen Ebenen zu finden. Nicht weiter erklärungsbedürftig sind jene, die aus den Besonderheiten der Syntax der jeweiligen Sprache resultieren und sich etwa in veränderten Satzstellungen manifestieren. Änderungen bezüglich der Textkomposition lassen sich sowohl auf kulturspezifische literarische Konventionen als auch auf subjektive Kriterien der Autorin zurückführen. Schließlich hat der Autor, wenn er sich ans Übersetzen macht, üblicherweise bereits eine gewisse Distanz zum eigenen Werk entwickelt und ist nun vielleicht bestrebt, das Geschaffene in Teilen anders zu gestalten. So wurden auch im Fall von *Sinekli Bakkal* Sätze stellenweise umformuliert, Abschnitte neu komponiert, weggelassen oder hinzugefügt und Kapitel anders arrangiert. Entscheidendes verdankt sich dem Perspektivwechsel der Autorin: Adıvar hatte ursprünglich ein nichttürkisches Publikum vor Augen, weniger ihre heimische Leserschaft. Wäre der Roman nicht sowieso zuerst in England erschienen, wäre dies ein weiterer Grund gewesen, bei der Übersetzung auf die englischsprachige Ausgabe zurückzugreifen.

Augenfällige Änderungen wurden beim Wortschatz des Romans vorgenommen. Adıvar umschrieb im Englischen oft kulturspezifische türki-

sche Begriffe oder fügte ihnen Erklärungen bei:
«*Kandil, the anniversary of our Prophet's birth*» («*kandil*, der Geburtstag unseres Propheten»), «‹*kız-Tewfik*,› *that is ‹Tewfik, the girl*›» («‹*kız*-Tevfik›, was soviel heißt wie ‹Tevfik, das Mädchen›»). Solche Zusätze ließ sie bei der Übersetzung durchgehend weg. Es ist jedoch interessant zu beobachten, daß Adıvar auf dieser Ebene weder in der englischen noch in der türkischen Version des Romans eine konsequente Strategie zu verfolgen schien. So finden sich im Englischen vereinzelt sowohl türkische als auch direkt aus dem Türkischen übersetzte Begriffe, die dem englischsprachigen Leser ohne Erklärung unverständlich bleiben müssen. Umgekehrt fehlen im Türkischen manchmal gerade diese Begriffe, obwohl sie der türkische Leser ohne weiteres verstehen würde.

Nur stichpunktartig und kursorisch ein paar weitere Beispiele von Modifikationen, die Adıvar vorgenommen hat: Das Kapitel 38 der englischen Version wurde im Türkischen weggelassen. Die Einstellung der Schwester Arif Beys gegenüber dem Westen und der eigenen Kultur in Kapitel 41 sind im Türkischen länger ausgeführt. In Kapitel 53 lehnt der Imam es ab, einen Doktor kommen zu lassen, weil ihm dieser Wein und Schweinefleisch verabreichen würde; im Türkischen ist nur vom Wein die Rede. In Kapitel 58 spricht Rabia davon, von Gott geträumt zu haben; im Türkischen ist es eine Gestalt mit weißem Turban. Die Namen und Texte der Lieder, die Rabia in Kapitel 52 singt, sind im Englischen nicht angeführt, im Türkischen dagegen schon. Umgekehrt sind im Englischen in Kapitel 40 die Zeilen aus dem *mevlut*-Gedicht über die Geburt Mohammeds angeführt, im Türkischen aber nicht.

Obgleich bei der Gestaltung des türkischen Romans offensichtlich das Hauptaugenmerk auf das kulturelle Vorwissen der Leserschaft gelegt wurde, kann er seine Prägung, ursprünglich für ein englischsprachiges Publikum konzipiert worden zu sein, nicht ganz verbergen. So wirkt er, wie Literaturwissenschafter immer wieder bemerken, auf den türkischen Leser, sowohl was die Sprache als auch die Komposition betrifft, streckenweise befremdlich. Unstrittig ist, daß sich Adıvars Werke, seien sie nun auf englisch oder auf türkisch geschrieben, ganz allgemein nicht durch große stilistische Raffinesse auszeichnen. Ihre Stärken liegen anderswo.

Adıvar war eine Autorin, die ein Sendungsbewußtsein, einen Bildungsauftrag hatte. Es war sicherlich primär diese Haltung, gepaart mit der Fähigkeit, die Leser mittels ihrer unterhaltsamen,

von großem kulturellem Wissen und einer welt-
offenen Haltung geprägten Geschichten in Bann
zu ziehen, die sie zum Vorbild für viele nachfol-
gende türkische Schriftstellerinnen machte und
ihr die Hochachtung seitens ihrer Schriftsteller-
kollegen einbrachte. Der Autor Ahmed Hamdi
Tanpınar, der in Adıvar gar die einzig wahre Ver-
treterin des frühen türkischen Romans sah, beschrieb sie als Frau, in der sich eine geradezu kon-
servative Einstellung gegenüber traditionellen
Werten mit einer unendlichen Leidenschaft für
Erneuerung, Freiheit und Unabhängigkeit paar-
te. Was unvereinbar klingt, erweist sich doch als
der wahre Schlüssel zu einer tragfähigen Identität: Die könne nämlich nur dort entstehen, so
Orhan Pamuk, wo Widersprüche akzeptiert und
fruchtbar gemacht werden und wo es gelingt, aus
der Vielzahl unterschiedlichster Einflüsse das
Eigene, Neue zu gestalten.

*Sara Heigl*

# INHALT

Die Tochter des Schattenspielers
5

*Zur Aussprache des Türkischen*
562

*Anmerkungen*
563

*Nachwort*
573

Titel der englischen Ausgabe:
«The Clown and His Daughter» (1935)

Der Manesse Verlag dankt TEDA und dem Kultus- und
Tourismusministerium der Türkei für die großzügige
Förderung der Übersetzung.

Diese Buchausgabe der *Manesse Bibliothek der Weltliteratur*
wurde aus der Berthold Bembo gesetzt
und in Fadenheftung gebunden.
Das FSC-zertifizierte Dünndruckpapier
EOS Titan liefert Salzer, St. Pölten.
Alle verwendeten Materialien entsprechen alterungs-
beständiger Qualität, die Papiere sind
chlor- und säurefrei.
Printed in Germany 2008
ISBN 978-3-7175-2164-8 Gewebe
ISBN 978-3-7175-2165-5 Leder

www.manesse.ch